KB177015

Rstudio로

의료패널 데이터

다루기

RStudio로 의료패널 데이터 다루기

지은이 | 홍지영
펴낸이 | 한기철

2016년 4월 25일 1판 1쇄 박음
2016년 5월 6일 1판 1쇄 펴냄

펴낸곳 | 한나래출판사
등록 | 1991. 2. 25 제22-80호
주소 | 서울시 마포구 토정로 222 한국출판콘텐츠센터 309호
전화 | 02-738-5637 · 팩스 | 02-363-5637 · e-mail | hannarae91@naver.com
www.hannarae.net

Published by Hannarae Publishing Co.
Printed in Seoul

ISBN 978-89-5566-191-0 93310

* 이 도서의 국립중앙도서관 출판시도서목록(CIP)은 서지정보유통지원시스템 홈페이지(http://seoji.nl.go.kr)와 국가자료공동목록시스템(http://www.nl.go.kr/kolisnet)에서 이용하실 수 있습니다.
(CIP제어번호: CIP2016009074)

2014년은 필자에게 많은 변화가 있은 한 해였다. 3월에 사랑하는 첫딸이 태어난 기쁨을 만끽하기도 전에, 얼마 되지 않아 두 번이나 병원에 입원하게 되면서 그 해 연구들을 제대로 진행할 수 없게 되었다. 특히 2008~2013년 지역사회건강조사 자료(매해 약 22만 명의 19세 이상 성인을 대상으로 진행되는 대표적인 건강조사임)를 이용하여 흡연율, 음주율에 영향을 미치는 요인을 찾아내는 연구는 자료의 방대함과 반복적인 계산이 요구되는 작업의 어려움으로 인해, 이를 수행하는 데 골머리를 앓았다.

퇴원 후, 한 달 정도 휴식 기간을 가지면서도 새로운 방법을 찾지 못하면 연구 결과를 낼 수 없다는 압박감과 불안감에 시달렸다. 2014년 당시는 가히 '빅데이터의 해'라고 할 만큼 일상에서 빅데이터 붐이 일고 있었다. 그와 함께 R이라는 프로그램이 부상하였다. 빅데이터 처리의 핵심에 R이라는 무료 통계 패키지가 있다는 사실은 필자에게 신선한 충격이었다. 그래서 쉬는 동안 무작정 넋 놓고 있을 수만은 없다는 생각에 R이라는 통계 패키지를 한번 경험해보기로 하였다. 책도 사보고 R 사용 설명서도 읽어보고, R 유저들의 블로그를 모아놓은 R-blogger.com 등 R 관련 수많은 사이트를 돌아다녔다. 그러면서 기존에 SAS, SPSS, Stata 등으로 짜놓은 분석 코드를 R로 변경해보면서 어느 정도 R 분석 코드 만들기에 자신감이 붙게 되었다. 하지만 사용자 친화적이지 않은 R 콘솔은 정말이지 정을 붙이기 어려웠다. 그러던 중 동료 교수가 통합개발환경 프로그램인 RStudio를 적극 권장하였고, 그 기능과 장점을 경험하고 나니 기존에 사용하던 SAS, SPSS, Stata는 거의 사용할 필요가 없게 되었다. 그 후 2015년부터 필자는 본격적으로 R과 RStudio를 연구 및 강의, 저서 집필 작업에 활용하고 있다.

필자는 SAS, SPSS, Stata 등 우리나라에서 가장 많이 사용하고 있는 상용 통계 프로그램을 모두 경험하였고 나름대로 통계분석에는 자신이 있었지만, 연구 결과를 작성하는 작업은 굉장히 원시적으로 하고 있었다. 대개는 통계분석 결과를 추출하여 Excel 스프레드시트에 붙인 후 이를 다시 HWP, MS Word에 복사하여 사용하였다. 이 방식이 굉장히 비효율적이라고 계속 생각하고 있었지만, 딱히 해결 방법을 찾지 못하였다. 그러다가 R을 접하게 되면서 지금은 R과 RStudio를 통해 논문, 보고서 등 기본적인 문서 작업과 분석 및 결과 작성 작업을 동시에 진행한 후 이를 MS Word, Powerpoint, HWP 등에 옮기고 최종 출판을 위한 편집 작업을 하고 있다.

이러한 방식은 재현가능한 연구(Reproducible Research)를 가능하게 해주었고, 앞으로도 이 방식으로 작업을 해나갈 생각이다.

이 책은 총 5장으로 구성된다. 1장은 R과 RStudio에 대한 소개, 프로그램 설치 및 사용법 그리고 이 책을 통해 R 함수를 공부하기 위해 필요한 자료들을 안내하고 있다. 2장은 R에서 사용하는 객체(object)의 개념과 R로 자료를 불러오는 방법에 대해 소개하고 있다. 3장은 객체, 특히 데이터프레임을 다루는 방법과 패널 자료를 다루기 위해 필요한 R 함수의 기능을 소개하고 있다. 5장과 더불어 가장 많은 시간을 투자해야 할 부분이다. 4장은 이 책에서 사용하는 한국의료패널 조사 자료의 구성과 내용을 소개하고 있다. 5장은 R과 RStudio로 2008~2012년 한국의료패널 조사 자료를 실제로 다루고 간단한 기술통계 분석을 하는 사례들을 소개하고 있다.
이 책은 가상 또는 예제 데이터셋을 이용하여 R과 RStudio의 기능을 소개하는 데 멈추지 않고 다양한 연구에서 활용되고 있는 실제 한국의료패널 데이터셋을 R과 RStudio로 다루는 방법들을 제시하고 있다. 이 책의 가장 큰 특징은 각 장마다 미션(Mission)이 부여되어 있는 점이다. R 함수의 기능별로 목차를 구성하지 않고 Mission(임무)을 제안하고 이 Mission을 마치기 위해 필요한 R 함수들을 보여주는 방식을 취하고 있다. R과 RStudio로 Mission을 하나하나 실행하다 보면 어느 순간 보건의료 분야에서 자료의 구성이 가장 복잡한 데이터셋 중 하나인 한국의료패널조사 자료를 자유자재로 다루는 능력을 갖추게 될 것이다.
이 책은 **한국보건사회연구원과 국민건강보험공단이 공동으로 주관하는 한국의료패널 2008년~2012년 연간데이터(Version 1.1)를 활용**하여 집필하였다.
이 책의 부족한 점이나 궁금한 점은 언제든지 필자의 이메일(openhealth77@gmail.com)로 보내주길 바란다.

2016년 3월 10일

홍지영

이 책을 보는 방법

이 책을 구입한 독자는 이 책과 함께 1,818줄에 달하는 R 함수 코드 파일(Code.R)을 제공받게 된다. 이 책을 보기 위해서는 R 함수 코드 파일과 각 장마다 부여된 Mission을 함께 보는 방법을 알아야만 한다.

Code.R 파일을 RStudio로 열고(R 프로그램으로 열면 안 됨) 가장 첫 부분으로 가면 아래 그림과 같이 보일 것이다. 가장 왼쪽에 1-18까지 번호가 보이는데, 이를 이 책에서는 Line으로 이름을 부여했다. 따라서 아래 그림은 Line 1-18을 보여주고 있는 것을 알 수 있다.

그림을 보니 "2장 R 함수 기초와 객체 불러오기"(Line 1-3), "# 1 R 객체 이해하기"(Line 5), "## 1.1 벡터 객체 이해하기"(Line 7) 다음에 Mission 2.1.1.01(Line 10-13)과 Mission 2.1.1.02(Line 16-18)가 있는 것을 알 수 있다. 책 목차와 Mission에는 해당 시작 페이지가 적혀 있으며, Mission 2.1.1.01 내용은 책 34페이지부터 시작하게 된다.

Mission 번호는 어떻게 부여되는 것일까? Mission 2.1.1.02의 번호 체계는 "2(2장).1(1 R 객체 이해하기).1(1.1 벡터 객체 이해하기).02(두 번째 Mission)"이다.

```
Code.R ×
Source on Save                                    Source
1  #-------------------------------
2  # 2장 R 함수 기초와 객체 불러오기
3  #-------------------------------
4
5  # 1 R 객체 이해하기 / 32페이지
6
7  ## 1.1 벡터 객체 이해하기 / 34페이지
8
9  ### Mission 2.1.1.01 / 34페이지
10 c(1, 2, 3, 4, 5)
11 x <- c(1, 2, 3, 4, 5)
12 is.vector(x)
13 class(x)
14
15 ### Mission 2.1.1.02 / 35페이지
16 c("한국", "의료", "패널")
17 y <- c("한국", "의료", "패널") ; is.vector(y)
18 c("한국", "의료", 1)
```

Code.R 파일에서 Mission 번호 체계를 이해한 독자는 아래 그림을 보자.

각 Mission은 Mission의 제목(문자로만 이루어진 벡터를 만들어보자.), Line별 의미, Line별 함수와 출력 결과 등 3부분으로 구성된다. Line별 의미, Line별 함수와 출력 결과 부분에서 모두 왼쪽에 있으면서 회색 음영 안에 입력된 16, 17은 Line 16과 17을 의미하며, 앞 장의 Code.R 파일의 Line 16-17과 동일한 R 함수 코드이다. Line별 함수와 출력 결과에서 [1]로 시작되는 부분(Line 숫자가 없고 회색 음영이 없는 줄을 의미함)은 출력 결과이다.

프롬프트(>)로 시작되는 부분은 R 함수 코드 부분으로 프롬프트는 코드를 작성할 때 입력하지 않아야 한다. 앞 장의 Code.R 파일에서는 > 표시와 출력 결과가 없는데 이는 RStudio에서 해당 Line을 실행한 후 Console 창에 출력해야만 > 표시와 출력 결과가 보이기 때문이다. 따라서 독자들은 이 책에 나와 있는 Line별 함수와 출력 결과를 RStudio 프로그램에서 보기 위해서는 Code.R 파일에서 해당되는 부분을 실행해야 한다.

이렇게 Mission과 Line을 중심으로 이 책을 집필했는데, 이 책을 보다 보면 그 이유를 독자들이 이해해줄 것으로 믿는다.

Mission 2.1.1.02

▶ 문자로만 이루어진 벡터를 만들자.

■ **Line별 의미**

16 문자는 반드시 쌍따옴표(" ") 안에 입력해야 함을 기억하자.

17 "한국", "의료", "패널"의 3개 문자를 객체 y로 저장한 후 is.vector 함수를 적용하니 역시 TRUE를 출력한 것을 볼 수 있다.

■ **Line별 함수와 출력 결과**

```
16  > c("한국", "의료", "패널")
    [1] "한국" "의료" "패널"
17  > y <- c("한국", "의료", "패널") ; is.vector(y)
    [1] TRUE
```

다음 사례는 Line 1408부터 1419까지를 이 책에서 집필한 내용이다.

여기에서 주목할 것은 Line별 의미 부분에서 가장 왼쪽에 적은 **1408-13**, **1414-9**이다. **1408-13**은 **1418-1413**을 의미하고, **1414-9**는 **1414-1419**를 의미한다. 이는 Line별 의미 부분에서 2개 이상의 Line 의미를 묶어서 설명할 때 Line 위치를 더 적은 칸에 적기 위해 축약해서 적은 것뿐이다.

■ Line별 의미

1408-13 6개 의료비 지출 변수 cost.oop, cost.amb, cost.tra, cost.nur, cost.med, cost.orm는 값이 -1 이상이면서 100보다 작은 경우는 무료로 이용한 것으로 간주될 수 있다 (185페이지 표 4-24 참고). 따라서 Line 1408-13은 무료로 이용한 것으로 간주되는 경우를 의료비 지출 값을 0으로 처리하는 것이다.

1414-9 변수 cost.oop, cost.amb, cost.tra, cost.nur, cost.med, cost.orm 값이 -9인 경우 결측값 NA로 처리하는 것이다.

■ Line별 함수와 출력 결과

```
1408  > z$cost.oop[z$cost.oop >= -1 & z$cost.oop<100]<-0
1409  > z$cost.amb[z$cost.amb >= -1 & z$cost.amb<100]<-0
1410  > z$cost.tra[z$cost.tra >= -1 & z$cost.tra<100]<-0
1411  > z$cost.nur[z$cost.nur >= -1 & z$cost.nur<100]<-0
1412  > z$cost.med[z$cost.med >= -1 & z$cost.med<100]<-0
1413  > z$cost.orm[z$cost.orm >= -1 & z$cost.orm<100]<-0
1414  > z$cost.oop[z$cost.oop == -9]<-NA
1415  > z$cost.amb[z$cost.amb == -9]<-NA
1416  > z$cost.tra[z$cost.tra == -9]<-NA
1417  > z$cost.nur[z$cost.nur == -9]<-NA
1418  > z$cost.med[z$cost.med == -9]<-NA
1419  > z$cost.orm[z$cost.orm == -9]<-NA
```

차례 Contents

1장 들어가기

1장은 무료 통계 프로그램인 R과 통합개발환경(integrated development environment, 이하 IDE)을 제공하는 RStudio 프로그램을 이용하여 한국의료패널조사(Korea Health Panel Survey, 이하 KHPS) 데이터셋을 다루는 방법을 익히기 위해서 독자들이 이해하고 준비할 사항을 보여주고 있다.

1장의 첫 부분은 R과 RStudio에 대해 소개하고 있다. RStudio는 R을 통한 통계분석과 html, pdf, 슬라이드 등 문서 작성을 통합적으로 할 수 있는 매력적인 무료 프로그램으로, 독자들도 충분히 만족감을 느낄 것이라 확신한다. 두 번째는 R과 RStudio을 설치하는 방법, RStudio 프로그램 화면을 보는 방법, RStudio의 프로젝트 작업 환경을 구성하는 방법을 소개하고 있다. 세 번째는 이 책에서 사용하는 KHPS 데이터셋을 받는 방법, RStudio로 데이터셋에 접근하는 방법, 이 책과 함께 제공되는 도움 자료들을 소개하고 있다.

자 이제 R과 RStudio의 세계로 뛰어들어 보자!

1 R은 무엇인가?

무료 통계분석 프로그램 **R**은 배열 및 행렬 등으로 표현된 자료에 대하여 효과적인 **연산자(operator)**, **함수(function)**를 이용하여 자료의 분석, 시뮬레이션 및 시각적 표현을 할 수 있는 **객체지향적(object-oriented) 프로그램**이다. 윈도우, OS X(Mac 컴퓨터 OS), 리눅스 등 거의 모든 운영체제에서 사용이 가능한 오픈소스로서 **CRAN(Comprehensive R Archive Network)**에서 누구나 무료로 내려받아 쓸 수 있다. R은 누구에게나 공개된 무료 프로그램으로, 숙달된 사용자에게는 상용 통계분석 프로그램인 SAS, SPSS, Stata 못지않은 성능을 보장해주는 매력적인 프로그램이다. 그런데 평소에 R에 관심이 있긴 하지만 상용 통계분석 프로그램을 기존에 잘 사용하고 있는 사람이 굳이 R을 이용할 필요가 있는지 의문이 들 것이다. SAS, SPSS, Stata는 수많은 사용자들에게 이미 그 우수성을 입증받았기 때문이다. 필자 역시 2003년부터 SPSS를 시작으로 SAS를 거쳐 2013년까지 Stata를 사용하였다.

문제는 비용이다. 상용 통계 프로그램은 상당한 비용을 지불해야 되기 때문에 대개는 대학교나 연구기관에서 매년 구입한 후 소속된 교수, 연구원, 학생 등이 무료로 사용하도록 하고 있다. 필자의 대학도 과거에는 SAS, SPSS를 모두 구입하였지만 라이센스 구입 비용의 급증으로 SAS를 포기하였고, 최근에는 SPSS까지 구입하지 않아 현재 학교에서 구입하는 상용 통계 프로그램은 없는 실정이다. 그로 인해 학생들에게 보건의료 통계학을 가르쳐야 하는 필자의 입장에서 R은 선택이 아닌 필수가 되었고, 이러한 제반 상황들이 겹쳐 이 책을 집필하는 강력한 동기가 되었다.

최근 이슈가 되고 있는 빅데이터 분석에 있어 R은 분석용 데이터를 메모리에 저장하여 사용하는 방식을 취하고 있어, 다룰 수 있는 데이터 용량의 한계가 가장 큰 단점으로 지적되고 있다. 컴퓨터 메모리를 무한정 늘릴 수 없는 개인 사용자들이 서버가 아닌 데스크탑에서 수십 GB에서 수 TB에 달하는 데이터를 분석하기 위해서는 SAS 외에는 마땅한 대안이 없는 것도 사실이다. 하지만 이 책에서 사용하는 데이터는 1GB에 조금 못 미치며, 이는 모든 데이터를 한 번에 R로 불러오더라도 최근 컴퓨터의 기본 메모리가 4~8GB인 점을 고려한다면 문제가 되지 않는다. 그리고 수십 GB에서 TB급 데이터를 다루는 분들이 몇 분이나 있을 것인지도 의문이다.(빅데이터 분석을 원하는 독자들은 이 책이 아닌 빅데이터 분석을 다룬 다른 훌륭한 책들을 참고하기 바란다.)

아무리 좋은 미사여구를 동원하여 R을 찬양하는 글을 쓴다 한들 R을 처음 접하는 독자들이 겪는 어려움들을 막을 수는 없다. 다만 이 책을 차근차근 따라 하다 보면 어느 순간 R의 매력을 느낄 것으로 확신한다. 필자는 자료를 분석하고 분석된 결과를 표나 그림으로 표현하고 참고문헌을 삽입하고 문서를 작성하는 모든 작업이 RStudio라는 하나의 프로그램에서 실행되는 것을 알게 된 순간 SAS, SPSS, Stata로 다시 돌아갈 수 없다는 것을 직감하였다. 현재는 상용 소프트웨어를 사용하는 사람들이 요청하는 통계 자문 등 극히 제한된 업무에만 필자가 개인적으로 구입한 상용 소프트웨어를 사용하고 있고, 거의 모든 통계분석과 논문, 연구보고서 초안 작성은 R과 RStudio로 해결하고 있다.

2 통합개발환경 RStudio

RStudio는 R 언어를 위한 IDE로 doc, PDF, html, Latex 등 다양한 형식의 문서 작성을 할 수 있을 뿐만 아니라 Shiny를 통한 웹 애플리케이션 개발도 할 수 있어 통계분석만을 할 수 있는 R에 비해 활용도가 매우 높다. RStudio는 데스크탑과 서버 버전이 있는데, 여기서는 서버 버전인 RStudio Server만 소개하고 독자들이 설치, 사용해야 하는 데스크탑 버전은 뒤에 소개하고자 한다.

RStudio Server는 아직 리눅스 서버용으로만 개발되었지만 웹 브라우저를 통해 원격으로 다수의 사용자가 동시에 서버에 접속하여 작업을 할 수 있도록 도와준다. 보안 기능을 갖춘 Professional Version은 연간 일정 비용을 지불하지만 Open Source는 무료이다.

소규모 연구실의 경우 리눅스 서버에 Open Source용 RStudio Server를 설치하고, 연구원들 데스크탑에서 내부 인트라넷으로 인터넷 브라우저를 이용해 접속하여 대용량 데이터 분석을 시행할 수 있다. 사무실뿐만 아니라 집, 카페 등 인터넷이 연결되는 어디에서도 동일한 작업을 하고 싶은 사람들은 공인 IP가 제공되는 서버를 임대하거나 최근 각광 받고 있는 클라우드 컴퓨팅으로 서버를 임대한 후 Open Source용 RStudio Server를 설치하면 된다. Amazon Web Services(상세한 내용은 https://aws.amazon.com/ko를 참고하기 바란다)가 가장 대표적인 클라우드 컴퓨팅 서비스이다. 서버가 분석을 시행하기 때문에 CPU, RAM이 좋은 비싼 데스크탑이나 서버를 살 필요가 없어진 점과 서버가 분석을 하는 동안 다른 작업에 시간을 투자할 수 있게 되면서 만족도가 매우 높은 것으로 알려졌다. 관심 있는 독자들도 시도해보길 권장한다.

3 프로그램과 패키지 설치

3.1 R 설치

CRAN 사이트(http://cran.r-project.org/)에 접속하면 운영체제별로 최신 버전 R(2016년 1월 기준 R 3.2.3)을 설치할 수 있도록 도와주고 있다. 윈도우와 OS X를 이용하는 독자들은 쉽게 설치할 수 있고 리눅스와 유닉스 사용자는 패키지 관리 도구를 통해 설치하면 된다(그림 **1-1**).

> **Download and Install R**
>
> Precompiled binary distributions of the base system and contributed packages, **Windows and Mac** users most likely want one of these versions of R:
>
> - Download R for Linux
> - Download R for (Mac) OS X
> - Download R for Windows
>
> R is part of many Linux distributions, you should check with your Linux package management system in addition to the link above.

그림 1-1 CRAN 사이트의 운영체제별 R 프로그램 다운로드할 수 있는 화면

Mission 1.3.1.01

▶ 윈도우에서 R을 설치하자.

Step 1 CRAN 홈페이지에서 "Download R for Windows"를 클릭한다(그림 **1-1** 참고).

Step 2 "base"를 클릭한다.

Step 3 "Download R 3.2.3 for Windows"를 클릭한다(CRAN 홈페이지 접속 날짜에 따라 버전이 다를 수 있음).

Step 4 R-3.2.3-win.exe 파일이 다운로드 되면 더블클릭한다.

Step 5 설치 과정에서 물어보는 물음에는 거스르지 말고 답을 하면 설치가 완료된다.

Mission 1.3.1.02

▶ OS X에서 R을 설치하자.

Step 1 CRAN 홈페이지에서 "Download R for (Mac) OS X"를 클릭한다(그림 **1-1** 참고).

Step 2 "R-3.2.3.pkg"를 클릭한다(CRAN 홈페이지 접속 날짜에 따라 버전이 다를 수 있음).

Step 3 R-3.2.3.pkg 파일이 다운로드 되면 더블클릭한다.

Step 4 설치 과정에서 물어보는 일상적 물음에 거스르지 말고 답을 하면 설치가 완료된다.

Mission 1.3.1.03

▶ 리눅스에서 R을 설치하자.

Step 1 CRAN 홈페이지에서 "Download R for Linux"를 클릭한다(그림 1-1 참고).

Step 2 debian, redhat, suse, ubuntu 중 독자가 이용하는 배포판을 클릭한다.

Step 3 (리눅스를 이용하는 독자들에게 미안하지만) 이후 설치 과정은 사이트에 적힌 대로 스스로 해결해야 한다.

3.2 RStudio 설치

Mission 1.3.2.01

▶ RStudio를 설치하자.

※ RStudio 프로그램 자체에 R이 없기 때문에 **반드시 R을 설치한 후 RStudio를 설치**해야 한다.

Step 1 R 설치 후 RStudio 홈페이지(http://www.rstudio.com)에 접속한다(그림 1-2).

Step 2 그림 1-2에서 Download RStuio 버튼을 클릭한 후 그림 1-3이 나오는 부분을 찾는다.

Step 3 Open Source Edition(무료), Commericial License(유료)에 대한 설명을 읽어본 후 DOWNLOAD RSTUDIO DESKTOP 버튼을 클릭한다.

Step 4 그림 1-4의 화면을 찾은 독자들은 자신의 컴퓨터 운영체계에 해당하는 것을 클릭하면 프로그램 파일이 다운로드 된다.

리눅스를 제외한 윈도우, OS X 사용자는 프로그램 설치 과정 중 물어보는 일상적 물음에 거스르지 말고 답을 하면 설치가 완료된다. 리눅스 사용자는 다양한 운영체계(Ubuntu, Fedora, Centos 등)별로 설치 방법이 달라 이 책에서는 다루지 않는다.

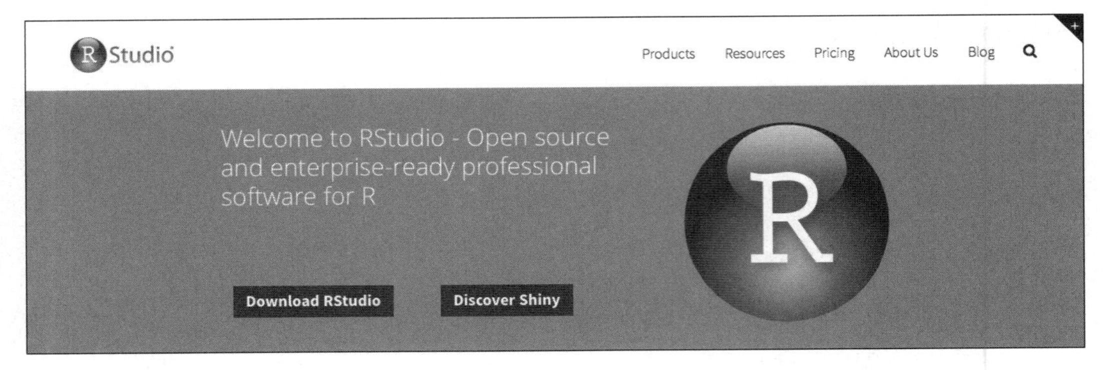

그림 1-2 RStudio 홈페이지 첫 화면

	Open Source Edition	Commercial License
Overview	• Access RStudio locally • Syntax highlighting, code completion, and smart indentation • Execute R code directly from the source editor • Quickly jump to function definitions • Easily manage multiple working directories using projects • Integrated R help and documentation • Interactive debugger to diagnose and fix errors quickly • Extensive package development tools	All of the features of open source; plus: • A commercial license for organizations not able to use AGPL software • Access to priority support
Support	Community forums only	• Priority Email Support • 8 hour response during business hours (ET)
License	AGPL v3	RStudio License Agreement
Pricing	Free	$995/year
	DOWNLOAD RSTUDIO DESKTOP	BUY NOW

그림 1-3 RStudio 무료(왼쪽), 유료(오른쪽) 버전 설명 화면

Installers for Supported Platforms

Installers	Size	Date	MD5
RStudio 0.99.489 - Windows Vista/7/8/10	73.9 MB	2015-11-05	7ef8c00311d5c03b6c9abe22826497d6
RStudio 0.99.489 - Mac OS X 10.6+ (64-bit)	56.2 MB	2015-11-05	05cf866b07df6552583f98314ed09d38
RStudio 0.99.489 - Ubuntu 12.04+/Debian 8+ (32-bit)	77.4 MB	2015-11-05	1bf2997d91b6eaf0b483fbc52cca29b5
RStudio 0.99.489 - Ubuntu 12.04+/Debian 8+ (64-bit)	83.9 MB	2015-11-05	ed089d88cc2e5901e311c66f7b1ada8b
RStudio 0.99.489 - Fedora 19+/RedHat 7+/openSUSE 13.1+ (32-bit)	76.8 MB	2015-11-05	642ede6193cc3ff24a55c3ffe20c31bc
RStudio 0.99.489 - Fedora 19+/RedHat 7+/openSUSE 13.1+ (64-bit)	77.7 MB	2015-11-05	1a71fbfd49730695515d4f5343885d6b

그림 1-4 운영체계별 RStudio 프로그램 다운로드 안내 화면

3.3 RStudio 화면 보는 법

Mission 1.3.3.01

▶ RStudio 프로그램 화면의 구성을 이해하자.

RStudio를 실행하면 그림 1-5와 같은 화면이 나온다. RStudio는 IDE이라는 이름에 걸맞게 화면을 4개의 창으로 구분하여 다른 프로그램의 구동 없이 RStudio로만 작업을 할 수 있게 해준다. R 함수 코드와 각종 문서 작성(**Source 창, 좌측 상단**), R 함수 실행 결과의 확인(**Console 창, 좌측 하단**), R 함수 실행을 통해 생성된 각종 객체들을 확인(**Workspace 창, 우측 상단**), 내 컴퓨터에 저장된 파일을 확인하고 R로 생성한 그림 파일의 확인, R 패키지 관리 등(**Files 창, 우측 하단**)을 하나의 화면에서 실행할 수 있다.

- Source 창: R script 및 markdown 문서 작성을 할 수 있는 창
- Console 창: R 콘솔 부분으로 분석 결과를 볼 수 있는 창
- Workspace 창: 객체들의 목록과 그 값을 볼 수 있는 창
- Files 창: working directory 안의 파일, 도표 및 패키지의 관리와 도움말 등을 보여주는 창

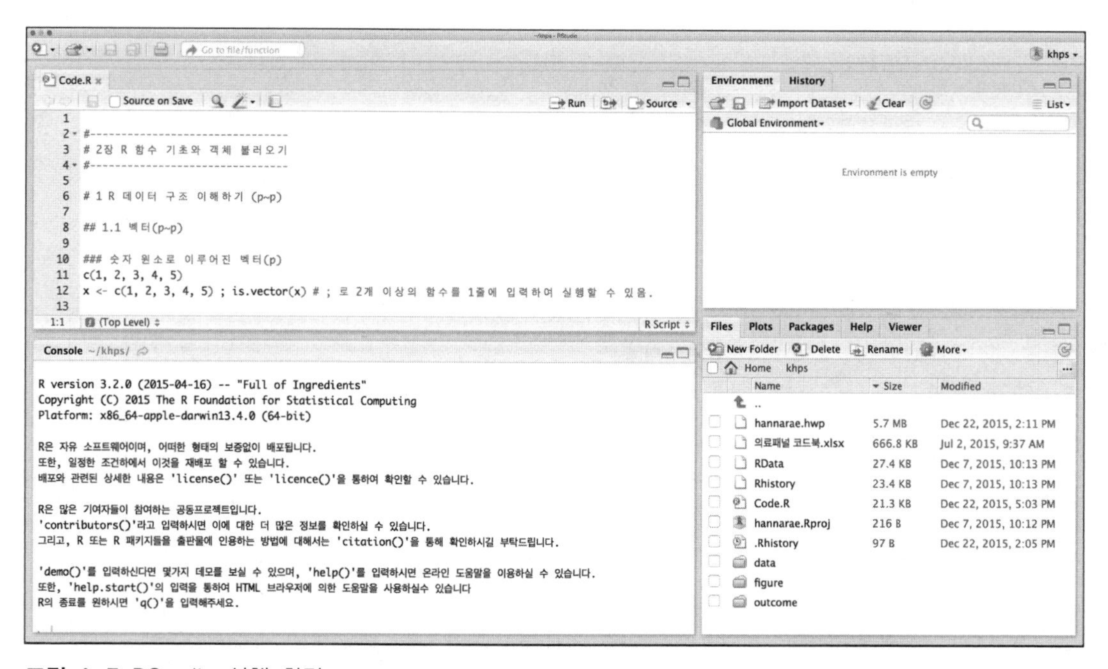

그림 1-5 RStudio 실행 화면

Mission 1.3.3.02

▶ Source 창을 이해하자.

Source 창(그림 1-6)은 통계분석을 위한 R script 작성, knitr을 이용한 마크다운 문서 작성 등을 할 수 있는 공간으로 RStudio에서 가장 많이 사용되는 창이다. 이 책을 집필하면서 필자도 분석 코드와 텍스트는 모두 이 창에서 작성하였다.

Source 창의 가장 큰 매력은 여러 개의 문서를 Source 창에 한 번에 띄우면서 작업을 할 수 있다는 점으로 웹 브라우저에서 여러 개 창을 탭 기능을 이용해 동시에 띄워놓고 인터넷을 즐기는 것과 같은 이치이다.

새로운 문서를 만들 때는 RStudio 메뉴 "File->NewFile"에 마우스 커서를 올리면 R script, R markdown, R Sweave, R HTML, R Presentation, RDocumentation 등 다양한 문서 형식이 나오는데, 사용 목적에 맞게 선택하면 된다.

이 책에서 필요한 문서 형식은 R script(통계분석 전용 문서 형식)이지만 RStudio로 논문, 연구 보고서 등을 작성하고 싶은 독자들은 R markdown을 선택하면 된다.

View 함수를 실행하면 R 객체를 스프레드시트 형식으로 보여주는데, 그 화면이 나오는 창이 바로 Source 창이다. 2장부터 자주 볼 화면이다.

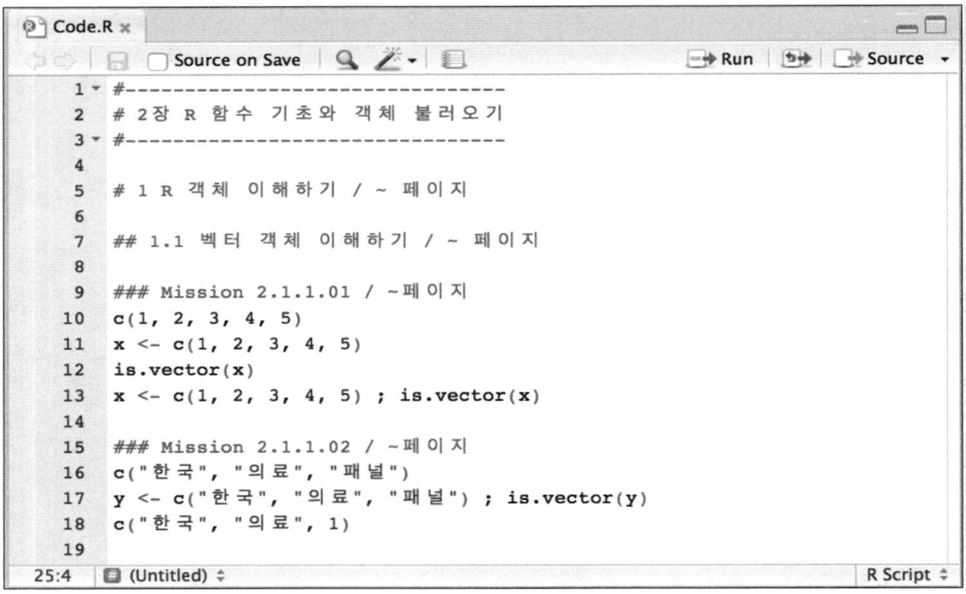

```
Code.R ×
Source on Save                                   Run      Source
1  #---------------------------------
2  # 2장 R 함수 기초와 객체 불러오기
3  #---------------------------------
4
5  # 1 R 객체 이해하기 / ~ 페이지
6
7  ## 1.1 벡터 객체 이해하기 / ~ 페이지
8
9  ### Mission 2.1.1.01 / ~페이지
10 c(1, 2, 3, 4, 5)
11 x <- c(1, 2, 3, 4, 5)
12 is.vector(x)
13 x <- c(1, 2, 3, 4, 5) ; is.vector(x)
14
15 ### Mission 2.1.1.02 / ~페이지
16 c("한국", "의료", "패널")
17 y <- c("한국", "의료", "패널") ; is.vector(y)
18 c("한국", "의료", 1)
19
25:4   (Untitled) ÷                                R Script ÷
```

그림 1-6 Source 창 화면

Mission 1.3.3.03

▶ Console 창을 이해하자.

Console 창(그림 1-7)은 분석 결과를 보여준다. 첫 화면은 R 버전과 R에 관한 간단한 설명이 나온 후 프롬프트(>)로 끝난다. '>' 다음에 R 함수를 넣고 Enter(OS X는 return)를 치면 바로 실행 결과가 나타난다. 2+3을 입력한 후 Enter를 치면 5라는 값을 출력한 것을 볼 수 있다. 앞서 작성한 코드를 다시 불러오고 싶을 경우 키보드의 위 화살표 버튼(▲)을 누르면 된다.

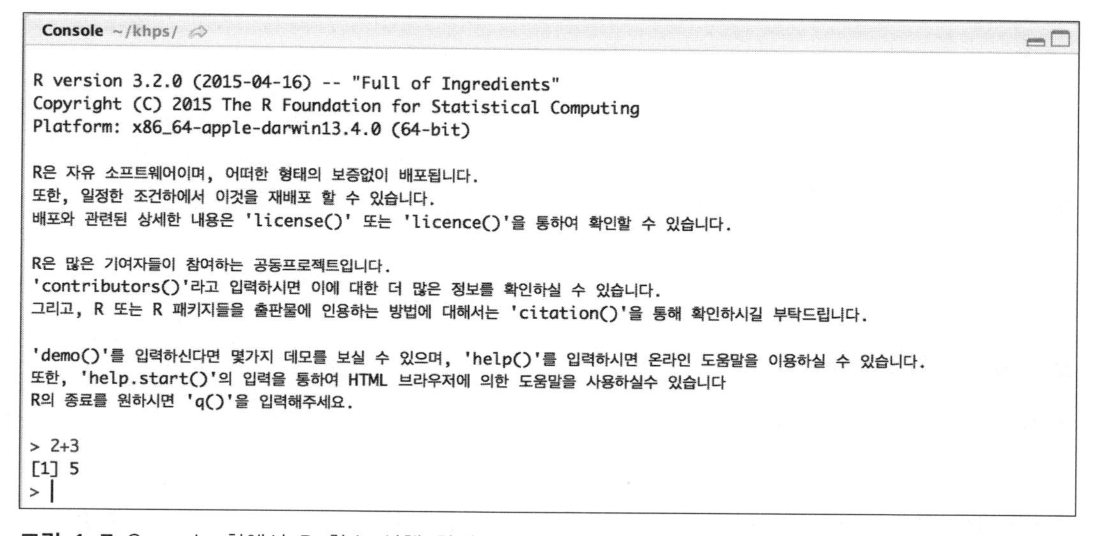

그림 1-7 Console 창에서 R 함수 실행 화면

Console 창에서 직접 입력하지 않고 Source 창에서 R 함수를 실행할 수 있다. 실행하고 싶은 R 함수 줄에 커서를 올려놓은 후 윈도우 사용자는 'Ctrl + Enter', OS X 사용자는 'Command + Enter'를 치면 된다. 여러 줄의 R 함수를 실행하고 싶다면 마우스로 해당 함수를 그림 1-8과 같이 드래그한 후, 'Ctrl + Enter' 또는 'Command + Enter'를 치면 된다.

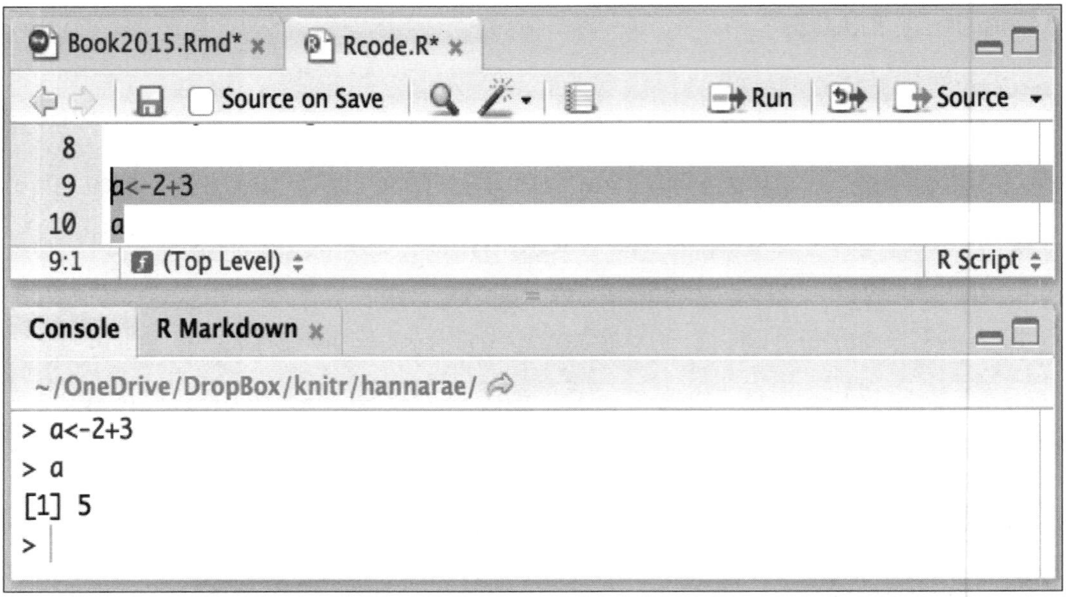

그림 1-8 Source 창에서 R 함수를 실행한 화면

Mission 1.3.3.04

▶ Workspace 창을 이해하자.

Workspace 창은 자료 처리와 통계분석 과정에 만들어지는 객체들을 일목요연하게 보여주는 창이다. 자료 읽어오기, 자료 처리, 분석 시행, 결과물 작성의 과정을 거쳐 만들어지는 자료 중 그림을 제외한 모든 자료들은 Workspace 창에 일목요연하게 모이게 된다.

이 Workspace 창을 잘 활용하면 상용 통계 프로그램인 SAS, SPSS, Stata 등에서 제공하는 화려한 인터페이스의 기능에 미치지는 못하지만, 내가 만든 결과물들을 한눈에 볼 수 있어 자료 처리와 통계분석에 큰 도움을 받을 수 있다.

그림 1-9를 보면 Data 영역에 4개의 객체가 있고 Values 영역에 10개 객체가 있다. Data 영역에 있는 객체 che는 34,118개 관찰치(행)와 52개 변수(열)로 구성(34118 obs. of 52 variables로 표시됨)된 데이터프레임 형식의 객체이다.

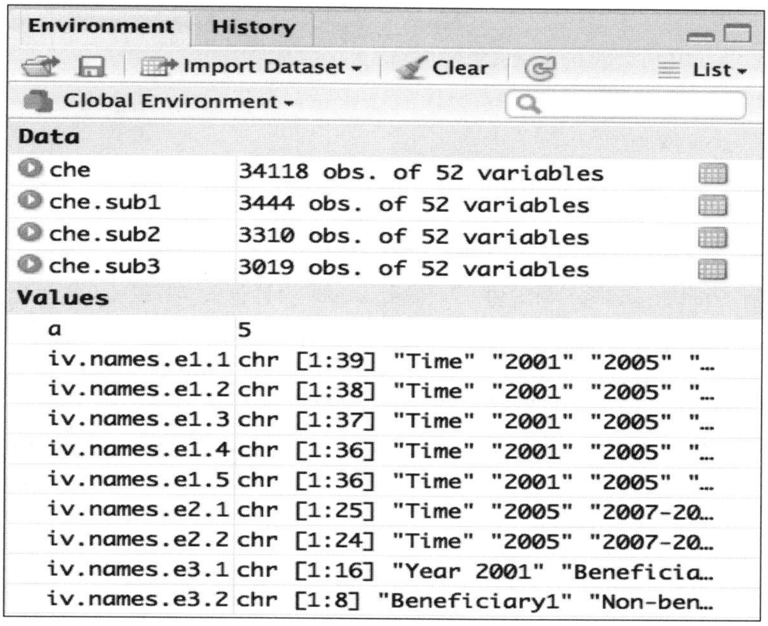

```
Environment   History
Import Dataset ▾   Clear   List ▾
Global Environment ▾
Data
che            34118 obs. of 52 variables
che.sub1       3444 obs. of 52 variables
che.sub2       3310 obs. of 52 variables
che.sub3       3019 obs. of 52 variables
Values
a              5
iv.names.e1.1 chr [1:39] "Time" "2001" "2005" "...
iv.names.e1.2 chr [1:38] "Time" "2001" "2005" "...
iv.names.e1.3 chr [1:37] "Time" "2001" "2005" "...
iv.names.e1.4 chr [1:36] "Time" "2001" "2005" "...
iv.names.e1.5 chr [1:36] "Time" "2001" "2005" "...
iv.names.e2.1 chr [1:25] "Time" "2005" "2007-20...
iv.names.e2.2 chr [1:24] "Time" "2005" "2007-20...
iv.names.e3.1 chr [1:16] "Year 2001" "Beneficia...
iv.names.e3.2 chr [1:8] "Beneficiary1" "Non-ben...
```

그림 1-9 Workspace 창 화면

Workspace 창에서 객체의 구조를 어떻게 알 수 있는가? che 왼쪽에 화살표(파란색 동그라미 안에 ▷ 표시가 있는 버튼)가 하나 있는데 클릭만 하면 화살표가 아래 방향으로 바뀌고(파란색 동그라미 안의 ▷가 ▽으로 변환) 그림 1-10과 같이 데이터프레임 che 안에 있는 모든 변수들의 이름(hhid-inc), 변수의 유형(num: 숫자, chr: 문자), 변수의 값 중 일부를 보여준다.

RStudio에서 Workspace 창의 기능과 편리성은 사용자에게 분석 과정의 오류와 분석 시간을 단축하는 데 큰 기여를 하고 있고, R을 다른 상용 통계분석 프로그램에 버금가는 기능을 발휘하도록 도와주는 1등 공신이라 할 수 있다.

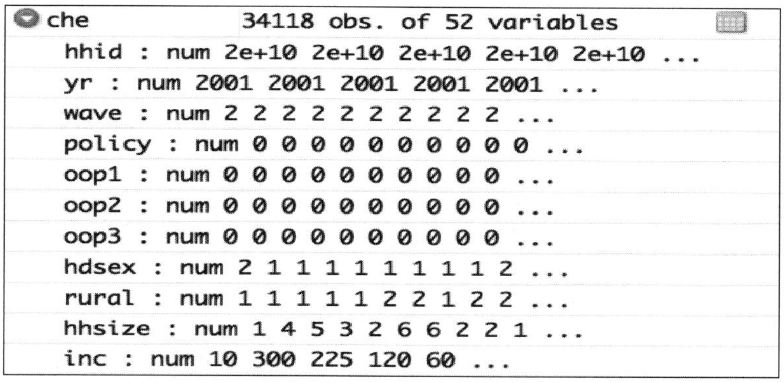

```
che            34118 obs. of 52 variables
  hhid : num 2e+10 2e+10 2e+10 2e+10 2e+10 ...
  yr : num 2001 2001 2001 2001 2001 ...
  wave : num 2 2 2 2 2 2 2 2 2 2 ...
  policy : num 0 0 0 0 0 0 0 0 0 0 ...
  oop1 : num 0 0 0 0 0 0 0 0 0 0 ...
  oop2 : num 0 0 0 0 0 0 0 0 0 0 ...
  oop3 : num 0 0 0 0 0 0 0 0 0 0 ...
  hdsex : num 2 1 1 1 1 1 1 1 1 2 ...
  rural : num 1 1 1 1 1 2 2 1 2 2 ...
  hhsize : num 1 4 5 3 2 6 6 2 2 1 ...
  inc : num 10 300 225 120 60 ...
```

그림 1-10 데이터프레임 che 안에 있는 변수 이름과 유형, 일부 값을 확인한 화면

Mission 1.3.3.05

▶ Files 창을 이해하자.

Files 창(그림 1-11)은 working directory에 있는 파일들을 관리하는 부분으로 폴더 생성, 파일 삭제, 파일 이름 변경을 할 수 있다. 윈도우의 탐색기, OS X의 Finder에 해당한다.

"Plots"은 분석 과정 중 만들어지는 도표를 확인할 수 있다. Zoom 버튼을 통해 확대, 축소가 가능하고 Export 버튼을 누르면 도표를 JPG 등 그림 파일로 저장할 수 있다.

"Packages"는 패키지 관리를 위한 창으로 Install(설치) 버튼, Update(패키지 최신화) 버튼을 통해 쉽게 패키지를 관리할 수 있다. 또한 패키지의 이름과 기능에 대한 간단한 내용을 담고 있어 필요한 패키지를 선택할 때 도움을 받을 수 있다.

"Help"는 R과 RStudio에 대한 도움말을 제공한다.

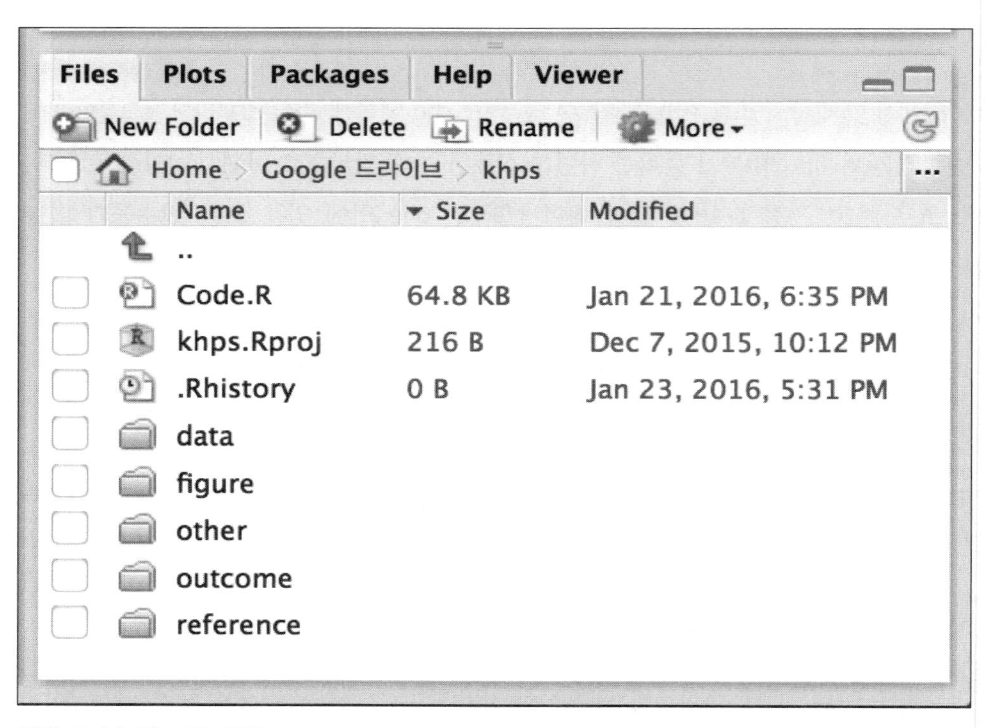

그림 1-11 File 창 화면

3.4 패키지를 설치하고 불러오기

R은 통계분석을 할 수 있고, RStudio는 R을 기반으로 한 IDE를 제공하고 있다. 앞서 설명한 것처럼 이 두 프로그램을 설치만 하면 모든 통계분석이나 (이 책을 집필할 때 사용한) 마크다운 문서 작성이 가능할까? 아쉽게도 프로그램 설치 후 자신에게 필요한 기능을 제공하는 패키지를 별도로 설치하는 과정을 거쳐야만 R과 RStudio가 제공하는 강력한 기능을 이용할 수 있다. 상용 통계분석 프로그램들은 구입 후 설치만 하면 별도의 추가 프로그램을 설치하지 않아도 대부분의 통계분석 방법을 시도할 수 있지만, R과 RStudio는 패키지 설치와 불러오기라는 과정을 거쳐야만 강력한 기능을 발휘할 수 있다. 무료로 사용하는 것이기 때문에 독자들이 감수해야 하는 불편함이다.

여기에서는 패키지를 설치하고 불러오는 두 가지 방법을 소개하고자 한다.

Mission 1.3.4.01

▶ install.package 함수와 library 함수로 패키지를 설치하고 불러오자.

우선 도표를 그리는 기능을 제공하는 아래 qplot 함수문을 Console 창에서 입력, 실행하면 오류가 발생했다는 메시지(에러: 함수 "qplot"을 찾을 수 없습니다)를 출력하게 된다. 왜 그럴까? qplot 함수를 이용하기 위해서는 ggplot2 패키지를 필요로 하기 때문이다.

```
> qplot(mtcars$wt, mtcars$mpg)
에러: 함수 "qplot"를 찾을 수 없습니다.
```

install.packages 함수와 **library** 함수를 이용하여 ggplot2 패키지를 설치하고 불러오자 (인터넷에 연결되어 있어야 패키지가 설치됨). 이후 qplot 함수를 적용하면 오류 메시지가 발생하지 않고 File 창의 Plot 화면에 그림 1-12가 출력되는 것을 확인할 수 있다.

```
> install.packages("ggplot2")
> library(ggplot)
> qplot(mtcars$wt, mtcars$mpg)
```

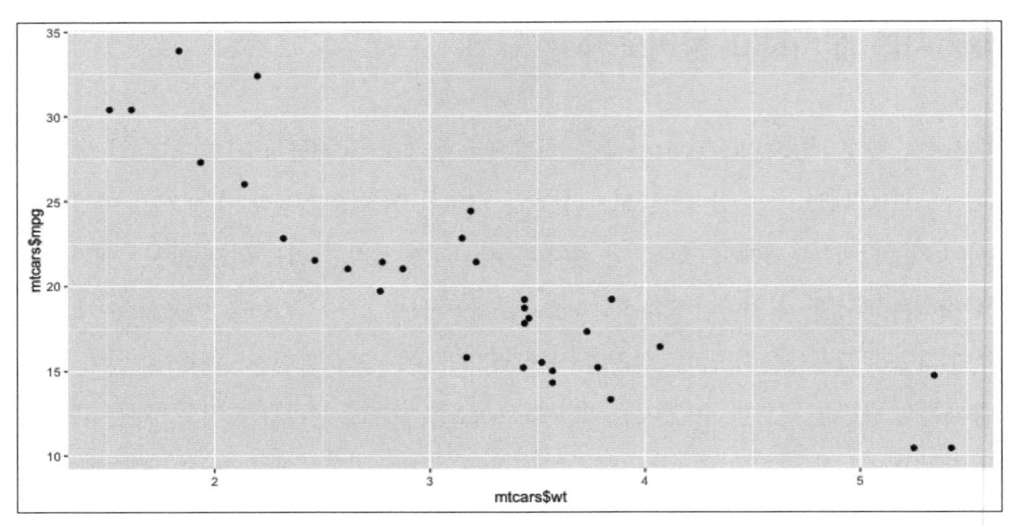

그림 1-12 ggplot2 패키지의 qplot 함수로 만든 도표 예시

Mission 1.3.4.02

▶ RStudio의 GUI 메뉴를 이용하여 패키지를 설치하고 불러오자.

Step 1 RStudio GUI 메뉴는 Files 창에서 Packages 버튼을 눌러 보자.

Step 2 그림 1-13의 오른쪽 화면이 뜨게 되며, System Library 문자 아래는 지금까지 RStudio에 설치된 패키지들이 보여지고 있다.

Step 3 이 화면에서 Install 버튼을 누르게 되면 그림 1-13의 왼쪽 화면이 뜨게 된다. 이 화면에서 가운데 빈칸에 자신이 설치하고자 하는 패키지 이름을 치고 아래 Install 버튼을 누르면 패키지 설치가 진행된다.

Step 4 설치한 후 패키지 로딩을 해야만 RStudio에서 사용할 수 있는데, 그 방법은 설치된 패키지 중 사용할 패키지(여기서는 class 패키지를 선택함)의 왼쪽에 있는 네모 칸을 클릭하면 Console 창에 그림 1-14과 같은 화면이 나오며, 이후 class 패키지를 이용할 수 있다.

어느 정도 R과 RStudio에 익숙해진 독자라면 GUI 방식보다 직접 패키지를 설치하고 불러오는 install.package와 library 함수를 입력, 실행하는 것이 훨씬 편리하다.

패키지의 기능을 이해하고 싶으면 그림 1-13의 오른쪽 화면에서 패키지 이름(파란색 문자)을 클릭하면 그림 1-15와 같이 File 창에서 Help 부분에 패키지에 대한 설명이 담긴 페이지가 나오게 된다. 영어로 되어 있지만 어느 정도 영어에 자신 있는 독자들은 참고하면 된다.

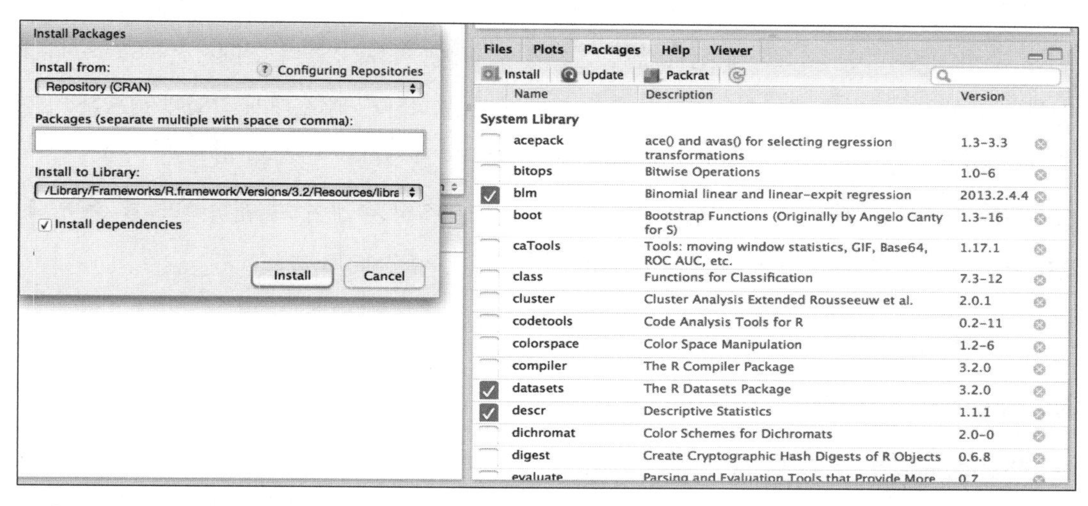

그림 1-13 패키지 설치 화면

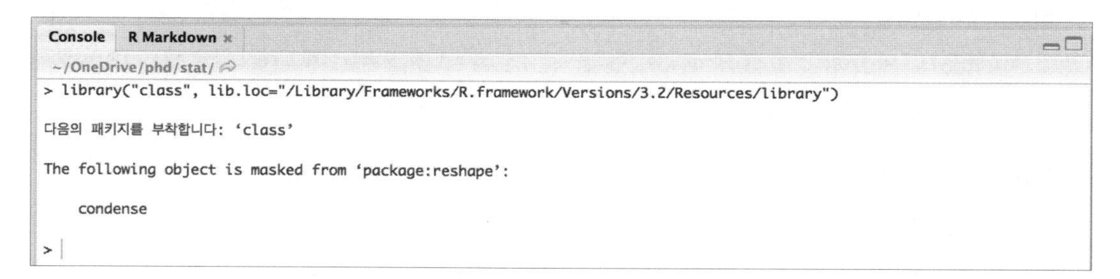

그림 1-14 패키지 로딩 후 Console 창에 뜨는 화면 예시

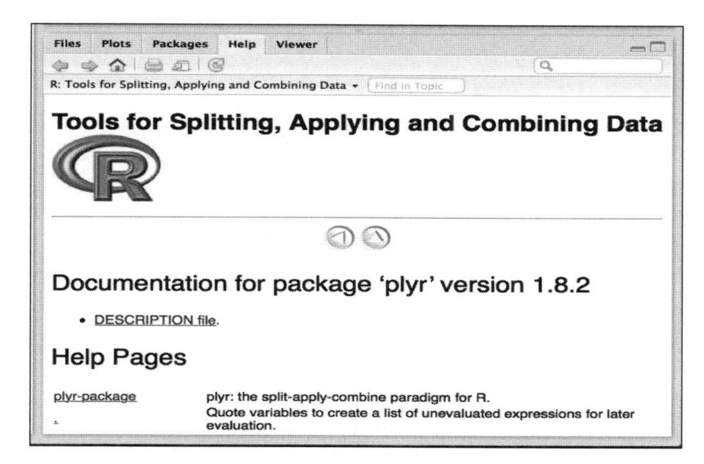

그림 1-15 plyr 패키지 기능을 보여주는 File 창의 화면

3.5 프로젝트로 작업 환경 구성하기

논문이나 연구보고서를 작성할 때 보통은 디렉터리 하나를 정해놓고 데이터셋, 작성 문서, 참고 문헌, 그림 파일 등을 저장하게 된다. 많은 독자들이 각종 자료가 폴더 안에서 뒤죽박죽 섞인 경험을 많이 하게 된다. 대다수의 독자들은 이러한 혼란을 피하기 위해 대개 작업에 필요한 자료를 저장하는 가장 상위 디렉터리 안에 세부 디렉터리를 생성하는 방식을 따르게 된다. **RStudio 프로젝트 관리** 역시 디렉터리를 체계적으로 구성하는 것이 그 시작이라 할 수 있다. RStudio는 작업을 프로젝트 단위로 관리할 수 있는 도구를 제공하고 있다.

Mission 1.3.5.01

▶ RStudio에서 프로젝트를 만들자.

Step 1 RStudio 프로그램 상단 메뉴(File, Edit, Code, View, Plots, Session, Build, Debug, Tools, Help까지 총 10개 메뉴가 있음) 중 File 부분을 누르면 나타나는 세부 메뉴에서 New Project를 누르면 그림 1-16의 화면이 보인다.

Step 2 New Directory를 선택하면, 새로운 디렉터리를 생성한 후 그 디렉터리를 프로젝트가 위치한 working directory로 자동으로 설정하게 된다. 기존의 디렉터리를 프로젝트 디렉터리로 설정하고 싶을 경우 Existing Directory를 누르면 된다.

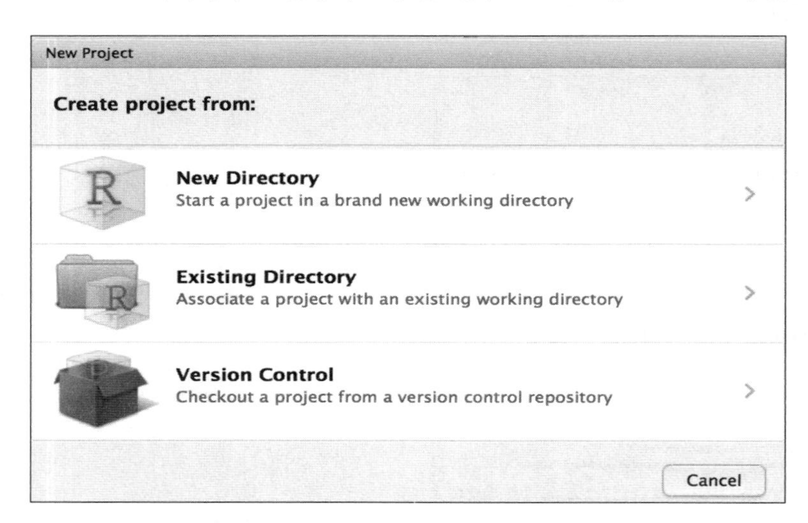

그림 1-16 RStudio에서 새로운 프로젝트를 생성하는 화면 1

Step 3 New Directory를 누르면 그림 1-17 화면이 나오게 된다. Empty Project를 누르자.

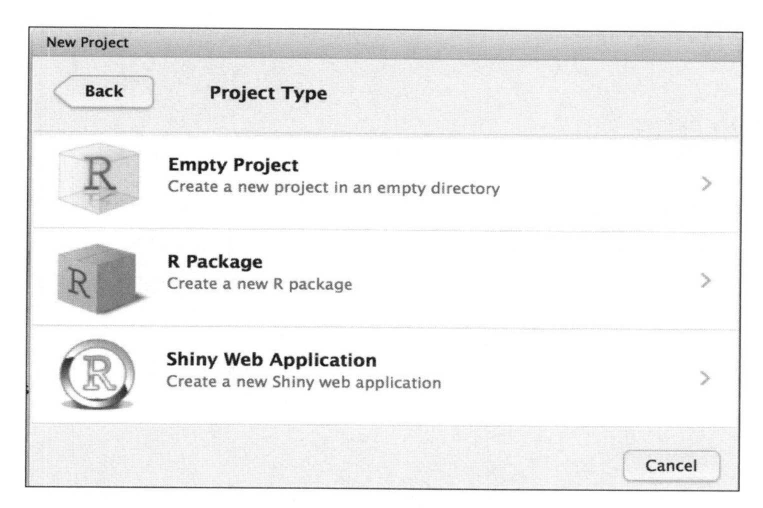

그림 1-17 RStudio에서 새로운 프로젝트를 생성하는 화면 2

Step 4 그림 1-18과 같은 화면이 나오면 **"Directory Name" 아래 칸에 khps를 입력**하자. 이 책에서 사용할 working directory 이름으로서 다른 이름을 입력해도 문제는 없다. 하지만 이 책의 다른 부분의 이해를 더 쉽게 하기 위해 khps를 입력하길 권장한다. 이 khps 디렉터리를 위치시킬 상위 디렉터리는 "Create project as subdirectory of:" 부분에서 Browse... 버튼을 누른 후 지정하면 된다. 이 상위 디렉터리의 위치는 아무 위치나 관계없기 때문에 독자 여러분들이 원하는 디렉터리를 상위 디렉터리로 지정하면 된다. 그림 1-18에서는 "/Volumes/OpenHealth/Dropbox"가 입력되어 있지만 필자의 Macbook 컴퓨터에서의 상위 디렉터리일 뿐이니 신경 쓰지 않아도 된다.

Step 5 그림 1-18에서 "Create Project" 버튼을 누르면 그림 1-19와 같은 RStudio 프로그램 화면이 보일 것이다. File 창에 "khps.Rproj" 파일이 생성된 것을 볼 수 있다. "khps.Rproj"는 프로젝트 실행 파일(확장자 Rproj)로 파일 탐색기에서 더블클릭하면 해당 프로젝트가 열리게 되고, 해당 디렉터리가 자동으로 working directory로 설정된다. 절대 삭제를 하면 안 된다는 것을 기억하자.

Step 6 이 디렉터리에 하부 디렉터리 data를 만들어보자. 디렉터리는 File 창에서 New Folder 버튼을 누르면 그림 1-19의 우측 상단에 있는 창이 뜨게 되며 그림과 같이 data를 치면 khps 디렉터리 안에 data 디렉터리를 쉽게 만들 수 있다.

New Project

Back

Create New Project

Directory name:

khps

Create project as subdirectory of:

/Volumes/OpenHealth/Dropbox

Browse...

Open in new window

Create Project

Cancel

그림 1-18 RStudio에서 새로운 프로젝트를 생성하는 화면 3

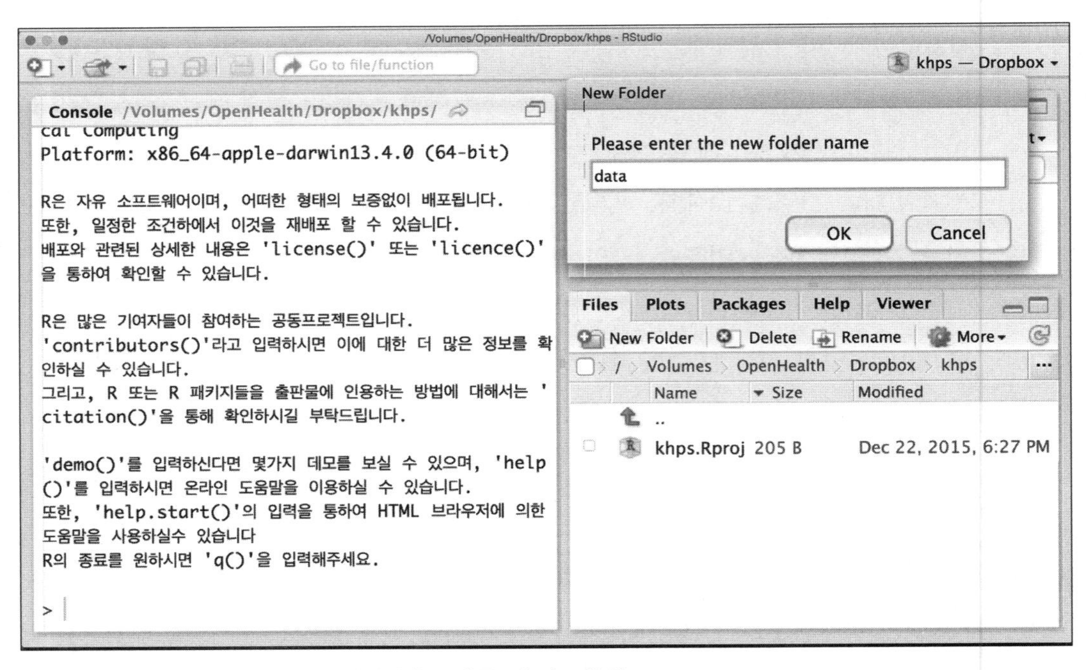

그림 1-19 File 창에서 하부 디렉터리 “data”를 만드는 화면

필자는 아래의 세부 디렉터리를 만들어 자료를 관리하고 있다. 다른 디렉터리는 몰라도 **data**, **outcome** 이 2개 디렉터리는 반드시 만들도록 하자. 2장부터 필요한 디렉터리이기 때문이다. 독자들이 자신에게 가장 편한 방식으로 세부 디렉터리를 만들어 관리하되 가급적 디렉터리 이름은 영어로 저장하길 권장한다. 필자가 어떤 프로젝트를 **RStudio**에서 생성하더라도 대개는 아래 5개 하부 디렉터리를 만들어 자료를 관리한다. 참고하길 바란다.

- `data`: 엑셀, SAS, SPSS, Stata 등 다른 형식으로 저장된 원본 데이터를 보관한다. 이 디렉터리는 절대 수정을 하지 않는다는 원칙을 지킨다.
- `outcome`: 분석 결과물을 임시 보관한다.
- `reference`: 작업에 필요한 참고문헌 등을 보관한다.
- `figure`: 작업에 필요한 그림, 동영상 자료 등을 보관한다.
- `other`: 기타 잡다한 자료들을 보관한다.

5개 하부 디렉터리를 모두 만들면 `File` 창은 그림 **1-20**과 같이 보일 것이다.

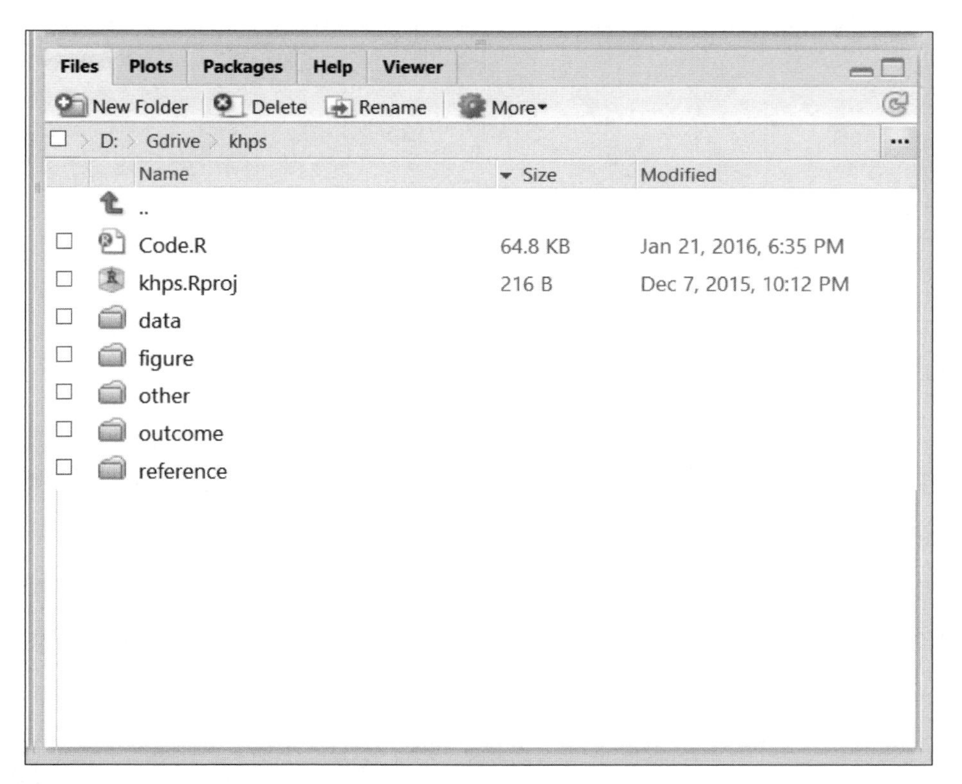

그림 1-20 Files 창으로 보는 프로젝트 작업 환경 구성

4 준비하기

4.1 KHPS 데이터셋 받기

한국의료패널조사(Korea Health Panel Survey, 이하 KHPS)는 우리나라 국민의 보건의료서비스 이용과 이에 따른 비용 지출 그리고 재원에 관해 국가 및 시도 단위의 대표성 있는 통계를 산출하고자 2008년부터 조사를 시작한 국가승인통계(92012호)이다. 보건의료서비스 이용과 의료비 지출 및 재원에 직접적 또는 간접적으로 영향을 미치는 요인을 규명하고 아울러 그 추이에 대하여 지속적으로 관찰하기 위하여 표본 추출한 패널 가구와 그 가구원을 2008년부터 매년 추적 조사하고 있다.

KHPS 데이터셋은 KHPS 홈페이지(https://www.khp.re.kr:444)에서 신청하면 무료로 받을 수 있다. KHPS 자료는 2015년 기준으로 2008-2012년 데이터셋을 요청하여 무료로 받을 수 있다. 무료이지만 필자나 출판사가 이 자료들을 임의로 제공할 수 없기 때문에 독자들이 직접 신청하여 받아야 한다.

Mission 1.4.1.01

▶ KHPS 데이터셋을 받아오자.

Step 1 한국의료패널조사 홈페이지(https://www.khp.re.kr:444)에 접속한 후, 상단의 데이터 정보 버튼을 누르면 그림 1-21의 화면이 보인다.

Step 2 그림 1-21 화면에서 좌측 하단에 있는 데이터 활용동의서-다운로드를 클릭하면 PDF 파일(그림 1-22)이 다운로드 된다.

Step 3 데이터 활용동의서를 인쇄, 작성하여 담당자(khp@kihasa.re.kr 또는 팩스 044-287-8058)에게 보낸 후 승인이 되면 동의서에 적은 본인의 이메일 주소로 KHPS 데이터셋을 받을 수 있는 안내 메일이 발송된다. SAS, SPSS, Stata 중 원하는 형식을 체크하면 되며, 이 책에서는 SAS, SPSS, Stata 형식의 파일을 모두 읽어올 것이기 때문에 3가지 모두 체크하여 자료를 받도록 하자.

데이터 절차 안내

「한국의료패널」 조사에 많은 관심과 애정을 보내주셔서 감사드립니다.

한국의료패널조사 데이터는 다음과 같은 절차로 제공해 드립니다.

step1

'step1' 또는 '데이터 공지사항' 에서 '데이터 활용동의서' 다운로드 및 작성

step2

아래 담당자에게 이메일 혹은 팩스로 전송 (※ 데이터 활용 동의서는 자필로 작성하셔서 스캔 후 이메일, 또는 팩스로 전송)

- 한국보건사회연구원 : (이메일) khp@kihasa.re.kr
  (팩　스) 044-287-8058

step3

이메일로 데이터 전송

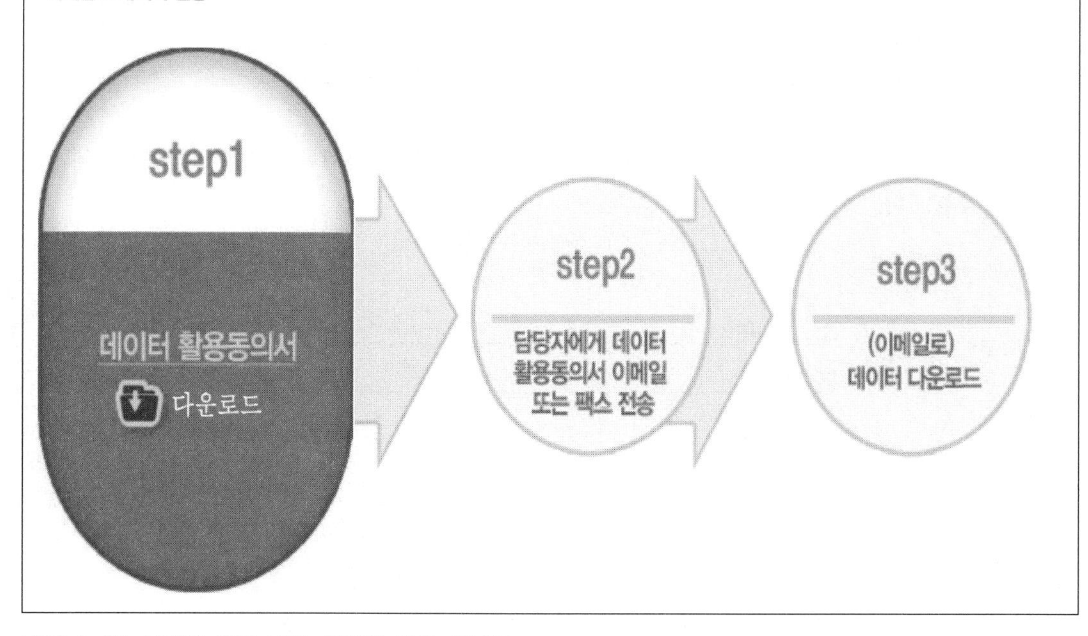

그림 1-21 KHPS 자료 받기 절차에 대한 안내도

출처: https://www.khp.re.kr:444/ver_2/03_data/data01.jsp

한국의료패널 자료활용동의서

본 연구자는 한국의료패널 데이터를 사용함에 있어 다음의 사항에 대한 준수를 동의합니다.

❏ **데이터 명 및 버전**

- 2008년~2012년 연간데이터(Version 1.1)

❏ **자료 활용 시 주의사항**

- 본 데이터를 활용한 연구결과를 게재하거나 출판 시, 연구방법이나 데이터 소개 부문에 **"본 연구는 한국보건사회연구원과 국민건강보험공단이 공동으로 주관하는 한국의료패널 2008년~2012년 연간데이터(Version 1.1)를 활용하였다"**와 같은 형식으로 **데이터 주관기관, 데이터 명, 데이터 버전**에 대해 명확하게 명기하겠습니다.
- 본 데이터를 연구목적으로만 사용하며, 개인 및 기관의 영리목적으로 사용하지 않겠습니다.
- 본 데이터를 타인에게 대여 또는 양도하지 않겠습니다.

만일 위의 사항을 위반하였을 시에는 관련 규정에 따라 어떠한 처벌도 감수할 것을 서약합니다.

2016년 월 일

소 속 : ____________

연 락 처 : ____________

이 메 일 : ____________

활용목적 : ____________

성 명 : (서 명)

자료유형 : SAS( )/SPSS( )/STATA( )

※ 본 데이터를 활용한 연구결과를 게재하거나 출판할 경우, 반드시 그 사실을 한국의료패널 담당자에게 통보하여 주시기 바랍니다.

그림 1-22 한국의료패널 자료활용동의서 양식

출처: https://www.khp.re.kr:444/ver_2/03_data/data01.jsp

(주의: 그림 1-22가 아닌 위 주소로 접속하여 동의서 양식을 직접 다운로드하여 작성해야 함.)

4.2 RStudio로 데이터셋에 접근하기

Mission 1.4.2.01

▶ KHPS 데이터셋과 도움 자료를 프로젝트 디렉터리에 저장하자.

“3.5 프로젝트로 작업 환경 구성하기”(16-19 페이지 참고)를 성공적으로 마친 독자들은 표 1-1과 같이 khps 디렉터리와 하부 디렉터리 data에 파일을 저장하자.

KHPS 데이터셋은 “4.1 KHPS 데이터셋 받기” 과정을 통해 한국보건사회연구원으로부터 받은 후 표 1-1에 설명한 대로 **75개 Stata 파일**, **1개 SAS 파일**, **1개 SPSS 파일**을 저장하면 된다.

이 책을 보는 데 도움을 주는 4개 자료 **Mission.pdf**, **Code.R**, **codebook.xlsx**, **khps_excel.xlsx** 등은 다음 2가지 방법으로 받으면 된다.

1. 한나래출판사 사이트(www.hannarae.net) 자료실에서 받기
2. 필자의 이메일(openhealth77@gmail.com)로 요청하면 독자들에게 Dropbox 링크 주소를 답장 메일로 보내준다. 답장 메일을 받은 후 링크를 클릭하여 다운로드 받으면 된다.

표 1-1 프로젝트 디렉터리 kphs 내 파일 저장 방법

저장 디렉터리*	파일의 특성	파일 이름
khps	이 책에서 제시한 Mission 목록	Mission.pdf
	이 책의 2-6장의 전체 명령문이 담긴 R Script 문서	Code.R
	khps 데이터셋 코드북	codebook.xlsx
khps/data	75개 Stata 형식(확장자 dta)의 KHPS 데이터셋	표 1-2에 기술
	1개 SAS 형식의 KHPS 데이터셋	t12ind.sas7bdat
	1개 SPSS 형식의 KHPS 데이터셋	T12IND.SAV
	제2장에서 사용할 예제 엑셀 파일	khps_excel.xlsx

* khps는 프로젝트를 만들면서 지정한 working directory이고, khps/data는 khps 디렉토리의 하부 디렉터리인 data를 의미함. “3.5 프로젝트로 작업 환경 구성하기” 부분(16-19페이지) 참고.

위의 과정을 마친 독자들은 File 창에서 보이는 **Code.R 파일**을 마우스로 클릭하면 그림 2-23과 같은 화면이 나올 것이다. 독자들은 항상 이 책과 Code.R 파일을 열어놓고 2장부터 나오는 R 함수를 하나씩 실행하여 익히면 된다.

codebook.xlsx 파일을 열면 그림 1-24와 같은 나올 것이다. 이 파일은 한국보건사회연구원에서 제공하는 KHPS 코드북 엑셀 파일을 필자가 파일 이름만 영문으로 바꾼 것이다[본래 파일 이름은 "한국의료패널 연간데이터(Version 1.1)_코드북.xlsx"임]. 이 파일을 통해 **2008-2012년 KHPS 데이터셋별 설문 내용, 변수 이름, 보기 문항 내용**을 알 수 있다. 1개 데이터셋에 대한 내용은 1개 sheet에 정리되어 있고, 따라서 **총 15개 KHPS 데이터셋(Survey, MT_H, HH, IND, HPH, PHI, PHR, CD, MD, ER, IN, OU, APPEN, LTC, INCOME_IND)**에 대한 내용은 15개 sheet에 나누어 정리되어 있다. **오픈코드 sheet**는 연령구간, 행정구역 코드표, 세대구성 코드표, 직종 중분류 코드표, 산업분류 코드표, 질병코드표에 대한 내용을 담고 있다. 질병코드 sheet는 오픈코드 sheet에 있는 질병코드표 내용을 복사하여 필자가 별도 sheet에 붙여 넣은 것이기 때문에 참고하기 바란다. **의료비 설명 sheet**는 데이터셋 HH와 데이터셋 IND에 있는 가구 단위 의료비와 가구원 단위 의료비의 구성 항목 및 무응답 처리 방법에 대한 내용을 담고 있다. 이 책에서 다루지 않는 설문 내용이나 변수를 다루고자 하는 독자들은 반드시 codebook.xlsx 파일을 컴퓨터에 저장해놓고 수시로 확인하길 바란다.

KHPS 데이터셋은 SAS, SPSS, Stata 형식의 자료가 제공되며, 이 3가지 형식의 2008-2012년 KHPS 자료를 모두 받은 독자들은 총 225개 파일을 보게 될 것이다(각 형식별로 75개 파일로 구성됨). 데이터셋별 Stata 형식의 75개 파일 이름은 표 1-2를 보면 된다. 본래 파일 이름은 모두 대문자로 되어 있지만 표 1-2에서는 모두 소문자로 바꾸어 적었음을 주의하기 바란다.

Stata만을 사용하고 SAS나 SPSS 프로그램이 없는 독자들은 SAS, SPSS 데이터셋 파일은 굳이 받지 않아도 된다. R에서 SAS, SPSS 형식의 파일을 불러오는 과정을 연습하기 위해 필요한 각 1개 파일을 예제 파일로 선택했을 뿐이다. 이 책에서는 75개 Stata 형식의 파일을 이용하여 패널 자료를 다루는 법을 기술하였기 때문에 SAS, SPSS를 사용하는 독자들은 맘에 들지 않더라도 Stata 형식의 파일을 받아 진행해주길 부탁드린다.

RStudio에서 KHPS 데이터셋을 불러올 경우 파일 이름이 소문자인지 대문자인지 여부는 중요하지 않다. 대문자로 된 파일 이름을 RStudio에서 소문자로 입력하더라도 오류 없이 불러올 수 있기 때문이다. 반면 변수 이름은 대문자와 소문자를 구분하여 입력해야 하며, 이 책에서는 모든 변수 이름은 소문자로 통일하여 입력하는 방식을 취하고 있다.

Code.R

Source on Save | Run | Source

```
#--------------------------------
# 2장 R 함수 기초와 객체 불러오기
#--------------------------------

# 1 R 객체 이해하기 / ~ 페이지

## 1.1 벡터 객체 이해하기 / ~ 페이지

### Mission 2.1.1.01 / ~페이지
c(1, 2, 3, 4, 5)
x <- c(1, 2, 3, 4, 5)
is.vector(x)
x <- c(1, 2, 3, 4, 5) ; is.vector(x)
```

그림 1-23 Code.R 문서를 RStudio의 Source 창에 띄운 화면

한국의료패널 연간데이터 (Beta Ver2.1) 코드북

설문내용	변수명	보기문항내용	2008 상반기		2008 하반기		2009		2010 상반기		2010 하반기		2011		2012		2013	
			빈도	(%)	빈도	(%)	빈도	(%)	빈도	(%)	빈도	(%)	빈도	(%)	빈도	(%)	빈도	(%)
방문조사일																		
가구고유번호	HHIDWON																	
가구생성차수	M1	(11) 2008년 상반기	7,866	(100.00)	7,169	(99.56)	6,727	(98.96)	6,313	98	6,089	(96.93)	5,800	(95.99)	5,551	(94.79)	5,174	(93.71)
		(12) 2008년 하반기			32	(0.44)	27	(0.40)	24	0	23	(0.37)	22	(0.36)	20	(0.34)	20	(0.36)
		(21) 2009년					44	(0.65)	40	1	41	(0.65)	39	(0.65)	38	(0.65)	36	(0.65)
		(31) 2010년 상반기							56	1	52	(0.83)	50	(0.83)	48	(0.82)	45	(0.82)
		(32) 2010년 하반기									78	(1.24)	66	(1.09)	61	(1.04)	52	(0.94)
		(41) 2011년											65	(1.08)	60	(1.02)	55	(1.00)
		(51) 2012년													78	(1.33)	70	(1.27)
		(61) 2013년															69	(1.25)
가구분리일련번호	M2	(1) 첫번째 분가가구	7,866	(100.00)	7,201	#####	6,797	(99.99)	6,430	(99.95)	6,276	(99.89)	6,035	(99.88)	5,847	(99.85)	5,512	(99.84)
		(2) 두번째 분가가구					1	(0.01)	3	(0.05)	7	(0.11)	7	(0.12)	9	(0.15)	9	(0.16)
가구식별번호	HHID		7,866		7,201		6,798		6,433		6,283		6,042		5,856		5,521	
가구유치(예비)조사일	YEAR0	(2007)년	3,422	(43.50)														
		(2008)년	4,444	(56.50)														
	MON0	(1)월	1,878	(23.87)														
		(2)월	1,272	(16.17)														
		(3)월	1,294	(16.45)														
		(10)월	39	(0.50)														
		(11)월	1,484	(18.87)														

survey | MT_H | MT_I | hh | ind | hph | phi | phr | cd | md | er | in | ou | appen | ltc | income_ind | 오픈코드 | 질병코드 | 의료비 설명

그림 1-24 codebook.xlsx 파일을 엑셀 프로그램에 띄운 화면

표 1-2 2008-2012년 KHPS 연간 데이터셋 Stata 형식 파일 이름

KHPS 데이터셋		Stata 형식의 파일 이름 (파일 확장자: dta)
내용	이름	
차수별 가구 조사일	SURVEY	survey
가구 key 변수	MT_H	mt08_h, mt09_h, mt10_h, mt11_h, mt12_h
가구원 key 변수	MT_I	mt08_i, mt09_i, mt10_i, mt11_i, mt12_i
가구 사항	HH	t08hh, t09hh, t10hh, t11hh, t12hh
가구원 사항	IND	t08ind, t09ind, t10ind, t11ind, t12ind
가구 민간의료보험	HPH	t08ahph, t08bhph, t09hph
가구원 민간의료보험	PHI	t08aphi, t08bphi, t09phi, t10aphi, t10bphi, t11phi, t12phi
민간의료보험 급여	PHR	t08aphr, t08bphr, t09phr, t10aphr, t10bphr, t11phr, t12phr
만성질환 및 의약품 이용	CD	t08cd, t09cd, t10cd, t11cd, t12cd
3개월 이상 의약품 이용	MD	t08md, t09md, t11md, t12md
응급의료 이용	ER	t08er, t09er, t10er, t11er, t12er
외래의료 이용	OU	t08ou, t09ou, t10ou, t11ou, t12ou
입원의료 이용	IN	t08in, t09in, t10in, t11in, t12in
부가조사	APPEN	t09appen, t10appen, t11appen, t12appen
노인장기요양	LTC	t09ltc, t10ltc, t11ltc, t12ltc
소득(가구원 단위)	INCOME_IND	t08income_ind, t09income_ind, t10income_ind, t11income_ind, t12income_ind

Mission 1.4.2.02

▶ 새로운 R script 문서를 만들자.

프로젝트 khps 디렉터리에 있는 khps.Rproj 파일을 더블클릭하여 RStuio를 실행시키자. RStudio 실행 화면에서 그림 1-25와 같이 메뉴 바에서 "File > New File"을 찾은 후 R Script를 클릭하면 그림 1-26과 같이 "Untitled1"이라는 창이 생긴다. 이제 여기에 R 함수를 입력하고 실행하기만 하면 된다.

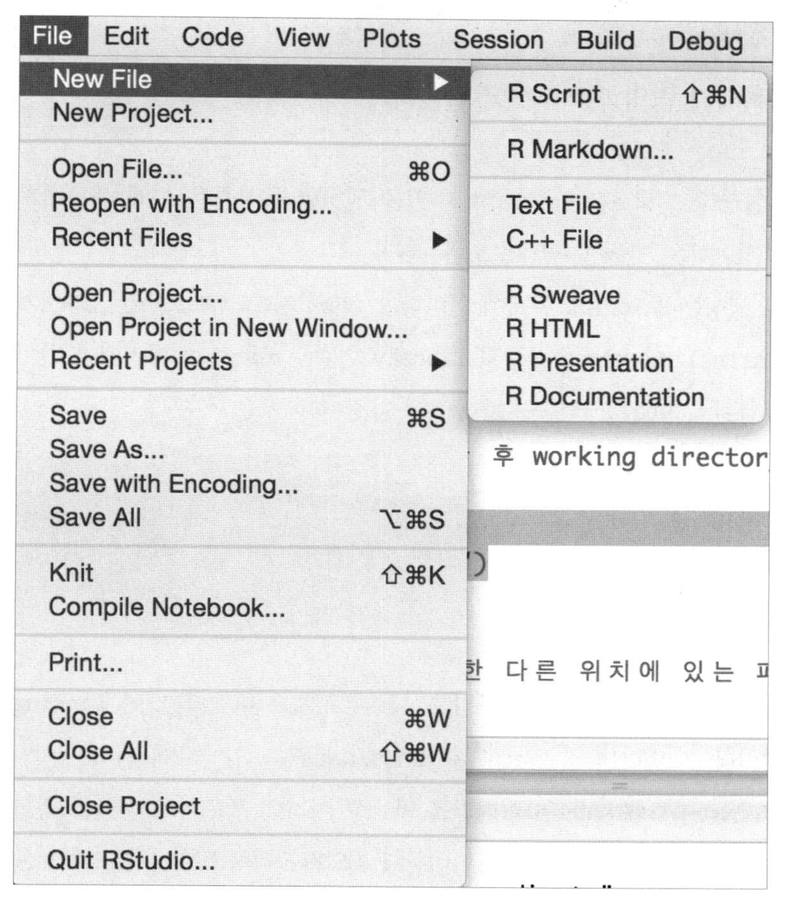

그림 1-25 RStudio에서 R Script 파일 만드는 화면

그림 1-26 새로운 RScript 파일을 만든 화면

Mission 1.4.2.03

▶ RStudio 프로젝트 디렉터리 안의 데이터셋에 접근하자.

RStudio 프로젝트 파일을 실행하고 새로운 R Script 파일을 생성한 독자들은 이제 프로젝트 디렉터리에 있는 자료들에 접근하는 방법을 익혀보도록 하자.
아래의 3줄의 함수문을 새로 생성한 R Script 문서에 입력하여 실행하자(프롬프트, >는 입력하지 않아야 한다). 이 함수문은 **install.packages** 함수와 **library** 함수로 **foreign 패키지**를 설치하고 불러온 후 **read.dta** 함수로 Stata 파일을 불러오는 과정이다.

```
> install.packages("foreign")
> library(foreign)
> t12ind<-read.dta("./data/t12ind.dta")
```

"./data/t12ind.dta" 부분을 주목하자. 맨 앞의 **마침표**(.)는 프로젝트 디렉터리, 즉 **working directory**인 khps를 의미한다. 그렇다면 "./data"는 "khps/data"를 의미하게 된다.
윈도우를 사용하는 독자가 C 드라이브에 khps 디렉터리를 만들고 여기에 프로젝트 파일을 생성시켰다고 가정하자. "./data"는 "C:/khps/data"를 의미한다. OS X나 리눅스 계열 운영체제를 사용하는 독자들은 정확한 디렉터리 경로를 입력하는 것이 어려울 수 있다.
하지만 RStudio의 프로젝트 기능은 프로젝트 파일이 있는 디렉터리가 어느 경로에 있든 마침표(.)로 지정해버리기 때문에 복잡한 디렉터리 경로를 입력할 필요가 없다.
RStudio의 또 하나의 매력이다.

Mission 1.4.2.04

▶ setwd 함수의 기능을 익히자.

working directory를 설정하는 다른 방법은 **setwd** 함수를 이용하는 것이다. 하드 드라이브 용량이 적은 노트북을 사용하는 독자들 중 일부는 대용량 데이터를 외장 드라이브에 저장하는 경우가 있다. 이처럼 프로젝트 디렉터리와 그 디렉터리 안에 있는 파일들은 컴퓨터 본체에 저장되어 있지만 분석을 시행할 데이터셋 파일들은 외장 드라이브에 있는 경우 Mission 1.4.2.03 부분에서 제시한 방법으로는 데이터셋 파일을 불러들일 수 없다.

이런 경우는 setwd 함수에서 해당 데이터셋이 저장된 디렉터리 경로를 지정해주어야 한다. 윈도우를 이용하는 사람이 외장하드인 D 드라이브에 data 디렉터리를 만들어서 t12ind.dta 파일을 저장하였다고 하자. setwd 함수를 적용하지 않고 아래 R 함수를 Console 창에 입력하고 실행하면 오류 메시지를 출력하게 된다. 이는 t12ind.dta 파일 경로를 지정하지 않아 생긴 문제이다.

```
> t12ind<-read.dta("t12ind.dta")
Error in read.dta("t12ind.dta"):
  unable to open file: 'No such file or directory'
```

경로를 정확히 입력하여 다시 아래의 R 함수를 실행해보자. 문제가 없다. 하지만 여러 개의 파일을 지정할 때 그 세부 경로를 일일이 입력하는 것은 매우 번거롭다.

```
> t12ind<-read.dta("D:/data/t12ind.dta")
```

이런 번거로움을 피하기 위해서는 setwd 함수를 이용하면 한다. setwd 함수는 ()안에 사용할 디렉터리 경로를 한 번만 입력, 실행하면 된다. setwd 함수를 실행한 후 read.dta 함수에서 “t12ind.dta”만을 입력했는데 문제없이 Stata 파일을 RStudio로 불러올 수 있다. t12ind.dta 이외 다른 74개 Stata 파일을 불러온다고 했을 때 일일이 전체 경로를 입력한다고 생각하면 머리가 아파올 것이다.

```
> setwd("D:/data")
> t12ind<-read.dta("t12ind.dta")
```

Mission 1.4.2.05

▶ OS X에서 디렉터리 경로를 찾아내어 보자.

OS X를 많이 사용하지 않은 독자들은 정확한 디렉터리 경로를 알기 어렵다. OS X에 익숙하지 않은 독자라면 먼저 자기가 사용할 디렉터리 안의 아무 파일이나 선택한 후 옵션 창을 띄우자.

그리고 "정보 가져오기"를 클릭하면 그림 1-27의 가장 오른쪽에 위치한 창이 뜨게 된다. 이 창에서 위치 정보 부분의 경로(그림 1-27은 필자의 맥북의 사례이므로 "Machintosh HD ▶ 사용자 ▶ OpenHealth ▶ khps"으로 나타난다)를 모두 선택한 후 복사하여 붙여넣기를 하면 "/Users/OpenHealth/khps"라는 값을 보여준다. 이것이 OS X에서 디렉터리 경로가 된다. 이는 필자의 맥을 기준으로 작성한 것이기 때문에 독자의 맥에 설정된 사용자 이름에 따라 OpenHealth 부분이 바뀌게 될 것이다. 따라서 이 책의 "/Users/OpenHealth/khps"를 경로로 잡으면 여러분의 컴퓨터에서는 사용자 이름이 다르기 때문에 오류가 발생한다.

외장 드라이브에 저장할 경우 디렉터리 경로가 다르게 설정된다. OS X에서 외장 드라이브를 연결할 경우 디렉터리 경로는 /Volumes로 시작되는 것이 다르다. 위 문단에서 설명한 방법대로 외장 드라이브의 khps 디렉터리 경로를 찾으면 "/Volumes/OpenHealth/khps" 값을 보여준다. 여기에서 OpenHealth는 외장 드라이브 이름을 필자가 OpenHealth로 설정한 것뿐이며, 독자들의 OS X의 설정에 따라 이 값은 변한다는 것을 명심하자.

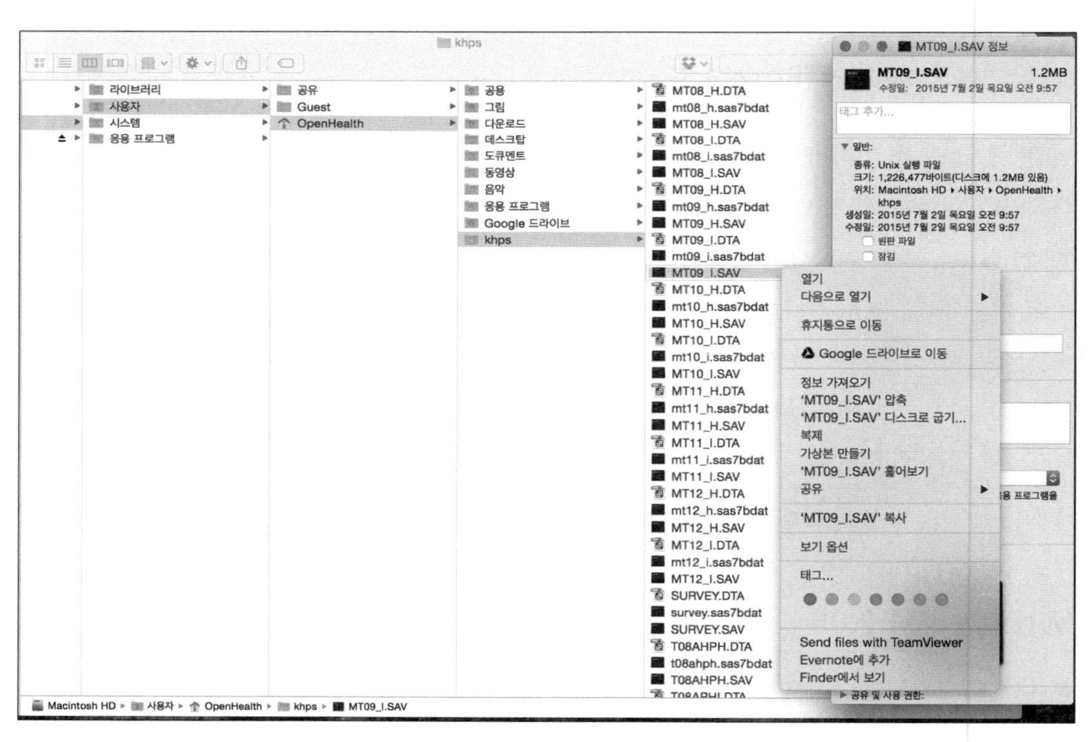

그림 1-27 OS X에서 디렉터리 경로 찾는 법

R 함수 기초 배우기

R은 객체지향 언어(object-oriented language)를 이용하여 변수, 데이터셋, 통계값 등 모든 형태의 자료들을 객체로 저장하는 특성을 갖고 있다. 따라서 R을 배우고자 할 때 객체의 종류와 그 쓰임새를 아는 것은 R을 능수능란하게 사용하기 위한 첫걸음이라 할 수 있다.

R에서 객체의 이름은 문자, 숫자, "_" 또는 "."를 이용하여 이름의 길이에 제한 없이 표현할 수 있다. SAS 사용자는 변수 이름에 "."를 쓸 수 없다는 것을 알고 있을 것이다. SAS에서 "dir.data"라고 변수명을 주게 되면 변수로 인식하지 못하는데 "dir"은 working directory 이름이고 "data"는 working directory 안에 있는 데이터셋 이름으로 인식하기 때문이다. 반면 R은 객체나 변수 이름에 .를 쓸 수 있어 shift 키를 눌러야만 입력되는 _보다 .를 쓰는 것이 이름 입력에 더 편리하다.

변수 이름에 한글을 사용하는 경우 프로그래밍 코드 작성 시 어려움을 자초하는 일이다. 따라서 한글보다 영어를 사용하는 것을 권장하며, 이 책에서 극히 일부 사례를 제외하고 거의 모든 객체, 변수 이름, 디렉터리 이름을 영어 소문자로 작성하였다.

동일한 이름을 소문자, 대문자를 달리하여 객체 이름을 짓는 것도 피할수록 좋다. 예를 들어 하나의 데이터셋에 두 개의 변수 이름을 "exsmoke"와 "ExSmoke"라고 짓는다면 다른 변수로 인식된다. 하지만 다른 의미를 갖는다고 생각하기 어렵고 혼동만 줄 뿐이다.

변수 이름에 R 함수에서 사용되는 "mean" 또는 "TRUE"와 같은 문자도 쓰지 않는 것이 R 함수 코드를 작성하는 과정에서 혼선을 줄일 수 있다.

1 R 객체 이해하기

R을 처음 사용한 독자들은 데이터프레임이 어떤 구조로 이루어진 객체인지 그리고 데이터프레임과 다른 객체가 어떤 차이가 있는지 정도만 알아도 통계분석을 시행하는 데는 큰 어려움은 없다.

하지만 데이터셋을 분석 목적에 맞게 변형하고 보다 복잡한 분석을 시행하고 분석 결과를 내 입맛에 맞는 형태의 표나 그림으로 만들어내기 위해서는 **데이터프레임(data.frame)** 이외에도 **벡터(vector), 요인(factor), 행렬(matrix), 리스트(list)** 등 각 객체의 구조를 알고 이를 다룰 수 있는 능력을 갖추는 것이 필요하다.

표 2-1은 R에서 이용하는 객체별 구성과 특성에 대해 소개하고 있다. R에서 이용하는 자료 객체 중 데이터프레임과 리스트만이 여러 유형의 자료가 적용 가능다. 여러 유형의 자료가 적용 가능하다는 것은 숫자, 문자, 논리, 날짜, 시간 등 2개 이상의 다른 유형의 자료들을 하나의 객체에 저장이 가능하다는 것을 의미한다.

벡터는 하나 이상의 자료 값(원소)으로 구성된 1차원 구조를 가지며, **요인**은 벡터 객체 중 범주형 자료를 원소로 갖는 객체로, **순서가 있는 요인(순서형 요인)**과 **순서가 없는 명목형 요인**으로 구분된다. **행렬**은 행과 열의 2차원 구조, 배열은 2차원 이상의 구조를 가지고 있고 보통 3차원 이상의 구조를 가진다. 벡터, 요인, 행렬 모두 1가지 유형의 자료만 허용한다는 점은 같다.

많은 통계 자료들이 서로 다른 유형의 숫자나 문자, 간혹 날짜 또는 시간이 입력되어 있다. 이러한 자료는 **데이터프레임** 객체로 R로 불러와야만 자료의 본래 속성을 그대로 유지할 수 있다.

리스트는 각 차원별의 원소의 개수가 동일해야 한다든지 일정한 자료 형식을 요구하는 제한이 없어 R 객체 중 가장 자유로운 구조를 갖고 있다. 통계분석 결과들을 보면 숫자, 문자, 표, 그림 등 굉장히 다양한 형식으로 출력되는 것을 알 수 있다. 리스트 객체의 가장 대표적인 것은 바로 통계분석 결과이다.

표 2-1 R에서 이용하는 객체의 구성과 특성

객체 유형	차원	자료 유형	복수 유형 적용 가능 여부
벡터	1차원	수치/문자/복소수/논리	불가능
요인	1차원	수치/문자	불가능
행렬	2차원	수치/문자/복소수/논리	불가능
데이터프레임	2차원	수치/문자/복소수/논리	가능
리스트	2차원 이상	수치/문자/복소수/논리/표현식 등	가능

출처: 양경숙, 김미경. 기초자료분석을 위한 R입문. 서울: 한나래출판사, 2011, p. 46.

표 2-2를 보면 4명의 성별, 연령, 사망일에 대한 자료가 입력되어 있다. ID 변수는 숫자, gender 변수는 문자, age 변수는 숫자 변수, deathdate 변수는 날짜 형식으로 입력되어 있다.
표 2-2는 **사례(observation, 행)**와 **변수(variable, 열)**의 2차원 구성이기 때문에 1차원 구성을 갖는 벡터, 요인 객체로 불러오는 것은 불가능하다.
2차원 구조인 행렬은 숫자, 문자의 다른 형식의 자료를 동시에 불러올 경우 숫자를 문자로 바꿔서 불러오게 된다(문자는 숫자로 바꾸지 않는다는 점을 유의하자). 행렬로 불러올 경우 숫자가 문자로 변환되면서 계산식을 적용할 수 없는 문제가 발생하여 본래 숫자 자료가 가지고 있는 장점을 전혀 활용하지 못하게 된다. 따라서 데이터프레임 또는 리스트 객체로 불러와야만 본래 자료의 값과 속성을 그대로 유지할 수 있다.

표 2-2 여러 유형의 데이터를 가진 자료의 예시

ID	gender	age	deathdate
1	남자	24	2015-01-01
2	여자	45	2015-10-10
3	남자	51	2014-12-31
4	여자	39	2014-01-02

표 2-3은 객체의 유형을 검증하는 함수와 객체 간 유형을 변환하는 함수에 대해 소개하고 있다. 객체 유형을 검증하는 함수는 **is.object** 형식을 가진다. **is.vector**는 객체가 벡터인지 여부를 검증하는 것이며, 객체가 벡터일 경우 TRUE를 출력하고 아닐 경우 FALSE를 출력한다.

is.factor, is.matrix, is.data.frame, is.list 함수의 실행 결과 역시 마찬가지이다.

객체 변환 함수는 **as.object** 형식을 가진다. 행렬 객체 a를 데이터프레임으로 바꾸고 싶을 경우 **as.data.frame(a)**를 실행하면 된다.

표 2-3 객체 유형 검증과 변환 함수

객체 유형	객체 유형 검증 함수	객체 변환 함수
벡터	is.vector	as.vector
요인	is.factor	as.factor
행렬	is.matrix	as.matrix
데이터프레임	is.data.frame	as.data.frame
리스트	is.list	as.list

1.1 벡터

Mission 2.1.1.01

▶ 숫자로 이루어진 벡터를 만들자.

■ Line별 의미

10 c(1, 2, 3, 4, 5)에서 c는 **combine(결합하다), concatenate(연결시키다), collapse(압축하다)** 등의 다양한 의미로 해석될 수 있다. 목적은 () 안에 넣은 원소(여기에서는 숫자 1, 2, 3, 4, 5)들을 묶어서 하나의 객체로 압축하는 결과를 출력하는 것이다.

11 **x <- c(1, 2, 3, 4, 5)** 문에서 화살표 **<-**는 오른쪽 객체를 왼쪽 객체로 저장하라는 기호이다. 즉, c(1, 2, 3, 4, 5)를 객체 x로 저장하라는 명령문이 된다.

12 객체 x는 벡터일까? **is.vector** 함수를 적용하니 TRUE를 출력하였고 따라서 벡터 객체라는 것을 알 수 있다.

13 **class** 함수를 적용하니 **"numeric"**를 출력하였고 이는 이 객체의 자료 유형이 숫자임을 의미한다. 문자일 경우 **"character"**를 출력하게 된다.

■ Line별 함수와 출력 결과

10
```
> c(1, 2, 3, 4, 5)
[1] 1 2 3 4 5
```
11
```
> x <- c(1, 2, 3, 4, 5)
```
12
```
> is.vector(x)
[1] TRUE
```
13
```
> class(x)
[1] "numeric"
```

Mission 2.1.1.02

▶ 문자로 이루어진 벡터를 만들자.

■ Line별 의미

16 문자는 반드시 **쌍따옴표(" ")** 안에 입력해야 하며, 출력 결과에도 쌍따옴표가 있다.

17 "한국", "의료", "패널"의 3개 문자를 객체 y로 저장한 후 **is.vector** 함수를 적용하니 역시 TRUE를 출력한 것을 볼 수 있고, 벡터 객체라는 것을 알 수 있다.

2개 이상의 명령문을 1줄에 표현하고 싶다면 **세미콜론(;)**으로 연결하면 된다. 여기에서는 **y <- c("한국", "의료", "패널")** 문과 **is.vector(y)** 문을 세미콜론으로 연결하여 1줄에 입력, 실행한 것이다.

18 문자("한국", "의료")와 숫자(1)을 섞어서 벡터를 만든 결과 1이 문자로 바뀐 것을 알 수 있다. 벡터는 2가지 이상의 유형을 허용하지 않기 때문에 숫자 1을 문자 **"1"**로 자동으로 바꾸어버린 것이다.

■ Line별 함수와 출력 결과

16
```
> c("한국", "의료", "패널")
[1] "한국" "의료" "패널"
```
17
```
> y <- c("한국", "의료", "패널") ; is.vector(y)
[1] TRUE
```
18
```
> c("한국", "의료", 1)
[1] "한국" "의료" "1"
```

Mission 2.1.1.03

▶ 벡터 객체의 숫자 원소에 수학 연산자를 적용하자.

숫자 원소들로 구성된 벡터 객체는 더하기(+), 빼기(-), 곱하기(*), 나누기(/) 등 수학 연산자를 적용하면 모든 원소들에 적용된다. 아래 사례로 확인하자. 행렬과 데이터프레임 객체에도 그대로 적용되는 개념이다.

■ Line별 의미

21 1, 2, 3, 4, 5의 5개 숫자를 벡터 x로 저장하자.

22-5 x+2, x-1, x*2, x/2를 적용하니 벡터 객체 x의 5개 숫자 원소에 모두 적용된 것을 볼 수 있다.

26 Line 22-5 함수들을 **세미콜론(;)**으로 연결하여 1줄로 입력 후 실행, 출력해보자. Line 22-5 함수 출력 결과들과 비교해보면 한눈에 출력 결과를 비교하기 더 좋다는 것을 알 수 있다. 무엇보다 세미콜론이 좋은 점은 Line 22-5를 실행하면 총 8줄이 Console 창에 출력되지만 Line 26은 5줄에 출력되어 무려 3줄이나 줄일 수 있다는 점이다!

■ Line별 함수와 출력 결과

```
21    > x <- c(1, 2, 3, 4, 5)
22    > x+2
      [1] 3 4 5 6 7
23    > x-1
      [1] 0 1 2 3 4
24    > x*2
      [1] 2 4 6 8 10
25    > x/2
      [1] 0.5 1.0 1.5 2.0 2.5
26    > x+2 ; x-1 ; x*2 ; x/2
      [1] 3 4 5 6 7
      [1] 0 1 2 3 4
      [1] 2 4 6 8 10
      [1] 0.5 1.0 1.5 2.0 2.5
```

Mission 2.1.1.04

▶ length 함수로 벡터의 길이를 측정하자.

■ Line별 의미

29 1:7(1에서 7까지 연속된 정수 생성) 함수로 7개 숫자 원소로 이루어진 벡터 x를 만들자.

30 "2015년", "한국", "의료", "패널" 등 4개 문자 원소로 이루어진 벡터 y를 만들자.

31 벡터의 길이(원소의 개수)는 **length** 함수로 측정할 수 있다. 객체 x, y에 **length** 함수를 적용하니 7과 4를 출력하는 것을 볼 수 있다.

■ Line별 함수와 출력 결과

```
29  > 1:7 ; x <- 1:7
    [1] 1 2 3 4 5 6 7
30  > y <- c("2015년", "한국", "의료", "패널")
31  > length(x) ; length(y)
    [1] 7
    [1] 4
```

Mission 2.1.1.05

▶ nchar 함수로 각 문자 원소의 길이를 측정하자.

■ Line별 의미

34 "2015년", "한국", "의료", "패널조사" 등 4개 문자 원소로 이루어진 벡터 y를 만들자.

35 객체 y에 **nchar** 함수를 적용하니 5 2 2 4의 값을 출력하는 것을 볼 수 있다. "2015년", "한국", "의료", "패널조사" 각 문자 원소의 길이라는 것을 알 수 있다. R에서는 한글도 영어와 마찬가지로 1글자로 인식한다.

■ Line별 함수와 출력 결과

```
34  > y <- c("2015년", "한국", "의료", "패널조사")
35  > nchar(y)
    [1] 5 2 2 4
```

Mission 2.1.1.06

▶ names 함수로 벡터의 원소에 이름을 부여하자.

■ Line별 의미

38 1, 2, 3 등 3개 숫자 원소를 갖는 객체 z를 만들고 출력하자. [1] 1 2 3이라는 결과를 출력하였다.

39 벡터 원소에 이름을 부여하는 것은 **names** 함수로 가능하다.
names(z) <- c("a","b","c") 문은 벡터 객체 c("a","b","c")를 names(z)에 저장하라는 의미가 된다.
벡터 객체 z를 출력해보자. Line 38의 출력 결과와 비교해보니 a, b, c가 1, 2, 3에 대응한 이름으로 출력된 것을 알 수 있다.

■ Line별 함수와 출력 결과

38
```
> z <- 1:3 ; z
[1] 1 2 3
```

39
```
> names(z) <- c("a","b","c") ; z
a b c
1 2 3
```

1.2 요인

Mission 2.1.2.01

▶ 요인 객체를 만들어보고 벡터 객체와의 차이점을 이해하자.

■ Line별 의미

44 3, 2, 1, 4의 4개 숫자 원소로 구성된 벡터 x를 만들자.

45 벡터 x를 **as.factor** 함수를 이용해 요인 객체 x2로 저장하는 것이다.

46-7 객체 x와 x2의 출력 결과를 비교하면 x2는 **Levels: 1 2 3 4**를 출력하는 점이 다르다.
숫자의 높낮이에 따라 낮은 1부터 가장 높은 4의 순서로 자동 변경된 것에 주목하자.

■ **Line별 함수와 출력 결과**

```
44    > x<-c(3, 2, 1, 4)
45    > x2<-as.factor(x)
46    > x
      [1] 3 2 1 4
47    > x2
      [1] 3 2 1 4
      Levels: 1 2 3 4
```

Mission 2.1.2.02

▶ 요인 객체의 원소 순서(Levels)를 이해하자.

■ **Line별 의미**

50 "한국", "의료", "패널", "한국", "패널", "의료", "2015년" 등 7개 문자 원소로 구성된 벡터 객체 y를 만들자.

51 **as.factor** 함수로 요인 객체 y2로 저장하자.

52-3 객체 y와 y2 출력 결과를 비교하니 객체 y는 입력된 순서 그대로 출력하는 반면, 객체 y2는 쌍따옴표 없는 문자와 '**Levels: 2015년 의료 패널 한국**'이다. 객체 y는 문자 벡터로서 그 값을 "" 안에 출력하지만 요인 객체로 변환한 y2 객체는 "" 없는 문자를 출력하게 된다. 여기에서 Level의 순서가 **2015년, 의료, 패널, 한국** 순으로 나온 것은 숫자가 문자보다 순서가 앞서고 한글 모음, 자음 순서에 따른다는 기준 때문이다.

■ **Line별 함수와 출력 결과**

```
50    > y <- c("한국", "의료", "패널", "한국", "패널", "의료", "2015년")
51    > y2 <- as.factor(y)
52    > y
      [1] "한국"    "의료"    "패널"    "한국"    "패널"    "의료"    "2015년"
53    > y2
      [1] 한국    의료    패널    한국    패널    의료    2015년
      Levels: 2015년 의료 패널 한국
```

Mission 2.1.2.03

▶ 요인 객체의 level 순서를 바꾸자.

일반적인 요인 객체에서 **level**의 순서는 중요하지 않으며, 각 **level**은 동등한 것으로 간주된다. 하지만 교육수준과 같이 **level**간 순위(rank)를 가지는 경우 **level** 순서를 정해줘야 한다.

■ Line별 의미

56 Line 51에서 만든 요인 객체 y2에 대해 **factor** 함수를 적용하면 Line 53의 출력 결과 'Levels: 2015년 의료 패널 한국'과 달리 '**Levels: 2015년 <한국 <의료 <패널**'이라는 결과를 출력하는 것을 볼 수 있다.
levels=c("2015년", "한국", "의료", "패널") 옵션을 설정한 후 이 옵션을 적용하라는 의미의 **ordered=TRUE**로 설정함으로써 요인의 순서가 의도한 대로 바뀐 것을 알 수 있다.

■ Line별 함수와 출력 결과

56
```
> factor(y2, levels=c("2015년", "한국", "의료", "패널"), ordered=TRUE)
[1] 한국   의료   패널   한국   패널   의료   2015년
Levels: 2015년 <한국 <의료 <패널
```

1.3 행렬

통계학에서 가장 기본이 되는 구조는 행렬이다. 행과 열로 구성된 사각형이라는 측면에서는 1차원 구조를 갖는 벡터와 요인 객체와 달리 2차원 구조라는 특성이 있다. 데이터프레임 역시 2차원 구조를 가지지만, 행렬은 모든 원소가 1가지 유형만 허용되는 반면 데이터프레임은 2가지 이상 유형이 허용된다는 점에서 다르다. 원소 간 연산, 비교 연산은 벡터와 비슷하게 수행된다.

Mission 2.1.3.01

▶ matrix 함수로 행렬 객체를 만들자.

■ Line별 의미

62-3 **x <- matrix(1:8, nrow=4) ; x** 문과 **y <- matrix(1:8, ncol=2) ; y** 문을 실행한 결과는 같다. 다만 **nrow=4, ncol=2**를 넣은 차이만 있다. 1:8, 즉 1에서 8까지의 값을 **4개 행(nrow=2), 2개 열(ncol=2)**로 나누어 출력하라는 의미가 된다.
nrow는 행의 수, ncol은 열의 수를 지정하는 옵션임을 알 수 있다.
1에서 8까지 8개 숫자가 행렬 객체에 출력되는 방식을 보면, 1번째 열에서 1로 시작하여 아래 방향으로 2, 3, 4의 순서로 입력되는 것을 볼 수 있다.

64 **z <- matrix(1:8, nrow=2) ; z** 문은 Line 62에서 nrow=4를 nrow=2로 바꿨을 뿐인데 결과는 다르게 나타난 것을 알 수 있다.

■ Line별 함수와 출력 결과

62
```
> x <- matrix(1:8, nrow=4) ; x
     [,1] [,2]
[1,]    1    5
[2,]    2    6
[3,]    3    7
[4,]    4    8
```

63
```
> y <- matrix(1:8, ncol=2) ; y
     [,1] [,2]
[1,]    1    5
[2,]    2    6
[3,]    3    7
[4,]    4    8
```

64
```
> z <- matrix(1:8, nrow=2) ; z
     [,1] [,2] [,3] [,4]
[1,]    1    3    5    7
[2,]    2    4    6    8
```

Mission 2.1.3.02

▶ 행과 열의 특정 위치에 있는 값을 추출하자.

Line 62-4에서 출력된 행렬 객체를 살펴보면 **[1,] [,1]**와 같은 값이 있는 것을 볼 수 있다. **[1,]은 1번째 행, [,1]은 1번째 열을 의미**한다. 이 개념은 데이터프레임에도 그대로 적용된다.

■ Line별 의미

67 Line 62에서 만든 행렬 객체 x에서 1번째 행과 2번째 열의 교차 지점에 있는 값을 출력하는 것은 **x[1, 2]** 문으로 해결된다. Line 62 출력 결과와 비교하면 그 값이 5라는 것을 알 수 있다.

■ Line별 함수와 출력 결과

67

```
> x[1, 2]
[1] 5
```

Mission 2.1.3.03

▶ 행렬 객체에서 특정 위치에 있는 값을 다른 값으로 바꾸자.

■ Line별 의미

70 x[1, 2]에 위치한 값 5를 20으로 바꾸기 위해서는 **x[1, 2] <- 20 문**을 실행하면 된다. x를 출력하면 **x[1, 2]**에 위치한 값이 20으로 바뀐 것을 알 수 있으며 Line 62 출력 결과와 비교해보자.

■ Line별 함수와 출력 결과

70

```
> x[1, 2] <- 20 ; x
     [,1] [,2]
[1,]    1   20
[2,]    2    6
[3,]    3    7
[4,]    4    8
```

Mission 2.1.3.04

▶ nrow, ncol, dim 함수로 행과 열의 길이를 계산하자.

■ Line별 의미

73 행의 길이는 **nrow** 함수, 열의 길이는 **ncol** 함수를 이용하며, 행과 열의 길이를 한 번에 알고 싶다면 **dim** 함수를 이용하면 된다.

nrow(x)와 ncol(x) 출력 결과가 각각 4, 2로 나와 행의 길이는 4이고 열의 길이는 2라는 것을 알 수 있다. dim(x) 출력 결과는 4 2로 nrow(x), ncol(x) 결과를 동시에 보여준다.

■ Line별 함수와 출력 결과

73

```
> nrow(x) ; ncol(x) ; dim(x)
[1] 4
[1] 2
[1] 4 2
```

Mission 2.1.3.05

▶ 2개 행렬에 연산자를 적용하고 각 원소에 대해 비교하자.

■ Line별 의미

76 Line 70에서 만든 행렬 객체 x와 Line 63에서 만든 행렬 객체 y를 더한 결과이다.

77 행렬 객체 x, y의 각 원소를 비교하고 싶다면 **같다(==), 다르다(!=), 크다(>), 작다(<)**와 같은 비교 연산자를 적용하면 된다.

x==y를 실행한 결과를 객체 z로 저장한 후 **is.matrix** 함수를 적용하니 TRUE를 출력한 것을 볼 수 있다. 행렬 객체 간 비교 연산 적용 결과 역시 행렬 객체로 출력됨을 알 수 있다.

78 자 이제 비교 연산을 해보자. **x == y** 비교 연산을 시행한 결과 x[1, 2]만 FALSE를 출력하고 나머지는 TRUE를 출력한 것을 알 수 있다. 이는 앞에서 생성한 행렬 객체 x, y는 동일한 8개 값을 가지고 있었지만 x 객체만 x[1, 2]에 위치한 값 5를 20으로 바꾸었기 때문에 5 == 20 비교 연산 결과를 FALSE로 출력하게 된 것이다.

79-80 따라서 **x != y, x > y** 비교 연산 결과에서 x[1, 2] 위치만 TRUE이고 나머지는 모두 FALSE를 출력하게 된다.

■ **Line별 함수와 출력 결과**

76
```
> x+y
     [,1] [,2]
[1,]    2   25
[2,]    4   12
[3,]    6   14
[4,]    8   16
```

77
```
> z <- x == y ; is.matrix(z)
[1] TRUE
```

78
```
> x == y
      [,1]  [,2]
[1,] TRUE FALSE
[2,] TRUE  TRUE
[3,] TRUE  TRUE
[4,] TRUE  TRUE
```

79
```
> x != y
      [,1]  [,2]
[1,] FALSE  TRUE
[2,] FALSE FALSE
[3,] FALSE FALSE
[4,] FALSE FALSE
```

80
```
> x > y
      [,1]  [,2]
[1,] FALSE  TRUE
[2,] FALSE FALSE
[3,] FALSE FALSE
[4,] FALSE FALSE
```

Mission 2.1.3.06

▶ rownames, colnames 함수로 행과 열에 이름을 부여하자.

■ Line별 의미

83 Line 70에서 생성한 행렬 객체 x를 출력한 결과를 보자.
행의 이름은 [1,], [2,], [3,], [4,]에 해당하고 열의 이름은 [,1], [,2]이다.
아직 행과 열에 이름을 부여하지 않은 상태이다.

84-5 **rownames**(x)에 문자 벡터 c("2012년", "2013년", "2014년", "2015년")를 저장하고, **colnames**(x)에 문자 벡터 c("남자","여자")를 저장하는 것이다.

86 Line 83 출력 결과와 비교하면 직관적으로 어느 부분이 바뀐 것인지 알 수 있을 것이다.

■ Line별 함수와 출력 결과

```
83  x
         [,1] [,2]
    [1,]    1   20
    [2,]    2    6
    [3,]    3    7
    [4,]    4    8
84  > rownames(x) <- c("2012년", "2013년", "2014년", "2015년")
85  > colnames(x) <- c("남자","여자")
86  > x
          남자 여자
    2012년   1   20
    2013년   2    6
    2014년   3    7
    2015년   4    8
```

1.4 데이터프레임

데이터프레임은 독자 여러분들이 가지고 있는 통계 자료들을 R로 불러왔을 때 생성되는 객체로, 이후 가장 자주 접하게 되는 유형이다. 행렬과 같이 2차원의 구조를 가지고 있지만 2가지 이상 유형의 원소를 허용한다는 점에서 가장 큰 차이를 보이며, 통계분석의 관점에서는 행은 **사례**(**case**)가 되고 열은 **변수**(**variable**)로 이해하면 된다.

독자들이 데이터프레임을 직접 만들 필요성은 낮지만, 데이터프레임의 구조를 이해하고 데이터프레임을 다루는 기본 R 함수를 익힌다는 관점에서 아래 코드를 실행해보자.

Mission 2.1.4.01

▶ data.frame 함수로 데이터프레임을 만들자.

■ Line별 의미

92 2개 숫자 벡터 객체와 1개 문자 벡터 객체를 합쳐 1개의 데이터프레임으로 만들어보자. 객체 x는 1-10, 객체 y는 11-20 등 각각 10개 숫자 원소를 갖는 벡터이고 객체 z는 A-J까지 10개 문자 원소를 갖는 벡터이다. **LETTERS** 함수(93페이지 Mission 3.2.5.01 참고)는 A-Z까지 영어 대문자를 출력하는 기능을 갖고 있으며 [1:10] 옵션을 통해 A부터 J(10번째 대문자)까지 출력할 수 있다.

93 **data.frame** 함수는 다른 유형의 자료를 갖는 여러 개 벡터 객체를 묶어서 1개의 데이터프레임으로 바꿔주는 기능을 갖고 있다. data.frame(x, y, z) 실행 결과를 객체 df로 저장하자.

94 **is.data.frame(z)** 문을 실행한 결과 TRUE를 출력하여 객체 df는 데이터프레임이라는 것을 확인할 수 있다.

95 객체 df를 출력해보니 숫자, 문자가 같이 출력되는 것을 볼 수 있다. 벡터 객체의 이름이 자동으로 변수 이름으로 출력된 것을 알 수 있다.

■ Line별 함수와 출력 결과

```
92  > x <- 1:10 ; y <- 11:20 ; z <- LETTERS[1:10]
93  > df <- data.frame(x, y, z)
94  > is.data.frame(df)
    [1] TRUE
```

```
95    > df
       x  y z
1      1 11 A
2      2 12 B
3      3 13 C
4      4 14 D
5      5 15 E
6      6 16 F
7      7 17 G
8      8 18 H
9      9 19 I
10    10 20 J
```

Mission 2.1.4.02

▶ 데이터프레임과 행렬의 차이를 이해하자.

■ Line별 의미

98 df 객체를 **as.matrix** 함수로 행렬 객체로 바꾼 후 출력한 결과를 보자. 모든 원소가 쌍따옴표 "" 안에 위치한 것을 알 수 있다. 이는 문자 원소를 의미하며 숫자 원소도 **"1"**과 같이 표시된다.

앞서 얘기했지만 행렬 객체는 하나의 원소만 허용하기 때문에 숫자, 문자가 섞여 있는 자료는 모두 문자로 자동으로 변환되며, 당연히 4칙 연산 등 수학 연산을 적용하는 것도 불가능하다. 데이터프레임 객체가 왜 필요한지 그리고 행렬 객체의 한계점이 무엇인지 조금은 감이 올 것이다.

■ Line별 함수와 출력 결과

```
98    > df2<-as.matrix(df) ; df2
          x    y    z
     [1,] " 1" "11" "A"
     [2,] " 2" "12" "B"
     [3,] " 3" "13" "C"
```

```
 [4,] " 4" "14" "D"
 [5,] " 5" "15" "E"
 [6,] " 6" "16" "F"
 [7,] " 7" "17" "G"
 [8,] " 8" "18" "H"
 [9,] " 9" "19" "I"
[10,] "10" "20" "J"
```

Mission 2.1.4.03

▶ 데이터프레임의 사례(행)와 변수(열)의 이름을 바꾸자.

■ Line별 의미

101 사례의 이름은 **rownames** 함수를 이용하여 확인할 수 있다.
"1" "2" "3" "4" "5" "6" "7" "8" "9" "10" 등 10개 이름이 출력되었다.

102 변수의 이름은 **colnames** 함수를 이용하여 확인할 수 있다.
"x" "y" "z"가 출력된 것을 볼 수 있다. **names** 함수도 동일한 결과가 출력된다.

103 데이터프레임 df의 행의 이름인 **rownames(df)**를 letters[1:10]("a", "b", "c", "d", "e", "f", "g", "h", "i", "j"가 출력됨)로 바꿔 저장하라는 의미이다.

104 데이터프레임 df의 변수의 이름인 **names(df)**를 문자 벡터 c("var1", "var2", "var3")로 바꿔 저장하라는 의미이다.

105 데이터프레임 객체 df를 출력하니 사례와 변수의 이름이 바뀐 것을 알 수 있다. Line 95 출력 결과와 비교해보자. 직관적으로 어느 부분이 바뀐 것을 알 수 있을 것이다.

■ Line별 함수와 출력 결과

101
```
> rownames(df)
[1] "1"  "2"  "3"  "4"  "5"  "6"  "7"  "8"  "9"  "10"
```

102
```
> colnames(df) ; names(df)
[1] "x" "y" "z"
[1] "x" "y" "z"
```

103
```
> rownames(df) <- letters[1:10]
```

104
```
> names(df) <- c("var1", "var2", "var3")
```

```
105  > df
   var1 var2 var3
a     1   11    A
b     2   12    B
c     3   13    C
d     4   14    D
e     5   15    E
f     6   16    F
g     7   17    G
h     8   18    H
i     9   19    I
j    10   20    J
```

Mission 2.1.4.04

▶ 데이터프레임의 사례의 길이와 변수의 개수를 계산하자.

■ Line별 의미

108 자료 처리와 분석 과정에서 데이터프레임의 사례의 개수, 변수의 개수를 확인할 경우가 많이 있다.

사례의 길이는 **nrow** 함수, 변수의 개수는 **ncol** 함수, 둘 다 동시에 확인하고 싶으면 **dim** 함수를 실행하면 된다.

행렬 객체와 동일한 방식으로 작동된다(43페이지 Mission 2.1.3.04 참고).

■ Line별 함수와 출력 결과

```
108  > nrow(df) ; ncol(df) ; dim(df)
     [1] 10
     [1] 3
     [1] 10  3
```

Mission 2.1.4.05

▶ 데이터프레임에서 특정 위치에 있는 값을 선택하자.

■ Line별 의미

111 이 책에서는 데이터프레임에서 변수를 지정하는 4가지 방법을 알려주고 있다.

첫 번째 방법은 **$** 기호를 이용하는 것이다. **df$var2** 함수를 살펴보자. 데이터프레임 **df**와 변수 var2 사이에 $ 기호를 넣는 방식임을 알 수 있다.

112 두 번째 방법은 **[[숫자]]** 형식으로 변수를 지정하는 것이다.

df[[2]] 출력 결과는 Line 111과 동일한 것을 알 수 있다. **df[[2]]**는 3개 변수 중 2번째 변수를 지정하라는 의미이다.

113 세 번째 방법은 **데이터프레임[사례의 위치, 변수의 위치]** 형식을 이용하는 것으로 일부 사례와 변수 위치를 숫자로 지정하는 것이다.

df[1:5, c(1, 3)] 문을 살펴보면 행렬 객체에서 특정한 위치를 찾는 방법(42페이지 Mission 2.1.3.02 참고)과 동일한 것을 알 수 있다. 따라서 **df[1:5, c(1, 3)]** 문은 1-5번째 사례와 1번째와 3번째 변수에 해당하는 값들을 출력하라는 의미가 된다.

114 네 번째 방법은 Line 113과 유사하지만 변수의 위치를 문자열로 찾는 방식이다.

df[df$var1 < 6, c("var1", "var3")] 문을 살펴보자. df$var1 < 6 부분은 변수 var1 값이 6보다 작은 사례를 선택하라는 의미이다. c("var1", "var3") 부분은 Line 113에서 c(1, 3)과 동일한 의미가 되며, 이와 같이 변수 이름을 문자열로 지정하여 원하는 변수를 선택하는 것이다.

■ Line별 함수와 출력 결과

111
```
> df$var2
[1] 11 12 13 14 15 16 17 18 19 20
```

112
```
> df[[2]]
[1] 11 12 13 14 15 16 17 18 19 20
```

113
```
> df[1:5, c(1, 3)]
  var1 var3
a    1    A
b    2    B
c    3    C
d    4    D
e    5    E
```

114

```
> df[df$var1 < 6, c("var1", "var3")]
  var1 var3
a    1    A
b    2    B
c    3    C
d    4    D
e    5    E
```

Mission 2.1.4.06

▶ 데이터프레임은 1개 변수에 1개 자료 유형만 허용하는지 확인하자.

데이터프레임은 숫자, 문자, 날짜 등 다양한 유형의 자료를 허용하지만, 하나의 변수는 1가지 유형의 자료만 허용한다는 점은 명심해야 한다. 아래 사례로 확인하자.

■ Line별 의미

117 변수의 유형을 알고 싶으면 **class** 함수를 이용하면 된다. class(df$var2) 출력 결과는 integer(정수)로 나와 변수 var2는 정수임을 알 수 있다.
객체 이름을 class 함수에 넣으면 객체 유형이 출력된다. class(df) 출력 결과는 data.frame으로 나와 데이터프레임이라는 것을 알 수 있다.

118-9 df[1, 2]에 위치한 값은 11이다(49페이지 Line 105 참고). **df[1, 2] <- "A"** 문을 통해 문자로 바꾸고 나서 **class(df$var2)**를 실행하면 "character"(문자)를 출력한다. 숫자로 이루어진 변수 var2의 10개 값 중 1개만 문자로 바꾸었을 뿐인데 변수 var2가 문자 변수로 변환된 것을 볼 수 있다. 데이터프레임은 1개 변수에 1개 자료 유형만 허용한다는 사실을 다시 명심하자.

■ Line별 함수와 출력 결과

117

```
> class(df$var2) ; class(df)
[1] "integer"
[1] "data.frame"
```

```
118  > df[1, 2]<-"A" ; df[1:3, ]
       var1 var2 var3
     a    1    A    A
     b    2   12    B
     c    3   13    C
119  > class(df$var2)
     [1] "character"
```

Mission 2.1.4.07

▶ head, tail, View 함수로 데이터프레임의 일부 자료만 확인하자.

데이터프레임이 너무 많은 사례를 가지고 있으면 화면에 모든 사례를 출력할 수 없고 일부 사례만 보고 싶을 경우가 있다. 이 경우 유용한 R 함수는 **head, tail**이다.

head 함수와 tail 함수를 실행하면 Console 창에서 출력되지만 엑셀 프로그램의 화면과 같은 형태로 자료를 확인하고 싶을 경우는 View 함수가 유용하다. View 함수 실행 결과는 Source 창에 출력된다.

■ Line별 의미

122 데이터프레임 df 사례 이름을 1-10의 숫자로 다시 바꾸자.

123 **head** 함수는 1-6번째 사례를 출력하는 기능을 가지고 있다.

124 만약 첫 2개 사례를 확인할 경우 **head(df, n=2)**와 같이 n=2 옵션을 주면 된다. 만약 더 많은 사례를 보고 싶다면 n=2에서 숫자 2를 본인이 보고 싶은 만큼의 사례 개수로 바꿔 입력하면 된다.

125 **tail** 함수는 마지막 1-6번째 사례를 출력하는 기능을 가지고 있다.

126 만약 마지막 2개 사례를 확인할 경우 **tail(df, n=2)**와 같이 n=2 옵션을 주면 된다.

127 Line 126 출력 결과와 tail(df, n=2)에 **View** 함수를 적용한 결과와 비교해보자.

■ **Line별 함수와 출력 결과**

```
122  > rownames(df) <- 1:10
123  > head(df)
       var1 var2 var3
     1    1    A    A
     2    2   12    B
     3    3   13    C
     4    4   14    D
     5    5   15    E
     6    6   16    F
124  > head(df, n=2)
       var1 var2 var3
     1    1    A    A
     2    2   12    B
125  > tail(df)
        var1 var2 var3
     5     5   15    E
     6     6   16    F
     7     7   17    G
     8     8   18    H
     9     9   19    I
     10   10   20    J
126  > tail(df, n=2)
        var1 var2 var3
     9     9   19    I
     10   10   20    J
127  > View(tail(df, n=2))
```

	row.names	var1	var2	var3
1	9	9	19	I
2	10	10	20	J

Mission 2.1.4.08

▶ table 함수(문자 변수)와 summary 함수(숫자 변수)로 변수의 분포를 확인하자.

Line 127까지 살펴본 데이터프레임은 기껏해야 10개 사례만을 다루고 있다. 하지만 만약 1,000개 사례가 있는 데이터프레임에서 문자 변수의 값이 어떻게 분포하고 있는지를 알고 싶다거나 숫자 변수의 경우 최소값, 최대값, 평균, 중앙값 등을 알고 싶은 경우 눈으로 일일이 확인하는 것은 불가능하다.

문자 변수 값의 분포를 볼 수 있는 가장 대표적인 함수는 **table**이고, 숫자 변수 값의 분포를 볼 수 있는 가장 대표적인 함수는 **summary**이다.

■ Line별 의미

130 Line 130-2는 **rep, seq** 함수를 이용하여 1,000개의 사례와 3개 변수(문자 변수 2개, 숫자 변수 1개)를 만드는 과정을 보여주고 있다.
rep 함수는 replication의 줄임말로 반복한다는 의미가 있다.
rep(LETTERS[1:2], times=500) 문은 LETTERS[1:2]를 500번 반복하여 만들라는 의미로 문자 A, B를 출력하라는 LETTERS[1:2]를 500번 반복하게 된다.
이를 객체 x로 저장하게 되면 1,000개 문자가 생기게 된다.

131 **rep(LETTERS[3:6], times=250)** 문은 Line 130과 비슷하게 LETTERS[3:6], 즉 C, D, E, F 등 4개 문자를 250번 반복하게 된다.
이를 객체 y로 저장하게 되면 1,000개 문자가 생기게 된다.

132 **seq** 함수는 sequence의 줄임말이다.
seq(from=0.5, to=500, by=0.5) 문을 직관적으로 해석하면 0.5에서 500까지 0.5씩 증가하는 것을 의미하게 된다. 0.5, 1.0, 1.5, ... , 499.0, 499.5, 500.0과 같은 패턴으로 숫자가 만들어지게 된다.
이를 객체 z로 저장하게 되면 1,000개 숫자가 생기게 된다.

133 Line 130-2에서 생성한 객체 x, y, z를 **data.frame** 함수를 통해 데이터프레임 df를 만든다.

134-5 데이터프레임 df의 변수 x, y의 유형은 요인이다(궁금한 독자는 class(df$x), class(df$y)를 실행하여 확인하자). 이를 문자로 바꿔주기 위해 **as.character** 함수를 적용한 것이다.

136-7 문자 변수 x, y값의 분포를 살펴보기 위하여 **table** 함수를 적용한 결과를 보여주고 있다.
table(df[[1]]) 문으로 변수 x의 분포를 살펴본 결과 값 A는 500개 사례, B 역시 500개 사례를 가지는 것을 알 수 있다.

df[[1]]는 데이터프레임 df의 1번째 변수, 즉 변수 x를 의미한다.

table(df[[2]]) 문으로 변수 y의 값의 분포를 살펴본 결과 값 C, D, E, F 모두 각각 250개 사례를 가지고 있는 것을 알 수 있다.

138 **table** 함수는 2개 이상의 변수를 적용할 수 있지만 2개 변수를 적용한 경우가 대부분이고 3개 이상 변수를 한 번에 적용하는 경우는 매우 드물다.

table(df[[1]], df[[2]]) 출력 결과를 살펴보면 변수 x는 행, 변수 y는 열에 위치한 2×2 교차표가 만들어진다. 이렇게 table 함수에 2개 변수를 적용하여 2×2 교차표를 만드는 것은 앞으로 이 책에서 자주 사용하므로 차근차근 익히도록 하자.

139 숫자 변수 z에 table 함수를 적용하는 것은 부적절하다(궁금한 독자는 table 함수를 시도해 보길 바란다). 숫자 변수는 **연속형 변수(continuous variable)**로 값들의 분포를 살펴보기 위해서는 분포의 중심을 표현하는 **대푯값(평균, 중앙값 등)**과 분포의 퍼짐 정도를 표현하는 **산포도(표준편차, 사분위범위 등)**, **최소값**, **최대값** 등의 요약된 값을 산출해야 한다.

summary 함수는 **최소값(Min.)**, **제1사분위(1st Qu.)**, **중앙값(Median.)**, **평균(Mean.)**, **제3사분위(3rd Qu.)**, **최대값(Max)** 순으로 숫자 변수의 분포를 표현하는 값들을 보여준다.

변수에 **결측값**이 있는 경우 **NA's**라는 칸에 해당 사례 수를 출력해준다.

■ Line별 함수와 출력 결과

```
130  > x <- rep(LETTERS[1:2], times=500)
131  > y <- rep(LETTERS[3:6], times=250)
132  > z <- seq(from=0.5, to=500, by=0.5)
133  > df <- data.frame(x, y, z)
134  > df$x <- as.character(x)
135  > df$y <- as.character(y)
136  > table(df[[1]])
       A   B
     500 500
137  > table(df[[2]])
       C   D   E   F
     250 250 250 250
138  > table(df[[1]], df[[2]])
           C   D   E   F
       A 250   0 250   0
       B   0 250   0 250
```

```
139    > summary(df[[3]])
          Min. 1st Qu.  Median    Mean 3rd Qu.    Max.
           0.5   125.4   250.2   250.2   375.1   500.0
```

2 RStudio로 자료 불러오기

이 절은 텍스트, 엑셀로 저장된 자료와 다른 상용 통계프로그램의 형식으로 저장된 자료를 RStudio로 불러들이는 방법을 소개하고 있다. RStudio로 자료를 불러오지 못하면 이 책의 후반부는 진행할 수 없기 때문에 반드시 이 책에서 설명한 대로 자료를 불러와야 한다. 필자는 지금까지 필자의 컴퓨터에 저장된 다양한 형식의 자료들을 RStudio로 불러오기를 시행해보았고 모두 제대로 실행되는 것을 확인할 수 있었다.

많은 독자들은 아마도 엑셀(우리나라에서 자료 입력 프로그램으로 가장 선호되는 것 같다)로 입력한 후 SAS, SPSS, Stata 등 다양한 통계 프로그램으로 불러와서 각 프로그램 자체 형식의 파일 형식으로 저장하고 있을 것이다. RStudio에서 자료를 직접 만들면 되지 않을까 하는 생각도 들 수 있지만 권장하지 않는다. RStudio로 자료를 입력하는 것은 굉장히 불편하기 때문에 평상시 독자들이 입력, 저장하는 방식을 유지하길 권장한다.

2.1 텍스트 파일 불러오기

텍스트는 가장 원시적인 형태를 띠고 있어 모든 통계 프로그램에서 자료를 불러오는 작업이 가장 수월하고 실패할 가능성도 가장 낮다. RStudio 역시 다른 통계 프로그램에서 사용하는 전용 파일보다 텍스트 파일을 불러오는 것이 가장 수월하다. 반면 텍스트 파일은 가장 원시적인 형태라는 점 때문에 자료의 구성, 내용을 알기에는 가장 어려운 단점을 동시에 가지고 있다.

CSV(comma seperated values)는 자료를 쉼표(,)로 구분한 텍스트 파일로 예전부터 쓰여왔지만, 아쉽게도 KHPS는 텍스트 파일을 제공하지 않으니 직접 만들어보자.

Mission 2.2.1.01

▶ Stata 파일을 RStudio로 불러와서 데이터프레임을 만들자.

■ Line별 의미

147 Stata 파일을 불러오기 위해 **foreign** 패키지를 설치하고 불러오는 것이다.

148 Stata 형식의 데이터셋 T12IND를 데이터프레임 t12ind로 불러오는 것이다.

149 데이터프레임 객체가 맞는지를 확인하기 위하여 **is.data.frame(t12ind)**를 실행한 결과 TRUE 값을 반환하는 것을 알 수 있다.

150 **View(t12ind)**를 실행하여 데이터프레임 t12ind을 살펴보자.
다음 Mission에서 이 자료를 CSV 파일로 저장해볼 것이다.

■ Line별 함수와 출력 결과

```
147 > install.packages("foreign") ; library(foreign)
148 > t12ind <- read.dta("./data/t12ind.dta")
149 > is.data.frame(t12ind)
    [1] TRUE
150 > View(t12ind)
```

	hhidwon	m1	m2	hhid	pid	pidwon	hpid	i_wgl	i_wgc	i_wsl	i_wsc
1	10001	11	1	10001111	2	1000102	1000111102	3099.830	3023.874	0.9883698	0.9641517
2	10004	11	1	10004111	1	1000401	1000411101	2627.094	2406.140	0.8376396	0.7671893
3	10004	11	1	10004111	2	1000402	1000411102	0.000	2515.517	0.0000000	0.8020639
4	10004	11	1	10004111	3	1000403	1000411103	0.000	2561.581	0.0000000	0.8167511
5	10004	11	1	10004111	4	1000404	1000411104	0.000	2576.613	0.0000000	0.8215441
6	10006	11	1	10006111	1	1000601	1000611101	4558.922	4497.529	1.4535964	1.4340213
7	10006	11	1	10006111	2	1000602	1000611102	6034.296	5862.684	1.9240142	1.8692963
8	10006	11	1	10006111	4	1000604	1000611104	7471.675	6882.300	2.3823174	2.1943973
9	10006	11	1	10006111	5	1000605	1000611105	4171.182	4101.958	1.3299668	1.3078950
10	10006	11	1	10006111	6	1000606	1000611106	3202.087	3123.626	1.0209743	0.9959573

Mission 2.2.1.02

▶ 데이터프레임을 CSV 파일로 저장하자.

■ Line별 의미

153 t12ind 데이터프레임을 khps/outcome 디렉터리 내에 t12ind.csv 파일로 저장하자.

■ Line별 함수와 출력 결과

```
153    > write.table(t12ind, "./outcome/t12ind.csv", sep=",")
```

R 객체를 CSV 파일로 저장하는 함수는 **write.table**이다.

write.table 함수는 **t12ind**, **"t12ind.csv"**, **sep=","** 등 3개의 인자로 구성되었다.

- ✓ **t12ind**: CSV 파일로 저장할 R 객체의 이름
- ✓ **"./outcome/t12ind.csv"**: 저장할 디렉터리와 파일 이름을 지정
- ✓ **sep=","**: 구분자를 쉼표(,)로 지정하라는 의미이다. 다른 구분자를 쓰고 싶으면 sep="," 인자에서 쉼표 대신 세미콜론(;) 등 다른 구분자를 쓰면 된다. 탭(Tab)으로 구분된 텍스트 파일일 경우 **sep="/t"**를 입력하면 된다.

Mission 2.2.1.03

▶ CSV 파일을 불러오자.

t12ind.csv 파일이 이제 khps/outcome 디렉터리에 만들어졌다. 이를 엑셀 프로그램(OS X 사용자는 Numbers 프로그램)과 내장된 텍스트 뷰어로 읽어보자.

엑셀 프로그램으로 확인한 화면(그림 2-1)은 View 함수의 실행 화면(Line 150 참고)과 비슷하다. 텍스트 뷰어 프로그램(그림 2-2)으로 열어보면 문자는 쌍따옴표(" ") 안에 입력되어 있고, 각 값 사이에는 쉼표(,)가 있는 것을 알 수 있다.

	A	B	C	D	E	F	G	H	I	J	K
1	hhidwon	m1	m2	hhid	pid	pidwon	hpid	i_wgl	i_wgc	i_wsl	i_wsc
2	10001	11	1	10001111	2	1000102	1000111102	3099.829632	3023.874171	0.988369815	0.964151683
3	10004	11	1	10004111	1	1000401	1000411101	2627.093716	2406.140026	0.837639625	0.767189315
4	10004	11	1	10004111	2	1000402	1000411102	0	2515.517326	0	0.802063884
5	10004	11	1	10004111	3	1000403	1000411103	0	2561.580933	0	0.816751104
6	10004	11	1	10004111	4	1000404	1000411104	0	2576.613137	0	0.821544069
7	10006	11	1	10006111	1	1000601	1000611101	4558.922456	4497.528845	1.453596449	1.434021312
8	10006	11	1	10006111	2	1000602	1000611102	6034.296095	5862.684256	1.924014164	1.86929633
9	10006	11	1	10006111	4	1000604	1000611104	7471.674895	6882.300043	2.382317357	2.194397251
10	10006	11	1	10006111	5	1000605	1000611105	4171.182013	4101.958079	1.329966768	1.307894959
11	10006	11	1	10006111	6	1000606	1000611106	3202.08728	3123.626189	1.020974308	0.995957264
12	10008	11	1	10008111	1	1000801	1000811101	3480.653878	3443.96952	1.109794292	1.098097612
13	10008	11	1	10008111	2	1000802	1000811102	2967.91693	2892.066922	0.946309912	0.922125403
14	10008	11	1	10008111	3	1000803	1000811103	6142.925272	5843.919475	1.958650196	1.863313246
15	10008	11	1	10008111	4	1000804	1000811104	4485.057388	4424.658496	1.430044831	1.410786856
16	10009	11	1	10009111	1	1000901	1000911101	3076.874768	3001.481773	0.981050737	0.957011945
17	10011	11	1	10011111	1	1001101	1001111101	2675.675077	2650.337167	0.853129622	0.845050718
18	10011	11	1	10011111	2	1001102	1001111102	3139.382786	3062.45815	1.0009812	0.976454049
19	10014	11	1	10014111	1	1001401	1001411101	2682.999684	2657.592412	0.855465047	0.847364027
20	10014	11	1	10014111	2	1001402	1001411102	3099.829632	3023.874171	0.988369815	0.964151683

그림 2-1 t12ind.csv 파일을 엑셀(Numbers) 프로그램으로 열어본 화면

```
t12ind.csv
"hhidwon","m1","m2","hhid","pid","pidwon","hpid","i_wgl","i_wgc","i_wsl","i_wsc","a2","a2_0","a2_1","a2_2","
a3","a4","a5","a6","a7","a8","a9","a9_4","a10","a11","a12","c2","c3","c4_0","c7","c8","c9","c10","c11","c12"
,"c12_1","c12_2","c13","c13_1","c13_2","c14","c15","c16_1","c17","c18","c24","c25","c26","c27","c28","c29","
c30","c31","c32_0","c32","c33","c34","c35","c36","c37","c37_1","c40","c41","c42","c43","c44","c45","pr1","pr
2","pr3","pr4","pr5","pr6","pr7","pr8","pr9","pr10","pr11","pr12","pr13","pr14","pr15","pr16","pr17","pr18",
"i_medicalexp1","i_medicalexp2","total_q5","total_q10","w_total_q5","w_total_q10"
10001,11,1,10001111,2,1000102,1000111102,3099.829632,3023.874171,0.988369815,0.964151683,0,2,-1,-1,-1,-1,-1,
-1,-1,-1,-1,"-1",-1,-1,-1,10,2,1940,3,16,1,0,2,66,-1,-1,-1,2,-1,-1,3,2,2,4,2,1,-1,-1,-1,-1,-1,-1,-1,-1,-1,-1
,-1,-1,-1,-1,1,1,1,1,1,2,-1,-1,-1,-1,-1,-1,-1,-1,-1,-1,-1,-1,-1,-1,-1,-1,-1,-1,1651759,1756269,1,2,1,2
10004,11,1,10004111,1,1000401,1000411101,2627.093716,2406.140026,0.837639625,0.767189315,0,2,-1,-1,-1,-1,-1,
-1,-1,-1,-1,"-1",-1,-1,-1,3,2,1918,3,33,1,0,3,2,-1,-1,-1,2,-1,-1,2,2,2,4,2,13,-1,-1,-1,-1,-1,-1,-1,-1,-1,-1,
-1,-1,-1,-1,1,2,2,2,2,2,-1,-1,-1,-1,-1,-1,-1,-1,-1,-1,-1,-1,-1,-1,-1,-1,-1,-1,0,0,3,6,3,6
10004,11,1,10004111,2,1000402,1000411102,0,2515.517326,0,0.802063884,0,2,-1,-1,-1,-1,-1,-1,-1,-1,-1,"-1",-1,
-1,-1,10,1,1953,1,51,1,0,3,2,-1,-1,-1,2,-1,-1,1,2,2,4,1,-1,1,16,24,-1,-1,-1,1,1,1,1,1,1,2,-1,1,1,2,2,1,-6,-6
,-6,-6,-6,-6,-6,-6,-6,-6,-6,-6,-6,-6,-6,-6,-6,-6,97480,97480,3,6,3,6
10004,11,1,10004111,3,1000403,1000411103,0,2561.580933,0,0.816751104,0,2,-1,-1,-1,-1,-1,-1,-1,-1,-1,"-1",-1,
-1,-1,20,2,1958,1,44,1,0,3,2,-1,-1,-1,2,-1,-1,2,2,2,4,2,4,-1,-1,-1,-1,-1,-1,-1,-1,-1,-1,-1,-1,-1,2,1,2,2,
2,2,-1,-1,-1,-1,-1,-1,-1,-1,-1,-1,-1,-1,-1,-1,-1,-1,-1,-1,0,0,3,6,3,6
```

그림 2-2 t12ind.csv 파일을 텍스트 뷰어 프로그램으로 열어본 화면

■ Line별 의미

156 khps/outcome 디렉터리에 저장된 t12ind.csv 파일을 RStudio로 불러온 후 데이터프레임 t12ind_csv로 저장하는 것이다.

CSV 파일을 만드는 것이 **write.table** 함수라면, CSV 파일을 불러오는 것은 **read.table** 함수를 이용하면 된다.

read.table 함수는 **텍스트 파일 경로, header, sep**로 3개 인자로 구성되어 있다.

"./outcome/t12ind.csv"는 불러올 CSV 파일의 경로이다.

header=TRUE는 그림 2-1의 엑셀 프로그램 화면에서 hhid에서 i_wsc 등 1번째 행에 있는 값들을 변수 이름으로 읽어오라는 의미이다. 변수 이름이 없는 CSV 파일이라면 FALSE를 입력하여 R로 불러온 후 **colnames** 함수로 일일이 변수 이름을 지정해야 한다.

sep=","은 CSV 파일의 구분자가 쉼표(,)이기 때문에 이를 지정하는 것이다.

157 **View** 함수로 살펴본 t12ind_csv 객체(그림 2-2)는 앞서 만든 t12ind 객체, t12ind.csv 파일을 엑셀 프로그램으로 살펴본 자료와 비교해보니 동일한 자료라는 것을 알 수 있다.

■ Line별 함수와 출력 결과

```
156 > t12ind_csv <- read.table("./outcome/t12ind.csv", header=TRUE, sep=",")
157 > View(t12ind_csv)
```

	hhidwon	m1	m2	hhid	pid	pidwon	hpid	i_wgl	i_wgc	i_wsl	i_wsc
1	10001	11	1	10001111	2	1000102	1000111102	3099.830	3023.874	0.9883698	0.9641517
2	10004	11	1	10004111	1	1000401	1000411101	2627.094	2406.140	0.8376396	0.7671893
3	10004	11	1	10004111	2	1000402	1000411102	0.000	2515.517	0.0000000	0.8020639
4	10004	11	1	10004111	3	1000403	1000411103	0.000	2561.581	0.0000000	0.8167511
5	10004	11	1	10004111	4	1000404	1000411104	0.000	2576.613	0.0000000	0.8215441
6	10006	11	1	10006111	1	1000601	1000611101	4558.922	4497.529	1.4535964	1.4340213
7	10006	11	1	10006111	2	1000602	1000611102	6034.296	5862.684	1.9240142	1.8692963
8	10006	11	1	10006111	4	1000604	1000611104	7471.675	6882.300	2.3823174	2.1943973
9	10006	11	1	10006111	5	1000605	1000611105	4171.182	4101.958	1.3299668	1.3078950
10	10006	11	1	10006111	6	1000606	1000611106	3202.087	3123.626	1.0209743	0.9959573

Displayed 1000 rows of 15,872 (14,872 omitted)

텍스트 파일은 어느 통계 프로그램에서 불러오더라도 의미를 부여하는 작업이 뒤따라야 한다. 텍스트 파일 형태로 입력된 자료는 반드시 그 내용을 알 수 있는 입력 지침을 같이 봐야 하고 텍스트 파일을 받아서 R로 불러올 경우 입력 지침에 따라 입력된 변수의 값에 의미를 부여하는 작업을 해야 한다. 이를 라벨링(labelling) 작업이라 하는데, 자세한 내용은 Mission 3.1.2.01(74페이지 참고)에 기술하였다.

2.2 엑셀 파일 불러오기

최근 개발, 배포된 **readxl** 패키지가 나오기 전 RStudio에서 엑셀 파일을 불러오는 것은 매우 어려웠다. CSV 등 텍스트 파일과 다르게 엑셀 파일은 여러 개의 sheet에 자료들이 나누어 입력된 경우도 있다.

기존 R 관련 책에서는 엑셀 파일을 R에 불러오는 가장 좋은 방법으로 각 sheet를 개별 CSV 파일로 저장한 후 R에서 불러오는 방법을 제안하였다. 하지만 설문자료 등 많은 독자들이 자신의 자료를 입력, 보관하는 파일 형식 중 가장 많이 사용하는 형식이 엑셀(xls, xlsx)이고 하나의 엑셀 파일에 여러 개의 sheet를 가지고 있는 경우가 많다. 이런 사람들에게 각 sheet를 CSV 파일로 따로 저장하는 과정은 매우 번거로울 수밖에 없다.

이런 문제를 해결하기 위해 gdata, XLConnect, xlsReadWrite 등 여러 패키지가 개발되었지만, 자바, 펄 등 추가적인 요구 사항을 필요로 하여 컴퓨터에 능통한 사람이라도 이들 패키지를 설치, 사용하는 것은 만만치 않다. 다행히 **readxl 패키지**가 개발되었다는 소식을 듣고 필자가 패키지를 설치, 사용해본 결과 별도의 요구 사항도 없었고 명령문 구조도 단순하여 독자들도 쉽게 사용할 수 있다. **read_excel** 함수로 불러온 객체는 모두 데이터프레임 객체로 저장된다.

먼저 /khps/data 디렉터리에 있는 khps_excel.xlsx를 살펴보자. age, region이라는 2개의 sheet가 존재하고 있으며, age sheet에는 age, age2라는 2개 변수가, region sheet에는 sido, sido2라는 변수가 있다.

자 이제 sheet별로 RStudio로 불러와서 데이터프레임으로 저장해보자!

	A	B
1	age	age2
2	0	0세
3	1	1세이상~5세미만
4	2	5세이상~10세미만
5	3	10세이상~15세미만
6	4	15세이상~20세미만
7	5	20세이상~25세미만
8	6	25세이상~30세미만
9	7	30세이상~35세미만
10	8	35세이상~40세미만
11	9	40세이상~45세미만
12	10	45세이상~50세미만
13	11	50세이상~55세미만
14	12	55세이상~60세미만
15	13	60세이상~65세미만
16	14	65세이상~70세미만
17	15	70세이상~75세미만
18	16	75세이상~80세미만
19	17	80세이상~85세미만
20	18	85세이상~90세미만
21	19	90세이상

	A	B
1	sido	sido2
2	11	서울특별시
3	26	부산광역시
4	27	대구광역시
5	28	인천광역시
6	29	광주광역시
7	30	대전광역시
8	31	울산광역시
9	36	세종시
10	41	경기도
11	42	강원도
12	43	충청북도
13	44	충청남도
14	45	전라북도
15	46	전라남도
16	47	경상북도
17	48	경상남도
18	50	제주도
19		

그림 2-3 khps_excel.xlsx 파일 화면

Mission 2.2.2.01

▶ readxl 패키지로 엑셀 파일의 sheet를 불러오자.

엑셀 파일의 sheet를 불러오는 2가지 방법에 관하여 설명하고 있다.

■ Line별 의미

163 **readxl** 패키지를 설치하고 불러오자.

164 **khps_excel <- read_excel("./data/khps_excel.xlsx", sheet="age")** 문은

"./data/khps_excel.xlsx"에 해당하는 엑셀 파일에서 age sheet(**sheet="age"**로 지정)를 지정 후 불러오게 된다. 실행 결과는 객체 khps_excel로 저장하는 것을 의미한다.

165 region sheet를 읽어올 때 sheet="region" 대신 **sheet=2**로 숫자로 sheet를 지정하여 불러오는 방식이다. sheet=2의 의미는 **2번째 sheet**를 의미한다는 것을 쉽게 이해할 것이다. 실행 결과는 객체 khps_excel2로 저장하자.

166 khps_excel, khps_excel2 객체의 유형을 **is.data.frame** 함수를 통해 확인한 결과 모두 TRUE를 출력하였고, **read_excel** 함수는 데이터프레임을 출력하는 것을 알 수 있다.

167 head 함수로 데이터프레임 khps_excel을 출력한 결과이다. 그림 2-3과 비교해보면 값이 동일하다는 것을 알 수 있다.

■ Line별 함수와 출력 결과

```
163 > install.packages("readxl") ; library(readxl)
164 > khps_excel <- read_excel("./data/khps_excel.xlsx", sheet="age")
165 > khps_excel2 <- read_excel("./data/khps_excel.xlsx", sheet=2)
166 > is.data.frame(khps_excel) ; is.data.frame(khps_excel2)
    [1] TRUE
    [1] TRUE
167 > head(khps_excel)
      age            age2
    1   0              0세
    2   1   1세이상~5세미만
    3   2  5세이상~10세미만
    4   3 10세이상~15세미만
    5   4 15세이상~20세미만
    6   5 20세이상~25세미만
```

2.3 SAS, SPSS, Stata 파일 불러오기

우리나라에서 가장 많이 사용하고 있는 상용 통계 프로그램인 SAS, SPSS, Stata 전용 형식 파일 중 Stata의 dta 파일 형식이 RStudio로 불러오기가 가장 수월하다. 최근 **SAS** 파일 형식인 sas7bdat 파일을 불러오는 전용 **패키지 sas7bdat**, SPSS 파일 형식인 **SAV** 파일을 불러오는 전용 **패키지 memisc**가 개발되어 도움을 주고 있다.

sas7bdat, SAV, dta 형식의 파일을 모두 읽어올 수 있는 대표적인 기존 패키지는 **foreign**이다. 하지만 sas7bdat 파일의 경우 SAS 프로그램이 설치되어 있지 않으면 RStudio로 불러올 수 없는 치명적 단점이 있다. SAV 파일의 경우 역시 foreign 패키지로 불러올 수 있지만 데이터프레임으로 저장되지 않아 **as.data.frame** 함수를 통해 데이터프레임으로 바꿔주는 과정을 거쳐야 하는 단점이 있다.

다행히 dta 파일은 Stata 프로그램이 설치되지 않아도 데이터프레임으로 바로 불러올 수 있지만 Stata version 13 이후 파일은 불러오지 못한다. 따라서 Stata version 13 이후 프로그램을 사용하는 독자들은 반드시 Stata 프로그램에서 saveold 명령문을 실행하여 dta 파일의 version을 낮추어 저장해야 오류 없이 RStudio에서 불러올 수 있다.

Mission 2.2.3.01

▶ foreign 패키지로 SAS, SPSS, Stata 파일을 불러오자.

■ Line별 의미

172 **foreign** 패키지를 설치하고 불러오자.

173 /khps/data 디렉터리의 t12ind.sas7bdat 파일을 **read.ssd** 함수로 불러오면 오류 메시지가 발생되면서 t12ind_sas 객체가 생성되지 않는 것을 알 수 있다.

foreign 패키지는 SAS 파일 불러오기가 실패한 이유는 필자의 컴퓨터에 SAS 프로그램이 없기 때문이다.

174 /khps/data 디렉터리의 t12ind.sav 파일을 불러오자. 경고 메시지를 보여주지만 Workspace 창에 t12ind_spss 객체가 생성되었을 것이다.

foreign 패키지로 SPSS 파일 불러오기는 성공했다.

175 /khps/data 디렉터리의 t12ind.dta 파일을 불러오자. SPSS 불러오기 과정에서 나오는 경고 메시지도 없고 데이터프레임 t12ind_stata 객체로 바로 저장된 것을 볼 수 있다.

176 **read.dta** 함수로 불러온 t12ind_stata 객체는 **is.data.frame** 함수로 살펴보니 데이터프레임으로 나온다. 하지만 **read.spss** 함수로 불러온 t12ind_spss 객체는 **is.data.frame** 함수 실행 결과가 FALSE를 출력해 데이터프레임 객체가 아님을 알 수 있다.

177 **as.data.frame** 함수를 t12ind_spss 객체에 적용한 후 **is.data.frame** 함수를 적용하자. TRUE 값을 출력하여 데이터프레임으로 변환된 것을 알 수 있다.

■ Line별 함수와 출력 결과

```
172  > install.packages("foreign") ; library(foreign)
173  > t12ind_sas <- read.ssd("./data/t12ind.sas7bdat")
     Error in read.ssd("t12ind.sas7bdat") :
     기본값이 없는 인수 "sectionnames"가 누락되어 있습니다.
174  > t12ind_spss <- read.spss("./data/t12ind.sav")
     Warning message:
     In read.spss("./data/t12ind.sav") :
       ./data/t12ind.sav: Compression bias (0) is not the usual value of 100
175  > t12ind_stata <- read.dta("./data/t12ind.dta")
176  > is.data.frame(t12ind_stata) ; is.data.frame(t12ind_spss)
     [1] TRUE
     [1] FALSE
177  > t12ind_spss2 <- as.data.frame(t12ind_spss) ; is.data.frame(t12ind_spss2)
     [1] TRUE
```

foreign 패키지로 가장 수월하게 불러올 수 있는 것은 Stata 파일인 것을 알 수 있다. SAS, SPSS 파일은 foreign 패키지로 불러오는데 한계가 명확하다. 다음 Mission으로 SAS, SPSS 파일을 불러오는 것을 연습해보자!

Mission 2.2.3.02

▶ sas7bdat 패키지와 memisc 패키지로 SAS, SPSS 파일을 불러오자.

■ Line별 의미

180 **sas7bdat** 패키지와 **memisc** 패키지를 설치하자. c("sas7bdat", "memisc")는 2개 패키지를 한 번에 설치할 수 있도록 해 준다.

181 **sas7bdat** 패키지와 **memisc** 패키지를 **library** 함수로 불러오자.

182 **t12ind_sas2 <- read.sas7bdat("t12ind.sas7bdat")** 문을 통해 SAS 파일을 불러와서 t12ind_sas2 객체로 저장하자.

183 **is.data.frame(t12ind_sas2)** 출력 결과는 TRUE이고 데이터프레임 객체라는 것을 알 수

있다.

184 **t12ind_spss3 <- as.data.set(spss.system.file("t12ind.sav"))** 문을 통해 SPSS 파일을 불러와서 t12ind_spss3 객체로 저장하자.

185 **is.data.frame(t12ind_spss3)** 결과는 FALSE로 데이터프레임이 아닌 것을 알 수 있다.

186 **as.data.frame(t12ind_spss3)** 함수로 t12ind_spss4 객체를 만들자.

187 t12ind_spss4 객체는 데이터프레임이라는 것을 알 수 있다.

■ Line별 함수와 출력 결과

```
180 > install.packages(c("sas7bdat", "memisc"))
181 > library(sas7bdat) ; library(mimisc)
182 > t12ind_sas2 <- read.sas7bdat("./data/t12ind.sas7bdat")
183 > is.data.frame(t12ind_sas2)
    [1] TRUE
184 > t12ind_spss3 <- as.data.set(spss.system.file("./data/t12ind.sav"))
    Warning message:
    In parseSysHeader(ptr) : file lacks info_flt64 record, using defaults
185 > is.data.frame(t12ind_spss3)
    [1] FALSE
186 > t12ind_spss4 <- as.data.frame(t12ind_spss3)
187 > is.data.frame(t12ind_spss4)
    [1] TRUE
```

이상의 과정을 통해 **텍스트, 엑셀, SAS, SPSS, Stata** 파일을 불러오는 과정을 익혔다. 이 5가지 형식은 통계 프로그램에서 가장 많이 활용되는 자료 저장 형식으로 RStudio로 불러와서 데이터프레임 객체 형식으로 저장하게 되면 비로소 자료 가공과 분석 과정으로 들어갈 수 있게 된다. 최근 개발된 여러 패키지를 통해 다양한 형식의 자료를 어려움 없이 R로 불러올 수 있게 된 점은 이 책을 읽는 독자들이 R과 RStudio를 보다 쉽게 접할 수 있도록 도와준다는 점에서 고무적인 사건이라 할 수 있다.

자 이제 객체를 가공하는 단계로 넘어가 보자!

3장은 2장에서 배운 R 객체의 유형 및 특성과 데이터셋을 RStudio로 불러오는 방법을 바탕으로 해서, 실제 KHPS 데이터셋을 데이터프레임 객체로 불러들이고 목적에 맞게 가공하는 데 필요한 R 함수를 배우는 과정이다. 이 책에서 가장 핵심이라 할 수 있다. 차근차근 익히도록 하자.

> 3장에서 쓰인 용어 "데이터셋"은 Stata 파일을 의미하며 이 책에서는 Stata 파일의 확장자 dta를 생략하고 파일 이름을 대문자로 기술하였다.
> 예를 들어 t08ou.dta 파일은 "데이터셋 T08OU"로 기술하였다.

1 R 객체 다루기 기초

1.1 자료의 유형을 검증하고 변환하기

자료의 유형을 검증하는 R 함수는 표 3-1을 참고하자. 함수 실행 결과는 해당 유형이 맞으면 TRUE를 출력하고 틀리면 FALSE를 출력한다.

수치형(**numeric**) **자료**는 숫자로 이루어지며, **정수형**(**integer**)과 **실수형**(**double**)으로 구분된다. **논리형**(**logical**) **자료**는 **참**(**TRUE**) 또는 **거짓**(**FALSE**)으로 입력된다. **문자형**(**character**) **자료**는

문자나 문자열로 이루어진다. **복소수형(complex) 자료**는 실수와 허수로 구성된 복소수이다. 특수 유형으로 **NA, NaN, NULL**이 있다. **NA**는 **결측값(missing value)**을 의미한다. **NaN**은 **수학적으로 정의가 불가능한 수**로 -3의 제곱근 같은 경우가 해당된다. **NULL**은 **비어 있는 값**으로 자료 유형이 없고 자료의 길이도 0이 된다. 자료의 유형을 출력하는 함수는 **mode**이다.

하나의 변수에 여러 유형의 자료가 섞여 있을 경우(보통 자료 입력의 오류인 경우로서 일반적으로 하나의 변수에는 하나의 자료 유형을 입력하는 것이 원칙이다) 자동으로 하나의 자료 유형으로 강제 변환하게 된다. 그 우선순위를 살펴보면 **"문자형 > 복소수형 > 수치형 > 논리형"**의 순서를 갖게 되며, 이는 하나의 변수에 문자형 자료와 수치형 자료가 있을 경우 수치형 자료가 문자형 자료로 강제 변환되는 것을 의미한다(35페이지 Line 19 및 51페이지 Mission 2.1.4.06 참고).

표 3-1 자료 유형 검증 함수

함수	검증 유형	함수	검증 유형
is.numeric(x)	수치형 자료	is.na(x)	NA
is.double(x)	실수형 자료	is.null(x)	NULL
is.integer(x)	정수형 자료	is.nan(x)	NaN
is.logical(x)	논리형 자료	is.finite(x)	유한 수치 자료
is.complex(x)	복소수형 자료	is.infinite(x)	무한 수치 자료
is.character(x)	문자형 자료		

KHPS 데이터셋은 모두 숫자로 이루어진 수치형 자료로 구성된다. 일부 변수를 문자형 자료, 논리형 자료, NA로 변경한 후 자료의 유형을 검증하고자 한다. 따라서 자료의 유형을 변경하는 함수를 먼저 알아야 한다. 자료의 유형 검증 함수는 is로 시작하는 반면, 자료의 유형을 변경하는 함수는 as로 시작하는 점이 다르다.

표 3-2 자료 유형 변환 함수

함수	변경 유형	함수	변경 유형
as.numeric(x)	수치형 자료로 변환	as.logical(x)	논리형 자료로 변환
as.double(x)	실수형 자료로 변환	as.complex(x)	복소수형 자료로 변환
as.integer(x)	정수형 자료로 변환	as.character(x)	문자형 자료로 변환

Mission 3.1.1.01

▶ 자료 유형 검증 함수를 이해하고 실행하자.

■ Line별 의미

198-9 **foreign** 패키지를 불러온 후 데이터셋 T12IND을 데이터프레임 t12ind로 저장하자. Line 198에서 오류가 발생한 독자들은 install.package("foreign")을 실행해야 한다.

200 데이터프레임 t12ind에서 변수 pid, i_wsl, a9_4, c3만 추출하여 데이터프레임 tmp로 저장하자.

201 **mode** 함수로 4개 변수의 유형을 살펴보니 숫자(numeric), 문자(character)가 있는 것을 알 수 있다.

202 변수 pid에 자료 유형 검증 함수를 적용한 결과로서 **is.numeric** 함수, **is.double** 함수는 TRUE, **is.integer** 함수와 **is.character** 함수는 FALSE를 출력한 것을 볼 수 있다. 변수 pid는 소숫점 없는 정수로 is.integer 함수 출력결과는 FALSE이며, 이는 변수 pid의 유형이 numeric으로 is.integer 함수를 적용하게 되면 유형이 불일치하기 때문이다.

203 문자 변수 a9_4에 **is.character** 함수를 적용하니 TRUE를 출력한 것을 볼 수 있다.

■ Line별 함수와 출력 결과

```
198  > library(foreign)
199  > t12ind <- read.dta("./data/t12ind.dta")
200  > tmp <- t12ind[, c("pid", "i_wsl", "a9_4", "c3")]
201  > mode(x$pid) ; mode(x$i_wsl) ; mode(x$a9_4) ; mode(x$c3)
     [1] "numeric"
     [1] "numeric"
     [1] "character"
     [1] "numeric"
202  > is.numeric(x$pid) ; is.double(x$pid) ; is.integer(x$pid) ;
       is.character(x$pid)
     [1] TRUE
     [1] TRUE
     [1] FALSE
     [1] FALSE
203  > is.character(x$a9_4)
     [1] TRUE
```

Mission 3.1.1.02

▶ 자료 유형 변환 함수를 이해하고 실행하자.

■ Line별 의미

206 숫자 변수 c3에 **as.integer** 함수를 적용한 후 변수 c3.2로 저장하자.

207 변수 c3.2에 **is.numeric** 함수와 **is.integer** 함수를 적용한 결과는 TRUE인 반면, **is.double** 함수는 FALSE를 출력하게 된다. 이는 numeric 유형이 integer와 double 유형을 모두 포함하는 상위 개념이며, integer 유형과 double 유형은 숫자라는 점은 같지만 R에서는 서로 다른 유형으로 인식한다는 점 때문이다(Line 202 참고).

208 숫자 변수 c3를 요인(factor) 형식으로 바꾸기 위해 **as.factor** 함수를 적용해본 결과 오류 없이 실행된 것을 볼 수 있다.

209 사망원인 코드 변수 a9_4는 문자 변수로서 이 변수에 어떤 값이 있는지를 알기 위해서는 **table** 함수를 적용하면 된다. **data.frame** 함수는 table(x$a9_4) 출력 결과를 데이터프레임 객체 형식으로 변환하기 위해 적용한 것이다.
-1(해당사항 없음, 즉 생존자)의 값을 갖는 사람은 15,840명이며, 사망한 사람의 사망원인 코드는 C15.9부터 R54까지 값으로 입력된 것을 알 수 있다.

210 문자 변수인 a9_4에 **as.numeric** 함수를 적용하여 변수 a9_4.2를 생성해보니 **"NAs introduced by coercion"**라는 경고 메시지(Warning message)를 출력하게 된다. 무슨 의미일까?

211 생성된 변수 a9_4.2에 **table** 함수를 적용한 결과 -1 값을 15,840명이 갖는다는 것 이외에 다른 결과는 출력되지 않은 것을 알 수 있다. 따라서 Line 210의 경고 메시지의 의미는 변수 a9_4가 문자 변수인데 이를 숫자 변수로 강제로 변환하라는 명령을 보내면 -1을 제외한 사망원인 코드는 문자를 포함하고 있기 때문에 결측값 NA로 출력된다는 것을 알려주는 것이다.
table 함수는 변수의 값이 결측값인 경우는 포함하지 않고 결과를 출력하게 된다.

212 숫자 변수인 c3는 성별로 1(남자), 2(여자)의 값을 가지고 있다. 이를 문자 변수로 **as.character** 함수로 변환하니 오류, 경고 메시지가 발생되지 않는 것을 볼 수 있다.

213 숫자 변수인 c3를 논리형으로 변환하여 변수 c3.5로 저장한 후 **table** 함수를 적용한 결과 TRUE 값을 15,872명이 갖는 것을 알 수 있다. 왜 FALSE 값은 출력되지 않는 것일까?

214 숫자 변수인 c3에서 값 2(여자)를 0으로 값을 바꾼 후에 Line 213 함수문을 그대로 적용해보자. FALSE 8,164명, TRUE 7,708명으로 Line 213과 다른 결과를 보여주고 있다. 숫자 변수를 논리형으로 변환할 경우 0보다 큰 값은 모두 TRUE로 인식하고 숫자 0을 FALSE로 인식하는 것을 알 수 있다.

■ **Line별 함수와 출력 결과**

```
206  > x$c3.2 <- as.integer(x$c3)
207  > is.numeric(x$c3.2) ; is.double(x$c3.2) ; is.integer(x$c3.2)
     [1] TRUE
     [1] FALSE
     [1] TRUE
208  > x$c3.3 <- as.factor(x$c3)
209  > data.frame(table(x$a9_4))
       Var1  Freq
     1     -1 15840
     2  C15.9     2
     3  C22.9     5
     4  C25.9     3
     5  C34.8     2
     6  C47.9     1
     7  C96.9     1
     8    F03     1
     9  I25.9     1
     10 I49.9     1
     11 I50.9     2
     12 I51.9     1
     13 I63.9     3
     14   I64     1
     15 J18.9     3
     16 K65.9     1
     17 K70.3     2
     18   N19     1
     19   R54     1
210  > x$a9_4.2 <- as.numeric(x$a9_4)
     Warning message:
     NAs introduced by coercion
211  > table(x$a9_4.2)
       -1
     15840
```

```
212    > x$c3.4 <- as.character(x$c3)
213    > x$c3.5 <- as.logical(x$c3) ; table(x$c3.5)
        TRUE
       15872
214    > x$c3[x$c3==2] <- 0 ; x$c3.5 <- as.logical(x$c3) ; table(x$c3.5)
       FALSE  TRUE
        8164  7708
```

Mission 3.1.1.03

▶ NA, NaN, NULL 자료의 특성을 이해하자.

NA를 포함하는 벡터 객체 w, NaN을 포함하는 벡터 객체 x, NULL을 포함하는 벡터 객체 y를 생성한 후 이를 합쳐 데이터프레임 z를 만드는 과정을 통해 NA, NaN, NULL 차이를 이해하자.

■ Line별 의미

217 NA를 포함하는 벡터 객체 w를 만든다.

218 **sqrt(-3)**를 포함하는 벡터 객체 x를 만들 때 **NaN**을 생성한다는 경고 메시지가 출력된다. 이는 제곱근에 해당하는 **sqrt** 함수에 음의 값 -3을 적용하여 수학적으로 산출될 수 없기 때문이며, 이렇게 수학적으로 계산이 불가능한 경우 **NaN**을 출력하게 된다.

219 **NULL**을 포함하는 벡터 객체 y를 만든다.

220 **data.frame** 함수로 벡터 객체 w, x, y를 묶어보니 오류 메시지가 출력되었는데 왜 그럴까? 오류 메시지를 보니 행의 수가 4, 3이라고 나온 것으로 보아 벡터 객체의 길이가 다르다는 점을 암시한다. Line 217-9를 보면 객체 w, x, y는 분명 그 길이가 4인 점을 보면 더욱 의문이 든다.

221 객체 y를 출력하니 **NULL**은 출력되지 않고 1 2 3만 출력된 것을 볼 수 있다. 앞서 **NULL**은 아무것도 없는 경우를 의미한다고 한 점을 생각하면 쉽게 이해될 것이다. 즉, **NULL**은 아무것도 없는 자료이기 때문에 벡터 길이 계산 시 포함되지 않는 것이다. 당연히 Line 220의 오류 메시지가 출력될 수 밖에 없다.

222 객체 w, x만 묶어보니 데이터프레임 z가 만들어진 것을 볼 수 있다.

■ Line별 함수와 출력 결과

```
217    > w <- c(1, NA, 3, 4)
218    > x <- c(1, 2, sqrt(-3), 4)
       Warning message:
       In sqrt(-3) : NaNs produced
219    > y <- c(1, 2, 3, NULL)
220    > z <- data.frame(w, x, y) ; z
       Error in data.frame(w, x, y) :
         arguments imply differing number of rows: 4, 3
221    > y
       [1] 1 2 3
222    > z <- data.frame(w, x) ; z
          w   x
       1  1   1
       2 NA   2
       3  3 NaN
       4  4   4
```

1.2 범주형 변수에 의미 부여하기

KHPS 데이터셋은 모두 숫자로 입력되어 있지만 실은 많은 변수들이 조사 대상의 특성(예: 성별, 거주지역 등)에 대한 정보를 담고 있는 **범주형 변수(categorical variable)**에 해당한다.
숫자는 자료 입력과 처리 과정이 문자 변수보다 훨씬 쉬운 장점이 있지만, 숫자로 입력된 범주형 변수의 경우 각 숫자에 부여된 의미를 모르는 상황에서는 자료 처리와 통계분석이 불가능하다. 따라서 범주형 변수의 입력된 숫자에 의미를 부여하는 작업을 R 함수로 할 수 있어야 하며, 이때 필요한 개념은 **요인(factor)**이다.

Mission 3.1.2.01

▶ 범주형 변수의 값에 의미를 부여하자.

■ Line별 의미

228 데이터셋 T08IND를 read.dta 함수로 불러와 데이터프레임 t08ind로 저장하자.

229 데이터프레임 t08ind에서 pidwon, c3, c7 변수만 추출한 후 데이터프레임 x로 저장하자.

c3 변수는 성별을 의미하며, 1은 남자, 2는 여자를 의미한다.

c7 변수는 혼인상태를 의미하며, 1은 혼인 중, 2는 별거, 3은 사별, 4는 이혼, 5는 미혼을 의미한다.

230 **factor(x$c3, levels=c(1,2), labels=c("남자", "여자"))** 문의 구조를 살펴보자. x$c3는 요인으로 바꾸고자 하는 변수, levels에는 본래 입력된 숫자 값을, labels에는 부여하고 싶은 의미를 적으면 된다.

factor 함수의 실행 결과를 x$gender에 저장하자.

231 head(x) 출력 결과를 보니 gender 변수가 남자, 여자로 입력된 것을 알 수 있다.

232 벡터 객체 c("남자", "여자")를 mylabel1로 저장하자.

233 벡터 객체 c("혼인 중", "별거", "사별", "이혼", "미혼")를 mylabel2로 저장하자.

234 c3 변수의 값 1, 2에 mylaebel1 벡터 객체를 적용하여 gender 변수를 생성하라는 의미이다.

235 c7 변수의 값 1, 2, 3, 4, 5에 mylaebel2 벡터 객체를 적용하여 marry 변수를 생성하라는 의미이다.

236 head(x) 출력 결과를 보니 gender, marry 변수가 제대로 생성된 것을 볼 수 있다.

237 **table(x$c3, x$gender)** 출력 결과를 살펴보니 c3 변수 값 1은 gender 변수 값 남자에 적용되었고 여자의 경우도 모두 제대로 적용된 것을 볼 수 있다.

238 **table(x$c7, x$marry)** 출력 결과를 살펴보니 c7 변수 값 1-5와 gender 변수의 혼인 중-미혼까지 5개 값에 제대로 적용된 것을 볼 수 있다.

■ Line별 함수와 출력 결과

```
228 > t08ind <- read.dta("./data/t08ind.dta")
229 > x<-t08ind[, c("pidwon", "c3", "c7")]
230 > x$gender <- factor(x$c3, levels = c(1, 2), labels = c("남자", "여자"))
```

```
231  > head(x)
       pidwon c3 c7 gender
     1 1000101  1  1   남자
     2 1000102  2  1   여자
     3 1000301  1  1   남자
     4 1000302  2  1   여자
     5 1000303  2  5   여자
     6 1000304  2  5   여자
232  > mylabel1 <- c("남자", "여자")
233  > mylabel2 <- c("혼인 중", "별거", "사별", "이혼", "미혼")
234  > x$gender <- factor(x$c3, levels = c(1, 2), labels = mylabel1)
235  > x$marry <- factor(x$c7, levels = 1:5, labels = mylabel2)
236  > head(x)
       pidwon c3 c7 gender  marry
     1 1000101  1  1   남자 혼인 중
     2 1000102  2  1   여자 혼인 중
     3 1000301  1  1   남자 혼인 중
     4 1000302  2  1   여자 혼인 중
     5 1000303  2  5   여자    미혼
     6 1000304  2  5   여자    미혼
237  > table(x$c3, x$gender)
         남자    여자
       1 10416     0
       2     0 10867
238  > table(x$c7, x$marry)
         혼인 중  별거  사별  이혼  미혼
       1   11226     0     0     0     0
       2       0    88     0     0     0
       3       0     0  1287     0     0
       4       0     0     0   366     0
       5       0     0     0     0  8316
```

2 R 객체 다루기 실전

2.1 수학 연산을 통한 변수 만들기

대표적인 수학 연산자와 해당 R 함수는 표 3-3에 기술하였다. 이 중 일부 수학 연산자를 이용한 사례를 소개한다.

표 3-3 수학 연산자와 해당 R 함수

수학 연산자	R 함수	수학 연산자	R 함수
더하기	x+y	$\log_{10}x$	log10(x)
빼기	x-y	$\log_{2}x$	log2(x)
곱하기	x*y	자연로그(e), ln x	log(x)
나누기	x/y	x의 소수점 y자리로 반올림	round(x, digit=y)
x의 제곱근	sqrt(x)	x보다 큰 수 중 가장 작은 정수	ceiling(x)
x의 2승(x^2)	x^2	x보다 작은 수 중 가장 큰 정수	floor(x)
10의 x승(10^x)	10^x	소수점 이하 버리고 정수로 출력	trunc(x)
e^x	exp(x)	x의 절댓값	abs(x)

Mission 3.2.1.01

▶ 수학 연산자를 적용하여 데이터프레임 객체에 새로운 변수를 만들어보자.

■ Line별 의미

246 데이터셋 T12HH를 **read.dta** 함수로 불러와 데이터프레임 t12hh로 저장하자.

247 변수 b1(총 가구원수), tot_h(가구 총 근로소득), tot_inc(가구 총 자산소득)를 추출하여 데이터프레임 x로 저장하자.

248 head(x) 함수로 살펴본 결과이다.

249 변수 tot_h와 tot_inc를 합쳐 변수 total을 만든다. 변수 total은 가구 총 소득에 해당되며 제대로 합쳐진 것을 알 수 있다.

250 변수 total에서 변수 tot_inc를 뺀 후 변수 tot_h2를 만든다.

251	변수 total을 가구원수의 제곱근 값인 **sqrt(x$b1)**으로 나눈 후 변수 eqinc로 저장한다.
252	변수 eqinc에 소수점 3자리까지 지정한 **round** 함수를 적용 후 변수 eqinc2로 저장한다.
253	변수 eqinc에 **ceiling** 함수를 적용한 후 변수 eqinc3로 저장한다.
254	변수 eqinc에 **floor** 함수를 적용한 후 변수 eqinc4로 저장한다.
255	변수 eqinc에 **trunc** 함수를 적용한 후 변수 eqinc2로 저장한다.
256	Line 246-55를 실행한 결과를 head(x) 함수로 살펴본 결과이다.

■ Line별 함수와 출력 결과

```
246  > t12hh <- read.dta("./data/t12hh.dta")
247  > x <- t12hh[, c("b1", "tot_h", "tot_inc")]
248  > head(x)
       b1 tot_h tot_inc
     1  1     0     747
     2  4  3000    1000
     3  5  4280     689
     4  4 10800       0
     5  1     0     740
     6  2     0     520
249  > x$total <- x$tot_h + x$tot_inc
250  > x$tot_h2 <- x$total - x$tot_inc
251  > x$eqinc <- x$total / sqrt(x$b1)
252  > x$eqinc2 <- round(x$eqinc, digit=3)
253  > x$eqinc3 <- ceiling(x$eqinc)
254  > x$eqinc4 <- floor(x$eqinc)
255  > x$eqinc5 <- trunc(x$eqinc)
256  > head(x)
       b1 tot_h tot_inc total tot_h2     eqinc   eqinc2 eqinc3 eqinc4 eqinc5
     1  1     0     747   747      0  747.0000  747.000    747    747    747
     2  4  3000    1000  4000   3000 2000.0000 2000.000   2000   2000   2000
     3  5  4280     689  4969   4280 2222.2044 2222.204   2223   2222   2222
     4  4 10800       0 10800  10800 5400.0000 5400.000   5400   5400   5400
     5  1     0     740   740      0  740.0000  740.000    740    740    740
     6  2     0     520   520      0  367.6955  367.696    368    367    367
```

2.2 조건부 변환

조건부 변환(conditional transforamtion)은 조건문을 통해 해당 조건에 해당하는 사례의 관찰값을 바꾸는 기법을 의미한다. 조건문을 만들기 위해 익혀야 할 **논리 연산자(logical operator)**는 표 3-4를 보자.

표 3-4 논리 연산자와 해당 R 함수

<table>
<tr><th>논리 연산자</th><th>R 함수</th><th>논리 연산자</th><th>R 함수</th></tr>
<tr><td>같다 (equal)</td><td>==</td><td>같지 않다 (Not eqaul)</td><td>!=</td></tr>
<tr><td>작다, 미만 (less than)</td><td><</td><td>그리고 (AND)</td><td>&</td></tr>
<tr><td>크다, 초과 (greater than)</td><td>></td><td>또는 (OR)</td><td>|</td></tr>
<tr><td>같거나 작다, 이하 (less than or equal)</td><td><=</td><td>0 ≤ x ≤ 1</td><td>x>=0 & x<=1</td></tr>
<tr><td>같거나 크다, 이상 (greater than or equal)</td><td>>=</td><td>결측값 확인</td><td>is.na(x)</td></tr>
</table>

R에서 조건문 기능을 하는 함수는 다음과 같은 종류가 있다.

- ✓ **if** (조건) **명령문**
- ✓ **if** (조건) **명령문**1 else **명령문**2
- ✓ **if** (조건1) **명령문**1 elseif (조건2) **명령문**2 else **명령문**3
- ✓ **ifelse(조건, 명령문1, 명령문2)**

이 중 **ifelse** 함수를 이용한 방법을 소개하기로 한다. 다른 조건문 함수도 동일한 결과를 제공해주지만, **ifelse** 함수가 효율적으로 명령문을 작성할 수 있기 때문이다.
ifelse 함수의 기본 구조는 아래와 같다.

- ✓ **ifelse**(조건문, 조건문이 참일 때 출력할 값, 조건문이 거짓일 때 출력할 값)

Mission 3.2.2.01

▶ ifelse 함수의 기초를 이해하자.

■ Line별 의미

262 2와 3이 같은지 검증하여 TRUE이면 "Yes"를 출력하고, FALSE이면 "No"를 출력하게 된다.

263 1, 2로 입력된 6개 원소를 갖는 test 벡터 객체를 생성한다.

264 test 객체의 값 중 2보다 작으면 "Yes"를 출력하고, 나머지 경우는 "No"를 출력한 것을 볼 수 있을 것이다.

■ Line별 함수와 출력 결과

```
262  > ifelse(2 == 3, "Yes", "No")
     [1] "No"
263  > test <- c(2, 1, 2, 2, 1, 1)
264  > ifelse(test < 2, "Yes", "No")
     [1] "No"  "Yes" "No"  "No"  "Yes" "Yes"
```

Mission 3.2.2.02

▶ ifelse 함수를 이용하여 가구의 조사 참여 기간을 산출하자.

■ Line별 의미

268 데이터셋 SURVEY를 read.dta 함수로 불러온 후 데이터프레임 survey로 저장하자.

269 데이터프레임 survey에서 year1, year2, year3 변수를 추출하여 데이터프레임 x로 저장하자.

270 head(x)로 출력한 결과이다.

2번째와 5번째 사례는 year2, year3 변수가 모두 NA로 결측값으로 나타났다. 이들 사례는 2009년에는 조사에 참여하지 않아 2008년만 참여한 가구로 분류되며, 그 외 사례들은 2008-2009년간 2년 동안 조사에 참여한 가구로 분류하여 그 결과는 svyear 변수에 저장하고자 한다.

271 **x$svyear <- ifelse(is.na(x$year2) & is.na(x$year3), "1년 참여", "2년 참여")** 문은 year2, year3 변수의 값이 모두 NA인 경우 "1년 참여"로 출력하고, 그렇지 않으면 "2년 참여"로 출력한 결과를 데이터프레임 x의 변수 svyear에 저장하라는 의미이다.

272 Line 268-71 실행 결과를 head 함수로 살펴본 결과이다. ifelse 함수가 제대로 적용된 것을 알 수 있다.

■ Line별 함수와 출력 결과

```
268  > survey <- read.dta("./data/survey.dta")
269  > x <- survey[, c("year1", "year2", "year3")]
270  > head(x)
       year1 year2 year3
     1  2008  2009  2009
     2  2008    NA    NA
     3  2008  2009  2009
     4  2008  2009  2009
     5  2008    NA    NA
     6  2008  2009  2009
271  > x$svyear <- ifelse(is.na(x$year2) & is.na(x$year3), "1년 참여", "2년 참여")
272  > head(x)
       year1 year2 year3   svyear
     1  2008  2009  2009 2년 참여
     2  2008    NA    NA 1년 참여
     3  2008  2009  2009 2년 참여
     4  2008  2009  2009 2년 참여
     5  2008    NA    NA 1년 참여
     6  2008  2009  2009 2년 참여
```

Mission 3.2.2.03

▶ ifelse 함수를 이용하여 신체활동 실천 수준에 대한 변수를 만들자.

데이터셋 T09APPEN의 격렬한 신체활동(변수 s27, s28) 실천 수준에 대한 변수를 활용하여 격렬한 신체활동 실천 수준을 알아보고자 한다(표 3-5).

표 3-5 데이터셋 T09APPEN의 격렬한 신체활동 관련 변수 s27, s28 정의

	변수 이름	관찰값 정의
신체활동 실천 일수	s27	(1) 1일, (2) 2일, (3) 3일, (4) 4일, (5) 5일, (6) 6일, (7) 7일, (8) 전혀 하지 않음, (-9) 모름/무응답
신체활동 시간	s28	(1) 20분 미만, (2) 20분 이상~30분 미만, (3) 30분 이상~40분 미만, (4) 40분 이상~50분 미만, (5) 50분 이상~60분 미만, (6) 60분 이상, (-1) 해당하지 않음, (-9) 모름/무응답

■ Line별 의미

276 데이터셋 T09APPEN을 read.dta 함수로 불러온 후 데이터프레임 t09appen로 저장하자.

277 변수 s27, s28을 추출하여 데이터프레임 x로 저장하자.

278 **table(x$s27, x$s28)** 문을 실행하여 변수 s27, s28의 교차표를 만든 결과이다. 행은 s27 변수의 관찰값인 -9에서 8, 열은 s28 변수의 관찰값인 -9에서 6까지 있다.

279-85 Mission 3.1.2.01의 Line 232-5(74페이지 참고)를 응용하여 변수 s27, s28의 값에 의미(표 3-5 참고)를 부여하는 함수문이다.

286 **table(x$s27, x$s28)** 문으로 만든 변수 s27, s28의 교차표를 객체 result로 저장하자.

287 **write.csv** 함수를 이용하여 /khps/outcome 디렉터리에 result.csv를 만들자. 그림 3-1은 result.csv 파일을 엑셀 프로그램으로 열어본 화면이다. 격렬한 신체활동의 실천 수준을 미실천, 실천 수준 낮음, 실천 수준 높음의 3개로 분류하고자 한다.

	모름/무응답	해당사항 없음	20분 미만	20분 이상~30분 미만	30분 이상~40분 미만	40분 이상~50분 미만	50분 이상~60분 미만	60분 이상
모름/무응답	2	0	0	0	0	0	0	0
1일	1	0	145	109	85	23	44	481
2일	0	0	92	108	89	47	38	264
3일	0	0	61	77	101	57	64	310
4일	0	0	15	38	36	20	33	155
5일	0	0	29	42	57	34	49	291
6일	0	0	26	36	26	16	28	283
7일	0	0	34	40	50	21	23	434
전혀 하지 않음	0	9807	0	0	0	0	0	0

그림 3-1 result.csv 파일에서 본 격렬한 신체활동 실천 수준을 구분한 기준

288-95 그림 3-1에서 제시한 실천 수준 분류 기준에 따라 만든 **ifelse** 함수문이며, 이를 실행하면 변수 hard가 만들어지고 1은 미실천, 2는 실천 수준 낮음, 3은 실천 수준 높음을 의미한다. **ifelse** 함수가 무려 7번이나 사용된 것을 볼 수 있다.

Line 288의 **ifelse** 함수문은 변수 s27 값이 8이거나 0보다 작거나 변수 s28 값이 0보다 작은 경우 변수 hard에 값 1을 입력하라는 의미이다.

Line 289-94의 **ifelse** 함수문은 모두 2로 끝나는 것을 볼 수 있다. 여기에 해당하는 조건일 경우 변수 hard에 2를 입력하는 의미이다. 각 조건문을 일일이 설명하지 않아도 독자들이 충분히 이해할 수 있을 것이며, 그림 3-1과 R 함수를 비교하도록 하자.

Line 295는 3으로 끝나며 Line 288-94에 해당하지 않는 경우 3으로 입력된다는 의미이다.

296-7 변수 hard에 입력된 값 1, 2, 3에 "미실천", "실천 수준 낮음", "실천 수준 높음"이라는 의미를 각각 부여한 후 변수 hardf로 저장하자.

298 **table(x$s27, x$s28, x$hardf)** 문을 통해 출력된 결과를 그림 3-1과 비교하여 확인하면 모두 제대로 분류된 것을 볼 수 있다.

■ Line별 함수와 출력 결과

```
276  > t09appen <- read.dta("./data/t09appen.dta")
277  > x <- t09appen[, c("s27", "s28")]
278  > table(x$s27, x$s28)
             -9   -1    1    2    3    4    5    6
         -9   2    0    0    0    0    0    0    0
          1   1    0  145  109   85   23   44  481
          2   0    0   92  108   89   47   38  264
          3   0    0   61   77  101   57   64  310
          4   0    0   15   38   36   20   33  155
          5   0    0   29   42   57   34   49  291
          6   0    0   26   36   26   16   28  283
          7   0    0   34   40   50   21   23  434
          8   0 9807    0    0    0    0    0    0
279  > mylabel1 <- c("모름/무응답", "1일", "2일", "3일", "4일",
280  +                 "5일", "6일", "7일", "전혀 하지 않음")
281  > mylabel2 <- c("모름/무응답", "해당사항 없음",
282  +                "20분 미만", "20분 이상~30분 미만", "30분 이상~40분 미만",
283  +                "40분 이상~50분 미만", "50분 이상~60분 미만", "60분 이상")
284  > x$s27f <- factor(x$s27, levels = c(-9, 1:8), labels = mylabel1)
```

```
285 > x$s28f <- factor(x$s28, levels = c(-9, -1, 1:6), labels = mylabel2)
286 > result <- table(x$s27f, x$s28f)
287 > write.csv(result, "./outcome/result.csv")
288 > x$hard <- ifelse(x$s27==8 | x$s27<0 | x$s28<0, 1,
289 +            ifelse(x$s27==1, 2,
290 +            ifelse(x$s27==2 & x$s28<6, 2,
291 +            ifelse(x$s27==3 & x$s28<5, 2,
292 +            ifelse(x$s27==4 & x$s28<4, 2,
293 +            ifelse(x$s27==5 & x$s28<3, 2,
294 +            ifelse(x$s27==6 & x$s28<2, 2,
295 +            3 )))))))
296 > mylabel3 <- c("미실천", "실천 수준 낮음", "실천 수준 높음")
297 > x$hardf <- factor(x$hard, levels = 1:3, labels = mylabel3)
298 > table(x$s27, x$s28, x$hardf)
    , ,  = 미실천

          -9   -1    1    2    3    4    5    6
      -9   2    0    0    0    0    0    0    0
       1   1    0    0    0    0    0    0    0
       2   0    0    0    0    0    0    0    0
       3   0    0    0    0    0    0    0    0
       4   0    0    0    0    0    0    0    0
       5   0    0    0    0    0    0    0    0
       6   0    0    0    0    0    0    0    0
       7   0    0    0    0    0    0    0    0
       8   0 9807    0    0    0    0    0    0
    , ,  = 실천 수준 낮음

          -9   -1    1    2    3    4    5    6
      -9   0    0    0    0    0    0    0    0
       1   0    0  145  109   85   23   44  481
       2   0    0   92  108   89   47   38    0
       3   0    0   61   77  101   57    0    0
       4   0    0   15   38   36    0    0    0
       5   0    0   29   42    0    0    0    0
       6   0    0   26    0    0    0    0    0
```

```
7    0    0    0    0    0    0    0    0
8    0    0    0    0    0    0    0    0
, ,  = 실천 수준 높음
      -9   -1    1    2    3    4    5    6
-9    0    0    0    0    0    0    0    0
1     0    0    0    0    0    0    0    0
2     0    0    0    0    0    0    0  264
3     0    0    0    0    0    0   64  310
4     0    0    0    0    0   20   33  155
5     0    0    0    0   57   34   49  291
6     0    0    0   36   26   16   28  283
7     0    0   34   40   50   21   23  434
8     0    0    0    0    0    0    0    0
```

2.3 결측값 다루기

KHPS 자료 중 2008년 외래이용 자료인 t08ou 데이터프레임에서 외래 방문을 한 날짜는 **연도(변수 ou6)**, **월(변수 ou7)**, **일(변수 ou8)** 등 3개의 변수로 나누어 기록된다. 월과 일 변수에는 각각 -9(모름/무응답) 값이 95개, 2,410개 사례가 존재하고 있다(codebook.xlsx 파일의 OU sheet 참고).

Mission 3.2.3.01

▶ 객체에 존재하는 특정한 값을 결측값으로 바꾸자.

■ Line별 의미

304 데이터셋 T08OU를 read.dta 함수로 불러온 후 데이터프레임 t08ou로 저장하자.

305 데이터프레임 t08ou에서 ou3 변수와 ou8 변수의 값이 -9인 사례의 변수 ou3, ou6, ou7, ou8 등 4개의 변수를 추출한 후 데이터프레임 x로 저장하자.

306 **order** 함수를 이용하여 변수 ou3, ou8에 대해 오름차순으로 정렬하자.
order 함수의 기능은 111페이지 Mission 3.2.7.01를 참고하자.

307 head(x) 출력 결과를 살펴보니 ou3 변수와 ou8 변수에 -9가 있는 것을 볼 수 있다.

308 **x[x == -9] <- NA** 문은 객체 x에서 -9의 값을 NA로 변경하라는 의미다. 특정 변수를 지정하지 않고 **x == -9**로 하게 되면 객체 x에 있는 모든 값 -9를 선택하라는 의미가 된다.

309 **head(x)** 함수 출력 결과를 Line 307의 출력 결과와 비교하면 값 -9가 NA로 바뀐 것을 알 수 있다.

■ Line별 함수와 출력 결과

```
304  t08ou <- read.dta("./data/t08ou.dta")
305  > x <- t08ou[t08ou$ou3==-9 | t08ou$ou8 == -9, c("ou3", "ou6", "ou7", "ou8")]
306  > x <- x[order(x$ou3, x$ou8), ]
307  > head(x)
              ou3 ou6 ou7 ou8
     29619     -9   8  11   5
     134471    -9   8  10  18
     48716     -9   8  12  30
     4283    1103   8   7  -9
     103871  1103   8   4  -9
     160975  1120   8   4  -9
308  > x[x == -9] <- NA
309  > head(x)
              ou3 ou6 ou7 ou8
     29619     NA   8  11   5
     134471    NA   8  10  18
     48716     NA   8  12  30
     4283    1103   8   7  NA
     103871  1103   8   4  NA
     160975  1120   8   4  NA
```

Mission 3.2.3.02

▶ 객체의 특정 변수에 존재하는 결측값을 선택한 후 다른 값으로 바꾸자.

■ Line별 의미

313 Line 304-9를 통해 변수 ou3의 -9를 결측값 NA로 바꾸었다.
데이터프레임의 특정 변수에 존재하는 NA를 어떻게 선택할 수 있을까?
x$ou3[is.na(x$ou3)] 문을 살펴보면 Line 308의 **x[x == -9]** 문과 달리 x$ou3가 [] 앞과 안에 2번 입력된 것을 알 수 있다. Line 317과 비교해보자.
결측값 선택은 is.na 함수를 이용한 것을 알 수 있다.

314 head(x) 함수로 살펴보니 변수 ou3의 NA 값이 -9로 바뀐 것을 볼 수 있다.

315 **is.na** 함수 대신 **x$ou8 == NA**를 적용한 것이다.

316 Line 315을 실행하면 변수 ou8의 NA도 -9로 바뀔 것으로 기대했지만 바뀌지 않은 것을 알 수 있다. **x$ou8 == NA**는 잘못된 함수라는 것을 알 수 있다.
결측값 선택은 is.na 함수를 이용해야 한다.

317 **x[x$ou3 == -9] <- NA** 문을 실행하면 변수 ou3, ou6, ou7의 값이 모두 NA로 바뀐 것을 볼 수 있다. 왜 이런 결과가 나오는 것인가?
Line 313의 **x$ou3[is.na(x$ou3)]**과 비교해 봤을 때 [] 앞의 x$ou3에서 $ou3가 없는 차이밖에 없다. 따라서 특정 변수에서 특정 값을 선택하기 위해서는 [] 앞과 안에 모두 변수를 정확히 지정해야 한다는 것을 알 수 있다.

■ Line별 함수와 출력 결과

313
```
> x$ou3[is.na(x$ou3)] <- -9
```

314
```
> head(x)
          ou3 ou6 ou7  ou8
29619     -9   8  11    5
134471    -9   8  10   18
48716     -9   8  12   30
4283    1103   8   7   NA
103871 1103    8   4   NA
160975 1120    8   4   NA
```

315
```
> x$ou8[x$ou8 == NA] <- -9
```

```
316  > head(x)
          ou3 ou6 ou7 ou8
29619      -9   8  11   5
134471     -9   8  10  18
48716      -9   8  12  30
4283     1103   8   7  NA
103871 1103   8   4  NA
160975 1120   8   4  NA
317  > x[x$ou3 == -9] <- NA ; head(x)
       ou3 ou6 ou7 ou8
29619   NA  NA  NA   5
134471  NA  NA  NA  18
48716   NA  NA  NA  30
4283    NA  NA  NA  NA
103871  NA  NA  NA  NA
160975  NA  NA  NA  NA
```

Mission 3.2.3.03

▶ na.omit, complete.cases 함수를 이해하고 적용하자.

1,000명의 학생들을 대상으로 10개의 변수를 조사한 후, 자료를 입력하다가 결측값이 생각보다 많다는 것을 발견하게 된 상황을 가정하자. 10개 변수 모두 결측값 없이 자료가 입력된 학생들만 대상으로 분석을 시행하고자 한다. 어떻게 할 수 있을까?

na.omit, complete.cases 함수를 이용하면 해결할 수 있다.

■ Line별 의미

320 데이터셋 SURVEY를 read.dta 함수로 불러온 후 데이터프레임 survey로 저장하자.

321 변수 year1, year2, year3를 추출하여 객체 x로 저장한 후 head(x)로 살펴본 결과이다. 2번째, 5번째 사례에서 year2, year3 값이 NA인 것을 알 수 있다.

322 **na.omit** 함수를 적용한 결과를 객체 x2.1로 저장한 후 head(x2.1) 함수로 출력해보자. 2번째, 5번째 사례가 삭제된 것을 볼 수 있다.

323 **complete.cases** 함수를 적용한 결과를 객체 x2.2로 저장한 후 head(x2.1) 함수로 출력해보자.

2번째, 5번째 사례가 FALSE 값이 출력된 것을 알 수 있다. 이는 2번째, 5번째 사례에 NA가 있다는 것을 의미한다.

이를 통해 **complete.cases** 함수는 출력 결과가 논리적 유형이며 **NA 값이 하나라도 있는 경우**는 TRUE가 아닌 **FALSE를 출력**한다는 것을 알 수 있다.

324 **x[complete.cases(x),]** 문을 적용한 결과를 객체 x3으로 저장한 후 head(x3)로 살펴보면 Line 322와 동일한 결과를 출력하는 것을 알 수 있다.

na.omit 함수와 달리 **complete.cases** 함수는 데이터프레임 객체의 행에 적용해야만 결측값이 전혀 없는 사례를 추출하는 것을 알 수 있다.

325 **!complete.cases** 함수를 이용하면 NA가 하나라도 있는 사례를 추출하게 된다.

논리 연산자 중 같지 않다는 기호가 **!=**인 점을 기억하면 **느낌표(!)**를 넣기만 해도 결측값을 하나 이상 가지고 있는 사례를 선택하는 것을 알 수 있다.

■ Line별 함수와 출력 결과

320
```
> survey <- read.dta("./data/survey.dta")
```

321
```
> x <- survey[, c("year1", "year2", "year3")] ; head(x)
  year1 year2 year3
1  2008  2009  2009
2  2008    NA    NA
3  2008  2009  2009
4  2008  2009  2009
5  2008    NA    NA
6  2008  2009  2009
```

322
```
> x2.1 <- na.omit(x) ; head(x2.1)
  year1 year2 year3
1  2008  2009  2009
3  2008  2009  2009
4  2008  2009  2009
6  2008  2009  2009
8  2008  2009  2009
9  2008  2009  2009
```

```
323  > x2.2 <- complete.cases(x) ; head(x2.2)
     [1]  TRUE FALSE  TRUE  TRUE FALSE  TRUE
324  > x3 <- x[complete.cases(x), ] ; head(x3)
       year1 year2 year3
     1  2008  2009  2009
     3  2008  2009  2009
     4  2008  2009  2009
     6  2008  2009  2009
     8  2008  2009  2009
     9  2008  2009  2009
325  > x4 <- x[!complete.cases(x), ] ; head(x4)
        year1 year2 year3
     2   2008    NA    NA
     5   2008    NA    NA
     7   2008  2009    NA
     10  2008    NA    NA
     15  2008  2009    NA
     17  2008    NA    NA
```

2.4 변수 이름 바꾸기

Mission 3.2.4.01

▶ 데이터프레임에서 변수의 이름을 추출하고 그 유형을 확인하자.

■ Line별 의미

331 데이터셋 SURVEY를 read.dta 함수로 불러온 후 데이터프레임 survey로 저장하자.

332 데이터프레임 survey에서 변수 hhidwon, year0, year1, year2, year3를 추출한 후 데이터프레임 x로 저장한다. head(x) 함수로 살펴보자.

333 **names(x)** 함수를 실행하니 5개 변수 이름이 출력된 것을 알 수 있다.

334 **names(x)** 실행 결과를 객체 varname로 저장한 후 **is.vector(varname)**를 실행하니 TRUE 값을 산출한다. 벡터 객체라는 것을 알 수 있다.

■ **Line별 함수와 출력 결과**

```
331    > survey <- read.dta("./data/survey.dta")
332    > x <- survey[, c("hhidwon", "year0", "year1", "year2", "year3")] ; head(x)
         hhidwon year0 year1 year2 year3
       1   10001  2008  2008  2009  2009
       2   10002  2008  2008    NA    NA
       3   10003  2008  2008  2009  2009
       4   10004  2008  2008  2009  2009
       5   10005  2008  2008    NA    NA
       6   10006  2008  2008  2009  2009
333    > names(x)
       [1] "hhidwon" "year0"   "year1"   "year2"   "year3"
334    > varname <- names(x) ; is.vector(varname)
       [1] TRUE
```

Mission 3.2.4.02

▶ 벡터 객체 특성을 이용하여 변수의 이름을 바꾸자 - Part I.

■ **Line별 의미**

338 Line 334에서 만든 벡터 객체 varname의 값을 바꾸는 것이다.
varname[2]는 벡터 객체 varname의 2번째 값을 의미하며 "year0"을 의미한다.
따라서 **varname[2]<-"y0"** 문은 "year0"을 "y0"로 바꾸라는 의미가 된다.
varname의 3-5번째 위치, 즉 "year1" "year2" "year3" 역시 **varname[3] <- "y1" ; varname[4] <- "y2" ; varname[5] <- "y3"** 문을 통해 y0, y1, y2, y3로 바꿀 수 있다.

339 varname를 출력하니 제대로 벡터 객체 값이 바뀐 것을 알 수 있다.

340 Line 338을 통해 값이 바뀐 벡터 객체 varname을 데이터프레임 x의 변수 이름을 의미하는 **names(x)**에 적용하는 것이다.

341 **head(x)** 함수를 실행하니 데이터프레임 객체 x의 변수 이름이 모두 y0, y1, y2, y3로 바뀐 것을 볼 수 있다.

■ **Line별 함수와 출력 결과**

338 > varname[2]<-"y0"; varname[3]<-"y1"; varname[4]<-"y2"; varname[5]<-"y3"

339 > varname
```
[1] "hhidwon" "y0"      "y1"      "y2"      "y3"
```

340 > names(x) <- varname

341 > head(x)
```
  hhidwon   y0   y1   y2   y3
1   10001 2008 2008 2009 2009
2   10002 2008 2008   NA   NA
3   10003 2008 2008 2009 2009
4   10004 2008 2008 2009 2009
5   10005 2008 2008   NA   NA
6   10006 2008 2008 2009 2009
```

Mission 3.2.4.03

▶ 벡터 객체 특성을 이용하여 변수의 이름을 바꾸자 - Part Ⅱ.

Mission 3.2.4.02와는 다른 방식으로 변수의 이름을 바꿔보는 과정을 보여준다.

■ **Line별 의미**

345 Line 331에서 만든 데이터프레임 survey에서 변수 hhidwon, year0, year1, year2, year3를 추출하여 데이터프레임 x로 저장하자.

346 **names(x)**를 객체 varname로 저장한다.

347-50 **varname[varname == "year0"]<-"y0"** 문은 벡터 객체 varname 값이 "year0"인 경우 "y0"으로 바꾸라는 의미이다.
Line 338과 동일한 결과를 출력하게 된다. Line 351-2에서 확인하자.

351-2 Line 340-1과 동일한 함수이며 **head(x)** 출력 결과 역시 동일한 것을 알 수 있다.
Mission 3.2.4.02의 방식으로 변수 이름을 변경하는 것이 더 효율적인 것을 알 수 있다.

■ Line별 함수와 출력 결과

```
345  > x <- survey[, c("hhidwon", "year0", "year1", "year2", "year3")]
346  > varname<-names(x)
347  > varname[varname == "year0"] <- "y0"
348  > varname[varname == "year1"] <- "y1"
349  > varname[varname == "year2"] <- "y2"
350  > varname[varname == "year3"] <- "y3"
351  > names(x) <- varname
352  > head(x)
       hhidwon   y0   y1   y2   y3
     1   10001 2008 2008 2009 2009
     2   10002 2008 2008   NA   NA
     3   10003 2008 2008 2009 2009
     4   10004 2008 2008 2009 2009
     5   10005 2008 2008   NA   NA
     6   10006 2008 2008 2009 2009
```

Mission 3.2.4.04

▶ paste 함수를 이용하여 연속된 숫자가 들어가는 변수 이름으로 바꾸자.

■ Line별 의미

356 Line 331에서 만든 데이터프레임 survey에서 변수 hhidwon, year0, year1, year2, year3를 추출하여 데이터프레임 x로 저장하자.

357 y0, y1, y2, y3처럼 변수 이름이 문자 뒤에 연속된 숫자로 변수 이름을 바꿀 경우 **paste** 함수가 유용하다.

paste("y", 0:3, sep="") 문은 y0, y1, y2, y3를 만들기 위해 **paste** 함수를 활용한 것이다(paste 함수의 기능은 96페이지 Mission 3.2.5.03를 참고).

paste 함수 실행 결과를 객체 yvar로 저장한 후 출력해보자. "y0", "y1", "y2", "y3" 값이 나와 의도한 대로 paste 함수가 작동한 것을 알 수 있다.

358 **names(x)[2:5] <- yvar** 문은 names(tmp) 객체의 2-5번째 원소를 yvar 벡터 객체의 4개 원소로 바꿔주는 것이다.

359 **head(x)** 출력 결과를 보니 Line 341과 Line 352의 출력 결과와 동일한 것을 알 수 있다.

■ **Line별 함수와 출력 결과**

```
356 > x <- survey[, c("hhidwon", "year0", "year1", "year2", "year3")]
357 > yvar <- paste("y", 0:3, sep=""); yvar
    [1] "y0" "y1" "y2" "y3"
358 > names(x)[2:5] <- yvar
359 > head(x)
      hhidwon   y0   y1   y2   y3
    1   10001 2008 2008 2009 2009
    2   10002 2008 2008   NA   NA
    3   10003 2008 2008 2009 2009
    4   10004 2008 2008 2009 2009
    5   10005 2008 2008   NA   NA
    6   10006 2008 2008 2009 2009
```

2.5 문자 자료 다루기

KHPS 데이터셋은 모두 숫자로 입력되어 있어 이 부분을 넘어간다 하더라도 KHPS 데이터셋을 처리하고 분석하는 과정에서 큰 문제는 발생하지 않는다. 하지만 문자 자료를 다루는 것은 숫자 자료를 다루는 것보다 난이도가 높기 때문에 R에서 문자 자료를 다루는 기본적인 방법을 익혀둘 필요가 있다.

Mission 3.2.5.01

▶ 알파벳 대문자, 소문자를 출력하자.

■ **Line별 의미**

365 소문자 출력은 **letters** 함수로, 대문자 출력은 **LETTERS** 함수로 가능하다.
두 함수의 실행 결과를 각각 객체 x, y로 저장하자.

366 객체 x, y는 벡터인 것을 알 수 있다.

367 객체 x, y를 **data.frame** 함수로 묶어서 출력한 결과이다.

368 벡터 객체의 특성을 이용하여 일부 문자만 출력해본 것이다. **letters[1:4]**는 a-d, **LETTERS[1:4]**는 A-D 등 각각 4개 문자열을 출력하게 된다. 즉 벡터 객체에서 [1:4]는 1-4번째 원소를 선택하라는 의미가 된다.

■ Line별 함수와 출력 결과

365
```
> x <- letters; y <- LETTERS
```
366
```
> is.vector(x) ; is.vector(y)
[1] TRUE
[1] TRUE
```
367
```
> data.frame(x, y)
   x y
1  a A
2  b B
3  c C
4  d D
5  e E
6  f F
7  g G
8  h H
9  i I
10 j J
11 k K
12 l L
13 m M
14 n N
15 o O
16 p P
17 q Q
18 r R
19 s S
20 t T
21 u U
22 v V
```

```
23 w W
24 x X
25 y Y
26 z Z
```

368
```
> letters[1:4]; LETTERS[1:4]
[1] "a" "b" "c" "d"
[1] "A" "B" "C" "D"
```

Mission 3.2.5.02

▶ nchar 함수로 문자열의 길이를 측정하자.

■ Line별 의미

372 문자열의 길이를 알고 싶으면 **nchar** 함수를 이용하면 된다.

"의료패널조사"라는 문자열의 길이를 **nchar** 함수는 6이라는 값을 출력한다.

R에서는 영어, 숫자와 마찬가지로 한글 1글자의 길이를 1로 계산하는 것을 알 수 있다.

373-4 "의료", "패널", "조사"라는 3개의 문자 원소로 구성된 a 벡터 객체를 만든 후 **nchar** 함수를 적용하니 각 문자열의 길이 2 2 2를 출력하는 것을 알 수 있다.

반면 **length** 함수는 **nchar** 함수와 다른 결과를 출력한다. **length** 함수를 적용하면 3이라는 값만 출력한다. 문자 벡터에 **length** 함수를 적용하면 "의료", "패널", "조사"라는 3개의 문자 원소가 있다는 사실만을 출력하는 것이다.

■ Line별 함수와 출력 결과

372
```
> nchar("의료패널조사")
[1] 6
```
373
```
> a <- c("의료", "패널", "조사")
```
374
```
> nchar(a) ; length(a)
[1] 2 2 2
[1] 3
```

Mission 3.2.5.03

▶ paste 함수로 문자열들을 합치자.

■ Line별 의미

378 문자열을 합치는 것은 **paste** 함수를 이용하면 된다.
sep="" 옵션 없이 실행하니 **"의료 패널 조사"**와 같이 각 문자열 사이에 빈칸을 자동으로 만드는 것을 알 수 있다.

379 띄어쓰기 없이 문자열을 합치기 위해서는 반드시 **sep=""** 옵션을 넣도록 한다.

380 **paste** 함수는 숫자도 허용하며, 또한 문자 또는 숫자로 이루어진 벡터 객체도 허용한다.
객체 b에 2008, 2009, 2010의 숫자 원소를 저장한 뒤 **paste 함수**에 적용한 결과이다.
"2008년 의료패널조사" "2009년 의료패널조사" "2010년 의료패널조사"를 출력한 것을 볼 수 있다.

381 **paste** 함수는 수식도 허용하는 관대함을 가지고 있다.
sqrt 함수도 허용하는 것을 볼 수 있다.

■ Line별 함수와 출력 결과

378
```
> paste("의료", "패널", "조사")
[1] "의료 패널 조사"
```

379
```
> paste("의료", "패널", "조사", sep="")
[1] "의료패널조사"
```

380
```
> b <- 2008:2010 ; paste(b, "년 ", "의료패널조사", sep="")
[1] "2008년 의료패널조사" "2009년 의료패널조사" "2010년 의료패널조사"
```

381
```
> paste("4의 제곱근은 ", sqrt(4), "이다", sep="")
[1] "4의 제곱근은 2이다"
```

Mission 3.2.5.04

▶ substr 함수로 문자열에서 일부 문자열을 추출하자.

■ Line별 의미

385 문자열에서 일부를 추출하고 싶은 경우 **substr** 함수를 이용하면 된다.
substr 함수는 **substr(문자열, 시작 지점, 종료 지점)**의 구조를 갖고 있다.

substr("의료패널조사", 3, 4) 문은 "의료패널조사"라는 문자열에서 시작 지점을 3, 종료 지점을 4로 지정하는 것으로 "패널"을 출력해준다.

386-7 서로 다른 길이를 갖는 2개 이상의 문자열에서 마지막 2개 문자를 추출하고자 한다.

여기에서는 **nchar** 함수의 기능을 이용하는 센스가 필요하다.

Line 386에서 "지역사회건강조사", "인구센서스조사", "의료패널조사"의 각 문자열의 길이가 8, 7, 6인 벡터 객체 x를 만들자.

Line 387은 **substr(x, nchar(x)-1, nchar(x))** 문을 통해 마지막 2글자 "조사"를 추출하는 것이다. 어떤 원리일까?

nchar(x) 함수를 Line 386에서 만든 벡터 객체 x에 적용하면 8, 7, 6을 출력하게 된다 (95페이지 Mission 3.2.5.02 참고).

따라서 문자열의 추출시작 지점에 입력한 **nchar(x)-1**은 7, 6, 5를 출력하게 되고 이는 각 문자열에서 마지막에서 두 번째 문자, 즉 "조"를 지정하게 되는 것이다. **nchar(x)**는 각 문자열의 마지막 지점, 즉 "사"를 지정할 수 있도록 해준다.

■ Line별 함수와 출력 결과

385
```
> substr("의료패널조사", 3, 4)
[1] "패널"
```
386
```
> x <- c("지역사회건강조사", "인구센서스조사", "의료패널조사")
```
387
```
> substr(x, nchar(x)-1, nchar(x))
[1] "조사" "조사" "조사"
```

Mission 3.2.5.05

▶ 소문자에서 대문자로, 대문자에서 소문자로 바꾸자.

■ Line별 의미

391 데이터셋 MT08_H를 **read.dta** 함수로 불러온 후 데이터프레임 mt08_h로 저장하자.

392 데이터프레임 mt08_h 변수 이름을 **names** 함수로 추출한 후 객체 uplow로 저장한 후 출력해보자. 모두 소문자이다.

393-4 문자열을 모두 대문자로 바꾸고 싶은 경우는 **toupper** 함수를, 소문자로 바꾸고 싶은 경우는 **tolower** 함수를 이용하면 된다.

독자 여러분들이 toupper, tolower 함수의 출력 결과를 names(mt08_h)에 적용해보자.

■ **Line별 함수와 출력 결과**

```
391   > mt08_h <- read.dta("./data/mt08_h.dta")
392   > uplow <- names(mt08_h); uplow
      [1] "hhidwon" "m1"      "m2"      "hhid"    "hflag"
393   > toupper(uplow)
      [1] "HHIDWON" "M1"      "M2"      "HHID"    "HFLAG"
394   > tolower(uplow)
      [1] "hhidwon" "m1"      "m2"      "hhid"    "hflag"
```

Mission 3.2.5.06

▶ strsplit 함수로 문자열을 분리하자.

■ **Line별 의미**

398 문자를 분할하여 각자 이용하고 싶을 경우 **strsplit** 함수를 이용하면 된다.
파일 경로를 나타내는 "home/openhealth/khps" 문자열을 객체 d로 저장한다. **슬래시(/)** 에 의해 구분된다.
home openhealth khps 문자를 **strsplit** 함수를 이용하여 각각 추출해보자.

399 **strsplit(d, "/")** 의미는 객체 d에서 구분자 "/"를 기준으로 문자를 나누어 출력하라는 의미이다.
출력값이 [[1]]로 시작되는데 이는 **strsplit** 함수가 실행 결과를 **리스트 객체로 출력**한다는 것을 의미한다.

400 여러 문자 원소를 가질 경우는 **strsplit** 함수를 적용하면 어떤 결과가 출력될까?
"home/khps1", "home/khps2", "home/khps3"의 3개 문자열을 객체 e로 저장한다.

401 **strsplit** 함수를 실행하면 [[1]], [[2]], [[3]]으로 구분된 결과를 출력한다.
리스트 객체 형식으로 출력된 것으로 [[1]]에서 [1] "home" "khps1"를 출력하였고 이는 객체 e의 첫 번째 원소 "home/khps1"을 출력한 결과라는 것을 알 수 있다.
이 책에서는 리스트 객체를 다루는 법을 소개하지 않았기 때문에 이렇게 결과가 나온다면 활용하기 어렵다. 다른 대안을 찾아보자.

■ Line별 함수와 출력 결과

```
398 > d <- "home/openhealth/khps"
399 > strsplit(d, "/")
    [[1]]
    [1] "home"       "openhealth" "khps"
400 > e <- c("home/khps1", "home/khps2", "home/khps3")
401 > strsplit(e, "/")
    [[1]]
    [1] "home"  "khps1"
    [[2]]
    [1] "home"  "khps2"
    [[3]]
    [1] "home"  "khps3"
```

Mission 3.2.5.07

▶ stringr 패키지로 문자 변수를 가공하자.

■ Line별 의미

405 **stringr 패키지**를 설치한 후 불러온다.

stringr 패키지의 **str_split_fixed** 함수는 Mission 3.2.5.06에서 제시한 **strsplit** 함수의 출력 결과가 리스트 객체라는 단점을 극복할 수 있다.

왜냐하면 **str_split_fixed 함수의 출력 결과는 행렬 객체**이기 때문이다.

406 **str_split_fixed(e, "/", 2)** 문의 실행 결과를 객체 f로 저장하자.

str_split_fixed(e, "/", 2) 문의 구성 요소를 하나씩 살펴보자.

e는 Line 400에서 생성한 문자 벡터이다. e, "/" 부분은 strsplit 함수 구조와 동일한 것을 알 수 있다. 그렇다면 마지막 2는 무엇을 의미하는가? 이는 출력 결과가 행렬 객체인 점을 고려하면, 열의 개수를 지정하는 것임을 알 수 있다.

출력 결과를 보니 3개의 행과 2개의 열로 구성된 문자 원소로 이루어진 행렬 객체가 만들어진다.

407 **is.matrix** 함수 출력 결과 역시 TRUE이고 행렬 객체인 것을 알 수 있다.

408 **stringr 패키지**의 기능을 더 알아보자.

str_c 함수는 **paste** 함수와 동일한 기능을 제공한다. 다만 paste 함수와 달리 sep="" 옵션 없이도 띄어 쓰지 않고 3개의 문자를 붙인 "의료패널조사"라는 결과를 출력한다.

409 **str_c("y", 1:4)** 문을 실행하니 y1, y2, y3, y4를 출력한다.

문자에 연속된 숫자를 붙여 여러 개의 문자를 출력할 수 있다.

410 **str_c("Var", LETTERS[1:4])** 문을 실행하니 VarA, VarB, VarC, VarD를 출력한다.

LETTERS 함수(95페이지 Line 368 참고) 역시 적용 가능하다.

411 문자의 길이는 **str_length** 함수로 알 수 있다. **nchar** 함수와 동일한 기능을 제공한다. **nchar** 함수가 더 간편하다.

412-3 문자열에 빈칸이 있는 경우 빈칸을 없애고 싶을 때는 **str_trim** 함수가 유용하다.

Line 413에서 **"의료 패널조사   "** 문자열의 경우 출력 결과가 **"의료 패널조사"**로 나온 점에 주의하자.

문자열 중간의 빈칸(의료와 패널 사이에 빈칸이 있다)은 제거하지 못하고 출력한다는 점에 주의하여 **str_trim** 함수를 이용하자.

414 문자열의 일부를 추출하는 기능은 **str_sub** 함수가 제공한다.

앞부분의 **substr** 함수(96페이지 Mission 3.2.5.04 참고)와 동일한 명령문 구조를 갖고 있으므로 설명은 생략한다.

415-8 문자열 중간에 특정 단어를 찾고 싶을 경우 **str_detect** 함수가 유용하다.

Line 415는 "지역사회건강조사", "인구센서스조사", "의료패널조사" 3개 문자열을 갖는 벡터 객체 g를 만드는 것이다.

Line 416에서 **str_detect(g, "조사")** 문을 실행하니 TRUE, TRUE, TRUE를 출력한다. 객체 g의 3개 문자열 모두 "조사"라는 문자를 포함하기 때문에 TRUE를 출력한 것이다.

Line 417에서 "조사" 대신 "인구"를 넣으니 FALSE, TRUE, FALSE를 출력한다. "인구"라는 문자는 "인구센서스조사" 문자열에만 있기 때문이다.

Line 418의 **str_detect(g, "인구|건강")** 문은 "인구" 또는 "건강"을 포함하는 문자열을 찾는 함수이다. 찾고 싶은 문자를 |로 연결하면 된다. 인구, 건강 중 하나의 단어를 포함한 문자열을 찾아야 하므로 "인구|건강"을 입력하면 된다. 인구, 건강의 순서는 관계없다.

419-20 문자열에서 특정 문자로 시작되는 경우를 찾고 싶을 경우에도 **str_detect** 함수를 적용하면 된다. 애석하게도 한글은 지원되지 않는다.

Line 419은 "Seoul", "Daejeon", "Busan", "Gwangju" 4개 문자열을 갖는 벡터 객체 h를 저장하는 것이다.

Line 420의 **str_detect(h, "^[A-D]")** 문은 첫 글자가 A-D 중 하나에서 시작하는 지역을 찾는 것이다. "Daejeon", "Busan"이 TRUE 값이 출력되었다.

■ **Line별 함수와 출력 결과**

```
405   > install.packages("stringr"); library(stringr)
406   > f <- str_split_fixed(e, "/", 2); f
           [,1]   [,2]
      [1,] "home" "khps1"
      [2,] "home" "khps2"
      [3,] "home" "khps3"
407   > is.matrix(f)
      [1] TRUE
408   > str_c("의료", "패널", "조사")
      [1] "의료패널조사"
409   > str_c("y", 1:4)
      [1] "y1" "y2" "y3" "y4"
410   > str_c("Var", LETTERS[1:4])
      [1] "VarA" "VarB" "VarC" "VarD"
411   > str_length("의료패널조사")
      [1] 6
412   > str_trim("의료패널조사   ")
      [1] "의료패널조사"
413   > str_trim("의료 패널조사   ")
      [1] "의료 패널조사"
414   > str_sub("의료패널조사", 3, 4)
      [1] "패널"
415   > g <- c("지역사회건강조사", "인구센서스조사", "의료패널조사")
416   > str_detect(g, "조사")
      [1] TRUE TRUE TRUE
417   > str_detect(g, "인구")
      [1] FALSE  TRUE FALSE
418   > str_detect(g, "인구|건강")
      [1]  TRUE  TRUE FALSE
419   > h <- c("Seoul", "Daejeon", "Busan", "Gwangju")
420   > str_detect(h, "^[A-D]")
      [1] FALSE  TRUE  TRUE FALSE
```

2.6 날짜 자료 다루기

KHPS 데이터셋은 표본가구에 대해 매년 조사를 시행함으로써 여러 기간의 자료가 축적되어 있다. 특히 의료이용 관련 자료는 의료이용 건마다 이용 날짜가 입력되어 있어 날짜를 만들거나 두 날짜 간 기간을 계산하는 방법을 알면 더 많은 유용한 정보들을 만들어 낼 수 있다.

Mission 3.2.6.01

▶ as.Data 함수로 문자열을 날짜로 바꾸자.

■ **Line별 의미**

426 문자열은 **as.Date** 함수를 통해 날짜로 인식할 수 있다.
as.Date("2015-12-31") 문을 실행하니 "2015-12-31"를 출력한 것을 알 수 있다.

427 하지만 미국에서 많이 사용하는 날짜 형식인 "12/31/2015"를 실행하면 오류가 발생한다. 이는 **as.Date** 함수에 문자열의 입력 형식에 대해 아무런 옵션을 주지 않았기 때문이다. 옵션이 없는 경우 **as.Date** 함수는 ISO 8601 표준형식인 yyyy-mm-dd 형식으로 문자열이 입력되었다고 간주한다.

428 **format="%m/%d/%Y" 옵션**을 추가하니 "12/31/2015"도 잘 인식하는 것을 알 수 있다. %m/%d/%Y에서 m은 월, d는 일, Y는 연도를 의미한다.

■ **Line별 함수와 출력 결과**

426
```
> as.Date("2015-12-31")
[1] "2015-12-31"
```

427
```
> as.Date("12/31/2015")
Error in charToDate(x): 문자열이 표준서식을 따르지 않습니다.
```

428
```
> as.Date("12/31/2015", format="%m/%d/%Y")
[1] "2015-12-31"
```

Mission 3.2.6.02

▶ ISOdate 함수로 날짜 변수를 만들자.

KHPS 자료는 날짜 자료가 연도, 월, 일에 관한 3개의 숫자 변수로 나누어 입력하는 방식을 취하고 있다. 이처럼 여러 변수에 흩어져 있는 숫자들을 ISOdate 함수에 적용하면 날짜로 바꿀 수 있다.

■ Line별 의미

432 데이터셋 SURVEY를 read.dta 함수로 불러온 후 데이터프레임 survey로 저장하자.

433 데이터프레임 survey에서 year0, mon0, day0 변수를 추출한 후 데이터프레임 a로 저장하자.
이 변수들은 KHPS 조사의 표본가구로 최초 등록된 연도, 월, 일을 의미한다.

434 **ISOdate(a$year0, a$mon0, a$day0)** 문을 실행하여 yyyy-mm-dd 형식의 날짜 변수 date1를 만든 것이다.

435 **as.Date** 함수로 date2 변수를 만들자.

436 Line 435까지 실행한 결과를 head(a)로 살펴본 결과 변수 data1, date2가 다른 형식인 것을 볼 수 있다.
변수 date1 값이 더 긴데 이는 연월일뿐만 아니라 시간 정보가 같이 표현된 것이기 때문이다. 즉, **ISOdate**는 시간 정보까지 알려주기 때문에 시간을 제외하고 날짜만 추출하고 싶을 경우 **as.Date** 함수를 적용해야 한다.

437 **class** 함수로 변수 date1의 유형을 살펴보니 **"POSIXct" "POSIXt"**로 나타나 변수 date2의 유형 "Date"와 다른 것을 알 수 있다.
ISOdate 함수로 만든 date1 변수는 **"POSIXct" "POSIXt"** 객체이고, **as.Date** 함수로 만든 date2 변수는 **"Date"** 객체인 것이다.
POSIX는 **Portable Operating System Interfaces**의 줄임말로 시간 자료를 편리하게 처리할 수 있도록 도와주는 프로그램 인터페이스이다.
ct는 **"continuous time"**, **lt**는 **"list time"**를 의미한다.

438 인식 불가능한 날짜를 넣어 **ISOdate** 함수를 실행하면 NA를 출력한다.
13월은 없기 때문에 NA를 출력한다.

439-40 **Date**와 **POSIXct class** 모두 1970년 1월 1일을 기준으로 날짜와 시간을 계산할 수 있다.
Line 439는 변수 date1에 **as.numeric** 함수를 적용한 것이고, Line 440은 변수 date2에

as.numeric 함수를 적용한 것이다.

441 지금까지 과정을 거쳐 만든 객체 a를 **head** 함수로 출력한 결과이다.
변수 date1.1이 더 높은 값을 보이고 있는데 이는 초(second) 단위까지 계산하여 보여준 것이고 date1.2의 경우 일(day) 단위까지 계산한 것이다.

■ Line별 함수와 출력 결과

```
432  > survey <- read.dta("./data/survey.dta")
433  > a <- survey[, c("year0", "mon0", "day0")] ; head(a)
       year0 mon0 day0
     1  2008    1   27
     2  2008    1   26
     3  2008    1   26
     4  2008    1   26
     5  2008    1   26
     6  2008    1   26
434  > a$date1 <- ISOdate(a$year0, a$mon0, a$day0)
435  > a$date2 <- as.Date(ISOdate(a$year0, a$mon0, a$day0))
436  > head(a)
       year0 mon0 day0               date1      date2
     1  2008    1   27 2008-01-27 12:00:00 2008-01-27
     2  2008    1   26 2008-01-26 12:00:00 2008-01-26
     3  2008    1   26 2008-01-26 12:00:00 2008-01-26
     4  2008    1   26 2008-01-26 12:00:00 2008-01-26
     5  2008    1   26 2008-01-26 12:00:00 2008-01-26
     6  2008    1   26 2008-01-26 12:00:00 2008-01-26
437  > class(a$date1) ; class(a$date2)
     [1] "POSIXct" "POSIXt"
     [1] "Date"
438  > ISOdate(2015,13,31)
     [1] NA
439  > a$date1.1 <- as.numeric(a$date1)
440  > a$date1.2 <- as.numeric(a$date2)
```

441 > head(a)

```
  year0 mon0 day0               date1      date2    date1.1 date1.2
1  2008    1   27 2008-01-27 12:00:00 2008-01-27 1201435200   13905
2  2008    1   26 2008-01-26 12:00:00 2008-01-26 1201348800   13904
3  2008    1   26 2008-01-26 12:00:00 2008-01-26 1201348800   13904
4  2008    1   26 2008-01-26 12:00:00 2008-01-26 1201348800   13904
5  2008    1   26 2008-01-26 12:00:00 2008-01-26 1201348800   13904
6  2008    1   26 2008-01-26 12:00:00 2008-01-26 1201348800   13904
```

Mission 3.2.6.03

▶ POSIXlt 객체 특성을 이용하여 날짜 정보를 추출하자.

POSIXlt 객체는 리스트 객체로서(Mission 3.2.6.02 참고) 어떤 날짜에 대한 정보들을 리스트로 표현하고 있어 날짜의 일부분에 대한 정보를 추출할 수 있다. 표 3-6에 기술된 **POSIXlt** 객체의 8개 원소를 활용하면 유용한 날짜 정보를 추출할 수 있다.

표 3-6 POSIXlt 객체의 원소와 의미

원소	의미
sec	초(0-61)
min	분(0-59)
hour	시(0-23)
mday	해당 월의 몇째 날(1-31)
mon	월(0-11)
year	1990년 이후 햇수
wday	요일(0-6, 0=일요일)
yday	해당 연도의 몇째 날(0-365, 0=1월 1일)

■ Line별 의미

445 Mission 3.2.6.02에서 만든 객체 a에서 1, 2, 99, 200번째 사례를 추출하여 객체 a1로 저장한 후 출력한 결과이다.

446 Date 객체인 date2 변수를 as.POSIXlt 함수로 POSIXlt 객체로 변환한 후 p 객체로 저장하자.

447 **is.list** 함수 출력 결과가 TRUE인 것을 보니 객체 p는 리스트 형식임을 알 수 있다.

448 리스트 객체의 내용을 보는 방법 중 하나인 **unlist** 함수를 적용하면 sec1에서 isdst4까지 값이 보이게 된다(이 책에서는 리스트 객체를 다루는 법을 언급하지 않았기 때문에 unlist 함수에 대한 설명을 생략하였음).

sec, min, hour, mday, mon, year, wday, yday, isdst 등 9개 원소가 존재하는 것을 알 수 있다(**isdst**는 **daylight saving time**으로 우리나라에서는 서머타임으로 불리며 이 책에서는 다루지 않음).

Line 445에서 4개 사례만 추출한 관계로 각 9개의 원소별로 4개의 값을 보여주게 된다.

449 p$year는 108, 108, 107, 108로 나오는데, 이는 year는 1900년 이후 지난 햇수를 의미한다. 따라서 108은 2008(1900년+108)이 된다.

450 본래 연도를 추출하고 싶으면 1900을 더하면 된다.

451 p$mon은 0, 0, 10, 1이 나오는데 각각 1월, 1월, 11월, 2월을 의미한다.

452 본래 월은 1을 더하면 된다.

453 p$mday는 day0 변수(Line 445 출력 결과 참고)와 동일한 값을 출력한다.

454 p$wday는 요일을 출력하게 되는데, 0, 6 값이 나와 일요일과 토요일에 표본가구로 등록된 것을 알 수 있다.

455 p$yday는 26, 25, 306, 32 값이 나오는데 해당 연도의 1월 1일을 기준으로 지난 일수를 의미한다.

■ Line별 함수와 출력 결과

445
```
> a1 <- a[c(1:2, 99, 200), ] ; a1
    year0 mon0 day0               date1      date2    date1.1 date1.2
1    2008    1   27 2008-01-27 12:00:00 2008-01-27 1201435200   13905
2    2008    1   26 2008-01-26 12:00:00 2008-01-26 1201348800   13904
99   2007   11    3 2007-11-03 12:00:00 2007-11-03 1194091200   13820
200  2008    2    2 2008-02-02 12:00:00 2008-02-02 1201953600   13911
```

446
```
> p <- as.POSIXlt(a1$date2)
```

447
```
> is.list(p)
[1] TRUE
```

```
448  > unlist(p)
   sec1    sec2    sec3    sec4    min1    min2    min3    min4   hour1   hour2   hour3
      0       0       0       0       0       0       0       0       0       0       0
  hour4   mday1   mday2   mday3   mday4    mon1    mon2    mon3    mon4   year1   year2
      0      27      26       3       2       0       0      10       1     108     108
  year3   year4   wday1   wday2   wday3   wday4   yday1   yday2   yday3   yday4  isdst1
    107     108       0       6       6       6      26      25     306      32       0
 isdst2  isdst3  isdst4
      0       0       0
449  > p$year
     [1] 108 108 107 108
450  > p$year+1900
     [1] 2008 2008 2007 2008
451  > p$mon
     [1]  0  0 10  1
452  > p$mon+1
     [1]  1  1 11  2
453  > p$mday
     [1] 27 26  3  2
454  > p$wday
     [1] 0 6 6 6
455  > p$yday
     [1]  26  25 306  32
```

Mission 3.2.6.04

▶ difftime 함수로 두 날짜 간 간격을 계산하자.

KHPS 조사에서 최초 표본가구 등록 후 다음 조사까지 소요 기간을 계산하고자 한다.

■ Line별 의미

459 필요한 변수는 year0, mon0, day0(표본가구 등록 연월일), year1, mon1, day1(2008년 조사 연월일)이다.
1-6번째 사례와 이 6개 변수를 추출하여 객체 b로 저장하자.

460-2 **ISOdate** 함수로 date1, date2 변수를 만든 후 출력해보자.

463 **difftime** 함수를 적용하니 233 236 235 235 235 236 등 6개 숫자를 출력한다.
이는 최초 표본가구 등록 후 이 기간들이 지나고 나서 다음 조사에 참여한 것이 된다.

464 **difftime** 함수를 적용하여 변수 date2와 date1 간 기간을 객체 b의 변수 dur로 저장하자.

465 **변수 dur 유형**은 **difftime**으로 나온다.

466 객체 b에서 date1, date2, dur 변수만 남기고 객체 b로 저장한 후, 변수 dur에 1을 더하여 변수 dur2로 저장하자.

467 Line 464-6 과정을 통해 만든 변수 dur, dur2를 출력하면 숫자가 아닌 **233 days**와 같이 출력되어 당황할 수 있다. 이는 **"difftime" 자료의 표현 방식**이기 때문이다.
difftime에 숫자를 더해도 같은 difftime 형식으로 출력되는 것을 알 수 있다.

468 difftime 객체 유형이 아닌 숫자로 바꾸고 싶을 경우 **as.numeric** 함수를 이용하면 된다.
숫자로 바꾼 이유는 수학 연산자를 이용하여 계산을 하고 싶은 독자들에게 더 편한 형식이기 때문이다.
변수 dur, dur3를 출력해보자. 변수 dur3가 숫자 형식으로 출력된 것을 볼 수 있다.

469 Line 459-68 과정을 거쳐 만든 객체 b를 출력해보자.

470 KHPS 조사에 참여한 후 2012년까지 참여한 가구들의 KHPS 조사 참여 기간을 연도로 계산하고 싶다.
데이터프레임 survey에서 year0, mon0, day0(표본가구 등록 연월일), year7, mon7, day7(2012년 조사 연월일) 등 6개 변수를 추출하여 객체 c로 저장하자.

471-4 Line 460-8 과정과 동일한 방식으로 2008년 조사일과 2012년 조사일간 기간을 숫자 변수 dur로 만든다.

475 조사 참여 기간을 연도 단위로 계산하기 위하여 365.2425(1년은 365.2425일로 가정)로 나눈 값을 변수 dur_yr로 저장하자.

476-7 Line 470-5 과정을 거쳐 만든 객체 c를 head 함수로 14번째 사례까지 출력한 결과이다.
2, 5, 7, 10, 12, 13번째 사례는 2012년 조사에 참여하지 않아 2012년 조사일이 NA로 표현되고, 그에 따라 변수 dur, dur_yr 역시 NA로 표현된 것을 알 수 있다.
참여 기간이 4.16년에서 4.44년까지 분포하는 것을 볼 수 있다.

■ **Line별 함수와 출력 결과**

```
459  > b<-survey[1:6, c("year0", "mon0", "day0", "year1", "mon1", "day1")]
460  > b$date1 <- ISOdate(b$year0, b$mon0, b$day0)
461  > b$date2 <- ISOdate(b$year1, b$mon1, b$day1)
462  > b
       year0 mon0 day0 year1 mon1 day1               date1               date2
     1  2008    1   27  2008    9   16 2008-01-27 12:00:00 2008-09-16 12:00:00
     2  2008    1   26  2008    9   18 2008-01-26 12:00:00 2008-09-18 12:00:00
     3  2008    1   26  2008    9   17 2008-01-26 12:00:00 2008-09-17 12:00:00
     4  2008    1   26  2008    9   17 2008-01-26 12:00:00 2008-09-17 12:00:00
     5  2008    1   26  2008    9   17 2008-01-26 12:00:00 2008-09-17 12:00:00
     6  2008    1   26  2008    9   18 2008-01-26 12:00:00 2008-09-18 12:00:00
463  > difftime(b$date2, b$date1, unit="day")
     Time differences in days
     [1] 233 236 235 235 235 236
464  > b$dur <- difftime(b$date2, b$date1, unit="day")
465  > class(b$dur)
     [1] "difftime"
466  > b <- b[, c("date1", "date2", "dur")] ; b$dur2<-b$dur+1
467  > b[,c("dur", "dur2")]
            dur     dur2
     1 233 days 234 days
     2 236 days 237 days
     3 235 days 236 days
     4 235 days 236 days
     5 235 days 236 days
     6 236 days 237 days
468  > b$dur3 <- as.numeric(b$dur); b[,c("dur", "dur3")]
            dur dur3
     1 233 days  233
     2 236 days  236
     3 235 days  235
     4 235 days  235
```

```
5 235 days  235
6 236 days  236
```

469
```
> b
                date1               date2      dur     dur2 dur3
1 2008-01-27 12:00:00 2008-09-16 12:00:00 233 days 234 days  233
2 2008-01-26 12:00:00 2008-09-18 12:00:00 236 days 237 days  236
3 2008-01-26 12:00:00 2008-09-17 12:00:00 235 days 236 days  235
4 2008-01-26 12:00:00 2008-09-17 12:00:00 235 days 236 days  235
5 2008-01-26 12:00:00 2008-09-17 12:00:00 235 days 236 days  235
6 2008-01-26 12:00:00 2008-09-18 12:00:00 236 days 237 days  236
```

470
```
> c <- survey[, c("year0", "mon0", "day0", "year7", "mon7", "day7")]
```

471
```
> c$date1 <- ISOdate(c$year0, c$mon0, c$day0)
```

472
```
> c$date2 <- ISOdate(c$year7, c$mon7, c$day7)
```

473
```
> c$dur <- difftime(c$date2, c$date1, unit="day")
```

474
```
> c$dur <- as.numeric(c$dur)
```

475
```
> c$dur_yr <- round(c$dur/365.2425, 2)
```

476
```
> c <- c[, c("date1", "date2", "dur", "dur_yr")]
```

477
```
> head(c, n=14)
                 date1               date2  dur dur_yr
1  2008-01-27 12:00:00 2012-03-30 12:00:00 1524   4.17
2  2008-01-26 12:00:00                <NA>   NA     NA
3  2008-01-26 12:00:00 2012-07-05 12:00:00 1622   4.44
4  2008-01-26 12:00:00 2012-06-13 12:00:00 1600   4.38
5  2008-01-26 12:00:00                <NA>   NA     NA
6  2008-01-26 12:00:00 2012-03-28 12:00:00 1523   4.17
7  2008-01-26 12:00:00                <NA>   NA     NA
8  2008-01-27 12:00:00 2012-03-30 12:00:00 1524   4.17
9  2008-01-26 12:00:00 2012-04-09 12:00:00 1535   4.20
10 2008-01-26 12:00:00                <NA>   NA     NA
11 2008-01-27 12:00:00 2012-04-14 12:00:00 1539   4.21
12 2008-01-27 12:00:00                <NA>   NA     NA
13 2008-01-26 12:00:00                <NA>   NA     NA
14 2008-01-27 12:00:00 2012-03-27 12:00:00 1521   4.16
```

2.7 객체 정렬하고 합치기

이 부분부터 2.10까지 독자들이 많은 어려움을 호소할 것으로 생각된다. R로 자료를 다루는 기법 중 난이도가 높기 때문인데, 하나씩 차근차근 따라 하다 보면 복잡한 구성을 자랑하는 KHPS 데이터셋을 의도한 대로 다룰 수 있는 기본 역량을 갖출 수 있을 것이다.

이 부분은 객체를 **정렬하고(sort)** **합치는(combine)** **과정**을 보여주고 있다.

정렬하기는 자료 처리와 분석 과정에 빈번히 사용되는 기법으로, 대표적으로 다음의 3개의 사례에서 반드시 사용된다.

- ✓ 다른 집단에 대해 동일한 분석을 반복적으로 사용해야 할 경우
- ✓ 각 집단별 요약 통계량을 산출해야 하는 경우
- ✓ 정렬된 두 개의 자료를 기준변수를 기준으로 합치고자 할 경우

객체를 합치는 데 필요한 함수는 **rbind, cbind, merge**가 대표적이다.

rbind 함수는 행의 방향(위-아래)으로 합치는 기능을 제공하고 반대로 **cbind** 함수는 열의 방향(좌우)으로 합치는 기능을 제공한다. **merge** 함수는 **기준변수(key 변수)**를 기준으로 기준변수의 값이 일치한 사례들을 합치는 기능을 제공한다.

rbind 함수는 합치고자 하는 객체들 간 열의 개수가 다를 경우 합치지 못하며 **cbind** 함수는 합치고자 하는 객체들 간 행의 개수가 다를 경우 합치지 못하는 단점을 가지고 있다.

각 Mission에서 확인해보자.

Mission 3.2.7.01

▶ order 함수로 객체를 정렬해보자.

■ Line별 의미

483 데이터셋 T08IND를 read.dta 함수로 불러온 후 데이터프레임 t08ind로 저장하자.

484 데이터프레임 t08ind에서 1-10번째 사례와 가구고유번호(hhidwon), 가구원고유번호(pidwon), 출생연도(c4_0), 개인 의료비지출액(i_medicalexp1) 변수를 추출하여 객체

a로 저장하자.

485 **order** 함수는 특정 변수의 값의 순서에 따라 해당 순서에 해당하는 숫자 값을 반환하는 기능을 가지고 있다.

출생연도에 따른 순서를 알아보기 위해 **order(a$c4_0)** 문을 실행하면

7 1 2 8 3 9 4 10 5 6이라는 결과를 출력한다.

a$c4_0 변수의 값을 **오름차순**(낮은 값부터 높은 값 순으로 정렬하는 방식)**으로 정렬**했다는 것을 의미한다. 따라서 오름차순으로 정렬을 하게 되면 7번째 사례(1918년생)가 가장 위에 위치하고 6번째 사례(1993년생)가 가장 아래에 위치할 것이라는 것을 알려주는 것이다.

486 **order(a$c4_0)** 함수 실행 결과를 객체 b에 저장한 후, 객체 b를 데이터프레임 a의 행에 적용한 a[b,]를 실행한 결과를 살펴보자.

출력 결과의 가장 왼쪽 부분에 있는 행의 번호를 살펴보니 1-10이 아니고

7, 1, 2, 8, 3, 9, 4, 10, 5, 6으로 바뀐 것을 볼 수 있다.

Line 485의 **order(a$c4_0)**의 출력 결과와 동일한 순서로 정렬된 것을 알 수 있다.

487 Line 486을 1줄의 함수로 작성하면 **a[order(a$c4_0),]**이 된다.

Line 486과 동일한 결과를 출력한다. 즉 order 함수를 행에 넣으면 정렬된다.

488 오름차순이 아닌 **내림차순**, 즉 출생연도가 늦은 사례가 가장 위에 위치하도록 하고 싶다면 a$c4_0 대신 **-a$c4_0**을 입력하기만 하면 된다.

order 함수에서 정렬기준 변수 이름 앞에 **"-"**를 입력하기만 하면 내림차순으로 정렬하게 된다.

489 두 개 이상의 기준변수를 적용하여 데이터프레임을 정렬하고 싶다면 order 함수에 변수를 추가하면 된다.

가구고유번호(변수 pidwon) 순으로 정렬하되 가구 내에서 개인의료비 지출 수준(변수 i_medicalexp1)이 낮은 순으로 정렬하고자 한다.

order(a$hhidwon, a$i_medicalexp1) 문을 보면 a$i_medicalexp1 변수가 추가된 것을 알 수 있다. 실행 결과를 보니 hhidwon 값이 10001인 가구에 2명의 가구원(pidwon 1000101, 1000102) 중 의료비 지출액이 78,200원으로 낮은 1000102번 가구원의 순서가 더 앞선 것을 볼 수 있다.

490 가구 내에서 개인의료비 지출액이 높은 순으로 정렬하고 싶으면 **a[order(a$hhidwon, -a$i_medicalexp1),]** 문과 같이 - 기호만 변수 a$i_medicalexp1 앞에 넣으면 된다.

491 결측값은 어떻게 정렬되는가? R에서는 결측값의 순서를 가장 뒤로 배치하게 된다.

이를 확인하기 위해 c("의료", "패널", "조사", NA)을 벡터 객체 e로 저장하자.

492 **order(e)** 실행 결과 객체 f로 저장한 후 객체 e에 적용한 결과 "의료" "조사" "패널" NA가 출력되었고 R에서는 order 함수에 아무런 옵션을 주지 않으면 결측값의 순서가 가장 마지

막으로 지정되는 것을 알 수 있다.

영어, 한글 등 문자의 경우 첫 글자의 순서에 따라 정렬을 하게 된다.

493 결측값의 순서를 가장 앞으로 바꾸려면 **na.last=FALSE** 옵션을 지정하면 된다.

적용해보니 NA "의료" "조사" "패널"의 순서를 보여 결측값의 순서가 가장 앞으로 바뀐 것을 볼 수 있다.

494 결측값을 제거한 순서를 알고 싶다면 **na.last=NA** 옵션을 지정하면 된다.

"의료" "조사" "패널"과 같이 NA가 삭제된 것을 볼 수 있다.

■ Line별 함수와 출력 결과

```
483 > t08ind <- read.dta("./data/t08ind.dta")
484 > a <- t08ind[1:10, c("hhidwon", "pidwon", "c4_0", "i_medicalexp1")] ; a
      hhidwon  pidwon c4_0 i_medicalexp1
    1   10001 1000101 1929       2228820
    2   10001 1000102 1940         78200
    3   10003 1000301 1956             0
    4   10003 1000302 1959       1187200
    5   10003 1000303 1988       1868210
    6   10003 1000304 1993             0
    7   10004 1000401 1918             0
    8   10006 1000601 1955        116350
    9   10006 1000602 1956        204200
    10  10006 1000603 1980             0
485 > order(a$c4_0)
     [1]  7  1  2  8  3  9  4 10  5  6
486 > b <- order(a$c4_0); a[b, ]
      hhidwon  pidwon c4_0 i_medicalexp1
    7   10004 1000401 1918             0
    1   10001 1000101 1929       2228820
    2   10001 1000102 1940         78200
    8   10006 1000601 1955        116350
    3   10003 1000301 1956             0
    9   10006 1000602 1956        204200
    4   10003 1000302 1959       1187200
```

```
10   10006 1000603 1980           0
5    10003 1000303 1988     1868210
6    10003 1000304 1993           0
```

487
```
> a[order(a$c4_0), ]
   hhidwon  pidwon c4_0 i_medicalexp1
7    10004 1000401 1918             0
1    10001 1000101 1929       2228820
2    10001 1000102 1940         78200
8    10006 1000601 1955        116350
3    10003 1000301 1956             0
9    10006 1000602 1956        204200
4    10003 1000302 1959       1187200
10   10006 1000603 1980             0
5    10003 1000303 1988       1868210
6    10003 1000304 1993             0
```

488
```
> a[order(-a$c4_0), ]
   hhidwon  pidwon c4_0 i_medicalexp1
6    10003 1000304 1993             0
5    10003 1000303 1988       1868210
10   10006 1000603 1980             0
4    10003 1000302 1959       1187200
3    10003 1000301 1956             0
9    10006 1000602 1956        204200
8    10006 1000601 1955        116350
2    10001 1000102 1940         78200
1    10001 1000101 1929       2228820
7    10004 1000401 1918             0
```

489
```
> a[order(a$hhidwon, a$i_medicalexp1), ]
   hhidwon  pidwon c4_0 i_medicalexp1
2    10001 1000102 1940         78200
1    10001 1000101 1929       2228820
3    10003 1000301 1956             0
6    10003 1000304 1993             0
```

```
4    10003 1000302 1959        1187200
5    10003 1000303 1988        1868210
7    10004 1000401 1918              0
10   10006 1000603 1980              0
8    10006 1000601 1955         116350
9    10006 1000602 1956         204200
```

```
490    > a[order(a$hhidwon, -a$i_medicalexp1), ]
         hhidwon  pidwon c4_0  i_medicalexp1
       1    10001 1000101 1929        2228820
       2    10001 1000102 1940          78200
       5    10003 1000303 1988        1868210
       4    10003 1000302 1959        1187200
       3    10003 1000301 1956              0
       6    10003 1000304 1993              0
       7    10004 1000401 1918              0
       9    10006 1000602 1956         204200
       8    10006 1000601 1955         116350
       10   10006 1000603 1980              0
491    > e <- c("의료", "패널", "조사", NA)
492    > f <- order(e) ; e[f]
       [1] "의료" "조사" "패널" NA
493    > g <- order(e, na.last=FALSE) ; e[g]
       [1] NA     "의료" "조사" "패널"
494    > h <- order(e, na.last=NA) ; e[h]
       [1] "의료" "조사" "패널"
```

Mission 3.2.7.02

▶ rbind 함수와 rbind.fill 함수로 여러 개의 객체를 행 방향으로 합치자.

■ Line별 의미

498 Line 483에서 저장한 데이터프레임 t08ind에서 1-3번째 사례의 변수 pidwon, c4_0를 추출하여 데이터프레임 f로 저장한 후 출력한 결과이다.

499 데이터프레임 t08ind에서 4-6번째 사례의 변수 pidwon, c4_0를 추출하여 데이터프레임 g로 저장한 후 출력한 결과이다.

500 **rbind(f, g)** 함수를 실행하니 객체 f, g가 행의 방향(위-아래)으로 합쳐진 것을 볼 수 있다. 즉, Line 498-9의 출력 결과가 위-아래로 합쳐진 것을 알 수 있다.

변수는 pidwon, c4_0으로 동일하며, 이는 **rbind** 함수는 행의 수를 늘리는 효과가 있다.

501-4 3개 이상의 객체도 **rbind** 함수로 합칠 수 있다.

Line 501-3은 각각 데이터프레임 t08ind에서 1-2번째, 4-5번째, 7-8번째 사례를 추출하여 데이터프레임 f, g, h로 저장한 것이다.

Line 504의 **rbind(f, g, h)** 함수 실행 결과 3개 객체 f, g, h가 행의 방향으로 합쳐진 것을 볼 수 있다.

505-7 객체의 변수가 다를 경우 **rbind** 함수로 합쳐질까?

Line 505는 데이터프레임 t08ind에서 변수 pidwon, c3, c4_0를 추출하여 데이터프레임 f로 저장한 것이다.

Line 506은 데이터프레임 t08ind에서 변수 pidwon, c4_0를 추출하여 데이터프레임 g로 저장한 것이다.

rbind(f, g) 문을 실행하니 오류 메시지를 출력하며 그 이유를 **열의 개수가 일치하지 않는다 (numbers of columns of arguments do not match)**로 제시하고 있다.

rbind 함수는 합칠 객체들의 변수의 이름과 개수가 정확히 일치할 경우에만 오류 없이 객체를 합칠 수 있는 단점을 갖고 있다.

508-11 이러한 **rbind** 함수의 단점은 **plyr 패키지**의 **rbind.fill** 함수로 극복 가능하다.

Line 508을 통해 **plyr 패키지**를 설치하고 불러오자.

Line 509-10을 통해 객체 f, g를 생성하자. 객체 f에 변수 c3가 있는 것을 알 수 있다.

Line 511은 **rbind.fill(f, g)** 문을 실행하니 오류 메시지가 출력되지 않으며 객체 g는 c3 변수가 없기 때문에 객체 g에 포함된 사례들은 변수 c3 값이 NA로 출력되는 것을 알 수 있다.

■ Line별 함수와 출력 결과

498

```
> f <- t08ind[1:3, c("pidwon", "c4_0")]; f
   pidwon c4_0
1 1000101 1929
2 1000102 1940
3 1000301 1956
```

```
499   > g <- t08ind[4:6, c("pidwon", "c4_0")]; g
          pidwon c4_0
      4 1000302  1959
      5 1000303  1988
      6 1000304  1993
500   > rbind(f, g)
          pidwon c4_0
      1  1000101 1929
      2  1000102 1940
      3  1000301 1956
      4  1000302 1959
      5  1000303 1988
      6  1000304 1993
501   > f <- t08ind[1:2, c("pidwon", "c4_0")]
502   > g <- t08ind[4:5, c("pidwon", "c4_0")]
503   > h <- t08ind[7:8, c("pidwon", "c4_0")]
504   > rbind(f, g, h)
         pidwon c4_0
      1 1000101 1929
      2 1000102 1940
      4 1000302 1959
      5 1000303 1988
      7 1000401 1918
      8 1000601 1955
505   > f <- t08ind[1:2, c("pidwon", "c3", "c4_0")]
506   > g <- t08ind[3:4, c("pidwon", "c4_0")]
507   > rbind(f, g)
      Error in rbind(deparse.level, ...) :
        numbers of columns of arguments do not match
508   > install.packages("plyr"); library(plyr)
509   > f <- t08ind[1:2, c("pidwon", "c3", "c4_0")]
510   > g <- t08ind[3:4, c("pidwon", "c4_0")]
```

```
511     > rbind.fill(f, g)
          pidwon c3 c4_0
        1 1000101  1 1929
        2 1000102  2 1940
        3 1000301 NA 1956
        4 1000302 NA 1959
```

Mission 3.2.7.03

▶ cbind 함수로 여러 개의 객체를 열 방향으로 합치자.

다음으로 **cbind** 함수의 용도를 알아보자.

rbind 함수와 **rbind.fill** 함수는 두 개 이상의 객체를 위-아래 방향으로 합치지만 **cbind** 함수를 실행하면 두 개 이상의 객체를 좌-우 방향, 즉 열 방향으로 합침으로써 변수의 개수가 증가하는 효과를 보이게 된다.

■ Line별 의미

515 113페이지 Line 483에서 저장한 데이터프레임 t08ind에서 1-2번째 사례와 변수 pidwon, c3를 추출하여 데이터프레임 f로 저장하자.

516 데이터프레임 t08ind에서 1-2번째 사례의 변수 pidwon, c4_0를 추출하여 데이터프레임 g로 저장하자.

517 **cbind(f, g)** 문을 실행한 결과 변수가 4개 생기지만 사례의 개수는 증가하지 않는 것을 볼 수 있을 것이다. 여기에서 문제는 pidwon 변수가 2개가 생긴다는 점이다. 또한 여기에서는 보여주지 않았지만 1개 객체를 order 함수로 다른 순서로 정렬했을 경우 cbind 함수로 합쳐 버리면 서로 다른 사례들의 값이 합쳐지게 되는데 cbind 함수로는 해결이 불가능하다. 이러한 모든 문제는 다음 Mission에서 제시하는 merge 함수로 해결 가능하다.

518-20 **cbind**의 또 다른 문제는 객체의 행의 개수가 다르면 합칠 수 없다는 것이다.
Line 518-9를 통해 행의 개수가 2개인 객체 f와 행의 개수가 3개인 객체 **g**를 만들자.
Line 520의 **cbind(f, g)** 문의 실행 결과 오류 메시지를 출력하고 그 이유는 **행의 개수가 다르다(arguments imply differing number of rows: 2, 3)**로 제시하고 있다.
이 문제 역시 **merge** 함수로 해결 가능하다.

■ **Line별 함수와 출력 결과**

```
515  > f <- t08ind[1:2, c("pidwon", "c3")]
516  > g <- t08ind[1:2, c("pidwon", "c4_0")]
517  > cbind(f, g)
        pidwon c3  pidwon c4_0
     1 1000101  1 1000101 1929
     2 1000102  2 1000102 1940
518  > f <- t08ind[1:2, c("pidwon", "c3")]
519  > g <- t08ind[1:3, c("pidwon", "c4_0")]
520  > cbind(f, g)
     Error in data.frame(..., check.names = FALSE) :
       arguments imply differing number of rows: 2, 3
```

Mission 3.2.7.04

▶ merge 함수의 특성을 이해하고 실행하자 - Part I.

cbind 함수는 실제 많이 쓰이지만 한계점도 뚜렷하다. 이전 Mission에서 확인한 cbind의 한계는 **merge** 함수를 통해 극복해야 한다.

merge 함수는 두 데이터프레임을 좌-우 방향으로 결합한다는 점에서는 **cbind** 함수와 같지만, **기준변수**, 즉 **key 변수**를 지정하여 두 데이터프레임의 자료들 중 **key 변수의 값이 일치한 사례들을 결합**한다는 점이 가장 큰 차이이다. 또한 두 데이터프레임의 사례의 개수가 달라도 결합이 가능한 점도 **merge** 함수의 매력이다.

KHPS 자료는 가구, 가구원, 민간의료보험 가입 건, 의료이용 건 등 다양한 단위(merge 함수에서는 key 변수가 된다)로 자료가 수집된다. 따라서 자료 수집 단위가 이질적인 데이터프레임을 결합하기 위해서는 **rbind, cbind** 함수로는 해결할 수 없고 반드시 key 변수를 활용한 **merge** 함수를 적용해야 한다.

merge 함수를 이용하기 위해서는 2개 데이터프레임에 반드시 key 변수가 있어야 한다. 따라서 **merge** 함수는 합칠 2개 데이터프레임의 이름과 key 변수 이름 등 3개의 인자가 기본적으로 필요하다.

■ Line별 의미

525-6 데이터셋 T08IND, T09IND를 **read.dta** 함수로 불러온 후 각각 데이터프레임 t08ind, t09ind로 저장하자.

527-8 데이터프레임 t08ind, t09ind에서 1-3번째 사례와 변수 pidwon(가구원고유번호로 key 변수임), i_medicalexp1(개인의료비 지출 비용)을 추출하여 데이터프레임 y8, y9를 만든 후 i_medicalexp1 변수 이름을 각각 exp8, exp9로 바꾸고 출력한 결과이다.

529 **merge(y8, y9, key="pidwon")** 문을 보자.

merge 함수는 합칠 데이터프레임의 이름과 key 변수 이름 등 3개의 인자가 필요하다.

y8, y9는 합칠 데이터프레임 이름으로 y8이 왼쪽, y9는 오른쪽에 위치하게 된다.

key 변수는 key="변수이름" 옵션에서 변수이름 부분에 원하는 변수를 넣으면 된다.

이 사례는 데이트프레임 y8, y9의 pidwon 번호가 1000101, 1000102, 1000301로 일치하는 것을 알 수 있다. 만약 일부 사례만 일치하는 경우는 **merge** 함수는 어떤 결과를 출력하게 될까? 다음 Mission을 보자.

■ Line별 함수와 출력 결과

525
```
> t08ind <- read.dta("./data/t08ind.dta")
```
526
```
> t09ind <- read.dta("./data/t09ind.dta")
```
527
```
> y8<-t08ind[1:3, c("pidwon", "i_medicalexp1")] ; names(y8)[2]<-"exp8" ; y8
   pidwon    exp8
1 1000101 2228820
2 1000102   78200
3 1000301       0
```
528
```
> y9<-t09ind[1:3, c("pidwon", "i_medicalexp1")] ; names(y9)[2]<-"exp9" ; y9
   pidwon    exp9
1 1000101  929600
2 1000102  546800
3 1000301       0
```
529
```
> merge(y8, y9, key="pidwon")
   pidwon    exp8   exp9
1 1000101 2228820 929600
2 1000102   78200 546800
3 1000301       0      0
```

Mission 3.2.7.05

▶ merge 함수의 특성을 이해하고 실행하자 - Part Ⅱ.

■ Line별 의미

533-4 Line 528과 비교하면 데이터프레임 y9은 데이터프레임 t09ind에서 2-4번째 사람을 추출하여 만든 차이가 있다.

데이터프레임 y8은 Line 527과 동일한 함수문으로 만든 것으로 1-3번째 사례를 추출하여 만든 것이다.

535 **merge(y8, y9, key="pidwon")** 문을 적용하니 pidwon 번호가 1000102와 1000301만 출력되는 것을 알 수 있다.

데이터프레임 y8에서는 pidwon 번호가 1000101, y9 데이터프레임에서는 pidwon 번호가 1000302에 해당하는 사례는 삭제된 것을 볼 수 있다.

R을 처음 접한 독자들은 SAS, SPSS, Stata 등 상용 프로그램에서 제공하는 merge 실행 결과와 다르게 출력되는 것을 보고 당황할 수 있다.

key 변수의 값이 일치하지 않으면 출력 결과에서 제외되는 **merge** 함수의 한계를 보았다.

이러한 한계를 극복하기 위해서는 **merge** 함수에서 추가 옵션이 필요하다.

필요한 옵션은 **all=TRUE, all.x=TRUE, all.y=TRUE** 등 3개이다.

536 **merge(y8, y9, key="pidwon", all=TRUE)** 문을 실행 결과를 보니 4명으로 늘어난 것을 볼 수 있다. pidwon 번호가 1000302인 가구원의 exp8 변수의 값이 NA, pidwon 번호가 1000101인 가구원의 exp9 변수의 값이 NA로 입력된 것에 주목하자.

all=TRUE 옵션은 데이터프레임 y8, y9의 사례를 모두 포함하여 합치라는 의미가 된다.

537 데이터프레임 y08(왼쪽에 위치하게 됨)에 있는 사례만 기준으로 합치고 싶을 경우 **all.x=TRUE** 옵션을 입력하면 된다.

즉 이 사례에서는 데이터프레임 y9에서 pidwon 번호가 1000302인 사례가 제외하고 합쳐지게 된다.

538 반대로 데이터프레임 y09(오른쪽에 위치하게 됨)에 있는 사람만 기준으로 합쳐야 된다면 **all.y=TRUE** 옵션을 적용하면 된다.

데이터프레임 y8에서 pidwon 번호가 1000101인 사례만 제외하고 합쳐진 결과를 볼 수 있다.

■ Line별 함수와 출력 결과

533
```
> y8<-t08ind[1:3, c("pidwon", "i_medicalexp1")] ; names(y8)[2]<-"exp8" ; y8
   pidwon    exp8
1 1000101 2228820
2 1000102   78200
3 1000301       0
```

534
```
> y9<-t09ind[2:4, c("pidwon", "i_medicalexp1")] ; names(y9)[2]<-"exp9" ; y9
   pidwon   exp9
2 1000102 546800
3 1000301      0
4 1000302 354750
```

535
```
> merge(y8, y9, key="pidwon")
   pidwon  exp8   exp9
1 1000102 78200 546800
2 1000301     0      0
```

536
```
> merge(y8, y9, key="pidwon", all=TRUE)
   pidwon    exp8   exp9
1 1000101 2228820     NA
2 1000102   78200 546800
3 1000301       0      0
4 1000302      NA 354750
```

537
```
> merge(y8, y9, key="pidwon", all.x=TRUE)
   pidwon    exp8   exp9
1 1000101 2228820     NA
2 1000102   78200 546800
3 1000301       0      0
```

538
```
> merge(y8, y9, key="pidwon", all.y=TRUE)
   pidwon  exp8   exp9
1 1000102 78200 546800
2 1000301     0      0
3 1000302    NA 354750
```

Mission 3.2.7.06

▶ merge 함수의 특성을 이해하고 실행하자 - Part Ⅲ.

두 데이터프레임의 key 변수 이름이 다르더라도 merge 함수에서 합칠 수 있다.

■ Line별 의미

542-3 Mission 3.2.7.05에서 만든 데이터프레임 y8, y9의 key 변수 이름을 각각 key1, key2로 바꾼 후 출력한 결과이다.

544 key 변수 이름이 key1, key2로 다르기 때문에 **merge(y8, y9, key="pidwon")**과 같이 key 변수 옵션을 지정할 수 없게 된다.
key 변수 이름이 다른 경우 왼쪽 데이터프레임(y8)의 key 변수인 key1은 **by.x="key1"**, 오른쪽 데이터프레임(y9)의 key 변수인 key2는 **by.y="key2"**로 지정하면 된다.
merge(y8, y9, by.x="key1", by.y="key2") 문을 실행한 결과를 보니 Line 535와 동일한 결과임을 알 수 있다(변수 pidwon과 변수 key1은 동일한 변수임).

■ Line별 함수와 출력 결과

542
```
> a[1] <- "key1" ; names(y8) <- a ; y8
     key1    exp8
1 1000101 2228820
2 1000102   78200
3 1000301       0
```

543
```
> b[1] <- "key2" ; names(y9) <- b ; y9
     key2   exp9
2 1000102 546800
3 1000301      0
4 1000302 354750
```

544
```
> merge(y8, y9, by.x="key1", by.y="key2")
     key1  exp8   exp9
1 1000102 78200 546800
2 1000301     0      0
```

Mission 3.2.7.07

▶ merge 함수의 특성을 이해하고 실행해보자 - Part Ⅳ.

1:1 merge는 두 데이터프레임의 자료 수집 단위가 동일하여 왼쪽 데이터프레임의 1개 사례당 오른쪽 데이터프레임의 1개 사례가 결합되는 것을 의미한다. 자료 수집 단위가 다른 데이터프레임을 **merge** 함수로 결합하는 것이 가능한지 알아보자.

■ Line별 의미

548-9 데이터셋 T08IND, T08OU를 read.dta 함수로 불러온 후 데이터프레임 t08ind, t08ou로 저장하자. t08ind는 가구원 단위로 수집되고 t08ou는 가구원의 의료이용 단위로 수집되어 자료 수집 단위가 다르다.

550 데이터프레임 t08ind에서 1-6번째 사례와 변수 pidwon, c3를 추출한 후 데이터프레임 c로 저장한 후 출력한 결과이다.

551 데이터프레임 t08ou에서 pidwon 번호 1000302에 해당하는 사례와 변수 pidwon, ou29를 추출한 후 데이터프레임 d로 저장한 후 출력한 결과이다.

552-4 Line 552의 **merge(c, d, key="pidwon", all=TRUE)** 문을 적용한 결과 pidwon 번호 1000302에 해당하는 가구원만 변수 c3, ou29 모두 값이 있고 행의 수가 3개인 반면 나머지 가구원은 변수 ou29 값이 NA로 출력된다.
Line 553의 실행 결과는 Line 552와 동일한 결과를 출력한다.
Line 554의 실행 결과는 pidwon 번호 1000302에 해당하는 사례만 남은 것을 볼 수 있다. t08ind는 가구원 1명당 1개 행에 정보가 기록된 반면 t08ou는 가구원의 의료이용 건당 1개 행에 정보가 기록된 차이를 보이는데 merge 함수를 실행한 결과 3건의 의료이용을 한 pidwon 번호 1000302에 해당하는 가구원의 경우 **1:3 merge**가 된 것을 알 수 있다.
merge(c, d, ...) 대신 **merge(d, c, ...)**로 데이터프레임 위치를 바꾸어 실행해도 동일한 결과를 보여준다. Line 554의 all.y를 all.x로 바꿔주면 된다. 독자들이 직접 실행해보자. merge 함수는 **1:m merge** 또는 **m:1 merge** 모두 가능한 것을 알 수 있다.

■ Line별 함수와 출력 결과

```
548  > t08ind <- read.dta("./data/t08ind.dta")
549  > t08ou <- read.dta("./data/t08ou.dta")
550  > c <- t08ind[1:5, c("pidwon", "c3")]; c
       pidwon c3
```

```
  1 1000101  1
  2 1000102  2
  3 1000301  1
  4 1000302  2
  5 1000303  2
```

551
```
> d <- t08ou[t08ou$pidwon == 1000302, c("pidwon", "ou29")]; d
    pidwon    ou29
35 1000302   64000
36 1000302      95
37 1000302 1123200
```

552
```
> merge(c, d, key="pidwon", all=TRUE)
   pidwon c3    ou29
1 1000101  1      NA
2 1000102  2      NA
3 1000301  1      NA
4 1000302  2   64000
5 1000302  2      95
6 1000302  2 1123200
7 1000303  2      NA
```

553
```
> merge(c, d, key="pidwon", all.x=TRUE)
   pidwon c3    ou29
1 1000101  1      NA
2 1000102  2      NA
3 1000301  1      NA
4 1000302  2   64000
5 1000302  2      95
6 1000302  2 1123200
7 1000303  2      NA
```

554
```
> merge(c, d, key="pidwon", all.y=TRUE)
   pidwon c3    ou29
1 1000302  2   64000
2 1000302  2      95
3 1000302  2 1123200
```

2.8 하나의 사례에 여러 관찰치가 있는 자료 다루기

Line 554의 출력 결과를 다시 한 번 살펴보자. pidwon 1000302에 해당하는 가구원의 3차례에 걸친 외래이용에 따른 비용이 3개 행에 걸쳐 기록된 것을 볼 수 있다. R에서 3번 지출된 비용의 합이나 평균은 어떻게 구할 수 있을까?

이와 같이 **하나의 사례에 여러 관찰치가 있는** 자료(**multiple observations per subject**)를 다루는 대표적인 R 함수는 **apply 패밀리 함수, aggregate 함수, plyr 패키지의 ddply 함수**가 있다. 각 방법들에 대해 소개하되 가장 최근에 개발된 **plyr 패키지**의 **ddply 함수**를 중점적으로 설명할 것이다. **apply, aggregate** 함수는 제한점이 많아 그 한계를 명확히 알 필요가 있다.

자료 처리와 분석 과정에서 **'데이터 멍잉(data munging)'**에 노력의 80% 가량을 이용한다는 말이 있다. 데이터 멍잉은 **자료를 나누고 적용하고 결합하는(split-apply-combine) 과정**을 필요로 한다. 어떤 기준(여기에서는 pidwon 변수)으로 데이터프레임을 여러 개로 나누고, 각 부분에 대해 변환을 수행한 후 수행 결과를 다시 하나의 데이터프레임으로 합친다는 것을 의미한다.

해들리 위캠이 개발한 **plyr 패키지는 "split-apply-combine" 과정**을 완벽하면서도 기존보다 간편하게 함수를 만들 수 있도록 해준다. plyr 패키지 개발을 R 역사상 최고의 사건 중 하나로 뽑을 만큼 이 패키지는 매력적이다. 감히 말하건대 **plyr 패키지**의 함수를 익히고 익숙해지는 순간 R의 세계에 더 깊숙이 빠지게 되는 자신을 발견하게 될 것이다.

558-9 데이터셋 T08IND와 T08OU를 read.dta 함수로 불러온 후 데이터프레임 t08ind, t08ou로 저장하자.

```
558  > t08ind <- read.dta("./data/t08ind.dta")
559  > t08ou <- read.dta("./data/t08ou.dta")
```

Mission 3.2.8.01

▶ apply 함수의 특징을 이해하고 실행하자.

R에는 **apply, lapply, sapply, mapply** 같은 apply 패밀리 함수가 내장되어 있어 별도의 패키지를 설치할 필요가 없다. **apply** 함수는 이 패밀리의 첫 번째 함수로서 기능이 가장 제한적이

다. 그 이유는 행렬 객체만 사용할 수 있기 때문이다. 이 책에서는 KHPS 자료를 데이터프레임으로 불러온다는 점과 행렬 객체가 1개의 자료 유형만 허용한다는 점에서 **apply** 함수의 가치는 떨어질 수밖에 없다. 굳이 **apply** 함수를 사용하겠다는 독자들은 KHPS 자료를 데이터프레임으로 불러온 후, **as.matrix** 함수를 통해 행렬 객체로 저장하고 나서야 apply 함수를 이용하는 번거로운 과정을 감수해야 한다.

lapply 함수는 리스트 객체의 각 원소에 함수를 적용하고 그 결과를 리스트 객체로 출력하며, **sapply** 함수는 결과를 벡터 객체로 출력하는 점이 **lapply** 함수와 다른 점이다. **mapply**는 여러 리스트 객체의 각 원소에 대해 함수를 적용할 수 있어 **lapply**와 **sapply** 함수도 더 유연하다. 하지만 이 3개의 함수 모두 리스트 객체가 필요하기 때문에 데이터프레임 객체를 이용하는 우리들에게는 굳이 필요하지 않은 함수이다.

■ Line별 의미

562 데이터프레임 t08ind에서 1-3번째 사례의 pidwon, c3 변수를 추출하여 데이터프레임 a로 저장하자.

563 데이터프레임 t08ou에서 1-2번째, 20-22번째 사례의 pidwon, ou29 변수를 추출하여 데이터프레임 객체 b로 저장하자.

564 객체 a, b를 **merge(a, b, key="pidwon", all=TRUE)** 문으로 결합하여 객체 c로 저장한 후 출력하자.

pidwon 번호가 1000101인 경우 총 2번의 외래이용을 하면서 각각 5,500원씩 지출한 것을 알 수 있다. 이 정보는 1개 행이 아닌 2개 행에 나눠서 입력되어 있기 때문에 pidwon 1000101에 대해 2개 관찰치가 있는 자료가 된다. KHPS 데이터셋 중 t08ou.dta 등 의료이용 데이터셋이 대표적으로 이러한 특성을 갖는다.

565 데이터프레임 t08ind에서 1-3번째 사례의 변수 pidwon, c3를 추출하여 데이터프레임 a로 저장하자.

566 데이터프레임 t08ou에서 1-2번째와 20-22번째 사례의 변수 pidwon, ou29를 추출하여 데이터프레임 b로 저장하자.

567 **merge(a, b, key="pidwon", all.y=TRUE)** 문을 통해 데이터프레임 d를 만든 후 이를 **as.matrix** 함수로 행렬 객체 e로 저장한다.

행렬 객체로 변환한 이유는 apply 함수가 행렬 객체만 허용하기 때문이다.

568 **apply(e, 1, sum)** 문을 살펴보자. 1은 무엇일까? e는 객체 이름이고, 1은 행의 방향으로 합하라는 옵션이고, sum은 합산하라는 옵션이다.

따라서 **apply(e, 1, sum)** 문의 실행 결과가 **1005602**로 시작되는데, 이는 b 객체의 1번째 행의 값 **1000101+1+5500**을 수행한 결과라는 것을 알 수 있다.

569 **apply(e, 2, sum)** 문은 1 대신 2가 들어갔는데 열의 방향으로 합하라는 의미이다. 따라서 이 함수의 수행 결과를 살펴보면 **5500508**로 시작되는 것을 알 수 있을 것이다. 이 결과는 첫 번째 열의 값들에 대해 **1000101+1000101+1000102+1000102+1000102**를 수행하여 나온 것이라는 알 수 있을 것이다.

■ Line별 함수와 출력 결과

```
562 > a <- t08ind[1:3, c("pidwon", "c3")]
563 > b <- t08ou[c(1:2, 20:22), c("pidwon", "ou29")]
564 > c <- merge(a, b, key="pidwon", all=TRUE); c
       pidwon c3 ou29
    1 1000101  1 5500
    2 1000101  1 5500
    3 1000102  2 1500
    4 1000102  2 1500
    5 1000102  2 1500
    6 1000301  1   NA
565 > a <- t08ind[1:3, c("pidwon", "c3")]
566 > b <- t08ou[c(1:2, 20:22), c("pidwon", "ou29")]
567 > d <- merge(a, b, key="pidwon", all.y=TRUE); e <- as.matrix(d)
568 > apply(e, 1, sum)
    [1] 1005602 1005602 1001604 1001604 1001604
569 > apply(e, 2, sum)
     pidwon      c3    ou29
    5000508       8   15500
```

apply 함수를 적용한 결과 개인별(**pidwon**) 외래이용에 따른 전체 비용을 구할 수 없으며, 이는 **pidwon**별로 자료를 나누지 않았기 때문이다. 이 사례는 2명이지만 만약 1,000명이 넘는 자료를 개인별로 쪼개는 작업을 한다고 하면 시간이 굉장히 많이 소요된다. 적어도 이 책에서는 **apply** 함수는 잊어버려도 좋다.

Mission 3.2.8.02

▶ aggregate 함수의 특징을 이해하고 실행하자.

앞서 **apply** 함수를 적용한 사례에서 보듯이 집단별로 관찰값들을 합한 결과를 구하는 작업을 하기 위해서는 집단별로 자료를 나누어 저장하지 않고 본래 자료에서 직접 계산하는 것이 훨씬 편하다는 것을 알 수 있다. R 내장 함수 중 **aggregate** 함수가 이 기능을 제공한다.

■ Line별 의미

573 데이터프레임 t08ind에서 1-3번째 사례의 pidwon, c3 변수를 추출하여 데이터프레임 a로 저장하자.

574 데이터프레임 t08ou에서 1-2, 20-22번째 사례의 pidwon, ou29 변수를 추출하여 데이터프레임 b로 저장하자.

575 객체 a, b를 **merge(a, b, key="pidwon", all.y=TRUE)** 문으로 결합하여 객체 c로 저장한 후 출력하자.

576 **aggregate(ou29~pidwon, c, sum)** 문을 실행한 결과이다.
ou29~pidwon 옵션은 집단 변수(pidwon)별로 특정 변수(ou29)의 계산 결과를 출력하라는 의미이다. c는 aggregate 함수에 이용할 **데이터프레임 이름**을 의미한다. 마지막 **sum**은 집단 변수별로 특정 값의 **합**을 구하라는 옵션이 된다. 출력 결과를 보자.
pidwon 변수를 살펴보면 1000101과 1000102라는 2명 가구원의 id가 있고 각각 3번, 2번의 외래이용을 하였고, 그 비용의 합은 11,000원과 4,500원인 것을 알 수 있다. **aggregate** 함수를 통해 2명의 외래이용 비용을 합한 결과가 깔끔히 만들어졌다는 것을 알 수 있다.

577 Line 576의 **aggregate** 함수에서 sum 대신 **mean**을 넣으니 **평균값**을 출력한다.

578 **aggregate** 함수로 이용하여 출력된 결과는 어떤 객체일까? class 함수로 확인하니 **데이터프레임으로 출력**되는 것을 알 수 있다. 이는 분석 결과를 활용하는 데 있어 굉장히 편리하기 때문에 **aggregate** 함수의 또 하나의 매력이라 하겠다.

579 그렇다면 개인별 외래 방문 횟수를 알고 싶을 경우 어떻게 해야 할까? 이는 집단별로 행의 개수를 세면(count) 해결될 것으로 생각하고 **aggregate** 함수의 옵션에 count를 지정했지만 오류 메시지가 발생하는 것을 알 수 있다. 이 문제는 **plyr 패키지**로 해결된다.

580 plyr 패키지 없이 개인별 외래 방문 횟수를 알고 싶을 경우 **table** 함수를 이용하자.
table 함수를 실행하니 pidwon 번호가 1000101에 해당하는 사람은 2번, 1000102에 해당하는 사람은 3번 외래이용을 한 것을 알 수 있다.

581 객체의 유형을 보니 **"table" 유형**으로 나타났다.

582 이를 다시 **as.data.frame** 함수를 이용하여 데이터프레임으로 변환한 후 객체 f로 저장한 후 출력해보니 변수명이 Var1과 Freq라는 생소한 변수명이 생성된 것을 볼 수 있다.

583 객체 f의 변수 이름을 바꾸고 나서야 내가 원하는 결과를 얻을 수 있다.
너무 번거롭다. **plyr 패키지**는 이 번거로운 과정을 1줄의 함수를 통해 해결해준다.

■ Line별 함수와 출력 결과

573
```
> a <- t08ind[1:3, c("pidwon", "c3")]
```

574
```
> b <- t08ou[c(1:2, 20:22), c("pidwon", "ou29")]
```

575
```
> c <- merge(a, b, key="pidwon", all.y=TRUE) ; c
   pidwon c3 ou29
1 1000101  1 5500
2 1000101  1 5500
3 1000102  2 1500
4 1000102  2 1500
5 1000102  2 1500
```

576
```
> aggregate(ou29~pidwon, c, sum)
   pidwon  ou29
1 1000101 11000
2 1000102  4500
```

577
```
> aggregate(ou29~pidwon, c, mean)
   pidwon ou29
1 1000101 5500
2 1000102 1500
```

578
```
> d <- aggregate(ou29~pidwon, c, sum); class(d)
[1] "data.frame"
```

579
```
> aggregate(ou29~pidwon, c, count)
   pidwon ou29
1 1000101 5500
2 1000102 1500
Warning message:
In format.data.frame(x, digits = digits, na.encode = FALSE) :
  손상된 데이터 프레임입니다:  columns will be truncated or padded with NAs
```

```
580    > e <- table(c$pidwon); e
       1000101 1000102
             2       3
581    > class(e)
       [1] "table"
582    > f <- as.data.frame(e); f
            Var1 Freq
       1 1000101    2
       2 1000102    3
583    > names(f)[1] <- "pidwon" ; names(f)[2] <- "visit_no" ; f
          pidwon visit_no
       1 1000101        2
       2 1000102        3
```

Mission 3.2.8.03

▶ ddply 함수의 특징을 이해하고 실행하자 - Part I.

plyr 패키지의 함수는 모두 5글자로 구성되며 마지막 3글자는 언제나 **ply**로 끝난다. 각 **plyr** 패키지의 함수들을 이용하기 위해 필요한 객체 유형과 출력된 객체의 유형은 표 3-7을 보자. 12개의 함수별로 필요한 객체 유형과 출력되는 객체의 유형이 다르다는 것을 알 수 있다. 여기에서는 입출력 객체의 유형이 모두 데이터프레임으로 동일한 **ddply** 함수를 적용한 사례를 보여 줄 것이다.

ddply 함수의 기본 구조는 **ddply(데이터프레임 이름, 집단 변수, summarize, 산출식)**이다.

표 3-7 plyr 패캐지의 함수와 입출력 객체의 유형

함수	입력 객체	출력 객체	함수	입력 객체	출력 객체
ddply	데이터프레임	데이터프레임	ldply	리스트	데이터프레임
llply	리스트	리스트	laply	리스트	배열/벡터/행렬
aaply	배열/벡터/행렬	배열/벡터/행렬	l_ply	리스트	없음
dlply	데이터프레임	리스트	adply	배열/벡터/행렬	데이터프레임
daply	데이터프레임	배열/벡터/행렬	alply	배열/벡터/행렬	리스트
d_ply	데이터프레임	없음	a_ply	배열/벡터/행렬	없음

■ Line별 의미

587 **plyr 패키지**를 설치한 후 불러오자.

588-9 KHPS 데이터셋의 일부를 추출하지 않고 전체를 이용하고자 한다.

Line 548에서 저장한 데이터프레임 t08ind에서 변수 pidwon, c3를 추출한 후 데이터프레임 ind로 저장하고, Line 549에서 저장한 데이터프레임 t08ou에서 변수 pidwon, ou29를 추출한 후 데이터프레임 ou로 저장하자.

590 **merge(ind, ou, key="pidwon", all.y=TRUE)** 문으로 결합한 후 객체 a로 저장하자. **all.y=TRUE** 옵션을 적용한 것은 외래이용을 한 사람(즉, t08ou 객체에서 외래이용 자료가 있는 사람)만을 추출하기 위해서이다.

591 **nrow** 함수를 적용하니 234,059건의 외래이용에 대한 정보를 담고 있는 것을 알 수 있다.

592 변수 ou29는 외래이용 비용(단위: 원)에 대한 정보를 담고 있다.

변수 ou29 값 중 **91-97(무료)**과 **-9(모름/무응답)**로 입력된 경우는 외래이용 비용을 알 수 없기 때문에 **a$ou29[a$ou29<100] <- 0** 문을 통해 모두 0으로 바꾸는 것이다.

593-8 **ddply** 함수를 통해 개인별 외래이용 건수와 평균 외래 비용을 산출해보자.

Line 593을 살펴보자. **a**는 Line 588-90을 통해 만든 **데이터프레임 이름**이고, **"pidwon"**은 **ddply 함수를 적용할 기준변수**를 의미한다. **summarize**는 **기준변수별 요약된 통계값을 산출**하라는 옵션이다.

Line 594는 변수 ou29에 **length** 함수를 적용하여 변수 pidwon별 행의 수, 즉 외래이용 건수를 데이터프레임 b의 변수 N으로 출력하라는 의미이다.

Line 595는 변수 ou29에 **평균값**을 산출하는 **mean** 함수를 적용하여 데이터프레임 b의 변수 mean으로 출력하라는 것이다.

Line 596는 변수 ou29에 **표준편차**를 산출하는 **sd** 함수를 적용하여 데이터프레임 b의 변수 sd로 출력하라는 것이다.

Line 597의 **표준오차(standard error)**를 구하는 자체 함수가 없어 표준편차를 표본수의 제곱근으로 나눈 표현식 sd/sqrt(N)을 적용한 후 데이터프레임 b의 변수 se로 출력하라는 것이다.

ddply 함수문의 실행 결과를 데이터프레임 b로 저장하자.

599 Line 593-8의 **ddply** 함수문을 적용하여 저장한 데이터프레임 b의 일부를 **head** 함수로 살펴본 것이다.

pidwon 번호가 1000101에 해당하는 가구원은 18번 외래이용을 하였고 평균 3,815.556원을 지출하였으며, 외래이용 비용의 표준편차는 3,751.941원, 표준오차는 884.3410으로 나온 것을 알 수 있다.

600 **is.data.frame(b)**를 실행해보니 TRUE로 나와 표 3-7(131페이지 참고)에서 설명한 대로

ddply 실행 결과는 데이터프레임으로 출력된다는 것을 알 수 있다.

■ Line별 함수와 출력 결과

```
587  > install.packages("plyr") ; library(plyr)
588  > ind <- t08ind[, c("pidwon", "c3")]
589  > ou <- t08ou[, c("pidwon", "ou29")]
590  > a <- merge(ind, ou, key="pidwon", all.y=TRUE)
591  > nrow(a)
     [1] 234059
592  > a$ou29[a$ou29<100]<-0
593  > b <- ddply(a, "pidwon", summarize,
594  +              N=length(ou29),
595  +              mean=mean(ou29),
596  +              sd=sd(ou29),
597  +              se=sd/sqrt(N)
598  +              )
599  > head(b)
        pidwon  N       mean         sd          se
     1 1000101 18   3815.556   3751.941    884.3410
     2 1000102 16   1500.000      0.000      0.0000
     3 1000302  3 395733.333 630816.783 364202.2393
     4 1000303 11 165064.545 138599.539  41789.3333
     5 1000601  9  12738.889   5950.093   1983.3645
     6 1000602 20   3750.000   1971.241    440.7828
600  > is.data.frame(b)
     [1] TRUE
```

Mission 3.2.8.04

▶ ddply 함수의 특징을 이해하고 실행하자 - Part Ⅱ.

결측값이 있는 경우 **ddply** 함수는 어떻게 작동하는가를 아는 것은 중요하다.

■ Line별 의미

604 Mission 3.2.8.03의 Line 588-90을 통해 만든 데이터프레임 a를 이용한다.
데이터프레임 a에서 a[2, 3]에 위치한 값을 결측값(NA)으로 바꾼 후 head(a)로 확인하면 pidwon 1000101에 해당하는 사람의 2번째 5,500원이라는 값이 **NA**로 바뀐 것을 확인할 수 있다.

605-10 Mission 3.2.8.03의 Line 593-8과 동일한 **ddply** 함수문을 실행한 결과를 객체 b로 저장하자.

611 Line 605-10에서 만든 데이터프레임 b에 head 함수를 적용하여 살펴본 결과이다.
pidwon 번호가 1000101에 해당하는 사람의 평균, 표준편차, 표준오차 값이 모두 **NA**로 기록된 것을 볼 수 있다. 이는 Line 604를 실행하였기 때문이다. 즉, 단 1개의 결측값이 있더라도 NA를 출력하는 것을 알 수 있다.
따라서 **ddply** 함수에 객체 a에 결측값이 있으면 이를 제거하고 실행하라는 옵션을 **ddply** 함수에 반영해야 한다.

612-7 Line 605-10의 **ddply** 함수문과 비교해보니 mean, sd에서 결측값이 있다는 사실을 알려주는 **na.rm=TRUE** 옵션을 추가한 차이가 있음을 알 수 있다.
N=sum(!is.na(ou29)) 문에서는 **!is.na** 함수(결측값이 아닌 값을 선택)를 통해 ou29 변수에 결측값이 없는 경우만 계산하여 N 값으로 출력하게 한다.

618 **head(b)**를 출력해보니 pidwon 번호가 1000101인 사람의 외래이용 건수는 17건으로 Line 599의 head(b) 출력 결과에서 pidwon 번호가 1000101인 사람의 외래이용 건수 18건보다 1건 적게 나온 것을 알 수 있다.
또한 평균, 표준편차, 표준오차 역시 제대로 출력된 것을 알 수 있다.

■ Line별 함수와 출력 결과

604
```
> a[2, 3] <- NA ; head(a)
   pidwon c3 ou29
1 1000101  1 5500
2 1000101  1   NA
3 1000101  1 5500
4 1000101  1 5500
5 1000101  1 5500
6 1000101  1 1500
```

```
605 > b <- ddply(a, "pidwon", summarize,
606 +           N=length(ou29),
607 +           mean=mean(ou29),
608 +           sd=sd(ou29),
609 +           se=sd/sqrt(N)
610 +           )
611 > head(b)
    pidwon  N      mean         sd          se
  1 1000101 18        NA         NA          NA
  2 1000102 16   1500.00      0.000      0.0000
  3 1000302  3 395733.33 630816.783 364202.2393
  4 1000303 11 165064.55 138599.539  41789.3333
  5 1000601  9  12738.89   5950.093   1983.3645
  6 1000602 20   3750.00   1971.241    440.7828
612 > c <- ddply(a, "pidwon", summarize,
613 +           N=sum(!is.na(ou29)),
614 +           mean=mean(ou29, na.rm=TRUE),
615 +           sd=sd(ou29, na.rm=TRUE),
616 +           se=sd/sqrt(N)
617 +           )
618 > head(c)
    pidwon  N       mean         sd          se
  1 1000101 17   3716.471   3843.060    932.0790
  2 1000102 16   1500.000      0.000      0.0000
  3 1000302  3 395733.333 630816.783 364202.2393
  4 1000303 11 165064.545 138599.539  41789.3333
  5 1000601  9  12738.889   5950.093   1983.3645
  6 1000602 20   3750.000   1971.241    440.7828
```

Mission 3.2.8.05

▶ ddply 함수의 특징을 이해하고 실행하자 - Part Ⅲ.

위의 사례를 통해 **ddply** 함수를 통해 다양한 결과를 산출할 수 있음을 알게 되었다.
이 Mission은 기준변수를 2개 이상 적용하는 것이 가능한지를 알아보기 위한 것이다.
2008년 성별과 연령별(20세 미만, 20세 이상-40세 미만, 40세 이상-60세 미만, 60세 이상)로 평균 외래이용 비용을 산출해보자.

■ Line별 의미

622 데이터프레임 t08ind에서 변수 pidwon, c3, c4_0를 추출한 후 데이터프레임 ind로 저장하자.
성별 변수는 c3로 1은 남자, 2는 여자이고, c4_0은 출생연도이다.

623-6 **ifelse 함수**(79-84페이지 Mission 3.2.2.01~Mission 3.2.2.03 참고)를 이용하여 c4_0 변수에서 연령 집단 변수인 agegroup를 만든 것이다.
"20세 미만"은 1, "20세 이상-40세 미만"은 2, "40세 이상-60세 미만"은 3, "60세 이상"은 4로 출력하여 변수 agegroup으로 저장하는 것이다.

627 데이터프레임 t08ou에서 변수 pidwon, ou29를 추출하여 데이터프레임 ou로 저장한다.

628 데이터프레임 ind, ou를 **merge** 함수로 합친 후 데이터프레임 a로 저장한다.

629 변수 ou29 값이 100 미만인 경우 결측값으로 바꾼다(132페이지 Line 592 참고).

630-5 Line 612-7의 **ddply** 함수문과 비교하면 Line 630의 **c("c3","agegroup")** 옵션 부분에서 차이가 있다는 것을 알 수 있다.
성별, 연령별 평균 외래이용 비용을 구해야 하기 때문에 기준변수를 성별(c3), 연령별(agegroup) 등 2개를 제시한 것이다.
ddply 함수문의 실행 결과를 객체 b로 저장하자.

636 객체 b를 출력한 결과이다.
성별(c3)은 2개 범주, 연령 변수(agegroup)는 4개 범주가 있기 때문에 2×4, 즉 8개 조합이 나오게 된다. 8개 집단별 외래이용 건수, 평균 외래 비용, 표준편차, 표준오차의 결과가 산출된 것을 볼 수 있다.

■ Line별 함수와 출력 결과

622
```
> ind<-t08ind[, c("pidwon", "c3", "c4_0")]
```

```
623 > ind$agegroup <- ifelse(ind$c4_0>=1988,  1,
624 +                 ifelse(ind$c4_0<1988 & ind$c4_0>=1968, 2,
625 +                 ifelse(ind$c4_0<1968 & ind$c4_0>=1948, 3, 4
626 +                 )))
627 > ou <- t08ou[, c("pidwon", "ou29")]
628 > a <- merge(ind, ou, key="pidwon", all.y=TRUE)
629 > a$ou29[a$ou29<100] <- NA
630 > b <- ddply(a, c("c3","agegroup"), summarize,
631 +           N=sum(!is.na(ou29)),
632 +           mean=mean(ou29, na.rm=TRUE),
633 +           sd=sd(ou29, na.rm=TRUE),
634 +           se=sd/sqrt(N)
635 +           )
636 > b
  c3 agegroup     N     mean        sd        se
1  1        1 26576 13953.83  75359.57  462.2677
2  1        2  7491 40084.66 200924.42 2321.4686
3  1        3 19619 26222.45 171188.45 1222.1824
4  1        4 28495 17689.21 125938.65  746.0616
5  2        1 24310 15288.70 105831.52  678.7699
6  2        2 18264 35515.00 164076.41 1214.0825
7  2        3 36000 23198.50 121025.63  637.8611
8  2        4 46404 14292.69 122127.61  566.9387
```

Mission 3.2.8.06

▶ ddply와 merge 함수를 이용하여 집단별 첫 사례와 마지막 사례를 선택하자.

어떤 가구원이 1년에 10번 입원을 하게 된 경우, 첫 번째와 마지막 10번째 입원 시 지출한 비용을 어떻게 구할 수 있을까? 수천 건의 입원에 대한 정보가 있는 데이터셋에서 각 가구원의 입원 횟수가 다를 경우 첫 번째 입원과 마지막 입원 시 지출한 비용을 어떻게 추출할 수 있을까? 생각보다 쉽지 않지만 **ddply** 함수와 **merge** 함수를 응용하면 가능하다. 다음 사례를 살펴보자.

■ **Line별 의미**

640 데이터셋 T08IN을 read.dta 함수로 불러온 후 데이터프레임 t08in으로 저장하자.

641 데이터프레임 t08in에서 변수 hpid, in35만 추출하여 데이터프레임 x로 저장하자.

642 head(x, n=11) 문을 출력한 결과이다.

hpid 번호가 1000111101에 해당하는 가구원은 3번의 입원을 하였고 각각 850,000원, 270,000원, 300,000원을 지출한 것을 알 수 있다.

643 **x <- ddply(x, .(hpid), summarise, in35=in35, useno = 1:length(hpid))** 문은 각 가구원별 입원 차수를 구한 후 데이터프레임 x로 저장하라는 것이다.

.(hpid)는 입원 차수를 구할 때 사용할 **기준변수**를 지정한 것이다.

in35=in35 옵션은 반드시 넣어주어야 한다. 만약 넣지 않으면 출력될 데이터프레임 x에 변수 in35가 보이지 않는 상황이 발생한다.

useno = 1:length(hpid) 옵션은 1:length(hpid), 즉 1에서 length(hpid)까지의 연속된 숫자를 변수 useno로 출력하라는 의미이다.

이러한 옵션의 조합을 통해 출력되는 결과를 데이터프레임 x로 저장하자.

644 Line 643에서 저장한 데이터프레임 x의 일부를 head(x, n=3)을 통해 살펴본 결과이다.

Line 642의 설명대로 hpid 번호가 1000111101에 해당하는 가구원은 입원을 3차례 한 것을 감안하고 변수 useno를 살펴보자. 1, 2, 3이라는 값이 출력된 것을 볼 수 있다. Line 643의 **ddply** 함수문이 의도대로 입원 차수를 제대로 만들어낸 것을 알 수 있다.

645 가구원별 총 입원 건수를 구하는 **ddply** 함수문이다.

(131-137페이지 Mission 3.2.8.03-Mission 3.2.8.05 참고).

646 3번의 입원을 한 hpid 번호가 1000111101에 해당하는 가구원의 변수 N의 값이 모든 행에 3으로 입력된 것을 볼 수 있다.

647 Line 640-6을 통해 만든 데이터프레임 x, x2를 **merge** 함수로 합친 후 저장한다.

648 Line 647을 통해 만든 데이터프레임 x의 일부를 살펴본 결과이다.

hpid 번호가 1000111101에 해당하는 가구원의 변수 useno, N의 값을 살펴보자. 제대로 합쳐진 것을 알 수 있다.

649 **x[x$useno == 1,]** 문을 통해 첫 번째 입원 시 지출한 비용을 구할 수 있다. 변수 useno는 입원 차수를 의미하기 때문에 그 값이 1인 경우를 추출하면 첫 번째 입원 사례를 추출하게 되는 것이다.

650 **x[x$useno == x$N,]** 문을 통해 가구원별 마지막 입원 시 지출한 비용을 구할 수 있다. 각 가구원별 입원 횟수는 다르지만 입원 차수(변수 useno)와 총 입원 횟수(변수 N)의 값이 동일한 경우를 추출하게 되면 마지막 입원에 대한 정보를 추출할 수 있게 된다.

■ **Line별 함수와 출력 결과**

```
640   > t08in <- read.dta("./data/t08in.dta")
641   > x <- t08in[, c("hpid", "in35")]
642   > head(x, n=11)
             hpid    in35
      1  1000111101  850000
      2  1000111101  270000
      3  1000111101  300000
      4  1000611105  586010
      5  1000711102 2438818
      6  1001211101  276610
      7  1003311101  502960
      8  1003311101  128030
      9  1003711103  251708
      10 1005111104   25000
      11 1005111104      96
643   > x <- ddply(x, .(hpid), summarise, in35=in35, useno = 1:length(hpid))
644   > head(x, n=3)
             hpid    in35 useno
      1  1000111101  850000     1
      2  1000111101  270000     2
      3  1000111101  300000     3
645   > x2 <- ddply(x, "hpid", summarize, N=length(in35))
646   > head(x2)
            hpid N
      1 1000111101 3
      2 1000611105 1
      3 1000711102 1
      4 1001211101 1
      5 1003311101 2
      6 1003711103 1
647   > x <- merge(x, x2, by="hpid", all.x=TRUE)
```

```
648 > head(x, n=11)
         hpid   in35 useno N
1  1000111101  850000     1 3
2  1000111101  270000     2 3
3  1000111101  300000     3 3
4  1000611105  586010     1 1
5  1000711102 2438818     1 1
6  1001211101  276610     1 1
7  1003311101  502960     1 2
8  1003311101  128030     2 2
9  1003711103  251708     1 1
10 1005111104   25000     1 2
11 1005111104      96     2 2
649 > x.first <- x[x$useno == 1, ] ; head(x.first)
        hpid   in35 useno N
1 1000111101  850000     1 3
4 1000611105  586010     1 1
5 1000711102 2438818     1 1
6 1001211101  276610     1 1
7 1003311101  502960     1 2
9 1003711103  251708     1 1
650 > x.last <- x[x$useno == x$N, ] ; head(x.last)
        hpid   in35 useno N
3 1000111101  300000     3 3
4 1000611105  586010     1 1
5 1000711102 2438818     1 1
6 1001211101  276610     1 1
8 1003311101  128030     2 2
9 1003711103  251708     1 1
```

2.9 데이터프레임 구조 변환하기

이 책에서 객체 구조를 변환한다는 것은 넓은 구성형태(**wide format**)를 갖춘 자료를 긴 구성형태(**long format**)로 바꾸거나(**Reshaping variables to observations**) 반대의 경우(**Reshaping observations to variables**)를 가능하게 하는 기법을 의미한다.

R에서는 **reshape2 패키지**의 **reshape 함수**로 이를 수행할 수 있다.

Line 654-5를 통해 데이터셋 T08IND와 T08OU를 read.dta 함수로 불러온 후 데이터프레임 t08ind, t08ou로 저장하자.

```
654   > t08ind <- read.dta("./data/t08ind.dta")
655   > t08ou <- read.dta("./data/t08ou.dta")
```

Mission 3.2.9.01

▶ transpose(t) 함수를 이해하고 실행하자.

객체 구조를 변환하는 가장 기본적인 방법은 행렬의 위치를 서로 바꿔주는 것이다.

행렬의 위치를 바꿔주는 기능을 가진 **transpose**, 즉 **t** 함수를 실행해보자.

■ Line별 의미

658 데이터프레임 t08ind에서 1-3번째 사례와 변수 pidwon, c3를 추출하여 데이터프레임 ind로 저장한 후 출력해보자.

659 **t(ind)** 함수 실행 결과를 살펴보자.

t08ind의 원래 구조는 3개의 행과 2개의 열의 구조로 되어 있는데 t(t08ind)로 인해 행렬이 서로 뒤바뀐 것을 알 수 있다. 이렇게 자료의 행렬을 바꾸는 기법을 **transpose**라고 하며 R에서는 t 함수로 실행할 수 있다.

행렬 객체에서는 굉장히 유용한 함수이지만 데이터프레임 객체에서는 별 소용이 없다. 이 사례에서 보듯이 행렬의 위치가 바뀌면서 변수 이름이 1, 2, 3으로 바뀌어 변수 이름도 바꿔주어야 하는 불편한 상황이 발생한다. 패널 자료를 가공할 경우 다른 대안이 필요하다.

■ **Line별 함수와 출력 결과**

658
```
> ind <- t08ind[1:3, c("pidwon", "c3")]; ind
   pidwon c3
1 1000101  1
2 1000102  2
3 1000301  1
```

659
```
> t(ind)
             1       2       3
pidwon 1000101 1000102 1000301
c3           1       2       1
```

Mission 3.2.9.02

▶ 긴 구성형태(long format)로 데이터프레임의 구조를 바꾸자.

Line 664와 Line 665-71의 출력 결과를 비교하면 외래진료비에 해당하는 변수 ou29와 처방약값에 해당하는 변수 ou35가 변수 cost로 통합되고, 외래진료비와 처방약값을 구분하는 것은 변수 type을 만들어 해결한 것을 알 수 있다.

객체의 구조를 긴 방향(long format)으로 바꾸는 방식을 **"넓은 객체를 긴 객체로 바꾸기"**, 영어로는 **"Reshape Wide to Long"** 또는 **"Reshape Variables to Observations"**라고 한다.

■ **Line별 의미**

663 **reshape2 패키지**를 설치하고 불러오자.

664 데이터프레임 t08ou에서 pidwon 번호가 1000101, 1000102에 해당하는 가구원의 외래진료비(변수 ou29), 처방약값(변수 ou35)을 일부 추출하여 데이터프레임 ou로 저장한 후 출력하자.

665-71 자 이제 **reshape** 함수의 구성을 살펴보자. 생각보다 함수가 복잡해 보인다.
Line 665에서 **ou**은 reshape 함수를 적용할 데이터프레임 객체이다.
Line 666 의 **varing=c("ou29", "ou35")** 옵션은 ou29 변수와 ou35 변수를 "wide to long" 방향으로 reshape할 변수로 지정한다는 것이다.
Line 667의 **v.names="cost"** 옵션은 앞서 지정한 ou29, ou35 변수를 "wide to long"

방향으로 reshape를 시행하여 1개 변수로 통합할 경우 그 변수 이름을 만들어주는 것이다. 실행 결과를 보면 변수 ou29(외래진료비)와 ou35(처방약값)이 1개 변수 cost에 모두 기록된 것을 볼 수 있다.

Line 668의 **timevar="type"** 옵션은 cost 변수에 변수 ou29, ou35의 값이 모두 포함되기 때문에 해당하는 값이 외래진료비인지 처방약값인지를 구분해줄 변수의 이름을 지정하는 것이다. 여기에서는 type으로 지정하였다.

Line 669의 **times=c("외래진료비", "처방약값")** 옵션은 timevar 옵션에서 지정한 변수(type)에 넣을 값을 지정하는 것이다. ou29 변수가 원래 자료에서 외래진료비를 의미하였고, ou35 변수는 처방약값을 의미한다 하였다. "외래진료비"를 먼저 쓰고 "처방약값"을 나중에 쓴 것에 주의하자. 순서를 바꾸면 의미를 거꾸로 지정하기 때문에 주의하자.

Line 670의 **new.row.names=1:10** 옵션은 굳이 필요하지 않지만, 이를 적용하지 않고 실행을 해본 후 독자들이 판단하길 바란다. 이 옵션은 행의 이름을 지정하는 것으로서 지정하지 않을 경우 매우 긴 행의 이름을 보게 될 것이다.

Line 671의 **direction="long"** 옵션은 "wide to long" 방향으로 reshape 함수를 적용할 것이라는 것을 직관적으로 알 수 있다.

다음 페이지의 출력 결과를 살펴보자. 의도한 대로 데이터프레임 구조가 바뀌었다.

■ Line별 함수와 출력 결과

```
663  > install.packages(reshape2) ; library(reshape2)
664  > ou <- t08ou[c(1:3, 21:22), c("pidwon", "ou29", "ou35")]; ou
         pidwon ou29  ou35
     1  1000101 5500 73210
     2  1000101 5500 35000
     3  1000101 5500 73210
     21 1000102 1500  2500
     22 1000102 1500  2500
665  > reshape(ou,
666  +        varying=c("ou29", "ou35"),
667  +        v.names="cost",
668  +        timevar="type",
669  +        times=c("외래진료비", "처방약값"),
670  +        new.row.names=1:10,
```

```
671  +         direction="long")
      pidwon      type  cost id
1  1000101 외래진료비  5500  1
2  1000101 외래진료비  5500  2
3  1000101 외래진료비  5500  3
4  1000102 외래진료비  1500  4
5  1000102 외래진료비  1500  5
6  1000101   처방약값 73210  1
7  1000101   처방약값 35000  2
8  1000101   처방약값 73210  3
9  1000102   처방약값  2500  4
10 1000102   처방약값  2500  5
```

Mission 3.2.9.03

▶ 넓은 구성형태(wide format)로 데이터프레임의 구조를 바꾸자.

■ Line별 의미

674 데이터프레임 t08ou에서 pidwon 번호가 1000101, 1000102에 해당하는 두 사람의 외래진료비(변수 ou29), 처방약값(변수 ou35)의 일부를 추출하여 데이터프레임 ou로 저장한 후 출력한 결과이다.

675-81 long format으로 객체의 구조를 바꾸는 **reshape** 함수문(Mission 3.2.9.02 참고)을 실행하여 데이터프레임 a를 만들자.

682 Line 675-81에서 만든 데이터프레임 a에서 1-3번째 변수만 추출하여 데이터프레임 a2를 만든 후 출력한 것이다.

683-4 Line 682에서 만든 데이터프레임 a2를 출력한 결과에서 type 변수의 값이 외래진료비와 처방약값으로 기록된 것을 볼 수 있다. 넓은 구성형태(wide format)로 객체의 구조를 변환할 때 한글로 변수의 값이 기록되어 있으면 곤란함을 겪을 수 있다.
Line 683을 통해 변수 type 값이 외래진료비인 경우 이름을 ou29로 바꿔주자.
Line 684을 통해 변수 type 값이 처방약값인 경우 이름을 ou35로 바꿔주자.

685 Line 683-4를 통해 변수 type 값을 바꾼 결과를 확인하니 제대로 바뀐 것을 알 수 있다. 하지만 불행히도 현재 데이터프레임 a2를 가지고는 절대 "long to wide" 방향으로 reshape 함수를 실행시킬 수 없다. 다음 Line의 결과를 살펴보자.

686-9 넓은 구성형태(wide format)로 객체의 구조를 변환하는 **reshape** 함수문을 살펴보자.

Line 686의 **a2**는 **reshape** 함수를 실행할 데이터프레임 이름이다.

Line 687의 **timevar="type"** 옵션은 **사례당 여러 관찰치가 있는 변수**를 지정하는 것이다.

Line 688의 **idvar="pidwon"** 옵션은 **사례당 2개 이상의 관찰치를 허용하지 않을 변수**들을 지정하는 것이다.

Line 689의 **direction="wide"** 옵션은 "long to wide" 방향으로 **reshape** 함수를 적용할 것이라는 것을 직관적으로 알 수 있다.

reshape 함수를 시행한 결과 경고 메시지가 나왔다. 경고 메시지에서 주목할 부분은 **"multiple rows for type=ou29"**와 **"multiple rows for type=ou35"**이다. 직역하자면 type 변수의 값이 ou29, ou35일 경우 여러 행(row)이 있다는 것으로 해석된다.

넓은 구성형태(wide format)로 객체의 구조를 변환하는 **reshape** 함수는 출력되는 결과물에 요구하는 하나의 원칙이 있다. **idvar 옵션에서 지정한 변수(들)의 각 사례(관찰값)마다 1줄, 즉 1개 행만 출력되어야 한다**는 것이다.

즉, 이 사례에서는 pidwon을 idvar 옵션에서 지정했기 때문에 "long to wide" 방향의 **reshape** 함수를 시행하면 pidwon 번호가 1000101인 사람에 대한 출력 결과는 1개 행만 허용되지만 이 경우는 pidwon 번호 1명당 여러 행이 출력되기 때문에 경고 메시지를 출력하면서 제대로 시행되지 않게 된다.

위에서 실행한 **reshape** 함수에서 idvar 옵션에 pidwon 변수 이외에도 추가 변수가 필요함을 알 수 있다.

690-1 Line 685의 데이터프레임 a2 출력 결과를 다시 살펴보자. 몇 번째 외래이용인지, 몇 번째로 약국에서 처방 받았는지에 대한 정보가 추가되면 오류가 발생하지 않을 것으로 생각된다. 이에 대한 정보를 만들어보자.

Line 685와 Line 692의 출력 결과를 비교하면 Line 692의 출력 결과의 경우 변수 useno가 추가된 것을 알 수 있다. 변수 useno는 개인별 외래진료비와 처방약값을 몇 번째 지불하였는지에 대한 정보이다. 변수 useno 값이 1, 2, 3, 1, 2, 1, 2, 3, 1, 2로 입력된 것을 볼 수 있다.

변수 useno와 같은 값을 만들기 위해서는 Mission 3.2.8.06의 Line 643(137페이지 참고)에서 배운 것을 응용해야 하는 것을 알 수 있다.

Line 690을 통해 **plyr 패키지**를 불러오자.

Line 691은 변수 pidwon(가구원고유번호), type(외래진료비, 처방약값인지를 구분하는 변수)별 몇 번째 관찰값인지를 알 수 있는 변수 useno를 만드는 **ddply** 함수문이다(139페이지 Mission 3.2.8.06의 Line 643 참고). **cost=cost** 옵션은 반드시 넣어야 한다.

692 Line 690-1을 통해 만든 데이터프레임 b를 출력한 결과이다.
변수 useno 값을 살펴보자. pidwon 변수 값이 1000101인 가구원은 type 변수 값이 ou29인 경우는 3개 행과 ou35인 경우는 2개 행에 걸쳐 있는 것을 알 수 있다.
변수 useno 값이 1, 2, 3, 1, 2로 기록된 것을 볼 수 있다. 앞의 1, 2, 3은 type 변수 값이 ou29인 경우, 즉 외래진료비 지출 차수에 대한 값임을 알 수 있고 뒤의 1, 2는 type 변수 값이 ou35인 경우, 즉 처방약값 지출 차수에 대한 값임을 알 수 있다.

693-6 변수 useno가 만들어졌으니 reshape 함수의 idvar 옵션을 idvar="pidwon" 대신 **idvar=c("pidwon", "useno")**를 입력한 후 데이터프레임 c로 저장한 후 출력해보자.
오류 메시지 없이 출력되었다. cost 변수가 변수 timevar 값인 ou29, ou35가 cost 뒤에 붙어 2개의 변수 cost.ou29, cost.ou35로 나누어 출력된 것을 알 수 있다.

697 변수 cost.ou29, cost.ou35를 ou29, ou35로 이름을 바꿔주고 출력한 결과이다.
Line 674의 데이터프레임 ou 출력 결과와 비교해보자. 변수 useno가 추가된 것을 제외하고 나머지 3개 변수 pidwon, ou29, ou35의 값은 완벽히 일치하는 것을 볼 수 있다.

■ Line별 함수와 출력 결과

```
674   > ou <- t08ou[c(1:3, 21:22), c("pidwon", "ou29", "ou35")]; ou
         pidwon ou29  ou35
      1  1000101 5500 73210
      2  1000101 5500 35000
      3  1000101 5500 73210
      21 1000102 1500  2500
      22 1000102 1500  2500
675   > a <- reshape(ou,
676   +              varying=c("ou29", "ou35"),
677   +              v.names="cost",
678   +              timevar="type",
679   +              times=c("외래진료비", "처방약값"),
680   +              new.row.names=1:10,
681   +              direction="long")
682   > a2 <- a[, 1:3] ; a2
         pidwon     type  cost
      1  1000101 외래진료비  5500
      2  1000101 외래진료비  5500
```

```
3  1000101 외래진료비  5500
4  1000102 외래진료비  1500
5  1000102 외래진료비  1500
6  1000101    처방약값 73210
7  1000101    처방약값 35000
8  1000101    처방약값 73210
9  1000102    처방약값  2500
10 1000102    처방약값  2500
```

```
683  > a2$type[a2$type=="외래진료비"] <- "ou29"
684  > a2$type[a2$type=="처방약값"] <- "ou35"
685  > a2
        pidwon type  cost
     1  1000101 ou29  5500
     2  1000101 ou29  5500
     3  1000101 ou29  5500
     4  1000102 ou29  1500
     5  1000102 ou29  1500
     6  1000101 ou35 73210
     7  1000101 ou35 35000
     8  1000101 ou35 73210
     9  1000102 ou35  2500
     10 1000102 ou35  2500
686  > reshape(a2,
687  +         timevar="type",
688  +         idvar="pidwon",
689  +         direction="wide")
       pidwon cost.ou29 cost.ou35
     1 1000101      5500     73210
     4 1000102      1500      2500
```

Warning messages:

1: In reshapeWide(data, idvar = idvar, timevar = timevar, varying = varying, :
   multiple rows match for type=ou29: first taken

2: In reshapeWide(data, idvar = idvar, timevar = timevar, varying = varying, :

```
multiple rows match for type=ou35: first taken
690 > library(plyr)
691 > b <- ddply(a2, .(pidwon, type), summarise, cost=cost,
        useno = 1:length(pidwon))
692 > b
     pidwon type  cost useno
   1  1000101 ou29  5500     1
   2  1000101 ou29  5500     2
   3  1000101 ou29  5500     3
   4  1000101 ou35 73210     1
   5  1000101 ou35 35000     2
   6  1000101 ou35 73210     3
   7  1000102 ou29  1500     1
   8  1000102 ou29  1500     2
   9  1000102 ou35  2500     1
   10 1000102 ou35  2500     2
693 > c<-reshape(b,
694 +       timevar="type",
695 +       idvar=c("pidwon", "useno"),
696 +       direction="wide") ; c
    pidwon useno cost.ou29 cost.ou35
  1 1000101     1      5500     73210
  2 1000101     2      5500     35000
  3 1000101     3      5500     73210
  7 1000102     1      1500      2500
  8 1000102     2      1500      2500
697 > names(c)[3] <- "ou29" ; names(c)[4] <- "ou35" ; c
    pidwon useno ou29  ou35
  1 1000101     1 5500 73210
  2 1000101     2 5500 35000
  3 1000101     3 5500 73210
  7 1000102     1 1500  2500
  8 1000102     2 1500  2500
```

Mission 3.2.9.04

▶ 넓은 구성형태(wide format)와 긴 구성형태(long format)로 바꿔주는 reshape 함수를 하나의 Mission으로 압축하여 실행하자.

■ Line별 의미

700-14 Mission 3.2.9.02와 Mission 3.2.9.03에서 제시하고 있는 넓은 구성형태(wide format)와 긴 구성형태(long format)로 바꿔주는 **reshape** 함수를 하나의 Mission에서 압축해서 보여주고 있다.

Line 701-7의 긴 구성형태(long format)로 바꿔주는 **reshape** 함수를 적용한 후, Line 708-14의 넓은 구성형태(wide format)로 바꿔주는 **reshape** 함수를 적용하여 만들어진 데이터프레임 c와 Line 700에서 출력한 데이터프레임 ou는 변수 useno를 제외하고 동일한 값을 갖는 것을 볼 수 있다.

이렇게 자유자재로 데이터프레임 구조를 바꿔줄 수 있어야 패널 자료를 내 마음대로 다룰 수 있게 된다.

■ Line별 함수와 출력 결과

```
700   > ou <- t08ou[c(1:3, 21:22), c("pidwon", "ou29", "ou35")] ; ou
         pidwon ou29  ou35
      1  1000101 5500 73210
      2  1000101 5500 35000
      3  1000101 5500 73210
      21 1000102 1500  2500
      22 1000102 1500  2500
701   > a <- reshape(ou,
702   +              varying=c("ou29", "ou35"),
703   +              v.names="cost",
704   +              timevar="type",
705   +              times=c("ou29", "ou35"),
706   +              new.row.names=1:10,
707   +              direction="long")
708   > library(plyr)
```

```
709    > b  <-  ddply(a, .(pidwon, type), summarise, cost=cost,
                      useno = 1:length(pidwon))
710    > c <- reshape(b,
711    +              timevar="type",
712    +              idvar=c("pidwon", "useno"),
713    +              direction="wide")
714    > names(c)[3] <- "ou29" ; names(c)[4] <- "ou35" ; c
         pidwon useno ou29  ou35
       1 1000101     1 5500 73210
       2 1000101     2 5500 35000
       3 1000101     3 5500 73210
       7 1000102     1 1500  2500
       8 1000102     2 1500  2500
```

여러분은 2.9장에서 t08ou 데이터프레임을 이용하여 **"wide to long" 방향의 reshape 함수**를 실행하였고, 다시 **"long to wide" 방향의 reshape 함수**를 실행하여 본래 t08ou 데이터프레임과 동일한 데이터프레임을 만드는 과정을 배우게 되었다(덤으로 의료비 지출 차수에 관한 정보가 있는 useno 변수를 얻게 되었다).

KHPS 데이터셋과 같이 자료의 구성이 복잡한 자료를 자유자재로 다루어 내가 원하는 자료를 만들기 위해서는 ddply 함수뿐만 아니라 reshape 함수의 기능을 명확히 이해하고 사용할 필요가 있다.

2.10 for 반복문

R에서 반복문은 **for, while, repeat** 함수를 이용하여 만들 수 있다. 이 책에서는 **for** 함수를 이용한 반복문을 소개하고자 한다.

for 반복문은 정의된 반복 형태에 따라 명령문을 수행하게 되며, **"for (인자) 명령문"** 구조를 가지고 있다.

Mission 3.2.10.01

▶ for 함수의 기본 구조를 이해하자.

■ Line별 의미

720 10개의 행과 10개의 열을 갖는 빈 행렬 객체 x를 만들자. 객체 x에 **for 반복문**을 이용하여 값을 채워보자.

721-2 객체 x에 dim 함수를 적용하면 10, 100이라는 값을 출력하게 된다.

dim(x)[1]은 **행의 개수**를 출력하며, **dim(x)[2]**는 **열의 개수**를 출력하게 된다. 따라서 각각 10이라는 값을 출력하게 된다.

723-7 for 반복문의 구조를 살펴보자.

Line 723의 **for (i in 1:dim(x)[1])** 문은 i에 1:dim(x)[1] 값을 부여한다는 의미이며, 여기에서는 1:10, 즉 1부터 10까지 연속된 10개 값을 i에 부여하여 명령문을 반복하라는 의미가 된다.

Line 724의 **for (j in 1:dim(x)[2])** 문은 Line 723과 같은 방식으로서 j에 1:10, 즉 1부터 10까지 연속된 10개 값을 j에 부여하여 명령문을 반복하라는 의미가 된다.

Line 725는 Line 723-4에서 부여된 i, j가 1-10 중 하나의 값이 부여될 때 시행할 명령문이다.

x[i,j] <- i*j 문은 i*j를 행렬 객체 x의 i번째 행과 j번째 열에 넣으라는 의미가 된다.

728 i, j는 각각 1부터 10까지 10개 값을 갖고 있기 때문에 1*1에서 10*10까지 100개의 값들은 행렬 객체 x[1,1]에서 x[10,10]까지 위치에 입력된다.

■ Line별 함수와 출력 결과

```
720  > x <- matrix(nrow=10, ncol=10)
721  > dim(x)[1]
     [1] 10
722  > dim(x)[2]
     [1] 10
723  > for (i in 1:dim(x)[1]) {
724  +   for (j in 1:dim(x)[2]) {
725  +     x[i,j] <- i*j
726  +   }
727  + }
```

```
728   > x
      [,1] [,2] [,3] [,4] [,5] [,6] [,7] [,8] [,9] [,10]
 [1,]    1    2    3    4    5    6    7    8    9    10
 [2,]    2    4    6    8   10   12   14   16   18    20
 [3,]    3    6    9   12   15   18   21   24   27    30
 [4,]    4    8   12   16   20   24   28   32   36    40
 [5,]    5   10   15   20   25   30   35   40   45    50
 [6,]    6   12   18   24   30   36   42   48   54    60
 [7,]    7   14   21   28   35   42   49   56   63    70
 [8,]    8   16   24   32   40   48   56   64   72    80
 [9,]    9   18   27   36   45   54   63   72   81    90
[10,]   10   20   30   40   50   60   70   80   90   100
```

Mission 3.2.10.02

▶ 데이터프레임에 for 함수를 적용해보자.

■ Line별 의미

732-6 외래 이용에 대한 5개 데이터셋 T08OU, T09OU, T10OU, T11OU, T12OU를 read.dta 함수로 불러온 후 각각 데이터프레임 t08ou, t09ou, t10ou, t11ou, t12ou로 저장하자.

737-41 Line 732-6에서 저장한 5개 데이터프레임에서 변수 ou6(외래이용 연도), ou29(외래진료비)를 추출한 후 각각 데이터프레임 ou08, ou09, ou10, ou11, ou12로 저장하자.

742 Line 737-41에서 만든 데이터프레임 ou08, ou09, ou10, ou11, ou12을 rbind 함수로 합쳐 데이터프레임 x로 만들자.

743 Line 742에서 만든 데이터프레임 x의 변수 ou6, ou29 중 ou29에 대해 summary 함수를 적용한 출력 결과이다.

744 Line 743의 summary 함수 출력 결과를 보니 최소값이 -706400으로 나와 외래진료비 지출이 음의 값이 나와 이상하다. 변수 ou29에서 -9는 모름/무응답에 해당되어 -9를 제외한 음의 값은 절댓값으로 바꿔주기 위해 **x$ou29[x$ou29 != -9] <- abs(x$ou29)** 문을 실행하자. 경고 메시지는 신경 쓰지 않아도 된다.

745 변수 ou29에 대해 오름차순으로 정렬한 후 저장한 후 ou29 변수에 대해 summary 함수를 적용한 결과이다. Line 744에서 적용한 abs 함수가 제대로 적용된 것을 알 수 있다.

746 변수 ou29 값 중 -9를 결측값으로 바꾼 후 변수 ou29에 대해 summary 함수를 적용한 결과이다. **결측값(NA's)**은 570건의 외래이용에서 나타난 것을 알 수 있다.

설명이 길었지만, 이 Mission에서 하고 싶은 것은 이 570건의 외래이용의 결측값을 for 반복문을 이용하여 각 연도별 평균 외래진료비로 바꿔주는 것이다.

747 지금까지 만든 데이터프레임 x에 head 함수를 적용하니 변수 ou29 값이 결측값으로 나오는 것을 알 수 있다.

for 반복문을 적용하여 2008년(변수 ou6 값이 8인 경우) 평균 외래진료비로 바꾸자.

748 **ddply(x, "ou6", summarize, mean.cost=mean(ou29, na.rm=TRUE))** 문은 데이터프레임 x에서 연도 변수 ou6별, 즉 외래이용 연도별로 변수 ou29의 평균값을 mean.cost 변수로 출력하라는 ddply 함수문이다. ddply 함수문의 실행 결과를 데이터프레임 y로 저장한 후 출력하니 변수 ou6의 값 8-12(2008년-2012년)별 평균 외래진료비인 것을 알 수 있다.

749-51 for 반복문은 데이터프레임 x의 변수 ou29의 결측값을 Line 748에서 만든 데이터프레임 y의 연도별 평균 외래진료비로 바꿔주는 것이다.

Line 749의 **for (i in 8:12)** 문은 i에 8:12, 즉 8, 9, 10, 11, 12 등 5개 값을 부여하는 것이다.

Line 750의 명령문을 살펴보자.

x[[2]][x[[1]] == i & is.na(x[[2]])] 문에서 **x[[2]]**는 데이터프레임 x의 2번째 변수 ou29를 의미하며, **x[[1]] == i & is.na(x[[2]])** 부문은 데이터프레임 x의 1번째 변수(ou6) 값이 i이면서 2번째 변수(ou29) 값이 결측값인 경우를 선택하라는 의미가 된다.

y[y[[1]] == i, 2] 문은 Line 748에서 만든 데이터프레임 y의 변수 ou6 값이 i이면서 2번째 변수(mean.cost)에 해당하는 값을 선택하라는 의미가 된다.

Line 750의 함수 문이 i 값이 8, 9, 10, 11, 12일 때 5번 반복하게 된다.

752 Line 749-51의 실행 결과를 summary(x[[2]])로 살펴보니 결측값이 없어진 것을 볼 수 있다(Line 746와 비교해보자).

753 Line 749-51의 실행 결과를 head(x)로 살펴본 것이다.

Line 747과 비교해보자. 변수 ou29 값이 NA에서 17,991.56원으로 바뀌었다.

Line 754에서 변수 ou29의 17,991.56원이라는 값은 Line 748의 출력 결과에서 ou6 값이 8일 때의 mean.cost 값 17991.56과 같다는 것을 알 수 있다.

■ **Line별 함수와 출력 결과**

```
732  > t08ou <- read.dta("./data/t08ou.dta")
733  > t09ou <- read.dta("./data/t09ou.dta")
734  > t10ou <- read.dta("./data/t10ou.dta")
735  > t11ou <- read.dta("./data/t11ou.dta")
736  > t12ou <- read.dta("./data/t12ou.dta")
737  > ou08 <- t08ou[, c("ou6", "ou29")]
738  > ou09 <- t09ou[, c("ou6", "ou29")]
739  > ou10 <- t10ou[, c("ou6", "ou29_2")] ; names(ou10)[2] <- "ou29"
740  > ou11 <- t11ou[, c("ou6", "ou29_2")] ; names(ou11)[2] <- "ou29"
741  > ou12 <- t12ou[, c("ou6", "ou29_2")] ; names(ou12)[2] <- "ou29"
742  > x <- rbind(ou08, ou09, ou10, ou11, ou12)
743  > summary(x[[2]])
        Min.  1st Qu.   Median     Mean  3rd Qu.      Max.
     -706400     1500     3000    17620     5800  10000000
744  > x$ou29[x$ou29 != -9] <- abs(x$ou29)
     Warning message:
     In x$ou29[x$ou29 != -9] <- abs(x$ou29) :
       number of items to replace is not a multiple of replacement length
745  > x <- x[order(x$ou29), ] ; summary(x[[2]])
       Min.  1st Qu.   Median     Mean  3rd Qu.      Max.
         -9     1500     3000    17620     5800  10000000
746  > x$ou29[x$ou29 == -9] <- NA ; > summary(x[[2]])
       Min.  1st Qu.   Median     Mean  3rd Qu.      Max.     NA's
          0     1500     3000    17620     5800  10000000      570
747  > head(x)
         ou6 ou29
     298    8   NA
     299    8   NA
     1472   8   NA
     5569   8   NA
     5573   8   NA
     5839   8   NA
```

```
748   > y <- ddply(x, "ou6", summarize, mean.cost=mean(ou29, na.rm=TRUE)) ; y
        ou6  mean.cost
      1   8   17991.56
      2   9   17383.52
      3  10   17430.22
      4  11   17366.69
      5  12   17957.04
749   > for (i in 8:12) {
750   +   x[[2]][x[[1]] == i & is.na(x[[2]])] <- y[y[[1]] == i, 2]
751   + }
752   > summary(x[[2]])
          Min.  1st Qu.  Median    Mean  3rd Qu.      Max.
            0     1500     3000   17620     5800  10000000
753   > head(x)
           ou6      ou29
      298    8  17991.56
      299    8  17991.56
      1472   8  17991.56
      5569   8  17991.56
      5573   8  17991.56
      5839   8  17991.56
```

긴 여정을 마친 독자 여러분들에게 박수를 보낸다. 3장에서 제시한 코드를 여러 번 반복적으로 실행하여 기본적인 R 코드에 익숙해진 독자들은 이제 일부 자료를 추출하지 말고 전체 자료를 가지고 각 사례를 연습해보기 바란다.

4장에서는 KHPS 데이터셋(Stata 파일) 이름을 SURVEY, MT_H, MT_I, HH, IND, IND_INCOME, HPH, PHI, PHR, CD, MD, ER, OU, IN, APPEN, LTC로 기술하고 있다.
예를 들어 데이터셋 MT_H는 mt08_h.dta(2008년), mt09_h(2009년), mt10_h(2010년), mt11_h(2011년), mt12_h(2012년) 등 2008-2012년 데이터셋을 모두 의미한다.

1 패널조사란?

패널조사(panel survey)는 **종단자료(longitudinal data)**로서 주어진 한 표본의 조사 단위를 시간을 두고 반복 추적하는 조사이다. 따라서 그 표본이 포함하는 개개 단위에 대해 복수의 관찰 결과를 제공한다.

표본을 여러 시점에서 관찰하면 **시계열 자료(time series data)**가 생성되며, 그 값은 **순서(ordering)**를 가지게 된다. 예를 들어 이 책에서는 2008-2012년 KHPS를 이용하고 있는데, 표본가구에 대하여 2008-2012년 각 연도별 소득 관찰값을 기록할 경우 2008년 소득은 2012년 소득보다 시간상 이전 소득이 되어 시계열상 순서를 자연히 가지게 된다.

다른 차원은 단일 시점에서 복수의 현상에 대하여 관찰된 값이 존재하게 되는데, 이는 **횡단면 자료(cross-sectional data)**의 성격을 가지고 있다. 예를 들어 2008년 KHPS 표본가구원들의 연령, 하루 흡연량, 의료이용 내역은 횡단면 자료에 해당된다.

이렇듯 패널조사 자료는 본질적으로 종단면과 횡단면을 갖는 2차원으로 구성된 자료이다.

KHPS 데이터셋은 조사 단위가 가구와 소속 가구원이 된다. 그림 4-1은 KHPS의 조사 설계를 개괄적으로 보여주고 있으며, 표본가구로 선정된 가구와 그 가구원을 조사 단위로 하여 2008-2012년까지 지속적으로 조사를 하는 것을 알 수 있다. 가구 1의 경우 모든 가구원이 2012년까지 탈락 없이 조사가 완료된 경우이다. 가구 2를 살펴보면 가구원 1이 2010년 사망하고 가구원 2가 군에 입대하는 문제로 각각 2011년, 2012년 이후 조사가 진행되지 못한 것을 알 수 있다. 가구 3을 살펴보면 가구원 3이 결혼을 하여 분가한 결과 가구 4가 생성되었고, 이 가구원 3은 가구 4에서 가구원 1로 새로운 가구와 가구원 식별번호를 부여받게 된다.

이렇게 각 가구와 가구원마다 다양한 상황에 의해 조사에 참여하지 못하거나 분가 등 이유로 인해 새로운 가구가 발생하는 상황을 모두 감안하여 KHPS 데이터셋을 다루어야 한다.

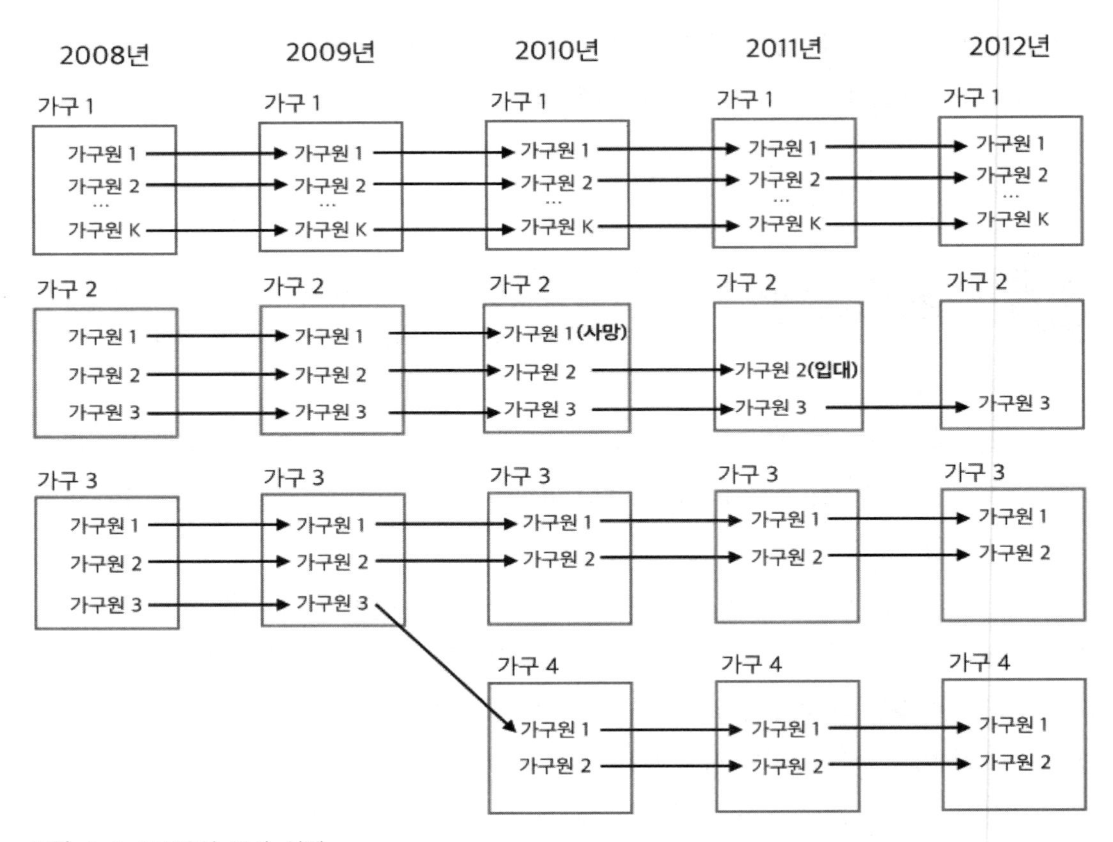

그림 4-1 KHPS의 조사 설계

2 KHPS 데이터셋의 구성과 특징

KHPS는 개념적으로 개인의 의료이용 결정요인, 보건의료서비스 이용, 의료비 지출 및 재원, 건강성과의 4가지 축으로 구성되어 있다(그림 4-2). KHPS는 보건의료이용과 의료비 지출에 직간접적으로 영향을 미치는 다양한 결정요인들과 경로를 찾기 위해 건강의식, 건강행태, 사회심리적 요인, 질병 인식, 사회경제적 요인 등에 관한 정보를 개인(가구원)과 가구 단위에서 수집하고 있다.

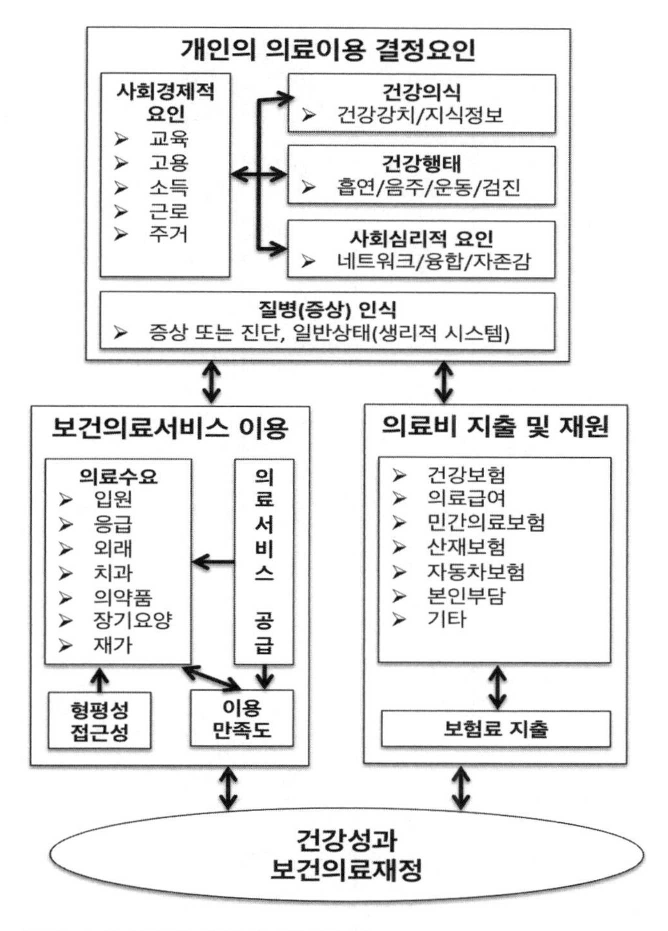

그림 4-2 KHPS 자료의 개념적 틀

* 출처: 정영호, 허순임, 박실비아, 신호성, 강은정, 신광영, 염유식, 강민아, 박혜경, 강성욱, 오주환, 고숙자, 박은자, 김윤희. 한국의료패널구축을 위한 기초연구. 서울: 한국보건사회연구원, 2007, pp. 9.

표 4-1은 KHPS의 조사표별 준거기간과 연도별 조사 현황을 보여주고 있다. KHPS 조사표는 기본 조사표와 성인가구원 대상 부가조사표로 구성된다.

표 4-1 한국의료패널조사의 조사 차수별 조사 내용

조사표	준거기간	2008년	2009년	2010년	2011년	2012년
일반조사표						
가구일반사항	조사일 기준	0	0	0	0	0
가구원일반사항	조사일 기준	0	0	0	0	0
경제활동상태	전년도 12월 31일	0	0	0	0	0
가구소득과 지출	전년도 1-12월	0	0	0	0	0
주거	전년도 12월 31일	0	0	0	0	0
의료관련 지출	지난조사-현재	0	0	0	0	0
임신 및 출산	전년도 1-12월	0	0	0	0	0
만성질환 관리	지난 1년간(누적)	0	0	0	0	0
일반의약품 이용	지난 1년간	0	0	-	0	0
응급의료이용	지난조사-현재	0	0	0	0	0
입원의료이용	지난조사-현재	0	0	0	0	0
외래의료이용	지난조사-현재	0	0	0	0	0
민간의료보험	지난조사-현재	0	0	0	0	0
부가조사표						
건강생활습관	현재, 최근 동안	-	0	0	0	0
삶의 질	조사일 기준	-	0	0	0	0
건강에 대한 인식	조사일 기준	-	-	-	0	-
의료에 대한 인식	조사일	-	-	-	0	-
활동제한(1)	조사일 기준	-	0	0	0	0
활동제한(2)	조사일 기준	-	-	0	0	0
노인장기요양보험	조사일 기준	-	0	0	0	0
의료접근성	지난 1년간	-	0	-	0	0
상용치료원	조사일 기준	-	0	-	-	0
일자리	전년도 12월 31일	-	0	-	0	0
계층인지도	조사일 기준	-	0	-	0	0
보건의료체계	조사일 기준	-	-	-	0	0

출처: 한국보건사회연구원, 국민건강보험공단. 2008-2012한국의료패널 연간데이터 사용안내서. 2015, p. 2.

기본조사표는 1) 가구일반사항, 2) 가구원일반사항, 3) 경제활동상태, 4) 가구소득과 지출, 5) 주거, 6) 의료관련 지출, 7) 임신 및 출산, 8) 만성질환 관리, 9) 일반의약품 이용, 10) 응급의료이용, 11) 입원의료이용, 12) 외래의료이용, 13) 민간의료보험 등으로 구성되어 있다.
부가조사표는 1) 건강생활습관, 2) 삶의 질, 3) 건강에 대한 인식, 4) 의료에 대한 인식, 5) 활동제한(1), 6) 활동제한(2), 7) 노인장기요양보험, 8) 의료접근성, 9) 상용치료원, 10) 일자리, 11) 계층인지도, 12) 보건의료체계 등으로 구성되어 있다.
KHPS 데이터셋은 2008년에 선정된 표본 가구와 가구원을 2012년까지 추적 조사하면서 가구 단위, 가구원 단위, 개별 의료이용 단위, 가입된 민간의료보험 단위 등 다양한 단위로 자료가 수집된다.

이 책에서는 KHPS 데이터셋을 크게 3가지로 구분하여 설명하고 있다.
첫 번째 데이터셋은 **가구 조사일, 가구와 가구원의 key 변수**에 관한 정보를 제공하는 데이터셋으로서 데이터셋 SURVEY, MT_H, MT_I를 소개하고 있다.
두 번째 데이터셋은 **의료이용 결정요인과 의료비 재원**에 관한 정보를 제공하는 데이터셋으로서 가구와 가구원에 관한 사항 데이터셋(HH, IND, APPEN, INCOME_IND)과 의료비 재원 중 민간의료보험에 대한 정보를 담은 데이터셋(HPH, PHI, PHR)으로 구분된다.
세 번째 데이터셋은 **질병 이환, 의료이용 및 의료비 지출**에 관한 정보를 제공하는 데이터셋으로서 만성질환 이환과 의약품 이용에 관한 데이터셋(CD, MD), 응급/외래/입원 의료이용에 관한 데이터셋(ER, IN, OU), 장기요양 이용에 관한 데이터셋(LTC)으로 구분할 수 있다.

3 Key 변수

key 변수는 2개 이상의 데이터셋을 merge 함수로 합치는 과정에 필수적인 변수로서, 가구 단위 key 변수는 hhidwon, hhid가 있고 가구원 단위 key 변수는 pidwon, hpid가 있다.
표 4-2를 통해 KHPS에서 사용한 key 변수의 구조와 생성 방식을 살펴보자.

표 4-2 KHPS의 key 변수에 관한 데이터셋 내용

변수명	변수 내용	자릿수	변수 값
hhidwon	가구고유번호	5	2007-2008년 KHPS에 유치할 때 부여받은 가구번호
m1	가구생성차수	2	11: 2008년 상반기, 12: 2008년 하반기, 21: 2009년, 31: 2010년 상반기, 32: 2010년 하반기, 41: 2011년, 51: 2012년
m2	가구분리일련번호	1	1: 첫 번째 분가가구, 2: 두 번째 분가가구
hhid	가구식별번호	8	hhidwon+m1+m2로 만들어지며, 가구의 변동사항을 반영한 가구번호
pid	응답자가구원번호	2	숫자(1-12)로 입력, 12는 해당 가구의 12번째 가구원을 의미
pidwon	가구원고유번호	7	hhidwon+pid로 만들어지며, 2007-2008년 KHPS에 유치할 때 부여받은 가구원번호
hpid	가구원식별번호	10	hhid+pid로 만들어지며, 가구원의 변동사항을 반영한 가구원번호

출처: 한국보건사회연구원, 국민건강보험공단. 2008-2012 한국의료패널 연간데이터 사용안내서. 2015, p. 4.

가구의 key 변수는 hhidwon과 hhid가 있다. hhidwon 변수는 KHPS가 시작된 2007-2008년에 조사 대상으로 선정, 유치된 가구의 고유번호로 5자리로 구성되어 있다.

만약 어떤 A가구에서 3번째 가구원이 결혼하여 2009년 분가하여 새로운 B가구를 꾸렸다고 하자. 이 경우 B가구의 hhidwon 변수는 A가구와 동일하다. 왜냐하면 hhidwon은 최초 조사 시 부여받은 가구고유번호이기 때문이다.

그렇다면 분가 등 가구의 변동사항은 어떻게 반영되는가? hhidwon 변수가 아닌 hhid 변수로 파악해야 한다. hhid 변수는 hhidwon 변수에 가구 생성차수와 가구분리 시 부여되는 일련번호를 합쳐서 만들어지며 총 8자리를 갖게 된다. 따라서 A가구와 B가구는 hhid 변수의 값이 다를 수밖에 없다.

왜 가구의 key 변수를 hhidwon, hhid라는 두 개 변수로 제공하는 것일까?

먼저 2008년 가구의 소득 수준이 2009-2012년간 의료이용에 미치는 영향을 살펴본다고 가정하자. 이 경우 2009-2012년 의료이용을 한 가구의 2008년 가구 소득을 알기 위해서는 hhidwon 변수로 결합해야 한다. 만약 hhid 변수로 결합했을 경우 어떤 일이 벌어지는가? 앞선 사례와

같이 분가한 B가구는 A가구와 hhid 변수 값이 다르기 때문에 hhid 변수로 결합하게 되면 A가구의 소득 값을 가져오지 못하고 결측값만 생성된다.

그렇다면 hhid 변수는 언제 필요한 것일까? 2010년 가구의 민간의료보험 가입이 2010년 가구의 의료비 지출의 감소에 영향을 미쳤는지를 알고자 한다. 이때 hhidwon 변수를 사용하여 가구별 민간의료보험 가입에 관한 변수를 생성할 경우 문제가 발생하게 된다. 왜냐하면 hhidwon 변수는 2007-2008년 유치된 가구에 부여된 고유번호이기 때문이다. 앞선 사례에서 B가구는 2009년 분가하였기 때문에 2010년 B가구는 A가구와 비교했을 때 hhidwon 변수의 값은 같지만 hhid 변수는 다른 값을 가지게 된다. 따라서 2010년에 조사에 참여한 가구별 민간의료보험가입 여부에 관한 변수를 만들기 위해서는 hhid 변수를 이용해야 한다(즉, A가구와 B가구의 2010년 민간의료보험 가입 여부를 따로 구하려면 HHID 변수를 사용해야 한다는 의미이다).

가구원의 key 변수는 가구의 key 변수에 응답자가구원번호(변수 pid)를 합치면 만들어진다. hhidwon에 pid를 합쳐서 만든 가구원의 key 변수는 pidwon이며, hhid에 pid를 합쳐서 만든 가구원의 key 변수는 hpid이다. pidwon과 hpid 변수의 차이는 앞서 설명한 hhidwon과 hhid의 관계와 같기 때문에 설명을 생략한다.

4 KHPS 데이터셋 내용

4.1 가구 조사일과 key 변수 데이터셋

데이터셋 SURVEY은 가구 조사일, **데이터셋 MT_H**는 가구의 key 변수, **데이터셋 MT_I**는 가구원의 key 변수에 관한 정보를 담고 있다. 이 3개 데이터셋은 KHPS의 가장 기본 데이터셋이다. 이 3개 데이터셋의 key 변수, 가구내 가구원 변동유무에 대한 변수, 가구원 변동 내용에 대한 변수는 표 4-3을 보자.

표 4-3 SURVEY, MT_H, MT_I 데이터셋의 key 변수

데이터셋	가구 고유번호	가구 생성 차수	가구 분리 일련 번호	가구 식별 번호	가구내 가구원 변동 유무	응답자 가구원 번호	가구원 고유 번호	가구원 식별 번호	가구원 변동 내용
SURVEY	HHIDWON	M1	M2	HHID					
MT_H	HHIDWON	M1	M2	HHID	HFLAG				
MT_I	HHIDWON	M1	M2	HHID		PID	PIDWON	HPID	IFLAG

데이터셋 SURVEY는 KHPS 데이터셋 중 유일하게 연도별 데이터셋을 제공하지 않고 하나만 제공한다. 이 데이터셋은 2007-2008년 KHPS 대상 가구로 유치 조사일부터 2013년 가구 방문조사일까지의 정보를 담고 있다. 표 4-4를 보면 가구 유치 조사일은 year0, mon0, day0 변수로 구성되었으며, 2008년 상반기 조사일 year1, mon1, day1 변수부터 2013년 조사일 year8, mon8, day8 변수까지 데이터셋 SURVEY에는 총 27개 방문 조사일 변수가 있다.

표 4-4 SURVEY 데이터셋의 조사일 변수 구성

	연	월	일
가구 유치(예비) 조사일	YEAR0	MON0	DAY0
2008년 상반기 조사일	YEAR1	MON1	DAY1
2008년 하반기 조사일	YEAR2	MON2	DAY2
2009년 조사일	YEAR3	MON3	DAY3
2010년 상반기 조사일	YEAR4	MON4	DAY4
2010년 하반기 조사일	YEAR5	MON5	DAY5
2011년 조사일	YEAR6	MON6	DAY6
2012년 조사일	YEAR7	MON7	DAY7
2013년 조사일	YEAR8	MON8	DAY8

데이터셋 MT_H와 MT_I을 만드는 과정을 알아보자.

연간 데이터셋 MT_I에 가구원을 포함시킬 때 원칙은, 해당 연도의 연간 의료이용 자료가 모두 수집된 가구원을 포함시키는 것이다. 사망한 가구원의 경우 연간 의료이용 자료의 수집과 관계없이 연간 데이터셋에 포함된다. 해당 연도 1월 1일 기준으로 이때 속한 가구로 귀속한다. 해당

연도의 신규 가구원과 이탈자는 연간 데이터셋에 포함시키지 않는다. 표 4-5를 살펴보자. 연간 데이터셋 대상자로 선정된 가구원이 속한 가구가 연간 데이터셋 MT_H에 포함된다. 따라서 데이터셋 MT_H와 MT_I는 가구를 먼저 선정하는 것이 아니라 가구원이 먼저 선정된 후 이 가구원이 속한 가구를 선정하는 방식을 통해 연간 데이터셋을 구축하고 있다.

표 4-5 가구원 변동 유형에 따른 가구원의 선정 기준

가구원 변동 유형	고려사항	연간데이터 포함 여부	비고
유지(변동 없음)	해당 연도 내 변동사항 없음	O	해당 연도 1-12월 계속 유지
사망	사망연도가 이전 연도일 경우	X	
	사망연도가 해당 연도 및 다음 연도	O	불가피한 경우이므로 포함
분가 후 유지	분가일자가 이전 연도일 경우	O	분가 가구에 귀속
	분가일자가 해당 연도 및 다음 연도	O	분가 이전의 원가구 귀속
신규	신규일자가 이전 연도일 경우	O	사실상 '유지'에 포함됨
	신규일자가 해당 연도 및 다음 연도	X	NA
이탈	위를 경우를 제외한 이탈의 경우	X	조사거부, 분가 후 이탈 등

출처: 한국보건사회연구원, 국민건강보험공단. 2008-2012 한국의료패널 연간데이터 사용안내서. 2015, p. 4.

데이터셋 SURVEY와 MT_H를 비교할 경우 연도별 가구수가 데이터셋 MT_H가 더 작다는 것을 알 수 있다(표 4-6). 데이터셋 SURVEY에 있는 가구라 할지라도 연도별 데이터셋 MT_H에 포함되지 않을 수 있다. 연간 의료이용 자료가 모두 수집된 가구원이 선정된 후 이들 가구원이 속한 가구만이 데이터셋 MT_H에 포함되기 때문이다.

표 4-6 데이터셋 SURVEY와 MT_H의 가구수의 차이

연도	2008년		2009년	2010년		2011년	2012년
	상반기	하반기		상반기	하반기		
SURVEY 데이터셋상 가구수	7,866	7,201	6,798	6,433	6,283	6,041	5,850
MT_H 데이터셋상 가구수	7,009		6,314	5,956		5,741	5,434

출처: 한국보건사회연구원, 국민건강보험공단. 2008-2012 한국의료패널 연간데이터 사용안내서. 2015, p. 1 & 5.

4.2 의료이용 결정요인에 관한 데이터셋

의료이용에 영향을 미치는 가구와 가구원의 일반적 사항에 관한 정보를 제공하는 **데이터셋 HH, IND, APPEN, INCOME_IND** 등 4개 데이터셋을 살펴보자.

먼저 데이터셋 HH와 IND에서만 제공되는 **가중치(weight) 변수**를 살펴보자. KHPS에 참여한 표본가구와 표본가구원이 모집단인 우리나라 전체 가구와 전체 인구를 대표하기 위해서는 개별 표본가구가 몇 가구를 대표하는지와 개별 표본가구원이 몇 명의 국민을 대표하는지에 대한 값이 필요하며 이 값을 가중치라 한다. 만약 A가구 가중치가 5,000이라면 A가구는 5,000가구를 대표하게 되는 것이다. 그렇다면 개별 가중치를 모두 합하면 어떤 값이 나오게 될까? 가구 가중치를 모두 합하게 되면 우리나라의 모든 가구수가 나오게 되고, 가구원 가중치를 모두 합하게 되면 우리나라 총 인구수가 나오게 된다. 따라서 우리나라 총 의료비 지출에 대한 추정치를 KHPS 자료를 통해 계산하기 위해서는 가중치를 곱해야 한다. KHPS는 패널 자료로 앞서 애기했듯이 횡단 자료와 종단 자료를 모두 가지고 있기 때문에 가중치도 **횡단 가중치**와 **종단 가중치**의 값이 제공되고 있다.

표 4-7을 보면 데이터셋 HH와 IND에서 제공되는 가중치의 변수 이름을 알 수 있다. 가구 가중치의 경우 종단 가중치는 제공하지 않는 점을 유의하기 바란다.

표 4-7 KHPS의 데이터셋 HH와 IND의 가중치 변수명

연도	가중치 종류	데이터셋 HH		데이터셋 IND	
		모집단 기준	표본 기준	모집단 기준	표본 기준
2008년	횡단	h_wgc	h_wsc	i_wgc	i_wsc
2009-2012년	횡단	h_wgc	h_wsc	i_wgc	i_wsc
	종단	-	-	i_wgl	i_wsl

데이터셋 HH(표 4-8)는 1) **가중치**(가구 횡단 가중치), 2) **가구 일반사항**(현주소, 가구원수, 세대구성, 기초보장 수급형태), 3) **주거형태**(주택소유 유형, 자가 시세, 전세 보증금), 4) **가구소득**(근로소득, 재산, 연금, 부동산/동산, 금융, 사회보험, 민간보험, 정부보조금, 기타 소득), 5) **가구지출**(월평균 저축액, 월평균 생활비, 월평균 식료품비), 6) **의료관련 지출**(일반의약품, 한약, 의료기기 구매, 무면허시술자에게 한 틀니, 침술원/접골원 이용, 태반보관료, 가구단위 지출 의료비의 합)에 관한 정보를 제공하고 있다.

표 4-8 2008-2012년 데이터셋 HH의 변수 이름과 내용

영역	변수 이름(변수 내용)
key 변수	hhidwon(가구고유번호), m1(가구생성차수), m2(가구분리일련번호), hhid(가구식별번호)
가중치 변수	h_wgc(모집단 기준 가구 횡단가중치), h_wsc(표본집단 기준 가구 횡단가중치)
가구 일반사항	m6(조사연도), m7(조사월), m8(조사일), p(현주소), b1(총 가구원수, 단위: 명), b2(가구주 번호), b3(세대 구성), b4(기초보장 수급형태), b5(가구내 결혼이민자 가구원 번호)
주거 형태	b6(주거형태), b7(주택소유여부), b8(자가의 경우 현 시세, 단위: 만원), b9(전세보증금, 단위: 만원), b10(월세 보증금, 단위: 만원), b11(월세, 단위: 만원), b12(지대, 단위: 만원), b13(주거위치)
가구 소득	tot_h(가구 총 근로소득, 단위: 만원), inc0_1(재산소득, 단위: 만원), inc0_2(연금소득, 단위: 만원), inc1(부동산/동산 소득, 단위: 만원), inc2(금융소득, 단위: 만원), inc3(사회보험, 단위: 만원), inc4(민간보험, 단위: 만원), inc5(정부보조금, 단위: 만원), inc6(민간보조금, 단위: 만원), inc7(기타소득, 단위: 만원), tot_inc(총 자산소득, 단위: 만원), total(연간 총 가구소득, 단위: 만원), total_q5(총 가구소득5분위), total_q10(총 가구소득10분위), w_total_q5(총 가구소득5분위, 가중치적용), w_total_q10(총 가구소득10분위, 가중치적용), sav(월평균 저축액, 단위: 만원), liv(월평균 생활비, 저축제외, 단위: 만원), liv2(월평균 식료품비, 외식비 포함, 단위: 만원)
의료 관련 지출	h1(약국에서의 일반의약품 구매액, 단위: 원), h2(약국에서의 일반의약외품 구매액, 단위: 원), h3(약국에서의 한약구매액, 단위: 원), h3_1(한약방에서 한약구매, 단위: 원), h3_11, h3_12, h3_13, h3_14, h3_15, h3_16(약국에서의 한약 구매월), h3_21, h3_22, h3_23, h3_24, h3_25, h3_26(약국에서의 한약 구매액, 단위: 원), h4(시장에서의 건재, 첩약 구매액, 단위: 원), h4_11, h4_12, h4_13, h4_14, h4_15, h4_16, h4_17, h4_18(시장에서의 건재, 첩약 구매월), h4_21, h4_22, h4_23, h4_24, h4_25, h4_26, h4_27, h4_28(건별 지출액, 단위: 원), h5(시장, 마트, 홈쇼핑에서의 건강기능식품 구매액, 단위: 원), h5_11, h5_12, h5_13, h5_14, h5_15, h5_16, h5_17, h5_18(시장, 마트, 홈쇼핑에서의 건강기능식품 구매월), h5_21, h5_22, h5_23, h5_24, h5_25, h5_26, h5_27, h5_28(건별 지출액, 단위: 원), h6(안경/콘텍트렌즈 구매액, 단위: 원), h6_11, h6_12, h6_13, h6_14, h6_15, h6_16, h6_17(안경/콘텍트렌즈구매월), h6_21, h6_22, h6_23, h6_24, h6_25, h6_26, h6_27(건별 지출액, 단위: 원), h7(의료기기 구매액, 단위: 원), h8(의료기기 수리액, 단위: 원), h78(의료기기 구매/임대/수리액, 단위: 원), h7_01, h7_02, h7_03, h7_04, h7_05, h7_06, h7_07, h7_08(의료기기 구매 또는 임대 가구원), h7_11, h7_12, h7_13, h7_14, h7_15, h7_16, h7_17, h7_18(의료기기 구매 또는 임대월), h7_21, h7_22, h7_23, h7_24, h7_25, h7_26, h7_27, h7_28(건별 지출액, 단위: 원), h9(무면허시술자에게 한 틀니(치아) 시술금액, 단위: 원), h9_01, h9_02, h9_03(무면허시술자에게한 틀니(치아) 시술 가구원), h9_11, h9_12, h9_13(무면허시술자에게한 틀니(치아) 시술월), h9_21, h9_22, h9_23(건별 지출액, 단위: 원), h10(한약달이는 삯), h11(침술원, 접골원(2010년하 이후), 태반보관료(2010년상)), h12(기타 의료관련 지출), h12_01, h12_02, h12_03(기타 의료관련 지출 가구원), h12_11, h12_12, h12_13(기타 의료관련 지출월), h12_21 h12_22, h12_23(건별 지출액, 단위: 원), h_ medical_exp1(가구지출 의료비 1), h_ medical_exp2(가구지출 의료비 2), h_ medical_exp3(가구지출 의료비 3), h_ medical_exp4(가구지출 의료비 4), h_ medical_exp5(가구지출 의료비 5)

데이터셋 IND(표 4-9)는 **1) 가중치**, **2) 가구원 변동사항**(신규가구원, 사망, 분가 등에 관한 정보), **3) 일반적 특성**(성, 연령, 교육수준, 의료보장 형태, 장애, 사회보장 가입, 민간연금·종신보험 가입), **4) 경제활동상태**(경제활동 유무, 직업, 근로 형태), **5) 의료이용 여부**(만성질환 유무, 응급·외래·입원 의료이용 여부), **6) 임신 및 출산**(임신기간, 출산일, 정기 산전진찰, 출산형태, 임신-출산 관련 합병증, 산후 조리원 이용), **7) 개인 단위 의료비 지출**, **8) 가구소득**(총 가구소득 5분위와 10분위)에 관한 정보를 제공하고 있다.

표 4-9 2008-2012년 데이터셋 IND의 변수 이름과 내용

영역	변수 이름(변수 내용)
key 변수	hhidwon(가구고유번호), m1(가구생성차수), m2(가구분리일련번호), hhid(가구식별번호), pid(응답자가구원번호), pidwon(가구원고유번호), hpid(가구원식별번호)
가중치 변수	i_wgl(가구원가중치_종단), i_wgc(가구원가중치_횡단), i_wsl(가구원가중치_종단_샘플기준), i_wsc(가구원가중치_횡단_샘플기준)
가구원 변동 사항	a2(가구원변동유무), a2_0(복귀가구원 유무), a2_1(가구원 복귀 연도), a2_2(가구원 복귀 월), a3(신규가구원 생성 연도), a4(신규 가구원 생성 월), a5(신규가구원 형태), a6(사망 시점_년), a7(사망 시점_월), a8(사망원인), a9(질환), a9_4(질환_KCD6), a10(분가 시점_년), a11(분가 시점_월), a12(분가가구원 형태)
가구원 일반 사항	c2(가구주와의 관계), c3(성별), c4_0(출생연도), c7(혼인상태), c8(교육수준), c9(졸업유무), c10(동거유무), c11(의료보장형태), c12(건강보험대표자), c12_1(의료급여 개시일_년), c12_2(의료급여 개시일_월), c13(장애종류), c13_1(장애등급 판정유무), c13_2(장애등급 등록), c14(장애등급), c15(국민연금가입), c15_1(이전 국민연금 납부여부), c15_2(국민연금 수령 연도), c16_1(산재보험가입), c16(산재보험수령), c16_11(산재보험 수령 시작월), c16_12(산재보험 수령 종료월), c17(고용보험가입), c17_1(고용보험수령), c17_11(고용보험 수령 시작월), c17_12(고용보험 수령 종료월), c18(민간연금/종신보험가입)
경제 활동 상태	c24(경제활동유무), c25(비경제활동이유), c26(일자리유형), c27(산업분류), c28(직종), c29(농지규모, 단위: m2), c30(임야규모, 단위: m2), c31(어업종사), c32_0(종업원 유무), c32(종업원수), c33(종사상 지위), c34(근무시간 형태), c35(근무지속 가능여부), c36(고용관계), c37(근로계약 기간유무), c37_1(근로계약 기간 유형)
의료 이용 여부	c40(만성질환 유무), c41(3개월 이상 생활/건강증진 의약품 복용 유무), c42(응급 서비스 이용 유무), c43(입원 서비스 이용 유무), c44(외래 서비스 이용 유무), c45(출산 유무)
임신 및 출산	pr1(임신기간), pr2(출산일, 조사연도 1년전 출산월), pr3(정기 산전진찰 빈도), pr4(출산형태), pr5(제왕 절개이유), pr6(신생아 몸무게, 단위: g), pr7(임신/출산 관련질환), pr8(모성 합병증 유형), pr9(신생아 합병증 유형), pr10(신생아 선천성 기형), pr11(신생아 선천성 대사 이상 유무), pr12(출산장소), pr13(산후 조리원 이용 유무), pr14(산후 조리원 이용기간, 단위: 일), pr15(산후 조리원 비용, 단위: 원), pr16(출산후 도우미 활용 유무), pr17(출산후 도우미 활용 일수, 단위: 일), pr18(출산후 도우미 활용 비용, 단위: 원)
가구원 의료비 지출	i_ medical_exp1(개인지출 의료비 1), i_ medical_exp2(개인지출 의료비 2)
가구 소득	total_q5(총 가구소득5분위), total_q10(총 가구소득10분위), w_total_q5(총 가구소득5분위, 가중치적용), w_total_q10(총 가구소득10분위, 가중치적용)

데이터셋 **INCOME_IND**(표 4-10)는 **개인별 연간 근로소득, 종사장 지위, 연간 총 급여액, 근로 개월 수**에 관한 정보를 제공하고 있다.

표 4-10 2008-2012년 데이터셋 INCOME_IND의 변수 이름과 내용

영역	변수 이름(변수 내용)
key 변수	hhidwon(가구고유번호), m1(가구생성차수), m2(가구분리일련번호), hhid(가구식별번호), pid(응답자가구원번호), pidwon(가구원고유번호), hpid(가구원식별번호)
가구원 소득	g1(개인별연간근로소득, 단위: 만원), status1(종사상지위_1), g1_1(연간총급여액_1, 단위: 만원), g2_1(일한개월수_상용직_1), g5_1(일한개월수_임시직_1), g13_1(월평균일한횟수_일용직_1), g14_1(일한개월수_일용직_1), g15_1(일한개월수_고용주/자영업자/농어업경영자_1), g16_1(일한개월수_부업소득_1), status2(종사상지위_2), g1_2(연간총급여액_2, 단위: 만원), g2_2(일한개월수_상용직_2), g5_2(일한개월수_임시직_2), g13_2(월평균일한횟수_일용직_2), g14_2(일한개월수_일용직_2), g15_2(일한개월수_고용주/자영업자/농어업경영자_2), g16_2(일한개월수_부업소득_2), status3(종사상지위_3), g1_3(연간총급여액_3, 단위: 만원), g2_3(일한개월수_상용직_3), g5_3(일한개월수_임시직_3), g13_3(월평균일한횟수_일용직_3), g14_3(일한개월수_일용직_3), g15_3(일한개월수_고용주/자영업자/농어업경영자_3), g16_3(일한개월수_부업소득_3), status4(종사상지위_4), g1_4(연간총급여액_4, 단위: 만원), g2_4(일한개월수_상용직_4), g5_4(일한개월수_임시직_4), g13_4(월평균일한횟수_일용직_4), g14_4(일한개월수_일용직_4), g15_4(일한개월수_고용주/자영업자/농어업경영자_4), g16_4(일한개월수_부업소득_4)

데이터셋 **APPEN**(표 4-11)은 1) **흡연**(흡연 행태, 금연권고, 간접흡연), 2) **음주**(음주 행태, 과음, 문제음주, 알코올남용, 금주권고), 3) **신체활동**(격렬한/중등도 신체활동, 걷기, 앉아서 보낸 시간), 4) **식생활**(식사행태, 체중변화, 자가보고 신장 및 몸무게), 5) **정신건강**(스트레스 인지 여부와 이유, 좌절경험, 기본적 욕구 충족, 우울감, 자살충동, 약물복용, 수면시간), 6) **구강건강**(양치질, 양치제품, 무자격자 치과 시술, 치과검진), 7) **삶의 질**(운동능력, 자기관리, 일상활동, 통증/불편, 불안/우울, 건강상태), 8) 건강위험 인식(암 발생 위험 인식), 9) **의료이용 인식**(의료기관 방문 빈도, 검진 유용성, 의료이용시 신뢰/경청/설명/진료시간/존중에 관한 인식), 10) **활동제한**(활동제한 이유, 와병 여부와 일수, 결근결석, 시력/청력 문제, 섭식문제, 기억력, 의사결정), 11) **일상생활 기능**(식사준비, 빨래하기, 근거리 외출, 대중교통 이용, 물건사기, 금전관리, 약먹기, 옷입기, 세수하기, 목욕하기, 식사하기, 침상에서 일어나기, 화장실 사용, 대소변 조절, 집안일 하기), 12) **의료접근성**(미충족 의료, 의료이용 제한 이유, 치과이용 제한, 상용치료원 특성, 염려도, 본인부담 의료비의 부담 수준, 다른 사람에게 의료진 소개 의사), 13) **일자리**(일자리 유형, 전일제/시간제 여부, 근로시간), 14) **사회계층인지도**(노력에 의한 성공기회/빈부격차 심화에 관한 인식, 정체성, 계층인식), 15) **보건의료체계 인식**(보건의료체계

의 문제점, 의료서비스의 질적 수준, 의료서비스 체계에 관한 인식)에 관한 정보를 제공하고 있다.

표 4-11 2009-2012년 데이터셋 APPEN의 변수 이름과 내용

영역	변수 이름(변수 내용)
가구 정보	hhidwon(가구고유번호), m1(가구생성차수), m2(가구분리일련번호), hhid(가구식별번호), pid(응답자가구원번호), pidwon(가구원고유번호), hpid(가구원식별번호)
흡연	s1(흡연여부), s2(현재/과거 흡연량), s3(총 흡연기간_년_매일 흡연자), s4(총 흡연기간_월_매일 흡연자), s5(1일평균 흡연량_매일 흡연자, 단위: 개비), s6(총 흡연기간_년_가끔 흡연자), s7(총 흡연기간_월_가끔 흡연자), s8(지난 한달간 흡연일수_가끔 흡연자, 단위: 일), s9(흡연하는 날 1일평균 흡연량_가끔 흡연자, 단위: 개비), s10(현재까지 금연기간_년_현재 금연자), s11(현재까지 금연기간_월_현재 금연자), s12(과거 흡연기간_년_현재 금연자), s13(과거 흡연기간_월_현재 금연자), s13_1(과거 하루 평균 흡연량_현재 금연자), s14(금연권고_현재 매일 피우거나 가끔 피우는 경우), s15(간접흡연), s16(간접흡연시간)
음주	s17(음주여부), s18(현재까지 금주기간_년), s19(현재까지 금주기간_월), s20(연간음주횟수), s21(평균 음주량), s22(과음횟수_남녀합산), s24(문제음주), s25(알콜남용), s25_1(알콜남용1), s25_2(알콜남용2), s25_3(알콜남용3), s25_4(알콜남용4), s26(금주권고)
신체활동	s27(격렬한 신체활동), s28(격렬한 신체활동량), s29(중증도 신체활동), s30(중증도 신체활동량), s31(걷기), s32(지속시간), s32_1(앉아서 보낸 시간, 단위: 시간)
식생활 및 체중변화	s33(규칙적 식사), s33_1(규칙적 식사), s33_2(식사횟수), s34(체중변화), s34_1(체중변화), s35(신장, 단위: cm), s36(신장 소수점 첫째자리(2009년만), 단위: cm), s37(몸무게, 단위: kg), s38(몸무게 소수점 첫째자리(2009년만), 단위: kg)
정신건강	s39(스트레스 인지: 경제적 어려움), s40(스트레스 인지: 본인 or 가족 질병), s41(스트레스 인지: 자녀교육), s42(스트레스 인지: 가족갈등), s43(스트레스 인지: 예상치 못한 사건), s43_0(정신적 신체적 스트레스), s43_1(좌절경험), s43_2(기본적 욕구 충족), s43_3(미래에 대한 불안), s43_4(과업에 따른 스트레스), s44(우울감), s45(자살충동), s46(약물복용), s47(주중 수면시간, 단위: 시간), s48(주말 수면시간, 단위: 시간)
구강건강	s49(아침식사 전 양치), s50(아침식사 후 양치), s51(점심식사 전 양치), s52(점심식사 후 양치), s53(저녁식사 전 양치), s54(저녁식사 후 양치), s55(간식 후 양치), s56(잠자기 전 양치), s57(전혀 하지 않음), s58(양치제품사용: 치실), s59(양치제품사용: 전동칫솔), s60(양치제품사용: 구강청결제), s61(양치제품사용: 기타용품), s62(양치제품사용: 사용하는 용품없음), s63(무자격자 치과시술), s64(의약품에 대한 의식), s65(치과검진)
삶의 질	sj1(운동능력), sj2(자기관리), sj3(일상활동), sj4(통증/불편), sj5(불안/우울), sj6(건강상태_0-100, 가장 좋음 = 100), sj7(주관적 건강상태), sj7_1(동년배 비교 건강상태)
건강위험 인식	sj8(암발생빈도), sj9(10년내 암 발생_0-100, 가장 높음 = 100), sj10(10년내 암 발생), sj11(본인 암 가능성)

영역	변수 이름(변수 내용)
의료에 대한 인식	sj12(의료기관 방문빈도), sj13(검진 유용성), sj14(의료진에 대한 신뢰), sj15(의료진이 경청함), sj16(의료진의 설명이 충분함), sj17(진료시간이 충분함), sj18(의료진에게 존중받음)
활동제한	sh1(신체/정신적 장애로 인한 활동제한 유무), sh2(활동제한이유: 골절, 관절부상), sh3(활동제한이유: 기타사고), sh4(활동제한이유: 심장질환), sh5(활동제한이유: 호흡문제, 폐질환, 천식), sh6(활동제한이유: 치아 및 구강질환), sh7(활동제한이유: 시력문제), sh8(활동제한이유: 청력문제), sh9(활동제한이유: 언어문제), sh10(활동제한이유: 정신지체), sh11(활동제한이유: 우울/불안/정서문제), sh12(활동제한이유: 경련/간질), sh13(활동제한이유: 기타 발달장애), sh14(활동제한이유: 주의력결핍/과잉행동), sh15(활동제한이유: 기타), sh16(와병률), sh17(와병일수), sh18(결근결석), sh19(결근결석일수), sh20(시력문제), sh21(청력문제), sh21_1(보청기), sh22(섭식문제_치아 및 구강질환), sh23(기억력), sh24(의사결정), sh25(질병/손상 등으로 활동제한 여부), sh26(활동제한 질병코드), sh26_1(활동제한 질병코드_KCD6), sh101(식사준비), sh102(빨래하기), sh103(근거리 외출), sh104(대중교통 이용), sh105(물건사기), sh106(금전관리), sh107(약먹기), sh108(전화하기), sh109(옷입기), sh110(세수하기), sh111(목욕하기), sh112(식사하기), sh113(침상에서 일어나기), sh114(화장실 사용), sh115(대소변 조절), sh115_1(집안일), sh116(일상 활동제한), sh117(신체활동 제한)
의료 접근성	se1(미충족 의료), se2(의료이용 제한이유), se3(의료이용 생활상문제), se4(치과이용 제한), se5(치과이용 제한이유), se6(치과이용 생활상문제), se7(상용치료원 유무), se8(상용치료원 형태), se9(상용치료원 없는 이유), se10(염료도 1_의료비에 대한 염려 수준), se11(염려도 2_장기요양서비스 미수진에 대한 염려 수준), se12(염려도 3_응급처치 미수진에 대한 염려 수준), se13(본인부담 의료비 부담 수준 1_외래), se14(본인부담 의료비 부담 수준 2_입원), se15(본인부담 의료비 부담 수준 3_약값), se16(본인부담 의료비 부담 수준 4_연간 의료비 지출), se17(주 의사 방문), se17_1(방문기간_년), se17_2(방문기간_월), se18(건강문제해결), se19(의사에 의한 타 기관/인력 소개)
일자리	si1(일자리 유형), si2(감독 지시여부), si3(재감독 지시여부), si4(업무감독수준: 마감시간 배정/지시), si5(업무감독수준: 수행방식/절차 지시), si6(업무감독수준: 결과점검/평가), si7(업무감독수준: 봉급 및 승진), si8(업무감독수준: 목표설정/경영방침), si9_0(전일제/시간제), si9(전일제 근로시간), si10(시간제 근로시간), si11(근로시간대), si12(근무시간 형태)
계층 인지도	sk1(주관적사회관: 노력에 의한 성공기회), sk2(주관적사회관: 빈부격차 심화), sk3(정체성), sk4(계층인식)
보건의료 체계인식	j1(보건의료체계 문제점), j2(의료서비스의 질적수준), j3(의료서비스 체계 평가)

4.3 데이터셋 HH와 IND의 의료 관련 지출 변수

데이터셋 HH와 IND에는 의료 관련 지출에 관한 변수가 있는데 다른 변수들과 달리 여러 데이터셋에 흩어져 있는 값들을 취합하여 만든다.
데이터셋 HH는 **가구 단위 의료비 지출에 관한 5개 변수(h_medicalexp1~h_medicalexp5)**를 가지고 있고, 데이터셋 IND는 **가구원 단위 의료비 지출에 관한 2개 변수(i_medicalexp1와 i_medicalexp2)**를 가지고 있다.
이 7개 의료 관련 지출 변수는 데이터셋 HH, IND 뿐만이 아니라 **의약품 구매(MD), 의료이용(ER, IN, OU, LTC)** 등 7개 데이터셋에 흩어져 있는 의료 관련 지출에 관한 측정값들을 표 4-12에 기술된 기준에 따라 가구 단위와 가구원 단위로 산출한 후 가구 단위 의료 관련 지출 5개 변수는 데이터셋 HH에, 가구원 단위 의료 관련 지출 2개 변수는 데이터셋 IND에 제공하고 있다.

4.4 민간의료보험에 관한 데이터셋

KHPS를 다른 보건의료 관련 조사와 비교했을 때 가장 강점으로 제시할 수 있는 데이터셋은 바로 민간의료보험의 가입, 해약 및 혜택에 관한 자세한 정보를 담은 민간의료보험에 관한 3개 데이터셋이다. 데이터셋 이름은 민간보험 일반사항 데이터셋(HPH, 표 4-13), 민간의료보험 가입 세부사항 데이터셋(PHI, 표 4-14), 민간의료보험 청구 및 수령 데이터셋(PHR, 표 4-15)이다.
우리나라는 공공보험인 국민건강보험의 보장률이 60% 초반대에 머물고 있고 많은 국민들이 본인부담 의료비 경감을 위해 민간의료보험에 가입하고 있다. 많은 연구들이 민간의료보험가입 여부에 따라 의료이용 및 본인부담 의료비 지출 수준이 다르다는 결과를 제시하였다는 점을 고려했을 때 민간의료보험에 관한 사항을 담고 있는 이 3개 데이터셋에서 필요한 정보를 만들어내는 것은 매우 중요하다.

표 4-12 KHPS의 데이터셋 HH와 IND의 의료 관련 지출 변수의 구성항목 및 추출 데이터셋

구분	항목	추출 데이터셋	데이터셋 IND 개인의료비 변수 (i_medicalexp)		데이터셋 HH 가구의료비 변수 (h_medicalexp)				
			1	2	1	2	3	4	5
보건 의료 서비스	응급의료비	ER	O	O	O	O	O	O	O
	입원의료비	IN	O	O	O	O	O	O	O
	외래의료비	OU	O	O	O	O	O	O	O
	응급교통비(앰뷸런스)	ER		O		O	O	O	O
	입원교통비	IN		O		O	O	O	O
	외래교통비	OU		O		O	O	O	O
	입원간병비	IN		O		O	O	O	O
	산후조리원	IND					O	O	O
	산후도우미	IND					O	O	O
	장기요양비	LTC							O
	장기요양간병비	LTC							O
	장기요양시설 요양비	LTC							O
	장기요양시설 식비	LTC							O
	장기요양시설 간병비	LTC							O
의약품	응급처방약값	ER	O	O	O	O	O	O	O
	입원처방약값	IN	O	O	O	O	O	O	O
	외래처방약값	OU	O	O	O	O	O	O	O
	약국 일반의약품 구매	HH					O	O	O
	약국 한약구매액	HH					O	O	O
	한약방에서 한약구매	HH						O	O
	시장에서 건재, 첩약 구매	HH						O	O
	건강기능식품	HH						O	O
	외래보약금액	HH						O	O
	3개월 이상 의약품	MD					O	O	O
보건 의료 용품 기구	약국 일반의약외품 구매	HH					O	O	O
	안경	HH					O	O	O
	콘택트렌즈	HH							
	의료기기 구매/임대/수리	HH					O	O	O

표 4-13 2008-2009년 데이터셋 HPH의 변수 이름과 내용

영역	변수 이름(변수 내용)
key 변수	hhidwon(가구고유번호), m1(가구생성차수), m2(가구일련번호), hhid(가구식별번호)
가구 민간 의료 보험 가입 현황	d0(민간보험 가입여부), d1(민간의료보험 가입여부), d2(민간의료보험 가입경험 유무), d3(탈퇴이유), d4(민간의료보험 추가(신규)가입여부), d5(신규가입이유), d6(민간의료보험 갱신여부), d7(민간의료보험 해약여부), d8(해약보험 1), d9(해약보험 2), d10(해약보험 3), d11(해약이유), d12(청구여부), d13(수령여부), d14(청구거절 이유), d15(민간의료보험 가입 거부 여부), d16(민간의료보험 가입 거부 이유)

표 4-14 2008-2012년 데이터셋 PHI의 변수 이름과 내용

영역	변수 이름(변수 내용)
key 변수	hhidwon(가구고유번호), m1(가구생성차수), m2(가구일련번호), hhid(가구식별번호), pidwon(가구원고유번호), hpid(가구원식별번호)
민간 의료 보험 가입 세부 내역	num(보험 구분번호), pid(가입가구원번호), pid1(공동가입가구원_1), pid2(공동가입가구원_2), pid3(공동가입가구원_3), pid4(공동가입가구원_4), pid5(공동가입가구원_5), pid6(공동가입가구원_6), e0(신규유무), e1_1(계약변경), e1_2(이전조사와 수정유무), e1_3(계약변경), d5_1(신규가입이유), d11_1(해약이유), e2(주계약의 보험형태), e3(현재까지 불입기간), e3_1(가입연도), e4(보험형태), e5(약정서 확인여부), e9_1(주보장내용_1), e9_2(주보장내용_2), e9_3(주보장내용_3), e9_4(주보장내용_4), e6_0(월납입료), e6(월납입료), e6_1(보험료 납부 유형), e7(특약납입료), d12_1(청구여부), d13_1(수령여부), d14_1(청구거절이유)

표 4-15 2008-2012년 데이터셋 PHR의 변수 이름과 내용

영역	변수 이름(변수 내용)
key 변수	hhidwon(가구고유번호), m1(가구생성차수), m2(가구일련번호), hhid(가구식별번호), pidwon(가구원고유번호), hpid(가구원식별번호)
민간 의료 보험 청구 및 수령	pid(수령한 가구원 번호), num_rc(수령 일련번호), num(보험 구분번호), e_pid(가입한 가구원 번호), e_pid1(공동가입가구원_1), e_pid2(공동가입가구원_2), e_pid3(공동가입가구원_3), e_pid4(공동가입가구원_4), e_pid5(공동가입가구원_5), e_pid6(공동가입가구원_6), f1(질병코드), f1_1(질병코드_KCD6), f3(의료이용형태), f4(병원이용일_년), f5(병원이용일_월), f6(주된 수령사유_1), f7(주된 수령사유_2), f8(주된 수령사유_3), f7_0(주된 수령사유_4), f6_1(주된 수령사유_1), f7_1(주된 수령사유_2), f8_1(주된 수령사유_3), f8_2(주된 수령사유_4), f8_3(주된 수령사유_5), f9(수령보험금)

4.5 질병 이환과 의료이용에 관한 데이터셋

KHPS 조사의 가장 중요한 목적은 의료이용과 의료비 지출 수준을 아는 것이다. 이를 위해 **응급의료**(데이터셋 **ER**), **외래**(데이터셋 **OU**), **입원**(데이터셋 **IN**)에 대한 의료이용 정보 뿐만 아니라 **만성질환 이환**(데이터셋 **CD**), **3개월 이상 복용 일반의약품 이용**(데이터셋 **MD**), **노인 장기요양**(데이터셋 **LTC**)에 관한 정보를 수집하고 있다.

데이터셋 OU, ER, IN(표 4-16)은 가구원의 의료이용 건별 질병의 종류, 이용 날짜, 지출의료비 등에 관한 정보가 담겨 있다. 연간 데이터셋 중 입원, 외래, 응급 등 의료이용 조사 자료는 지난 조사일자에서 현재 조사일자까지 수집한다. 1년 동안의 의료이용 자료를 모두 수집할 수 있었던 가구 및 그 가구원을 기준으로 응답 시점에 따라 2개 또는 3개 조사 차수 자료를 결합하여 생성하고 있다.

어떤 가구가 2010년 7월 1일, 2011년 6월 2일과 2012년 4월 16일에 조사에 참여하였다고 가정하자. 2011년 연간 데이터셋의 의료이용 자료는 2010년 7월 2일부터 2011년 6월 2일까지를 포함하고, 2012년 연간 데이터셋 중 의료이용 자료는 2011년 6월 3일부터 2012년 4월 16일까지를 포함한다.

그렇다면 2011년 데이터셋만으로 2011년 전체 의료이용 내역을 알 수 있는가? 자료가 제공되는 방식을 본다면 2011년 연간 데이터셋만으로 분석하면 2011년 1월 1일부터 6월 2일까지의 의료이용 내역만 포함되는 것을 알 수 있다. 따라서 2011년 전체 의료이용 내역을 알기 위해서는 2011년 데이터셋과 2012년 데이터셋을 모두 이용해야 한다.

표 4-16 2008-2012년 데이터셋 ER, OU, IN의 변수 이름과 내용

영역	변수 이름(변수 내용)
key 변수	hhidwon(가구고유번호), m1(가구생성차수), m2(가구분리일련번호), hhid(가구식별번호), pid(응답자가구원번호), pidwon(가구원고유번호), hpid(가구원식별번호)
응급 서비스 이용 (ER)	round(조사 차수), ercount(응급실 이용횟수), ernum(응급이용 일련번호_응급방문 구분), er4(응급 시작일_년), er5(응급 시작일_월), er6(응급 시작일_일), er7(응급 종료일_년), er8(응급 종료일_월), er9(응급 종료일_일), er10(응급실일수, 단위: 일), er12(의료기관 종류), er13(국공립), er15(교통수단), er16(병원지정여부), er17(소요시간_2008-2009년, 단위: 분), er17_1(소요시간_2010-2012년, 단위: 분), er17_2(머문시간_2010-2012년, 단위: 분), er18(지연여부), er19(방문이유), er20(사고/중독 장소), er21(사고/중독 유형), er22(질병코드_1), er22_2(KCD6_CODE), er23(질병코드_2), er23_2(KCD6_CODE), er24(질병코드_3), er24_2(KCD6_CODE), er25(주된 서비스), er26(수납금액_2008-2009년, 단위: 원), er26_1(수납금액_2010-2012년, 단위: 원), er26_2(건보부담금_2010-2012년, 단위: 원), er26_3(법정본인부담금_2010-2012년, 단위: 원), er26_4(비급여_2010-2012년, 단위: 원), er26_5(총진료비_2010-2012년, 단위: 원), er27(앰뷸런스비용, 단위: 원), er27_1(교통비, 단위: 원), er28(의료비 재원), er29(건보 이외의 지원_1), er30(건보 이외의 지원_2), er31(건보 이외의 지원_3), er32(처방약 구매), er33(처방약값, 단위: 원), er33_1(약 구매일, 단위: 일), er34(입원연계), er35(만족도), er36(응답자)
외래 서비스 이용 (OU)	round(조사 차수), oucount(외래이용 횟수, 단위: 회), ounum(외래이용일련번호), ou3(질병코드_1), ou3_2(KCD6_CODE), ou4(질병코드_2), ou4_2 (KCD6_CODE), ou5(질병코드_3), ou5_5(KCD6_CODE), ou5_2(질병코드_4), ou5_8(KCD6_CODE), ou5_4(질병코드_5), ou6(외래방문일_년), ou7(외래방문일_월), ou8(외래방문일_일), ou9(방문유형), ou11(의료기관종류), ou12(국공립여부), ou14(이송의뢰 권고 여부), ou15(방문이유), ou16(사고/중독 장소), ou17(사고/중독 유형), ou18(검사 여부), ou19(검사종류_1), ou20(검사종류_2), ou21(검사종류_3), ou190(검사종류_4), ou200(검사종류_5), ou22(치료내용), ou23(치과치료내용_1), ou24(치과치료내용_2), ou230(치과치료내용_3), ou240(치과치료내용_4), ou25(치과 치료재료), ou26(한방내용_1), ou27(한방내용_2), ou28(한방내용_3), ou260(한방내용_4), ou29(수납금액_2008-2009년, 단위: 원), ou29_2(수납금액_2010-2012년, 단위: 원), ou29_3(보약금액_2010-2012년, 단위: 원), ou29_4(건보부담금_2010-2012년, 단위: 원), ou29_5(법정본인부담금_2010-2012년, 단위: 원), ou29_6(비급여_2010-2012년, 단위: 원), ou29_7(총진료비_2010-2012년, 단위: 원), ou30(의료비 재원), ou31(건보 이외의 지원_1), ou32(건보 이외의 지원_2), ou33(건보 이외의 지원_3), ou34(처방전 수령유무), ou35(처방약값), ou35_1(약구매일, 단위: 일), ou36(교통수단), ou37(교통시간, 단위: 분), ou38(교통비, 단위: 원), ou39(건강검진_1), ou40(건강검진_2), ou41(건강검진_3), ou42(암검진_1), ou43(암검진_2), ou44(암검진_3), ou45(암검진_4), ou420(암검진_5), ou430(암검진_6), ou440(암검진_7), ou46(질병발견), ou47(질병코드_1), ou47_1(KCD6_CODE), ou48(질병코드_2), ou48_1(KCD6_CODE), ou49(질병코드_3), ou49_1(KCD6_CODE), ou50(치료여부)

영역	변수 이름(변수 내용)
입원 서비스 이용 (IN)	round(조사 차수), incount(입원 이용횟수, 단위: 회), innum(입원이용 일련번호), in3(입원 기간_시작_년), in4(입원 기간_시작_월), in5(입원 기간_시작_일), in6(입원 기간_끝_년), in7(입원 기간_끝_월), in8(입원 기간_끝_일), in9(입원일수, 단위: 일), in10(응급시작), in10_1(입원 형태), in12(의료기관 종류), in13(국공립여부), in15(선택기준), in16(입원결정), in17(입원 대기여부), in18(대기일수, 단위: 일), in19(입원이유), in20(사고/중독 장소), in21(사고/중독 유형), in22(재입원 이유), in23(의사진단 신뢰/재확인), in24(재확인 횟수), in25(질병코드_1), in25_2(KCD6_CODE), in26(질병코드_2), in26_2(KCD6_CODE), in27(질병코드_3), in27_2(KCD6_CODE), in28(주된치료), in29(선택진료 권유 유무), in30(선택진료 유무), in31(첫번째 입원실), in32(첫번째 입원실 희망 여부), in33(두번째 입원실), in34(세번째 입원실), in35(수납금액_2008-2009년, 단위: 원), in35_2(수납금액_2010-2012년, 단위: 원), in35_3(건보부담금_2010-2012년, 단위: 원), in35_4(법정본인부담금_2010-2012년, 단위: 원), in35_5(비급여_2010-2012년, 단위: 원), in35_6(총진료비_2010-2012년, 단위: 원), in36(처방약 수령/구매유무), in37(처방약값, 단위: 원), in37_1(약 구매일, 단위: 일), in38(의료비 부담수준), in39(의료비 재원), in40(건보 이외의 지원_1), in41(건보 이외의 지원_2), in42(건보 이외의 지원_3), in43(만족도), in44(대리 응답여부), in45(회복여부), in46(교통수단), in47(교통시간, 단위: 분), in48(교통비, 단위: 원), in49_0(간병인 유무), in49(간병인), in50(간병일, 단위: 일), in51(일 평균 간병시간, 단위: 시간), in52(일 평균 간병비용, 단위: 원), in53(과잉진료여부), in54(같은질환으로 인한 입원 여부), in55(같은질환으로 인한 입원 횟수)

데이터셋 CD(**표 4-17**)는 기존에 진단받은 만성질환에 대한 다양한 정보를 제공하고 있다. 질환코드, 의사진단 여부, 진단시기, 의약품 복용 여부, 복용 기간, 복약 순응, 약값 지출, 약물 만족도 등에 관한 정보를 담고 있다.

데이터셋 MD(**표 4-18**)는 약국에서 의사의 처방전 없이 구매가 가능한 일반의약품에 대한 다양한 정보를 제공하고 있다. 의약품 복용 이유, 복용기간, 약값 지출, 복용방법 인지, 부작용 발생 등에 관한 정보를 담고 있다.

데이터셋 LTC(**표 4-19**)는 노인 장기요양보험 일반사항과 시설이용에 대한 다양한 정보를 제공하고 있다. 노인 장기요양보험의 신청 여부, 판정 등급, 요양장소, 재가서비스 이용 관련 정보, 요양비, 부양자, 돌봄제공자, 유료간병 서비 등 노인 장기요양보험의 일반적 사항에 대한 정보를 제공하고 있다. 또한 요양장소, 시설 유형, 입소 시작 날짜, 입소 종료 날짜, 시설 이용기간, 시설 이용 비용, 시설 이용에 따른 만족도와 불편함, 시설이용을 하게 된 질환코드 등 노인 장기요양 시설 이용에 관한 정보를 제공하고 있다.

표 4-17 2008-2012년 데이터셋 CD의 변수 이름과 내용

영역	변수 이름(변수 내용)
key 변수	hhidwon(가구고유번호), m1(가구생성차수), m2(가구분리일련번호), hhid(가구식별번호), pid(가구원고유번호), pidwon(가구원고유번호), hpid(가구원식별번호)
만성 질환 관리	cdcount(만성질환수), cdnum(만성질환 일련번호), cd0(이전만성질환코드), cd1(만성질환코드), cd1_1(KCD6_CODE), cd2(의사진단여부), cd3_1(진단시기), cd4(해당 질병으로 인한 의료이용 여부), cd5(의약품복용여부), cd6(미복용이유), cd7(3개월 이상_정기적 약복용 여부), cd8(약 복용기간), cd9(복약순응), cd9_1(순응도: "이 약을 복용하시는 걸 잊어버린 적이 있습니까"), cd9_2(순응도: "약을 복용해야 한다는 걸 기억하는 데 어려움이 있었던 적이 있습니까"), cd9_3(순응도: "증상이 좋아지면, 때때로 약 복용을 중단하십니까"), cd9_4(순응도: "때때로 약을 복용하고 나쁜 증상이 있으면 약 복용을 중단하십니까"), cd10(순응도 종합: cd9_1~cd9_4), cd11(부작용발생), cd12_0(월평균약값, 단위: 원), cd12(약제비 부담수준), cd13(의사, 약사 고지 여부), cd14(약국선택), cd15(규칙 방문), cd16(방문횟수 기준 선택), cd16_1(년 방문횟수, 단위: 회), cd16_2(월 방문횟수, 단위: 회), cd17(동일 병의원 방문), cd18(주요 치료기관 형태), cd19(약물 만족도)

표 4-18 2008-2012년 데이터셋 MD의 변수 이름과 내용

영역	변수 이름(변수 내용)
key 변수	hhidwon(가구고유번호), m1(가구생성차수), m2(가구분리일련번호), hhid(가구식별번호), pid(가구원고유번호), pidwon(가구원고유번호), hpid(가구원식별번호)
3개월 이상 의약품 이용	mdcount(복용 의약품수), mdnum(의약품 일련번호), md1(복용의약품), md2(복용이유), md3(질환명), md4(복용기간), md5(복용방법인지), md6(부작용 발생), md7(약값), md8(약제비 부담수준), md9(의사약사 고지여부), md10(약국선택조건), md11(직접구매이유)

표 4-19 2009-2012년 데이터셋 LTC의 변수 이름과 내용

영역	변수 이름(변수 내용)
key 변수	hhidwon(가구고유번호), m1(가구생성차수), m2(가구분리일련번호), hhid(가구식별번호), pid(응답자가구원번호), pidwon(가구원고유번호), hpid(가구원식별번호)
노인 장기 요양 보험 일반 사항	i1(장기요양보험신청여부), i2_0(등급판정여부), i2(등급판정), i3(이용여부), i4(요양장소), i5(재가서비스이용여부), i6(재가서비스이용현황_1), i6_2(재가서비스이용현황_2), i6_3(재가서비스이용현황_3), i6_4(재가서비스이용현황_4), i7(요양비 3-1_공단제공장기요양서비스 본인부담금), i8(요양비 3-2_공단 이외 기관제공 장기요양서비스 비용), i9(요양비 3-3_기타비용), i10(경제적 부양자), i11(경제적 부담감), i12(돌봄제공자), i13(돌봄시간), i14(부양부담), i15(유료간병시간), i16(유료간병비지출)
노인 장기 요양 시설 이용	i17_1(거주지1), i17_2(거주지2), i18(요양장소), i21(시설유형), i22(입소중유무_시작일), i22_1(시작일_년), i22_2(시작일_월), i22_3(시작일_일), i23(입소중유무_종료일), i23_1(종료일_년), i23_2(종료일_월), i23_3(종료일_일), i24(시설이용일간), i25(비용), i26(식비), i27(간병비), i28(비용부담), i29(만족도), i30(불편함), i31(질환코드1), i32(질환코드2), i33(면회빈도)

5 KHPS 자료 처리 시 주의할 점

5.1 음의 값 다루기

KHPS 데이터셋의 변수 값 중 결측값에 해당하는 경우 3개의 **음의 값 -1, -6, -9**로 입력하고 있다. 그림 4-3은 codebook.xlsx 파일에서 IND sheet(데이터셋 IND의 변수 정보를 보여주는 sheet)의 정보 중 변수 A3, A4, A9 값의 입력 사례를 보여주고 있다. 3개 변수 모두 -1은 **해당사항 없음**, -6은 **설문대상 아님**, -9는 **모름/무응답**에 해당한다고 적혀 있는 것을 볼 수 있다. 장애인이 아닌 일반인의 경우 장애유형에 대한 정보를 제공할 수 없기 때문에 해당사항 없음(즉, 일반인에 해당)에 해당하고 -1로 입력된다. 만 14세 이하는 경제활동 유무에 대해서는 조사하지 않기 때문에 이 경우는 설문대상 아님으로 분류되어 -6으로 입력된다. 가구 소득은 모든 가구를 대상으로 조사하지만 이에 대한 정보 제공을 거부하는 가구의 경우는 -9로 입력된다.

설문내용	변수명	보기문항내용	2008 통합		2009 통합		2010 통합		2011 통합		2012 통합	
			빈도	(%)	빈도	(%)	빈도	(%)	빈도	(%)	빈도	(%)
신규일	A3	(2007) 년										
		(2008) 년			11	(0.06)						
		(2009) 년					130	(0.73)				
		(2010) 년							38	(0.22)		
		(2011) 년									82	(0.52)
		(2012) 년										
		(-1) 해당사항없음	21,283	(100.00)	19,142	(99.94)	17,755	(99.27)	16,997	(99.78)	15,790	(99.48)
		(-6) 설문대상아님										
		(-9) 모름/무응답										
	A4	(1) 월							4	(0.02)	2	(0.01)
		(2) 월									2	(0.01)
		(3) 월					1	(0.01)	2	(0.01)		
		(4) 월									1	(0.01)
		(5) 월					5	(0.03)	1	(0.01)	5	(0.03)
		(6) 월					10	(0.06)	4	(0.02)	6	(0.04)
		(7) 월					14	(0.08)			3	(0.02)
		(8) 월					14	(0.08)	3	(0.02)	8	(0.05)
		(9) 월					25	(0.14)	1	(0.01)	6	(0.04)
		(10) 월					21	(0.12)	6	(0.04)	19	(0.12)
		(11) 월			1	(0.01)	26	(0.15)	7	(0.04)	21	(0.13)
		(12) 월			10	(0.05)	14	(0.08)	10	(0.06)	9	(0.06)
		(-1) 해당사항없음	21,283	(100.00)	19,142	(99.94)	17,755	(99.27)	16,997	(99.78)	15,790	(99.48)
		(-6) 설문대상아님										
		(-9)모름/무응답										
질환	A9	유효			28	(0.15)	23	(0.16)	57	(0.42)	32	(0.20)
		(-1) 해당사항없음	21,283	(100.00)	19,124	(99.85)	17,862	(99.87)	16,978	(99.67)	15,840	(99.80)
		(-6) 설문대상아님										
		(-9) 모름/무응답			1	(0.01)						

그림 4-3 데이터셋 IND의 A3, A4, A9 변수에서의 음수 값 사례

* 출처: 보건사회연구원. 한국의료패널 연간데이터(Version 1.1) 코드북. 2015.

5.2 코드북에서 변수 유형별 표현 방법의 차이

codebook.xlsx 파일에서 범주형 변수와 연속형 변수는 어떻게 구분할 수 있을까?

그림 4-4를 보면 데이터셋 IND의 변수 p(현주소), 변수 tot_h(가구 총 근로소득)의 입력된 값을 볼 수 있다.

변수 p의 경우 (11) 서울특별시부터 (50) 제주도까지 16개 시도를 2자리 숫자로 입력되어 있다. 숫자로 입력되어 있지만 변수 p는 거주지역 특성을 표현한 범주형 변수이다.

반면 변수 tot_h는 유효, (0) 해당소득 없음, (-9) 모름/무응답 등 3개로만 표현하고 있다. 이는 변수 tot_h가 연속형 변수로서 변수 p처럼 수천 가구의 소득 분포를 일일이 입력하는 것은 의미가 없으며 실제 가구소득을 응답한 경우는 유효란에 적는 것으로 대체한 것이다. 2008년은 6,080가구, 2009년은 5,437가구, 2010년은 5,144가구, 2011년은 4,864가구, 2012년은 4,590가구가 실제 가구 총 근로소득을 응답한 것으로 나타났다.

설문내용	변수명	보기문항내용	2008 통합		2009 통합		2010 통합		2011 통합		2012 통합		비고
			빈도	(%)	빈도	(%)	빈도	(%)	빈도	(%)	빈도	(%)	
현주소	P	(11) 서울특별시	1,113	(15.88)	961	(15.22)	864	(14.51)	827	(14.41)	760	(13.99)	시/도
		(26) 부산광역시	527	(7.52)	491	(7.78)	444	(7.45)	433	(7.54)	409	(7.53)	
		(27) 대구광역시	472	(6.73)	437	(6.92)	419	(7.03)	411	(7.16)	397	(7.31)	
		(28) 인천광역시	397	(5.66)	350	(5.54)	318	(5.34)	308	(5.36)	287	(5.28)	
		(29) 광주광역시	190	(2.71)	174	(2.76)	170	(2.85)	167	(2.91)	155	(2.85)	
		(30)대전광역시	243	(3.47)	213	(3.37)	195	(3.27)	183	(3.19)	183	(3.37)	
		(31) 울산광역시	160	(2.28)	149	(2.36)	146	(2.45)	137	(2.39)	127	(2.34)	
		(41) 경기도	1,488	(21.23)	1,292	(20.46)	1,241	(20.84)	1,160	(20.21)	1,082	(19.91)	
		(42) 강원도	229	(3.27)	202	(3.20)	195	(3.27)	193	(3.36)	187	(3.44)	
		(43) 충청북도	237	(3.38)	210	(3.33)	197	(3.31)	187	(3.26)	183	(3.37)	
		(44) 충청남도	276	(3.94)	257	(4.07)	246	(4.13)	245	(4.27)	243	(4.47)	
		(45) 전라북도	297	(4.24)	283	(4.48)	270	(4.53)	257	(4.48)	251	(4.62)	
		(46) 전라남도	359	(5.12)	340	(5.38)	329	(5.52)	327	(5.70)	311	(5.72)	
		(47) 경상북도	363	(5.18)	344	(5.45)	321	(5.39)	319	(5.56)	301	(5.54)	
		(48) 경상남도	476	(6.79)	451	(7.14)	446	(7.49)	431	(7.51)	413	(7.60)	
		(50) 제주도	182	(2.60)	160	(2.53)	155	(2.60)	156	(2.72)	145	(2.67)	
가구 총 근로소득	TOT_H	유효	6,080	(86.75)	5,437	(86.11)	5,144	(86.37)	4,864	(84.72)	4,590	(84.47)	( ) 만원
		(0) 해당소득 없음	889	(12.68)	846	(13.40)	804	(13.50)	875	(15.24)	835	(15.37)	가구 내 모든 가구원의 근로소득의 합
		(-9)모름/무응답	40	(0.57)	31	(0.49)	8	(0.13)	2	(0.03)	9	(0.17)	

그림 4-4 데이터셋 HH의 변수 P(범주형), 변수 TOT_H(연속형) 사례

5.3 질병코드 살펴보기

KHPS 데이터셋은 의료이용, 민간의료보험료 수령 등에 관한 정보를 파악할 때 질병코드 변수를 제공하고 있다. 애석하게도 KHPS 데이터셋의 질병코드는 연도별로 상이한 코드 체계를 가지고 있어 이를 알 필요가 있다.

2008-2011년 질병코드는 KHPS 자체 코드를 사용한 반면, 2012년은 제6판 한국사망원인질병분류(KCD-6) 중 소분류 코드(영어 대문자 1자리, 숫자 2자리의 3자리 코드)로 입력되어 있다.

2008-2009년 질병코드는 숫자 4자리, 2010-2011년 질병코드는 숫자 5자리로 입력되어 있다. 표 4-20은 2008-2009년 및 2010-2011년 질병코드의 차이점을 입술, 구강 및 인두의 악성신생물을 사례로 보여주고 있다. 2008-2009년 질병코드는 4자리로 1201로 입력되어 있는 반면 2010-2011년 질병코드는 12010-12014까지 5개가 있다. 2008-2009년보다 2010-2011년의 질병코드가 더 구체적인 정보를 제공하고 있는 것을 알 수 있다.

표 4-20 2008-2009년 질병코드와 2010-2011년 질병코드의 차이점

2008-2009년		2010-2011년	
질병코드	질병명	질병코드	질병명
1201	입술, 구강 및 인두의 악성신생물	12010	기타 입술, 구강 및 인두의 암 (12011-12014의 나머지)
		12011	구강암
		12012	설암
		12013	인두암
		12014	치주암

2012년 데이터셋에서 사용하고 있는 KCD6 코드는 영어 대문자 1자리와 숫자 2자리가 결합된 형태의 문자 변수로 구성되어 있다.

이와 같이 2008-2009년, 2010-2011년, 2012년의 질병코드 분류체계가 상이한 점을 고려하여 2008-2012년 공통적으로 적용할 수 있는 질병분류를 고민하였고, 그 결과 질병 대분류 코드를 제안하고자 한다. 표 4-21를 살펴보자.

특정감염성 및 기생충성 질환은 11, 신생물은 12, 혈액, 조혈기관 질환과 면역기전을 침범하는 특정장애은 13, 내분비, 영양 및 대사 질환은 14, 정신 및 행동 장애는 15, 신경계통의 질환은

16, 눈 및 눈부속기의 질환은 17, 귀 및 꼭지돌기의 질환은 18, 순환기계통의 질환은 19, 호흡기 계통의 질환은 20, 소화기계통의 질환은 21, 피부 및 피부 밑조직의 질환은 22, 근육골격 계통 및 결합 조직의 질환은 23, 비뇨생식기 계통의 질환은 24, 임신, 출산 및 산후기는 25, 출생 전후기에 기원한 특정 병태는 26, 선천성 기형, 변형 및 염색체 이상은 27, 달리 분류되지 않은 증상, 임상/검사의 이상소견은 30, 손상, 중독 및 외인은 40, 질병이환 및 기타는 50, 분류불가는 55로 총 21개 질병 대분류를 정의하였으며, 5장에서 이를 분류할 수 있는 R 함수를 제공하고 있다. 표 4-21에는 해당 21개 질병 대분류에 해당하는 KCD6 코드를 볼 수 있으며, 이를 5장에서 R 함수로 구현하였다(232페이지 Mission 5.2.3.02 참고).

표 4-21 질병 대분류와 이에 대응하는 KHPS와 KCD6 코드

질병 대분류	KHPS 코드	KCD6 코드
특정감염성 및 기생충성 질환	11	A, B
신생물	12	C, D00~D48
혈액, 조혈기관 질환과 면역기전을 침범하는 특정장애	13	D50~D89
내분비, 영양 및 대사 질환	14	E
정신 및 행동 장애	15	F
신경계통의 질환	16	G
눈 및 눈부속기의 질환	17	H01~H59
귀 및 꼭지돌기의 질환	18	H60~H95
순환기계통의 질환	19	I
호흡기계통의 질환	20	J
소화기계통의 질환	21	K
피부 및 피부 밑조직의 질환	22	L
근육골격계통 및 결합 조직의 질환	23	M
비뇨생식기계통의 질환	24	N
임신, 출산 및 산후기	25	O
출생 전후기에 기원한 특정 병태	26	P
선천성 기형, 변형 및 염색체 이상	27	Q
달리 분류되지 않은 증상, 임상/검사의 이상소견	30	R
손상, 중독 및 외인	40	S, T, V, W, X, Y
질병이환 및 기타	50	Z, U
분류불가	55	-9 (모름/무응답)

각 데이터셋은 질병코드에 대한 변수 이름이 다르기 때문에 표 4-22를 참고하자.

표 4-22 데이터셋별 질병코드 변수

데이터셋 이름	KHPS 코드 변수				KCD6 코드 변수
	2008년	2009년	2010년	2011년	2012년
IND	a9	a9	a9	a9	a9_4
PHR	f1	f1	f1	f1	f1_1
CD	cd1	cd0, cd1	cd0, cd1	cd1	cd1_1
ER	er22, er23, er24	er22, er23, er24	er22, er23, er24	er22, er23, er24	er22_2, er23_2, er24_2
IN	in25, in26, in27	in25, in26, in27	in25, in26, in27	in25, in26, in27	in25_2, in26_2, in27_2
OU	ou3, ou4, ou5	ou3, ou4, ou5, ou5_2, ou5_4	ou3, ou4, ou5, ou5_2, ou5_4	ou3, ou4, ou5, ou5_2	ou3_2, ou4_2, ou5_5, ou5_8
APPEN			sh26	sh26	sh26_1
LTC			i31, i32		

5.4 직종 변수 살펴보기

KHPS 데이터셋의 직종 변수 c28은 01-99까지 2자리 숫자로 직종의 중분류 코드가 입력되어 있다. 이 책에서는 표 4-23에 따라 각 중분류 코드에 해당하는 직종 대분류 코드를 사용하였다.

표 4-23 KHPS 데이터셋의 직종 변수의 대분류와 중분류 코드

대분류 코드	중분류 코드
관리자(01)	11(공공 및 기업 고위직), 12(행정 및 경영지원 관리직), 13(전문서비스 관리직), 14(건설·전기 및 생산 관련 관리직), 15(판매 및 고객서비스 관리직)
전문가 및 관련 종사자(02)	21(과학 전문가 및 관련직), 22(정보통신 전문가 및 기술직), 23(공학 전문가 및 기술직), 24(보건·사회복지 및 종교 관련직), 25(법률 및 행정 전문직), 26(경영·금융 전문가 및 관련직), 27(문화·예술·스포츠 전문가 및 관련직)
사무종사자(03)	31(경영 및 회계 관련 사무직), 32(금융 및 보험 사무직), 33(법률 및 감사 사무직), 39(상담·안내·통계 및 기타 사무직)
서비스 종사자(04)	41(경찰·소방 및 보안 관련 서비스직), 42(이미용·예식 및 의료보조 서비스직), 43(운송 및 여가 서비스직), 44(조리 및 음식 서비스직)
판매종사자(05)	51(영업직), 52(매장 판매직), 53(방문·노점 및 통신 판매 관련직)
농림어업 숙련 종사자(06)	61(농·축산 숙련직), 62(임업 숙련직), 63(어업 숙련직)
기능원 및 관련 기능 종사자(07)	71(식품가공 관련 기능직), 72(섬유·의복 및 가죽 관련 기능직), 73(목재·가구·악기 및 간판 관련 기능직), 74(금속성형 관련 기능직), 75(운송 및 기계 관련 기능직), 76(전기 및 전자 관련 기능직), 77(건설 및 채굴 관련 기능직), 78(영상 및 통신 장비 관련 기능직), 79(기타 기능 관련직)
장치·기계 조작 및 조립 종사자(08)	80(상·하수도 및 재활용 처리 관련 기계조작직), 81(식품가공 관련 기계조작직), 82(섬유 및 신발 관련 기계조작직), 83(화학 관련 기계조작직), 84(금속 및 비금속 관련 기계조작직), 85(기계제조 및 관련 기계조작직), 86(전기 및 전자 관련 기계조작직), 87(운전 및 운송 관련직), 89(목재·인쇄 및 기타 기계조작직)
단순노무종사자(09)	91(건설 및 광업 관련 단순노무직), 92(운송 관련 단순노무직), 93(제조 관련 단순노무직), 94(청소 및 경비 관련 단순노무직), 95(가사·음식 및 판매 관련 단순노무직), 99(농림어업 및 기타 서비스 단순노무직)
군인(10)	1(군인)
비경제활동(00)	-1(비경제활동), -6(14세 이하)
결측값(-9)	-9

* 대분류 코드에서 괄호 안의 2자리 숫자는 필자가 임의로 넣은 코드이며, 비경제활동과 결측값 역시 필자가 임의로 넣은 코드임.
* codebook.xlsx의 오픈코드 sheet의 내용을 편집한 것임.

5.5 자료 처리 시 주의할 변수 살펴보기

표 4-24는 특정한 경우에 대한 입력된 값을 알지 못하는 경우 자료 처리 과정에서 오류가 발생할 수 있는 변수와 해당 입력 값을 정리한 것이다.

표 4-24 KHPS 데이터셋별 자료 처리 시 주의할 변수

데이터셋	변수 이름	자료 처리 시 주의할 점
APPEN	s50, s52, s53, s54, s55, s56	2011년만 2(아니오), 2009-2010년은 0(아니오)
PHI	pid	55(부부가입), 66(가족가입), 77(기타공동, 태아보험)
PHR	f4	2000을 더하면 연도가 나옴
	pid	가구원 번호가 0(사망가구원)
	e_pid	55(부부가입), 66(가족가입), 77(기타공동, 태아보험)
ER	er4, er7	2000을 더하면 연도가 나옴
	er26	0(의료급여자, 건보무료검진 등), 91(무료), 94(응급실 이용에 대한 비용을 입원비용 정산 시 포함), 96(교통사고로 보험사 처리), 97(산재처리)
	er26_1	1(의료급여 무료진료), 2(국가유공자 무료진료), 3(전국 공적 무료진료), 4(교통사고-보험사), 5(산재처리), 6(입원비용에 포함), 7(기타), 8(지자체 및 이외의 무료진료)
	er33	0(의료급여자 무료), 92(무료)
IN	in3, in6	91, 92는 1900, 그 외는 2000을 더하면 연도가 나옴
	in8	55(입원 중)
	in35	0(의료급여자, 건보무료검진 등), 91(무료), 95(일시금으로 이전에 지급), 96(교통사고로 금액을 모르는 경우), 97(산재로 금액을 모르는 경우)
	in35_2, in35_3, in35_4, in35_5, in35_6	0(6개월 이상 장기입원), 2(의료급여 무료진료), 3(국가유공자 무료진료), 4(전국 공적 무료진료), 5(지자체 및 이외 무료진료), 6(교통사고-보험사), 7(산재처리), 8(입원 중 가구원), 9(기타 무료), 95(일시금으로 이전에 지급)
	in37	5(입원 중), 91(무료), 96(교통사고로 금액을 모름), 97(산재로 금액을 모름)
	in8	77(자가차량, 오토바이의 경우)
	in52	94(입원비에 포함), 95(일시금으로 이전에 지급)
OU	ou6	2000을 더하면 연도가 나옴
	ou29	91(무료), 94(외래를 통해 당일 입원하여 비용을 입원비용 정산 시 포함) 95(일시금으로 이전에 지급), 96(교통사고로 금액을 모르는 경우), 97(산재로 금액을 모르는 경우)
	ou29_2	2(의료급여 무료진료), 3(국가유공자 무료진료), 4(전국 공적 무료진료), 5(지자체 및 이외 무료진료), 6(교통사고-보험사), 7(산재처리), 9(기타 무료), 94(확인일 또는 검사일에 지급하기 위해 수납을 연기), 95(일시금으로 이전에 지급)
	ou35	77(처방전을 받았으나 약국 안 감), 91(무료), 96(교통사고로 금액을 모름), 97(산재로 금액을 모름)
	ou35_1	0(당일 처방약 구매)
	ou38	0(도보, 자전거 등), 77(자가차량), 91(도보나 자가차량 외)

KHPS 데이터셋 다루기 실전

5장은 1-4장까지의 과정에서 익힌 것을 기반으로 실제 KHPS 데이터셋을 가공, 분석하는 과정을 보여주고 있다. 특히 2장과 3장의 내용을 많이 응용한 R 함수가 많이 나오기 때문에 5장에서는 R 함수의 기술적인 부문에 대한 내용은 가급적 언급하지 않을 것이고, 기술적 부문은 가급적 해당 Mission을 참고하라고 안내하고 있다. 5장은 크게 4개 부분으로 구성되어 있다.

① **모(母) 데이터프레임 만들기**: KHPS 데이터셋의 근간이 되는 자료를 만드는 과정으로 **데이터셋 SURVEY, MT_H, MT_I, HH, IND**를 통해 **가구 단위 모 데이터프레임** hh와 **가구원 단위 모 데이터프레임** ind가 최종 결과물이다. 이 2개의 데이터프레임에는 2008-2012년 가구와 가구원의 key 변수, 가중치 값을 넣을 예정이다.

② **의료이용과 의료비 지출의 결정요인에 관한 데이터프레임 만들기 부분**: (1) **데이터셋** HH를 이용하여 가구 단위 **데이터프레임** hh.det, (2) **데이터셋** IND를 이용하여 가구원 단위 사회경제적 요인 **데이터프레임** ind.ses, (3) **데이터셋** CD를 이용하여 가구원 단위 만성질환 이환에 관한 **데이터프레임** ind.cd, (4) **데이터셋** PHI와 PHR을 이용하여 민간의료보험 가입과 수급에 관한 **데이터프레임** ind.phi, ind.phr을 만들 예정이다.

③ **의료이용과 의료비 지출 데이터프레임 만들기 부분**: **데이터셋** ER, OU, IN을 이용하여 2008-2012년간 응급의료, 외래, 입원에 대한 통합적 데이터프레임 outcome을 만들 예정이다.

④ 마지막으로 ①–③의 과정을 거쳐 만든 모든 데이터프레임을 활용하여 우리나라 국민의 의료이용과 의료비 지출의 수준에 대하여 간단한 **기술통계 분석**을 시행하고자 한다.

독자 여러분들은 Code.R을 직접 실행하면서 책을 보길 권한다. 처음에는 많은 시간이 걸리지만 반복하다 보면 자신의 목적에 맞게 자료를 다루는 법을 익힐 수 있을 것이다.

표 5-1은 이 장에서 사용할 KHPS 데이터셋과 이를 통해 만들 데이터프레임 간 관계(Mission 5.1.1.01부터 Mission 5.3.0.10까지의 과정)와 이 데이터프레임들과 이를 통해 만들 분석 결과표 간 관계(Mission 5.4.0.01부터 Mission 5.4.0.06까지의 과정)를 보여주고 있다.

표 5-1 KHPS 데이터셋과 이를 이용해 만들 데이터프레임 간 관계와 데이터프레임을 이용하여 만들 분석 결과표 간 관계

Mission 5.1.1.01 - Mission 5.3.0.10 (189-269 페이지)		Mission 5.4.0.01 - Mission 5.4.0.06 (269-300 페이지)	
사용 데이터셋	생성 데이터프레임	사용 데이터프레임	생성 분석 결과표
SURVEY, MT_H, HH	hh	hh, ind	표 5-10
HH	hh.det	hh, outcome	표 5-11
MT_I, IND	ind	ind, outcome	표 5-12
IND	ind.ses	hh, hh.det, ind.ses, ind.phi, outcome	표 5-13
CD	ind.cd	hh, ind.cd, ind.phi, ind.phr, outcome	표 5-14
PHI	ind.phi		
PHR	ind.phr		
ER, OU, IN	outcome		

> 5장에서는 KHPS 데이터셋(Stata 파일) 이름을 SURVEY, MT_H, MT_I, HH, IND, IND_INCOME, HPH, PHI, PHR, CD, MD, ER, OU, IN, APPEN, LTC로 기술하고 있다.
> 예를 들어 데이터셋 MT_H는 mt08_h.dta(2008년), mt09_h(2009년), mt10_h(2010년), mt11_h(2011년), mt12_h(2012년) 등 2008-2012년 데이터셋을 모두 의미한다.

이 장에서는 foreign, plyr, reshape2 패키지를 이용할 예정이기 때문에 Line 761의 library 함수로 해당 패키지를 불러오자.

```
761    > library(foreign) ; library(plyr) ; library(reshape2)
```

1 모(母) 데이터프레임

이 책에서 **모(母) 데이터프레임**이라 함은 KHPS에 참여한 **전체 표본 가구와 그 가구원의 key 변수, 가구와 가구원의 조사 참여 여부, 가중치에 대한 정보를 담고 있는 데이터프레임**으로 정의하였다.

데이터셋 SURVEY, MT_H, HH를 이용하여 **가구 단위 모 데이터프레임(hh)**을 만들고, 데이터셋 MT_I, IND을 이용하여 **가구원 단위 모 데이터프레임(ind)**을 만들어보자.

1.1 가구 단위 모(母) 데이터프레임

가구 단위 모 데이터프레임 hh는 데이터셋 SURVEY, MT_H, HH에서 필요한 변수를 추출하여 **가구의 key 변수, 연도별 조사 참여 여부, 모집단 및 표본 단위 횡단 가중치 값**에 대한 정보를 생성하는 과정을 거쳐 만들어진다(표 5-2).

표 5-2 데이터셋 SURVEY, MT_H, HH에서 추출할 변수와 가구 단위 모 데이터프레임 hh에 생성할 변수 간 관계

<table>
<tr><th rowspan="2">영역</th><th colspan="2">데이터셋 SURVEY, MT_H, HH에서 추출할 변수</th><th colspan="2">데이터프레임 hh에 생성할 변수</th></tr>
<tr><th>변수 이름</th><th>데이터셋, 변수 내용</th><th>변수 이름</th><th>변수 생성 방식</th></tr>
<tr><td rowspan="2">key 변수</td><td rowspan="2">hhid</td><td rowspan="2">데이터셋 SURVEY, MT_H, HH
가구 식별번호</td><td>hhid</td><td>key 변수로 merge 함수의 기준 변수</td></tr>
<tr><td>hhidwon
m1
m2</td><td>hhid 변수에서 만들어냄.</td></tr>
<tr><td>연도별 참여 여부</td><td>hflag</td><td>데이터셋 MT_H
가구 변동사항</td><td>join</td><td>5개 연도 변수 hflag를 1개 변수 join으로 통합</td></tr>
<tr><td rowspan="2">가중치</td><td>h_wgc</td><td>데이터셋 HH
모집단 단위 가구 횡단 가중치</td><td>wgch-wgch5</td><td rowspan="2">5개 연도 h_wgc, h_wsc 값을 그대로 가져옴.
wgch1, wsch1 변수는 2008년을 의미하며, wgch5, wsch5 변수는 2012년을 의미함.</td></tr>
<tr><td>h_wsc</td><td>데이터셋 HH
표본 단위 가구 횡단 가중치</td><td>wsch1-wsch5</td></tr>
</table>

Mission 5.1.1.01

▶ 데이터셋 SURVEY, MT_H, HH를 불러온 후 데이터프레임으로 저장하자.

■ Line별 의미

768-74 데이터셋 SURVEY, MT_H, HH을 read.dta 함수로 불러온 후 데이터프레임으로 저장하자.

775 11개 행과 2개 열을 갖는 비어 있는 행렬 객체 x를 만든 것이다. 객체 x는 Line 781의 출력 결과(11개 데이터프레임의 사례 수와 변수의 개수)를 담기 위해 만든 것이다.

776-7 survey-t12hh까지 11개 문자열을 벡터 객체 df.name으로 저장하자.

778-80 for 반복문(151페이지 Mission 3.2.10.01과 152페이지 Mission 3.2.10.02 참고)은 i에 1-11까지 값을 주고 반복적으로 **x[i,] <- dim(get(df.name[i]))** 문을 실행한 것이다.
dim(get(df.name[i])) 문을 살펴보자.
get 함수는 문자열을 R 객체로 반환하는 기능을 갖고 있다. 따라서 get(df.name[i]) 의미는 문자 벡터 df.name의 원소들 중 i번째 원소의 문자열의 이름을 갖는 R 객체(데이터프레임)를 반환하게 된다.
이렇게 반환된 데이터프레임에 **dim** 함수(Mission 2.1.4.04 참고)를 적용한 값을 x[i,]에 넣게 된다. x[i,]는 Line 775에서 만든 행렬 객체 x의 i번째 행을 의미한다.

781 지금까지 과정을 통해 만든 행렬 객체 x를 출력한 결과이다. rownames 함수와 colnames 함수를 이용하여 각 데이터프레임별 사례 수(변수 RowN 값)와 변수 개수(변수 VarN 값)를 알아보기 쉽도록 하였다.
이 Line의 출력 결과와 Workspace 창에서 보이는 11개 데이터프레임의 사례 수와 변수의 개수와도 비교해보자. 동일한 것을 알 수 있다.

■ Line별 함수와 출력 결과

```
768  > survey <- read.dta("./data/survey.dta")
769  > mt08_h <- read.dta("./data/mt08_h.dta") ;
       mt09_h <- read.dta("./data/mt09_h.dta")
770  > mt10_h <- read.dta("./data/mt10_h.dta") ;
       mt11_h <- read.dta("./data/mt11_h.dta")
771  > mt12_h <- read.dta("./data/mt12_h.dta")
772  > t08hh <- read.dta("./data/t08hh.dta") ;
       t09hh <- read.dta("./data/t09hh.dta")
773  > t10hh <- read.dta("./data/t10hh.dta") ;
```

```
     t11hh <- read.dta("./data/t11hh.dta")
774  > t12hh <- read.dta("./data/t12hh.dta")
775  > x <- matrix(nrow=11, ncol=2)
776  > df.name <- c("survey", "mt08_h", "mt09_h", "mt10_h", "mt11_h", "mt12_h",
777  +               "t08hh", "t09hh", "t10hh", "t11hh", "t12hh")
778  > for (i in 1:11){
779  +   x[i, ] <- dim(get(df.name[i]))
780  + }
781  > > rownames(x) <- df.name ; colnames(x) <- c("N", "VarN") ; x
             RowN  VarN
     survey  8290    31
     mt08_h  7009     5
     mt09_h  6314     5
     mt10_h  5956     5
     mt11_h  5741     5
     mt12_h  5434     5
     t08hh   7009    48
     t09hh   6314   146
     t10hh   5956    61
     t11hh   5741    66
     t12hh   5434    66
```

Mission 5.1.1.02

▶ 데이터셋 SURVEY, MT_H, HH를 합쳐 하나의 데이터프레임 hh를 만들자.

■ Line별 의미

785 데이터프레임 survey에서 변수 hhidwon, m1, m2, hhid를 추출하여 데이터프레임 hh로 저장하자.

786-90 각 연도별 데이터셋 MT_H에서 가구원 변동 유무 변수 hflag를 추출하여 데이터프레임 x1-x5로 저장한 후, names 함수를 이용하여 hflag 변수 이름을 f1-f5로 변경하자.

Line 791-5에서 key 변수 hhid를 제외한 데이터프레임 x1-x5의 변수 이름이 hflag로 동일한 상태에서 merge 함수를 적용하게 되면 변수 이름이 내 의도에 맞지 않게 자동으로 변경되기 때문이다. 사전에 변수 이름을 f1-f5로 변경하면 R 함수를 효율적으로 작성가능하다.

791-5 데이터프레임 x1-x5를 merge하여 데이터프레임 hh를 만든 것이다.

796 head 함수를 적용한 결과 가구원식별번호가 10002111인 가구의 경우 f1-f5 변수 값이 모두 NA인 것을 볼 수 있다. 이 가구는 데이터셋 SURVEY에 기록된 가구이지만 연도별 데이터셋 HH에는 포함되지 않은, 즉 연간 의료이용 조사가 완료되지 않은 가구를 의미한다.
따라서 이들 가구들은 이후 필요하지 않기 때문에 삭제해야 한다.

797 **f1-f5 변수의 값이 모두 NA인 가구를 삭제**하는 것은 **!(is.na(hh$f1) & is.na(hh$f2) & is.na(hh$f3) & is.na(hh$f4) & is.na(hh$f5))** 문을 통해 가능하다.
f1-f5 변수에 is.na 함수를 적용한 후 **AND(&)**를 적용하면 5개 f1-f5 변수의 값이 모두 NA 가구를 선택하게 되며, 여기에 **NOT(!)**을 적용하게 되면 최종적으로 f1-f5 변수의 값이 모두 NA인 가구를 제외한 가구만을 선택하게 되는 원리이다.
실행 결과는 데이터프레임 hh로 저장하자.

799 **sum(!is.na(hh$f1))**부터 **sum(!is.na(hh$f5))** 까지 5개 R 함수문은 f1-f5 등 5개 변수의 값이 결측값이 아닌 사례의 수를 출력하게 된다.
실행 결과는 7009, 6314, 5956, 5741, 5434로 출력된 것을 볼 수 있다. 이는 2008년은 7,009가구, 2009년은 6,314가구, 2010년은 5,956가구, 2011년은 5,741가구, 2012년은 5,434가구가 조사에 참여한 것을 의미한다.

■ Line별 함수와 출력 결과

```
785  > hh <- survey[, c("hhidwon", "m1", "m2", "hhid")]
786  > x1 <- mt08_h[,c("hhid", "hflag")] ; names(x1)[2] <- "f1"
787  > x2 <- mt09_h[,c("hhid", "hflag")] ; names(x2)[2] <- "f2"
788  > x3 <- mt10_h[,c("hhid", "hflag")] ; names(x3)[2] <- "f3"
789  > x4 <- mt11_h[,c("hhid", "hflag")] ; names(x4)[2] <- "f4"
790  > x5 <- mt12_h[,c("hhid", "hflag")] ; names(x5)[2] <- "f5"
791  > hh <- merge(hh, x1, by="hhid", all=TRUE)
792  > hh <- merge(hh, x2, by="hhid", all=TRUE)
793  > hh <- merge(hh, x3, by="hhid", all=TRUE)
794  > hh <- merge(hh, x4, by="hhid", all=TRUE)
795  > hh  <-  merge(hh, x5, by="hhid", all=TRUE)
796  > head(hh)
```

```
        hhid hhidwon m1 m2 f1 f2 f3 f4 f5
1 10001111   10001 11  1  0  0  0  1  0
2 10002111   10002 11  1 NA NA NA NA NA
3 10003111   10003 11  1  0  0  0  0 NA
4 10004111   10004 11  1  0  0  0  0  1
5 10005111   10005 11  1 NA NA NA NA NA
6 10006111   10006 11  1  0  0  0  0  0
797 > hh <- hh[!(is.na(hh$f1) & is.na(hh$f2) & is.na(hh$f3) &
798 +            is.na(hh$f4) & is.na(hh$f5)), ]
799 > sum(!is.na(hh$f1)) ; sum(!is.na(hh$f2)) ; sum(!is.na(hh$f3)) ;
      sum(!is.na(hh$f4)) ; sum(!is.na(hh$f5))
[1] 7009
[1] 6314
[1] 5956
[1] 5741
[1] 5434
```

그림 5-1은 KHPS 코드북 파일에서 데이터셋 MT_H의 변수 분석 결과를 보여주고 있다. 변수 hhid의 7,009(100.00)부터 5,434(100.00) 등 5개 값을 보게 되면 Line 799에서 확인한 5개 값과 완전히 똑같다는 것을 알 수 있다. 이는 데이터셋 SURVEY, MT_H를 하나의 데이터프레임으로 합치더라도 각 연도별 조사 참여 가구수를 확인할 수 있음을 의미한다.

설문내용	변수명	보기문항내용	2008 통합		2009 통합		2010 통합		2011 통합		2012 통합		비고
			빈도	(%)	빈도	(%)	빈도	(%)	빈도	(%)	빈도	(%)	
가구 Key 파일													
가구고유번호	HHIDWON	유효	7,009	(100.00)	6,314	(100.00)	5,956	(100.00)	5,741	(100.00)	5,434	(100.00)	
가구생성차수	M1	(11) 2008년 상반기	7,009	(100.00)	6,281	(99.48)	5,865	(98.47)	5,558	(96.81)	5,179	(95.31)	
		(12) 2008년 하반기			24	(0.38)	23	(0.39)	20	(0.35)	21	(0.39)	
		(21) 2009년			9	(0.14)	38	(0.64)	38	(0.66)	36	(0.66)	
		(31) 2010년 상반기					30	(0.50)	48	(0.84)	45	(0.83)	
		(32) 2010년 하반기							67	(1.17)	54	(0.99)	
		(41) 2011년							10	(0.17)	57	(1.05)	
		(51) 2012년									42	(0.77)	
가구분리일련번호	M2	(1) 첫번째 분가가구	7,009	(100.00)	6,314	(100.00)	5,953	(99.95)	5,734	(99.88)	5,428	(99.89)	
		(2) 두번째 분가가구					3	(0.05)	7	(0.12)	6	(0.11)	
가구식별번호	HHID	유효	7,009	(100.00)	6,314	(100.00)	5,956	(100.00)	5,741	(100.00)	5,434	(100.00)	HHID=HHIDWON +M1+M2
가구내 가구원변동유무	HFLAG	(0) 가구내 가구원변동 없음	6,944	(99.07)	6,175	(97.80)	5,775	(96.96)	5,561	(96.86)	5,268	(96.95)	
		(1) 가구내 가구원변동 있음	65	(0.93)	139	(2.20)	181	(3.04)	180	(3.14)	166	(3.05)	

그림 5-1 KHPS 코드북의 데이터셋 MT_H의 변수별 분석 결과

Mission 5.1.1.03

▶ 가구의 연도별 조사 참여 변수(join)를 만들어보자.

Mission 5.1.1.02를 통해 만든 데이터프레임 hh의 변수 f1-f5를 paste 함수로 합쳐 **가구의 연도별 조사 참여 변수 join**을 만드는 과정이다.

■ Line별 의미

803 Mission 5.1.1.02를 통해 만든 데이터프레임 hh를 head 함수로 살펴본 결과이다.
가구 식별번호(hhid)가 10003111인 가구의 경우 f5 변수 값만 NA로, 이는 2008-2011년에는 조사에 참여했지만 2012년에는 참여하지 않은 것을 의미한다.
이러한 연도별 조사 참여에 대한 정보를 11110(1은 조사 참여, 0은 조사 미참여)과 같이 간결하게 표현하여 조사 참여 변수(join)를 만들어보고자 한다.

804-8 변수 f1-f5에 !is.na 함수를 적용한, 즉 변수 값이 결측값이 아닌 경우(조사에 참여한 경우)는 새로운 변수 x1-x5에 값 1을 입력하고 조사에 참여하지 않은 경우는 값 0을 입력한다.
변수 x1-x5를 문자 변수로 바꾸기 위하여 as.character 함수를 적용한다.

809 이 x1-x5 5개 문자 변수를 paste 함수로 합쳐 join 변수로 저장한다.

810 임시로 만든 x1-x5 변수를 **hh <- hh[, c(1:9, 15)]** 문을 통해 제거하고 저장한다.

811 지금까지 만든 데이터프레임 hh를 head 함수로 살펴본 결과이다.
변수 f1-f5와 변수 join에 집중하자!
변수 hhid 값이 10001111인 가구의 변수 join 값은 11111로 5년 연속 조사에 참여한 것으로 나타났고 변수 f1-f5에는 NA가 없는 것을 볼 수 있다.
변수 hhid 값이 10003111인 가구는 11110으로 2008-2011년에 조사에 참여하였으며, 변수 f5 값이 NA인 것을 볼 수 있다.
변수 hhid 값이 10007111인 가구는 10000으로 2008년에만 조사에 참여하였으며, 변수 f2-f5 값이 NA인 것을 볼 수 있다.
제대로 변수 join이 만들어진 것을 볼 수 있다.

812 **data.frame(table(hh$join))** 문으로 변수 join 값의 분포를 살펴본 결과이다.
Var1 변수는 join 변수의 조사 참여 연도의 조합이 20개이며 00001부터 11111까지 있는 것을 알 수 있다(00000, 즉 2008-2012년 전혀 참여하지 않은 가구는 없는 것을 알 수 있음).
변수 Freq의 값은 변수 Var1의 각 조사참여 연도 값에 해당하는 가구의 수를 의미한다.
각 가구들의 조사 참여 연도가 굉장히 다양한 것을 알 수 있을 것이다.

■ Line별 함수와 출력 결과

```
803    > head(hh)
           hhid hhidwon m1 m2 f1 f2 f3 f4 f5
       1 10001111   10001 11  1  0  0  0  1  0
       3 10003111   10003 11  1  0  0  0  0 NA
       4 10004111   10004 11  1  0  0  0  0  1
       6 10006111   10006 11  1  0  0  0  0  0
       7 10007111   10007 11  1  0 NA NA NA NA
       8 10008111   10008 11  1  0  0  0  0  0
804    > hh$x1[!is.na(hh$f1)] <- 1 ; hh$x1[is.na(hh$x1)] <- 0 ;
         hh$x1 <- as.character(hh$x1)
805    > hh$x2[!is.na(hh$f2)] <- 1 ; hh$x2[is.na(hh$x2)] <- 0 ;
         hh$x2 <- as.character(hh$x2)
806    > hh$x3[!is.na(hh$f3)] <- 1 ; hh$x3[is.na(hh$x3)] <- 0 ;
         hh$x3 <- as.character(hh$x3)
807    > hh$x4[!is.na(hh$f4)] <- 1 ; hh$x4[is.na(hh$x4)] <- 0 ;
         hh$x4 <- as.character(hh$x4)
808    > hh$x5[!is.na(hh$f5)] <- 1 ; hh$x5[is.na(hh$x5)] <- 0 ;
         hh$x5 <- as.character(hh$x5)
809    > hh$join <- paste(hh$x1, hh$x2, hh$x3, hh$x4, hh$x5, sep="")
810    > hh <- hh[, c(1:9, 15)]
811    > head(hh)
           hhid hhidwon m1 m2 f1 f2 f3 f4 f5  join
       1 10001111   10001 11  1  0  0  0  1  0 11111
       3 10003111   10003 11  1  0  0  0  0 NA 11110
       4 10004111   10004 11  1  0  0  0  0  1 11111
       6 10006111   10006 11  1  0  0  0  0  0 11111
       7 10007111   10007 11  1  0 NA NA NA NA 10000
       8 10008111   10008 11  1  0  0  0  0  0 11111
812    > data.frame(table(hh$join))
```

```
    Var1 Freq
1  00001   91
2  00010   16
3  00011   84
4  00100    4
5  00101    1
6  00110    4
7  00111   63
8  01000    3
9  01100    3
10 01111   27
11 10000  699
12 10011    4
13 10100    4
14 10110    2
15 10111   19
16 11000  450
17 11001    2
18 11100  307
19 11110  379
20 11111 5143
```

Mission 5.1.1.04

▶ 가구의 가중치 변수를 합치자.

Mission 5.1.1.03까지의 과정을 통해 만든 데이터프레임 hh에 가구의 가중치 변수를 합치자.

■ Line별 의미

816-20 Mission 5.1.1.01의 Line 772-4에서 만든 데이터프레임 **t08hh-t12hh**에서 **4-6**번째 변수, 즉 hhid, h_wgc, h_wsc 등 3개 변수를 추출한 후 데이터프레임 **x1-x5**로 저장하자. **names(x1)[2]** 문부터 **names(x5)[2]** 문까지 실행하면 데이터프레임 x1-x5의 2번째 변수, 즉 변수 h_wgc는 **wgch1-wgch5**(모집단 기준 가구 횡단 가중치)로 이름이 바뀌게 된다.

names(x1)[3] 문부터 **names(x5)[3]** 문까지 실행하면 데이터프레임 x1-x5의 3번째 변수, 즉 변수 h_wsc는 **wsch1-wsch5**(표본 기준 가구 횡단 가중치)로 이름이 바뀌게 된다.

821-5 Mission 5.1.1.03에서 만든 데이터프레임 hh에 5개 데이터프레임 x1-x5를 merge 함수로 결합하여 데이터프레임 hh로 저장하자.

826 **hh <- hh[, c(2:4, 1, 10, 11, 13, 15, 17, 19, 12, 14, 16, 18, 20)]** 문을 통해 변수의 순서를 조정하고 임시로 만든 변수 f1-f5는 제거한다.

827 최종 가구 모 데이터프레임 hh을 View 함수로 살펴본 결과이다.
가구 식별번호(hhid)가 10007111인 가구는 2008년에만 조사 참여하였고(변수 join 값은 10000), 가중치 값도 2008년도 가중치 변수인 wgch1과 wsch1에만 있고 나머지 변수 wgch2-wgch5와 wsch2-wsch5는 모두 NA인 것을 알 수 있다.
2008-2012년의 가구 가중치 변수 10개가 제대로 결합된 것을 알 수 있다.

■ Line별 함수와 출력 결과

```
816  > x1 <- t08hh[, 4:6] ; names(x1)[2] <- "wgch1" ; names(x1)[3] <- "wsch1"
817  > x2 <- t09hh[, 4:6] ; names(x2)[2] <- "wgch2" ; names(x2)[3] <- "wsch2"
818  > x3 <- t10hh[, 4:6] ; names(x3)[2] <- "wgch3" ; names(x3)[3] <- "wsch3"
819  > x4 <- t11hh[, 4:6] ; names(x4)[2] <- "wgch4" ; names(x4)[3] <- "wsch4"
820  > x5 <- t12hh[, 4:6] ; names(x5)[2] <- "wgch5" ; names(x5)[3] <- "wsch5"
821  > hh <- merge(hh, x1, by="hhid", all=TRUE)
822  > hh <- merge(hh, x2, by="hhid", all=TRUE)
823  > hh <- merge(hh, x3, by="hhid", all=TRUE)
824  > hh <- merge(hh, x4, by="hhid", all=TRUE)
825  > hh <- merge(hh, x5, by="hhid", all=TRUE)
826  > hh <- hh[, c(2:4, 1, 10, 11, 13, 15, 17, 19, 12, 14, 16, 18, 20)]
827  > View(head(hh, n=10))
```

hhidwon	m1	m2	hhid	join	wgch1	wgch2	wgch3	wgch4	wgch5	wsch1	wsch2	wsch3	wsch4	wsch5
10001	11	1	10001111	11111	2776.660	3057.063	2968.851	6045.620	4540.957	1.1764472	1.1495512	1.0369639	1.9993800	1.3951240
10003	11	1	10003111	11110	2583.476	3331.118	3446.337	3762.844	NA	1.0945967	1.2526042	1.2037406	1.2444308	NA
10004	11	1	10004111	11111	5464.096	6555.165	7072.147	2271.540	2435.780	2.3150907	2.4649466	2.4701678	0.7512336	0.7483478
10006	11	1	10006111	11111	2635.577	2717.299	2774.979	3376.873	4261.881	1.1166715	1.0217893	0.9692478	1.1167843	1.3093830
10007	11	1	10007111	10000	2909.450	NA	NA	NA	NA	1.2327091	NA	NA	NA	NA
10008	11	1	10008111	11111	2656.997	2809.777	2904.571	3020.195	3628.903	1.1257468	1.0565637	1.0145119	0.9988251	1.1149126
10009	11	1	10009111	11111	5646.711	6909.925	7072.147	6436.484	4507.330	2.3924629	2.5983473	2.4701678	2.1286447	1.3847928
10011	11	1	10011111	11111	2776.660	3057.063	2968.851	2940.229	3316.696	1.1764472	1.1495512	1.0369639	0.9723793	1.0189928
10012	11	1	10012111	11000	2416.147	2481.536	NA	NA	NA	1.0237008	0.9331351	NA	NA	NA
10013	11	1	10013111	10000	2997.865	NA	NA	NA	NA	1.2701698	NA	NA	NA	NA

1.2 가구원 단위 모(母) 데이터프레임

가구원 단위 데이터프레임 ind는 데이터셋 MT_I, IND에서 필요한 변수를 추출하여 **가구원의 key 변수, 연도별 가구원 조사 참여 여부, 모집단 및 표본 단위 가구원의 횡단 가중치와 종단 가중치 값**에 대한 정보를 생성하는 과정을 거쳐 만들어진다(표 5-3).

표 5-3 데이터셋 MT_I, IND에서 추출할 변수와 가구원 단위 모 데이터프레임 ind에 생성할 변수 간 관계

영역	데이터셋 MT_I, IND에서 추출할 변수		데이터프레임 ind에 생성할 변수	
	변수 이름	데이터셋/변수 내용	변수 이름	변수 생성 방식
key 변수	hpid	데이터셋 MT_I, IND 가구원 식별번호	hpid	key 변수로 merge 함수의 기준 변수
			hhidwon m1 m2 hhid pid pidwon	hpid 변수에서 만들어냄.
연도별 참여 여부	iflag	데이터셋 MT_I 가구 변동사항	join2	5개 연도 변수 iflag를 1개 변수 join2로 통합
가중치	i_wgc	데이터셋 IND 모집단 단위 가구원 횡단 가중치	wgci1- wgci5	5개 연도 변수 i_wgc, i_wgl, i_wsc, i_wsl 값을 그대로 가져옴. (변수 i_wgl, i_wsl은 종단 가중치로 2008년은 없음) wgci1, wsci1 변수는 2008년을 의미하며, wgci5, wsci5 변수는 2012년을 의미함.
	i_wgl	데이터셋 IND 모집단 단위 가구원 종단 가중치	wgli2- wgli5	
	i_wsc	데이터셋 IND 표본 단위 가구원 횡단 가중치	wsci1- wsci5	
	i_wsl	데이터셋 IND 표본 단위 가구원 종단 가중치	wsci2- wsci5	

Mission 5.1.2.01

▶ 데이터셋 MT_I, IND를 불러온 후 데이터프레임으로 저장하자.

이 Mission을 통해 190페이지 Mission 5.1.1.01과는 다르게 데이터셋을 불러오고자 한다. **문자 벡터, paste 함수, assign 함수, read.dta 함수와 for 반복문을 조합한 방법**이다.

■ Line별 의미

833-4 데이터셋 MT_I, IND 이름 문자열 10개를 갖는 벡터 객체 df.name으로 저장하자.

835-9 for 반복문을 통해 10개 데이터셋을 10개 데이터프레임으로 저장하고자 한다.

i에 1:10 등 1에서 10까지 10개 숫자를 부여하자. 이 10개 값을 통해 벡터 객체 df.name에서 10개 문자열의 위치를 지정할 수 있다.

paste 함수, read.dta 함수, assign 함수로 이루어진 3줄의 명령문이 있다. 각각 살펴보자.

paste("./data/", df.name[i], ".dta", sep="") 문은 **"./data/mt08_i.dta"** (df.name[1] 경우 출력되는 결과임)부터 **"./data/t12ind.dta"**(df.name[10] 경우 출력되는 결과임)까지의 문자열을 출력하게 된다. 이를 객체 x로 저장한다.

paste 함수로 출력되는 객체 x에 **read.dta** 함수를 적용한 후 객체 y로 저장한다.

assign(df.name[i], y) 문은 **문자 df.name[i]에 객체 y를 할당**하는 assign 함수를 의미한다. i 값이 1인 경우는 df.name[1]을 통해 mt08_i 문자열을 추출하게 되고 이 문자열에 Stata 파일 mt08_i.dta를 read.dta로 불러온 후 저장한 객체 y를 할당하게 된다. 따라서 데이터프레임 mt08_i가 출력된다.

840-4 Line 833-9에서 만들어지는 10개 데이터프레임의 사례 수와 변수의 개수를 확인하는 과정이다(Mission 5.1.1.01의 Line 776-81 참고).

■ Line별 함수와 출력 결과

```
833  > df.name <- c("mt08_i", "mt09_i", "mt10_i", "mt11_i", "mt12_i",
834  +               "t08ind", "t09ind", "t10ind", "t11ind", "t12ind")
835  > for (i in 1:10){
836  +   x <- paste("./data/", df.name[i], ".dta", sep="")
837  +   y <- read.dta(x)
838  +   assign(df.name[i], y)
839  + }
840  > x <- matrix(nrow=10, ncol=2)
841  > for (i in 1:10){
842  +   x[i, ] <- dim(get(df.name[i]))
843  + }
```

```
844   > rownames(x) <- df.name ; colnames(x) <- c("RowN", "VarN") ; x
                RowN  VarN
      mt08_i  21283    8
      mt09_i  19153    8
      mt10_i  17885    8
      mt11_i  17035    8
      mt12_i  15872    8
      t08ind  21283   64
      t09ind  19153   82
      t10ind  17885   96
      t11ind  17035   90
      t12ind  15872   91
```

Mission 5.1.2.02

▶ 데이터셋 MT_I, IND를 합쳐 하나의 데이터프레임 ind를 만들자.

■ Line별 의미

이 Mission은 Mission 5.1.1.02와 동일한 구성과 목적을 가지고 있어 구체적 설명은 생략한다.

■ Line별 함수와 출력 결과

```
848   > x1 <- mt08_i[, c("hpid", "iflag")]; names(x1)[2] <- "f1"
849   > x2 <- mt09_i[, c("hpid", "iflag")]; names(x2)[2] <- "f2"
850   > x3 <- mt10_i[, c("hpid", "iflag")]; names(x3)[2] <- "f3"
851   > x4 <- mt11_i[, c("hpid", "iflag")]; names(x4)[2] <- "f4"
852   > x5 <- mt12_i[, c("hpid", "iflag")]; names(x5)[2] <- "f5"
853   > ind <- merge(x1, x2, by="hpid", all=TRUE)
854   > ind <- merge(ind, x3, by="hpid", all=TRUE)
855   > ind <- merge(ind, x4, by="hpid", all=TRUE)
856   > ind <- merge(ind, x5, by="hpid", all=TRUE)
857   > head(ind)
```

```
        hpid f1 f2 f3 f4 f5
1 1000111101  0  0  0  2 NA
2 1000111102  0  0  0  0  0
3 1000311101  0  0  0  0 NA
4 1000311102  0  0  0  0 NA
5 1000311103  0  0  0  0 NA
6 1000311104  0  0  0  0 NA
```

```
858  > sum(!is.na(ind$f1)) ; sum(!is.na(ind$f2)) ; sum(!is.na(ind$f3)) ;
       sum(!is.na(ind$f4)) ; sum(!is.na(ind$f5))
     [1] 21283
     [1] 19153
     [1] 17885
     [1] 17035
     [1] 15872
```

그림 5-2는 codebook.xlxs 파일에서 데이터셋 MT_I의 변수 분석 결과를 보여주고 있다. HHID 변수의 21,283(100.00)부터 15,872(100.00)까지 5개 값을 보게 되면 Line 858에서 출력된 21283, 19153, 17885, 17035, 15872 등 5개 값과 완전히 똑같다는 것을 알 수 있다.

이는 2008년은 21,283명의 가구원이 조사에 참여하였으며, 2009년은 19,153명, 2010년은 17,885명, 2011년은 17,035명, 2012년은 15,872명이 참여한 사실을 5개 개별 데이터셋 MT_I을 하나의 데이터프레임으로 합치더라도 확인할 수 있다는 것을 의미한다.

설문내용	변수명	보기문항내용	2008 통합		2009 통합		2010 통합		2011 통합		2012 통합	
			빈도	(%)	빈도	(%)	빈도	(%)	빈도	(%)	빈도	(%)
가구원 Key 파일												
가구고유번호	HHIDWON	유효	21,283	(100.00)	19,153	(100.00)	17,885	(100.00)	17,035	(100.00)	15,872	(100.00)
가구생성차수	M1	(11) 2008년 상반기	21,283	(100.00)	19,097	(99.71)	17,690	(98.91)	16,647	(97.72)	15,313	(96.48)
		(12) 2008년 하반기			45	(0.23)	46	(0.26)	45	(0.26)	48	(0.30)
		(21) 2009년			11	(0.06)	90	(0.50)	100	(0.59)	96	(0.60)
		(31) 2010년 상반기					59	(0.33)	102	(0.60)	104	(0.66)
		(32) 2010년 하반기							129	(0.76)	121	(0.76)
		(41) 2011년							12	(0.07)	114	(0.72)
		(51) 2012년									76	(0.48)
가구분리일련번호	M2	(1) 첫번째 분가가구	21,283	(100.00)	19,153	(100.00)	17,878	(99.96)	17,022	(99.92)	15,860	(99.92)
		(2) 두번째 분가가구					7	(0.04)	13	(0.08)	12	(0.08)
가구식별번호	HHID	유효	21,283	(100.00)	19,153	(100.00)	17,885	(100.00)	17,035	(100.00)	15,872	(100.00)

그림 5-2 KHPS 코드북의 데이터셋 MT_I의 변수별 분석 결과

Mission 5.1.2.03

▶ hpid 변수에서 hhidwon, m1, m2, pid, pidwon 변수를 만들자.

hpid 변수는 hhidwon(가구 고유번호 5자리), m1(가구 생성 차수 2자리), m2(가구분리 일련번호 1자리), pid(가구원 번호 2자리) 등 4개 변수가 합쳐진 10자리 숫자 변수이다.
merge 함수를 적용하기 위하여 hpid 변수만 추출하였기 때문에 hpid 변수에 **substr 함수와 paste 함수**를 적용해서 hhidwon, m1, m2, hhid, pid 변수를 만들어보도록 하자.

■ Line별 의미

862-8 key 변수의 종류, 내용, 생성 방식은 162페이지 표 4-2를 참고하자.
Line 862는 변수 as.character 함수를 이용하여 변수 hpid를 문자로 변환한 것이다.
Line 863은 변수 hpid에서 1-5번째 문자열을 추출한 후 변수 hhidwon로 저장한 것이다.
Line 864는 변수 hpid에서 6-7번째 문자열을 추출한 후 변수 m1로 저장한 것이다.
Line 865는 변수 hpid에서 8번째 문자열을 추출한 후 변수 m2로 저장한 것이다.
Line 866은 변수 hpid에서 1-8번째 문자열을 추출한 후 변수 hhid로 저장한 것이다.
Line 867은 변수 hpid에서 9-10번째 문자열을 추출한 후 변수 pidwon로 저장한 것이다.
Line 868은 변수 hhidwon과 pid를 paste 함수로 합쳐 변수 pidwon으로 저장한 것이다.

869 지금까지 만든 ind 데이터프레임의 변수 이름을 **data.frame(names(ind))** 문을 통해 확인하게 되면 변수의 순서를 한눈에 볼 수 있다.

870 Line 869의 출력 결과를 참고하여 **ind <- ind[, c(7:12, 1, 2:6)]** 문을 통해 변수의 순서를 조정한 것이다.

871-3 가구와 가구원의 7개 key 변수는 현재 문자 변수이다. as.numeric 함수를 1-7까지 7번 반복하는 for 반복문을 적용하여 숫자 변수로 바꾸는 것이다.

874 데이터프레임 ind에 View 함수를 적용한 결과이다. 가구와 가구원의 key 변수들이 hpid 변수에서 추출되어 제대로 만들어진 것을 확인할 수 있다.

■ Line별 함수와 출력 결과

```
862 > ind$hpid <- as.character(ind$hpid)
863 > ind$hhidwon <- substr(ind$hpid, 1, 5)
864 > ind$m1 <- substr(ind$hpid, 6, 7)
865 > ind$m2 <- substr(ind$hpid, 8, 8)
```

```
866 > ind$hhid <- substr(ind$hpid, 1, 8)
867 > ind$pid <- substr(ind$hpid, 9, 10)
868 > ind$pidwon <- paste(ind$hhidwon, ind$pid, sep="")
869 > data.frame(names(ind))
      names.ind.
    1       hpid
    2         f1
    3         f2
    4         f3
    5         f4
    6         f5
    7    hhidwon
    8         m1
    9         m2
    10      hhid
    11       pid
    12    pidwon
870 > ind <- ind[, c(7:12, 1, 2:6)]
871 > for (i in 1:7) {
872 +   ind[[i]] <- as.numeric(ind[[i]])
873 + }
874 > View(head(ind, n=10))
```

hhidwon	m1	m2	hhid	pid	pidwon	hpid	f1	f2	f3	f4	f5
10001	11	1	10001111	01	1000101	1000111101	0	0	0	2	NA
10001	11	1	10001111	02	1000102	1000111102	0	0	0	0	0
10003	11	1	10003111	01	1000301	1000311101	0	0	0	0	NA
10003	11	1	10003111	02	1000302	1000311102	0	0	0	0	NA
10003	11	1	10003111	03	1000303	1000311103	0	0	0	0	NA
10003	11	1	10003111	04	1000304	1000311104	0	0	0	0	NA
10004	11	1	10004111	01	1000401	1000411101	0	0	0	0	2
10004	11	1	10004111	02	1000402	1000411102	NA	NA	NA	0	0
10004	11	1	10004111	03	1000403	1000411103	NA	NA	NA	0	0
10004	11	1	10004111	04	1000404	1000411104	NA	NA	NA	0	0

Mission 5.1.2.04

▶ 가구원의 연도별 조사 참여 변수(join2)를 만들자.

■ Line별 의미

878-81 이 Mission은 Mission 5.1.1.03과 동일한 구성과 목적을 가지고 있어 각 Line의 구체적인 설명은 생략한다. 다만 Line 878-81의 경우 Mission 5.1.1.03의 Line 804-8(195페이지 참고)을 1개의 for 반복문으로 구성한 것으로, 이에 대한 설명을 하고자 한다.

Line 878은 i에 8-12의 값을 부여함으로써 Mission 5.1.2.03에서 만든 데이터프레임 ind의 변수의 위치를 지정할 수 있게 해주는 것이다. 데이터프레임 ind의 8-12번째 변수는 변수 f1-f5이다.

Line 879의 **ind[[i]][!is.na(ind[[i]])] <- 1 ; ind[[i]][is.na(ind[[i]])] <- 0** 문은 데이터프레임 ind의 i번째 변수의 값이 NA가 아닌 경우는 1, NA인 경우는 0으로 입력하라는 의미이다. 최종 결과는 변수 f1-f5의 값이 모두 0, 1로 바뀌게 되는 것이다.

Line 880은 Line 879에서 만든 변수 f1-f5를 문자 변수로 바꾸는 것이다.

882 변수 f1-f5를 paste 함수로 합쳐 변수 join2를 만드는 것이다.

883-4 Line 882에서 만든 데이터프레임 ind를 head 함수로 살펴보니 변수 join2가 제대로 만들어진 것을 알 수 있다.

Line 883은 데이터프레임 ind에서 1-7번째, 13번째 변수를 추출하여 저장하는 것이다.

Line 884는 Line 883에서 만든 데이터프레임 ind를 head 함수로 살펴본 것이다.

■ Line별 함수와 출력 결과

```
878  > for (i in 8:12) {
879  +   ind[[i]][!is.na(ind[[i]])] <- 1 ; ind[[i]][is.na(ind[[i]])] <- 0
880  +   ind[[i]] <- as.character(ind[[i]])
881  + }
882  > ind$join2 <- paste(ind$f1, ind$f2, ind$f3, ind$f4, ind$f5, sep="")
883  > head(ind[, 7:13]) ; ind <- ind[, c(1:7, 13)]
             hpid f1 f2 f3 f4 f5 join2
     1 1000111101  1  1  1  1  0 11110
     2 1000111102  1  1  1  1  1 11111
     3 1000311101  1  1  1  1  0 11110
```

```
    4 1000311102 1  1  1   1  0  11110
    5 1000311103 1  1  1   1  0  11110
    6 1000311104 1  1  1   1  0  11110
884 > head(ind)
      hhidwon m1 m2     hhid pid  pidwon       hpid join2
    1   10001 11  1 10001111   1 1000101 1000111101 11110
    2   10001 11  1 10001111   2 1000102 1000111102 11111
    3   10003 11  1 10003111   1 1000301 1000311101 11110
    4   10003 11  1 10003111   2 1000302 1000311102 11110
    5   10003 11  1 10003111   3 1000303 1000311103 11110
    6   10003 11  1 10003111   4 1000304 1000311104 11110
```

Mission 5.1.2.05

▶ 가구원의 가중치 변수를 합치자.

■ Line별 의미

이 Mission은 Mission 5.1.1.04와 동일한 구성과 목적을 가지고 있어 각 Line의 구체적인 설명은 생략한다. 다만 가구원 가중치 중 종단 가중치가 있다는 점을 기억하자(166페이지 표 4-7 참고).

■ Line별 함수와 출력 결과

```
888 > x1 <- t08ind[,c("hpid", "i_wgc", "i_wsc")]
889 > x2 <- t09ind[,c("hpid", "i_wgl", "i_wgc", "i_wsl", "i_wsc")]
890 > x3 <- t10ind[,c("hpid", "i_wgl", "i_wgc", "i_wsl", "i_wsc")]
891 > x4 <- t11ind[,c("hpid", "i_wgl", "i_wgc", "i_wsl", "i_wsc")]
892 > x5 <- t12ind[,c("hpid", "i_wgl", "i_wgc", "i_wsl", "i_wsc")]
893 > names(x1)[2] <- "wgci1" ; names(x1)[3] <- "wsci1"
894 > names(x2)[2] <- "wgli2" ; names(x2)[5] <- "wsci2" ;
      names(x2)[3] <- "wgci2" ; names(x2)[4] <- "wsli2"
895 > names(x3)[2] <- "wgli3" ; names(x3)[5] <- "wsci3" ;
```

```
       names(x3)[3] <- "wgci3" ; names(x3)[4] <- "wsli3"
896    > names(x4)[2] <- "wgli4" ; names(x4)[5] <- "wsci4" ;
       names(x4)[3] <- "wgci4" ; names(x4)[4] <- "wsli4"
897    > names(x5)[2] <- "wgli5" ; names(x5)[5] <- "wsci5" ;
       names(x5)[3] <- "wgci5" ; names(x5)[4] <- "wsli5"
898    > ind <- merge(ind, x1, by="hpid", all=TRUE)
899    > ind <- merge(ind, x2, by="hpid", all=TRUE)
900    > ind <- merge(ind, x3, by="hpid", all=TRUE)
901    > ind <- merge(ind, x4, by="hpid", all=TRUE)
902    > ind <- merge(ind, x5, by="hpid", all=TRUE)
903    > ind <-ind[,c("hhidwon","m1","m2","hhid","pid","pidwon","hpid","join2",
904    +             "wgci1", "wgci2", "wgci3", "wgci4", "wgci5",
905    +             "wgli2", "wgli3", "wgli4", "wgli5",
906    +             "sci1", "wsci2", "wsci3", "wsci4", "wsci5",
907    +             "wsli2", "wsli3", "wsli4", "wsli5")]
908    > names(ind)
        [1] "hhidwon" "m1"      "m2"      "hhid"    "pid"     "pidwon"  "hpid"    "join2"
        [9] "wgci1"   "wgci2"   "wgci3"   "wgci4"   "wgci5"   "wgli2"   "wgli3"   "wgli4"
       [17] "wgli5"   "wsci1"   "wsci2"   "wsci3"   "wsci4"   "wsci5"   "wsli2"   "wsli3"
       [25] "wsli4"   "wsli5"
```

2 의료이용과 의료비 지출 결정요인 데이터프레임

2.1 가구 단위 결정요인 데이터프레임

가구 단위 결정요인 데이터프레임 hh.det는 데이터셋 HH에서 필요한 변수를 추출하여 **가구의 소재지역, 가구주번호, 기초보장 형태, 소득과 지출**에 대한 정보를 생성하는 과정을 거쳐 만들어진다(표 5-4).

표 5-4 데이터셋 HH에서 추출할 변수와 가구 단위 의료이용과 의료비 지출 결정요인에 관한 데이터프레임 hh.det에 생성할 변수 간 관계

영역	데이터셋 HH에서 추출할 변수		데이터프레임 hh.det에 생성할 변수	
	변수 이름	변수 내용	변수 이름	변수 생성 방식
key 변수	hhid	가구 식별번호	hhid	key 변수로 merge 함수의 기준 변수
가구 일반적 특성	p	현주소(시도)	region	5개 연도 변수 p를 1개 변수로 통합
	b2	가구주 번호	pid.head	5개 연도 변수 b2를 1개 변수로 통합
	b4	기초보장 수급 형태	medicaid	5개 연도 변수 b4를 1개 변수로 통합
가구 소득	total	가구 총 소득, 단위: 만원 tot_h와 tot_inc의 합	total.1-total.5	5개 연도 변수 total, tot_h, tot_inc 값을 그대로 가져옴. total.1, tot_h.1, tot_inc.1 변수는 2008년을 의미하며 total.5, tot_h.5, tot_inc.5 변수는 2012년을 의미함.
	tot_h	가구 총 자산소득, 단위: 만원	tot_h.1-tot_h.5	
	tot_inc	가구 총 근로소득, 단위: 만원	tot_inc.1-tot_inc.5	
가구 지출	liv	월 생활비 지출, 단위: 만원	liv.1-liv.5	5개 연도 변수 liv 값을 그대로 가져옴. liv.1 변수는 2008년을 의미하며, liv.5 변수는 2012년을 의미함.

Mission 5.2.1.01

▶ 데이터셋 HH를 불러온 후 필요한 변수만 추출하여 데이터프레임으로 저장하자.

■ Line별 의미

916-21 데이터셋 HH 5개를 read.dta 함수로 불러온 후 데이터프레임으로 저장하는 과정이다 (199페이지 Mission 5.1.2.01의 Line 833-9 참고).

데이터프레임 이름은 Line 916에서 만든 벡터 객체 df.name의 5개 문자열이 된다.

922-7 Line 916-21에서 만든 5개 데이터프레임(t08hh, t09hh, t10hh, t11hh, t12)에서 변수 hhid, p, b2, b4, total, tot_h, tot_inc, liv를 추출한 후 데이터프레임 이름을 x1-x5로 바꾸는 과정이다(199페이지 Mission 5.1.2.01의 Line 833-9 참고).

Line 922는 x1-x5 등 5개 문자열을 문자 벡터 객체 df.name2로 저장하는 것이다.

Line 923-7의 for 반복문은 Line 916-21에서 만들어진 5개 데이터프레임(t08hh, t09hh, t10hh, t11hh, t12)에서 필요한 변수만 추출한 후 데이터프레임 x1-x5로 저장하는 것이다.

Line 923은 벡터 객체 df.name2에서 5개 문자열의 위치를 지정할 수 있도록 i에 1-5 등 5개 값을 부여하는 것이다.

Line 924는 Line 916에서 벡터 객체 df.name의 i번째 원소를 추출한 후 get 함수를 적용하여 호출되는 데이터프레임(i가 1인 경우는 데이터프레임 t08hh, 5인 경우는 데이터프레임 t12hh가 호출됨)을 객체 x로 저장하는 것이다.

Line 925는 Line 924에서 저장된 객체 x에서 변수 hhid, p, b2, b4, total, tot_h, tot_inc, liv를 추출한 후 객체 y로 저장하는 것이다.

Line 926은 Line 922에서 만든 문자 벡터 객체 df.name2의 i번째 원소 문자열을 Line 925에서 만들어진 객체 y에 assign 함수로 할당하여 데이터프레임 x1-x5를 만드는 것이다.

■ Line별 함수와 출력 결과

```
916 > df.name <- c("t08hh", "t09hh", "t10hh", "t11hh", "t12hh")
917 > for (i in 1:5){
918 +   x <- paste("./data/", df.name[i], ".dta", sep="")
919 +   y <- read.dta(x)
920 +   assign(df.name[i], y)
921 + }
922 > df.name2 <- c("x1", "x2", "x3", "x4", "x5")
923 > for (i in 1:5) {
924 +  x <- get(df.name[i])
925 +  y <- x[, c("hhid", "p", "b2", "b4", "total", "tot_h", "tot_inc", "liv")]
926 +  assign(df.name2[i], y)
927 + }
```

Mission 5.2.1.02

▶ 데이터셋 HH에서 가구의 소재지역, 가구주번호, 기초보장 형태, 소득과 지출 변수를 만들어서 데이터프레임 hh.det로 저장하자.

Mission 5.2.1.01에서 만들어진 데이터프레임 x1-x5는 변수 **hhid**, **p**(가구 소재지역), **b2**(가구주번호), **b4**(가구 기초보장형태), **연간 총 가구소득(total)**, **연간 총 가구 근로소득(tot_h)**, **연간 총 가구 자산소득(tot_inc)**, **월 생활비 지출 변수(liv)**를 각각 가지고 있다.

이 중 범주형 변수인 가구 소재지역(p)과 가구 기초보장 형태(b4)에 대해서는 먼저 살펴볼 필요가 있다. 변수 p는 11(서울특별시)부터 50(제주도)까지 2자리 값으로 입력되어 있다(그림 5-3). 변수 b4는 1(일반수급 가구), 2(가구원 중 일부 수급가구), 3(조건부 수급가구), 4(특례가구), -1(해당사항 없음, 미수급 가구)의 값으로 구성되어 있다. 1-4의 값을 1로 바꾸어 기초보장 수급 가구로, -1은 0으로 바꾸어 기초보장 미수급 가구(일반 가구)로 바꾸고자 한다.

변수명	보기문항내용	2008 통합		2009 통합		2010 통합		2011 통합		2012 통합	
		빈도	(%)	빈도	(%)	빈도	(%)	빈도	(%)	빈도	(%)
P	(11) 서울특별시	1,113	(15.88)	961	(15.22)	864	(14.51)	827	(14.41)	760	(13.99)
	(26) 부산광역시	527	(7.52)	491	(7.78)	444	(7.45)	433	(7.54)	409	(7.53)
	(27) 대구광역시	472	(6.73)	437	(6.92)	419	(7.03)	411	(7.16)	397	(7.31)
	(28) 인천광역시	397	(5.66)	350	(5.54)	318	(5.34)	308	(5.36)	287	(5.28)
	(29) 광주광역시	190	(2.71)	174	(2.76)	170	(2.85)	167	(2.91)	155	(2.85)
	(30)대전광역시	243	(3.47)	213	(3.37)	195	(3.27)	183	(3.19)	183	(3.37)
	(31) 울산광역시	160	(2.28)	149	(2.36)	146	(2.45)	137	(2.39)	127	(2.34)
	(41) 경기도	1,488	(21.23)	1,292	(20.46)	1,241	(20.84)	1,160	(20.21)	1,082	(19.91)
	(42) 강원도	229	(3.27)	202	(3.20)	195	(3.27)	193	(3.36)	187	(3.44)
	(43) 충청북도	237	(3.38)	210	(3.33)	197	(3.31)	187	(3.26)	183	(3.37)
	(44) 충청남도	276	(3.94)	257	(4.07)	246	(4.13)	245	(4.27)	243	(4.47)
	(45) 전라북도	297	(4.24)	283	(4.48)	270	(4.53)	257	(4.48)	251	(4.62)
	(46) 전라남도	359	(5.12)	340	(5.38)	329	(5.52)	327	(5.70)	311	(5.72)
	(47) 경상북도	363	(5.18)	344	(5.45)	321	(5.39)	319	(5.56)	301	(5.54)
	(48) 경상남도	476	(6.79)	451	(7.14)	446	(7.49)	431	(7.51)	413	(7.60)
	(50) 제주도	182	(2.60)	160	(2.53)	155	(2.60)	156	(2.72)	145	(2.67)

그림 5-3 KHPS 코드북의 데이터셋 HH의 변수 p의 연도별 분석 결과

가구의 소득과 지출에 관한 변수 total, tot_h, tot_inc, liv는 연속형 변수로서 단위는 만원이다.

■ Line별 의미

931-2 Line 931은 Mission 5.2.1.01에서 만들어진 데이터프레임 x1-x5에 연도 변수 yr을 만들고 여기에 값 1-5를 주는 것이다(1은 2008년, 5는 2012년을 의미함).

Line 932는 Line 931에서 만들어진 데이터프레임 x1-x5를 **rbind** 함수로 합쳐 데이터프레임 x로 저장하는 것이다.

모(母) 데이터프레임 만들기 부분과 다른 점은 5개 데이터프레임을 각각 가공한 후 **merge** 함수로 합치는 것이 아니라 **rbind** 함수로 하나의 데이터프레임으로 합친 후 가공하고 넓은 구성형태의 데이터프레임으로 바꿔주는 **reshape** 함수(144페이지 Mission 3.2.9.03 참고)를 이용하는 방식이다. 이 방식이 훨씬 효율적이다.

가구의 소재지역에 관한 데이터프레임은 y1(Line 933-7), 가구주번호에 관한 데이터프레임은 y2(Line 938-44), 가구의 기초보장형태에 관한 데이터프레임은 y3(Line 945-51), 가구의 소득과 지출에 관한 데이터프레임은 y4(Line 952-73)로 저장할 계획이다.

933-7 Line 932에서 만들어진 데이터프레임 x의 가구의 소재지역 변수 p를 데이터프레임 y1의 1개의 변수 region으로 통합하는 과정을 보여주고 있다.

Line 933은 Line 932에서 만들어진 데이터프레임 x에서 변수 hhid, yr, p를 추출한 후 변수 p의 이름을 t로 바꾼 것이다.

Line 934는 변수 t를 **as.character** 함수로 문자 변수로 바꾼 것이다.

Line 935는 **reshape** 함수를 통해 넓은 구성형태의 데이터프레임으로 바꿔주는 것이다. 변수 t가 **timevar** 옵션에 지정된 변수 yr의 1-5 값을 받아 변수 t.1, t.2, t.3, t.4, t.5로 바뀌게 된다.

Line 936은 Line 935에서 만들어진 변수 t.1, t.2, t.3, t.4, t.5를 paste 함수로 합쳐서 변수 region으로 저장하는 것이다.

Line 937은 변수 hhid, region만 남기고 데이터프레임 y1로 저장하는 것이다.

938-44 Line 932에서 만들어진 데이터프레임 x의 가구주번호 변수 b2를 데이터프레임 y2의 1개의 변수 pid.head로 통합하는 과정을 보여주고 있다. 이 부분의 R 함수의 구성은 Line 933-7과 완전히 동일하기 때문에 설명을 생략한다.

다만 Line 939와 Line 941은 설명할 필요가 있다. Line 933의 **table** 함수를 통해 연도 변수 yr과 가구주번호의 교차표를 만든 결과를 보니 가구주번호가 1-8 값만 있는 것을 알 수 있다. 변수 pid.head로 통합할 경우 결측값은 NA로서 2자리이기 때문에 Line 941의 **paste** 함수를 통해 가구주번호 앞에 "0"을 붙여 2자리로 만들게 된다.

왜 굳이 원래 있는 값을 쓰지 않고 2자리로 만든 것일까? Line 944의 head(y2)의 출력 결과 중 변수 pid.head의 값을 보니 01, 02, NA가 마침표(.)로 연결된 것을 볼 수 있다. 이처럼 결측값 NA는 2자리이기 때문에 자릿수를 맞추기 위해 Line 941에서 **paste** 함수를 이용해

2자리로 만든 것이다.

945-51 Line 932에서 만들어진 데이터프레임 x의 기초보장형태 변수 b4를 데이터프레임 y2의 1개의 변수 medicaid로 통합하는 과정을 보여주고 있다. 이 부분의 R 함수의 구성은 Line 938-44와 완전히 동일하기 때문에 설명을 생략한다.

952-73 Line 932에서 만들어진 데이터프레임 x의 가구 소득과 지출 변수 4개를 추출하여 가공하는 과정을 보여주고 있다. 가구 소득과 지출 변수는 연속형 변수이고 일부 가구의 경우 결측값이 존재하기 때문에 이를 평균값으로 대체하는 과정을 포함하고 있다.

앞서 범주형 변수인 가구 소재지역(Line 933-7), 가구주번호(Line 938-44), 가구 기초보장형태(Line 945-51)를 만드는 과정과 달리 여기에서는 연속형 변수를 다루고 있기 때문에 **paste** 함수로 하나의 문자 변수로 통합하는 과정을 적용할 수 없는 점을 명심해야 한다.

Line 952는 Line 932에서 만들어진 데이터프레임 x에서 변수 hhid, yr, total, tot_h, tot_inc, liv를 추출하여 데이터프레임 y4로 저장하는 것이다.

Line 953은 summary 함수로 산출한 변수 total, tot_h, tot_inc, liv의 값의 분포를 View 함수로 살펴본 결과이다. **View(summary(y4)[, 3:6])** 문에서 [, 3:6] 부분은 데이터프레임 y4에서 3-6번째 변수, 즉 변수 total, tot_h, tot_inc, liv를 추출하라는 의미가 된다.

Line 954-7은 변수 total, tot_h, tot_inc, liv에서 -9(모름/무응답)를 결측값 NA로 바꾸는 것이다.

Line 958은 Line 954-7을 실행한 후 다시 summary 함수를 실행한 결과이다. Line 953과 비교해보니 최소값(Min.)이 0으로 바뀌고 **NA's**가 추가된 것을 볼 수 있다. **summary** 함수 출력 결과 중 **NA's** 값은 해당 연속형 변수에서 결측값이 있는 사례 수를 의미한다. 따라서 변수 total, tot_h, tot_inc, liv에서 결측값은 각각 141가구, 90가구, 56가구, 19가구가 있는 것을 알 수 있다.

Line 959-69는 변수 total, tot_h, tot_inc, liv 결측값을 해당 연도의 평균값으로 대체하는 과정을 보여주고 있으며, 152페이지 Mission 3.2.10.02 함수문을 응용하여 만든 것이다.

Line 970은 Line 959-69를 통해 결측값을 해당 연도별 평균값으로 대체한 후 **summary** 함수를 실행한 결과이다. Line 958과 비교해보니 중앙값(Median), 평균값(Mean), 제3사분위값(3rd Qu.)이 일부 변경된 것과 NA's 칸이 삭제된 차이가 있음을 알 수 있다. 결측값이 **ddply 함수**와 **for 반복문**을 통해 평균값으로 제대로 바뀐 것을 확인할 수 있다.

Line 971은 **reshape** 함수를 통해 넓은 구성형태의 데이터프레임으로 바꿔주는 것이다. 변수 total, tot_h, tot_inc, liv가 **timevar 옵션**에 지정된 변수 yr의 1-5 값을 받으면 총 20개 변수를 가지게 된다.

Line 972는 Line 971에서 만든 데이터프레임 y4의 변수 이름을 데이터프레임 형태로 살펴본 결과이다. 변수 total은 **reshape** 함수를 실행한 결과 total.1, total.2, total.3, total.4, total.5로 바뀐 것을 알 수 있다. 변수 tot_h, tot_inc, liv 또한 변수 total과 같은 방식으로 각각 5개 변수로 변환된다.

Line 973은 변수의 순서를 조정한 것이다. 변수 순서가 궁금한 독자는 names(y4) 출력 결과를 살펴보자.

974-6 지금까지 만든 데이터프레임 y1, y2, y3, y4를 **merge** 함수로 합친 후 데이터프레임 hh.det로 만들자.

■ Line별 함수와 출력 결과

```
931  > x1$yr <- 1 ; x2$yr <- 2 ; x3$yr <- 3 ; x4$yr <- 4 ; x5$yr <- 5
932  > x <- rbind(x1, x2, x3, x4, x5)
933  > y1 <- x[, c("hhid", "yr", "p")] ; names(y1)[3] <- "t"
934  > y1$t <- as.character(y1$t)
935  > y1 <- reshape(y1, timevar="yr", idvar=c("hhid"), direction="wide")
936  > y1$region <- paste(y1$t.1, y1$t.2, y1$t.3, y1$t.4, y1$t.5, sep=".")
937  > y1 <- y1[, c(1, 7)] ; head(y1)
         hhid         region
     1 10001111 11.11.11.11.11
     2 10003111 11.11.11.11.NA
     3 10004111 11.11.11.41.41
     4 10006111 11.11.11.11.11
     5 10007111 11.NA.NA.NA.NA
     6 10008111 11.11.11.11.11
938  > y2 <- x[, c("hhid", "yr", "b2")] ; names(y2)[3] <- "t"
939  > table(y2$yr, y2$t)
          1    2    3    4    5    6    7    8
       1 6921   64    8    9    4    3    0    0
       2 6118  130   29   22    8    5    2    0
       3 5677  161   54   36   18    8    2    0
       4 5300  242   81   58   39   16    3    2
       5 4898  269  114   68   49   25    8    3
940  > y2$t <- as.character(y2$t)
```

```
941  > y2$t <- paste("0", y2$t, sep="")
942  > y2 <- reshape(y2, timevar="yr", idvar=c("hhid"), direction="wide")
943  > y2$pid.head <- paste(y2$t.1, y2$t.2, y2$t.3, y2$t.4, y2$t.5, sep=".")
944  > y2 <- y2[, c(1, 7)] ; head(y2)
         hhid       pid.head
     1 10001111 01.01.01.02.02
     2 10003111 01.01.01.01.NA
     3 10004111 01.01.01.02.02
     4 10006111 01.01.01.01.01
     5 10007111 01.NA.NA.NA.NA
     6 10008111 01.01.01.01.01
945  > y3 <- x[, c("hhid", "yr", "b4")] ; names(y3)[3] <- "t"
946  > y3$t[y3$t<0] <- 0 ; y3$t[y3$t>0] <- 1
947  > y3$t <- as.character(y3$t)
948  > y3$t <- paste("0", y3$t, sep="")
949  > y3 <- reshape(y3, timevar="yr", idvar=c("hhid"), direction="wide")
950  > y3$medicaid <- paste(y3$t.1, y3$t.2, y3$t.3, y3$t.4, y3$t.5, sep=".")
951  > y3 <- y3[, c(1, 7)] ; head(y3)
         hhid       medicaid
     1 10001111 00.00.00.00.00
     2 10003111 00.00.00.00.NA
     3 10004111 00.00.00.00.00
     4 10006111 00.00.00.00.00
     5 10007111 00.NA.NA.NA.NA
     6 10008111 00.00.00.00.00
952  > y4 <- x[, c("hhid", "yr", "total", "tot_h", "tot_inc", "liv")]
953  > View(summary(y4)[, 3:6])
```

total	tot_h	tot_inc	liv
Min. : -9	Min. : -9	Min. : -9.0	Min. : -9.0
1st Qu.: 1440	1st Qu.: 840	1st Qu.: 0.0	1st Qu.: 100.0
Median : 2900	Median : 2500	Median : 170.0	Median : 180.0
Mean : 3439	Mean : 2953	Mean : 494.8	Mean : 200.6
3rd Qu.: 4700	3rd Qu.: 4359	3rd Qu.: 572.0	3rd Qu.: 270.0
Max. :64000	Max. :49600	Max. :51840.0	Max. :3000.0

```
954    > y4$total[y4$total == -9] <- NA
955    > y4$tot_h[y4$tot_h == -9] <- NA
956    > y4$tot_inc[y4$tot_inc == -9] <- NA
957    > y4$liv[y4$liv == -9] <- NA
958    > View(summary(y4)[, 3:6])
```

total	tot_h	tot_inc	liv
Min. : 0	Min. : 0	Min. : 0.0	Min. : 0.0
1st Qu.: 1452	1st Qu.: 840	1st Qu.: 0.0	1st Qu.: 100.0
Median : 2917	Median : 2500	Median : 172.0	Median : 180.0
Mean : 3455	Mean : 2961	Mean : 495.7	Mean : 200.8
3rd Qu.: 4710	3rd Qu.: 4380	3rd Qu.: 573.8	3rd Qu.: 270.0
Max. :64000	Max. :49600	Max. :51840.0	Max. :3000.0
NA's :141	NA's :90	NA's :56	NA's :19

```
959    > temp <- ddply(y4, "yr", summarize,
960    +                m1 = round(mean(total, na.rm=TRUE), digit=0),
961    +                m2 = round(mean(tot_h, na.rm=TRUE), digit=0),
962    +                m3 = round(mean(tot_inc, na.rm=TRUE), digit=0),
963    +                m4 = round(mean(liv, na.rm=TRUE), digit=0) )
964    > temp
         yr   m1   m2  m3  m4
       1  1 3160 2814 344 175
       2  2 3293 2868 435 200
       3  3 3578 2954 625 203
       4  4 3584 3075 509 213
       5  5 3751 3145 606 221
965    > for (i in 1:5) {
966    +   for (j in 1:4) {
967    +     y4[[j+2]][is.na(y4[[j+2]]) & y4$yr==i] <- temp[temp$yr == i, j+1]
968    +   }
969    + }
```

970 > View(summary(y4)[, 3:6])

total	tot_h	tot_inc	liv
Min. : 0	Min. : 0	Min. : 0.0	Min. : 0.0
1st Qu.: 1460	1st Qu.: 840	1st Qu.: 0.0	1st Qu.: 100.0
Median : 2940	Median : 2500	Median : 174.0	Median : 180.0
Mean : 3454	Mean : 2961	Mean : 495.6	Mean : 200.8
3rd Qu.: 4700	3rd Qu.: 4359	3rd Qu.: 572.0	3rd Qu.: 270.0
Max. :64000	Max. :49600	Max. :51840.0	Max. :3000.0

971 > y4 <- reshape(y4, timevar="yr", idvar=c("hhid"), direction="wide")

972 > data.frame(names(y4))

```
    names.y4.
1        hhid
2     total.1
3     tot_h.1
4   tot_inc.1
5       liv.1
6     total.2
7     tot_h.2
8   tot_inc.2
9       liv.2
10    total.3
11    tot_h.3
12  tot_inc.3
13      liv.3
14    total.4
15    tot_h.4
16  tot_inc.4
17      liv.4
18    total.5
19    tot_h.5
20  tot_inc.5
21      liv.5
```

```
973 > y4 <- y4 [, c(1, 2, 6, 10, 14, 18, 3, 7, 11, 15, 19, 4, 8, 12, 16, 20, 5,
    9, 13, 17, 21)] ; names(y4)
     [1] "hhid"      "total.1"   "total.2"   "total.3"   "total.4"   "total.5"
     [7] "tot_h.1"   "tot_h.2"   "tot_h.3"   "tot_h.4"   "tot_h.5"   "tot_inc.1"
    [13] "tot_inc.2" "tot_inc.3" "tot_inc.4" "tot_inc.5" "liv.1"     "liv.2"
    [19] "liv.3"     "liv.4"     "liv.5"
974 > hh.det <- merge(y1, y2, by="hhid", all=TRUE)
975 > hh.det <- merge(hh.det, y3, by="hhid", all=TRUE)
976 > hh.det <- merge(hh.det, y4, by="hhid", all=TRUE)
```

2.2 가구원 단위 사회경제적 요인 데이터프레임

이 절은 데이터셋 IND를 이용하여 **가구원 단위 사회경제적 요인 데이터프레임 ind.ses**를 만드는 과정이다. 데이터프레임 ind.ses에는 **가구원의 성별, 출생연도, 가구주와의 관계, 의료보장 형태, 장애 유형과 등급, 경제활동**에 대한 정보를 담을 예정이다. 데이터셋 IND에서 추출할 변수와 데이터프레임 ind.ses에 생성할 변수의 이름과 생성 방식을 표 5-5를 통해 살펴보자.

표 5-5 데이터셋 IND에서 추출할 변수와 데이터프레임 ind.ses에 생성할 변수 간 관계

영역	데이터셋 IND에서 추출할 변수		데이터프레임 ind.ses에 생성할 변수	
	변수 이름	변수 내용	변수 이름	변수 생성 방식
key 변수	hpid	가구원 식별번호	hpid	key 변수로 merge 함수의 기준 변수
성별	c3	가구원의 성별	gender	모든 연도 데이터셋에서 변할 수 없는 가구원의 특성임
출생연도	c4_0	가구원의 출생연도	birth.yr	
가구주와의 관계	c2	가구주와의 관계	r.head	5개 연도 변수 c2를 1개 변수로 통합
공공 의료보장 형태	c11	의료보장 형태	pub.hi	5개 연도 변수 c11을 1개 변수로 통합
장애 유형과 등급	c13	장애 유형	disable	5개 연도 변수 c13, c14를 1개 변수로 통합
	c14	장애 등급		
경제활동	c28	직종	job	5개 연도 변수 c28을 1개 변수로 통합

Mission 5.2.2.01

▶ 데이터셋 IND를 불러온 후 하나의 데이터프레임 x로 통합 저장하자.

■ Line별 의미

982-7 **for 반복문**을 이용하여 데이터셋 IND 5개를 데이터프레임 t08ind, t09ind, t10ind, t11ind, t12ind로 저장하는 것이다(Mission 5.1.2.01의 Line 833-9 참고).

988 Line 982-7에서 만든 데이터프레임에 연도 변수 yr을 만들고 각각 1(2008년), 2(2009년), 3(2010년), 4(2011년), 5(2012년) 값을 주자.

989 **plyr 패키지**의 **rbind.fill** 함수로 5개 데이터프레임을 합친 후 데이터프레임 x로 만들자. 이 5개 데이터프레임은 변수 개수가 다르기 때문에 rbind 함수를 쓰면 안 된다.

990 데이터프레임 x에서 변수 hpid, yr, c2, c3, c4_0, c11, c13, c14, c24, c28을 추출하여 저장하자.

■ Line별 함수와 출력 결과

```
982  > df.name <- c("t08ind", "t09ind", "t10ind", "t11ind", "t12ind")
983  > for (i in 1:5){
984  +   x <- paste("./data/", df.name[i], ".dta", sep="")
985  +   y <- read.dta(x)
986  +   assign(df.name[i], y)
987  + }
988  > t08ind$yr <- 1 ; t09ind$yr <- 2 ; t10ind$yr <- 3 ;
       t11ind$yr <- 4 ; t12ind$yr <- 5
989  > x <- rbind.fill(t08ind, t09ind, t10ind, t11ind, t12ind)
990  > x <- x[, c("hpid", "yr", "c2", "c3", "c4_0", "c11", "c13", "c14",
                 "c24", "c28")]
```

Mission 5.2.2.02

▶ 직종과 장애유형 변수를 만드는 R 함수 객체를 만들자.

R은 자체 내장 함수만으로 해결할 수 없는 경우 여러 함수를 조합한 자체적인 계산 과정을 만든 후 이를 하나의 함수 객체로 저장하는 기능이 있다.

R에서 이러한 함수 객체를 만드는 기본적인 문법을 아래의 사례로 살펴보자.

function.name은 함수 객체의 이름이다.

괄호 안에는 인자(x) 이름을 적으면 된다. 인자는 2개 이상 지정할 수 있으며, 인자 이름을 적지 않고 비워놓아도 된다.

중괄호 {}에 적은 것은 함수 **몸통부분(body)**이다. **표현식(expr)** 실행 결과를 객체 object에 저장한 후 object를 출력하기 위해서는 **리턴(return)**을 실행해야 한다.

function.name(y)는 함수 객체 function.name에 인자를 y로 넣고 실행하라는 의미이다.

```
function.name <- function(x) {
                        object <- expr
                        return(object)
                        }
function.name(y)
```

아래 사례는 화씨온도를 절대온도로 변환하는 함수 객체 temperature를 만들고 시행한 결과이다. temperature(32)는 인자 x에 32 값을 넣고 함수 객체 temperature를 실행하라는 의미로 몸통부분의 표현식 ((x - 32) * (5 / 9)) + 273.15에서 x 값이 32가 적용되어 객체 y가 출력되게 된다. 그 결과 절대온도 273.15가 출력되는 것을 볼 수 있다.

```
> temperature <- function(x) {
+   y <- ((x - 32) * (5 / 9)) + 273.15
+   return(y)
+ }
> temperature(32)
[1] 273.15
```

아래 사례는 체중(x, 단위: kg), 키(y, 단위: cm) 등 2개 인자를 준 것이다. 함수 객체 bmi에 인자 x, y의 값 80과 171을 주고 실행했더니 27.35885 kg/m^2 값이 산출되는 것을 볼 수 있다.

```
> bmi <- function(x, y) {
+   z <- x / (y/100)^2
+   return(z)
+ }
> bmi(80, 171)
[1] 27.35885
```

■ Line별 의미

994-1012 장애유형 변수 c13은 1(지체장애), 2(뇌병변장애), 3(시각장애), 4(청각장애), 5(언어장애), 6(정신지체), 7(발달장애), 8(정신장애), 9(신장장애), 10(심장장애), 11(호흡기장애), 12(간장애), 13(안면장애), 14(장요루장애), 15(간질장애) 등 1-15 값을 가지고 있다. 이를 A-O까지 15개 영어 대문자로 바꾸는 R 함수문을 함수 객체 disable로 만드는 것이다. Line 1070(228페이지 참고)에서 함수 객체 makedisable를 실행할 예정이다.

1013-27 직종 변수 c28(184페이지 표 4-23 참고)의 중분류 코드를 대분류 코드로 변환하는 R 함수문을 함수 객체 makejob으로 만드는 것이다. Line 1078(229페이지 참고)에서 함수 객체 makejob를 실행할 예정이다.

■ Line별 함수와 출력 결과

```
994   > makedisable <- function() {
995   +   x5$r1 <- ifelse(x5$c13==1,  "A",
996   +             ifelse(x5$c13==2,  "B",
997   +             ifelse(x5$c13==3,  "C",
998   +             ifelse(x5$c13==4,  "D",
999   +             ifelse(x5$c13==5,  "E",
1000  +             ifelse(x5$c13==6,  "F",
1001  +             ifelse(x5$c13==7,  "G",
1002  +             ifelse(x5$c13==8,  "H",
1003  +             ifelse(x5$c13==9,  "I",
```

```
1004  +            ifelse(x5$c13==10, "J",
1005  +            ifelse(x5$c13==11, "K",
1006  +            ifelse(x5$c13==12, "L",
1007  +            ifelse(x5$c13==13, "M",
1008  +            ifelse(x5$c13==14, "N",
1009  +            ifelse(x5$c13==15, "O",
1010  +            "Z" ))))))))))))))
1011  +   return(x5)
1012  + }
1013  > makejob <- function() {
1014  +   x6$r <- ifelse(x6$r>=10 & x6$r<20,  "01",
1015  +           ifelse(x6$r>=20 & x6$r<30,  "02",
1016  +           ifelse(x6$r>=30 & x6$r<40,  "03",
1017  +           ifelse(x6$r>=40 & x6$r<50,  "04",
1018  +           ifelse(x6$r>=50 & x6$r<60,  "05",
1019  +           ifelse(x6$r>=60 & x6$r<70,  "06",
1020  +           ifelse(x6$r>=70 & x6$r<80,  "07",
1021  +           ifelse(x6$r>=80 & x6$r<90,  "08",
1022  +           ifelse(x6$r>=90 & x6$r<100, "09",
1023  +           ifelse(x6$r==1,             "10",
1024  +           ifelse(x6$r!=-9 & x6$r<0,   "00",
1025  +           "-9" ))))))))))
1026  +   return(x6)
1027  + }
```

Mission 5.2.2.03

▶ 성별 변수의 입력 오류를 찾아내어 수정하자.

필자는 이 책을 집필하면서 의료패널 자료 중 성별 변수에 오류가 있다는 것을 우연히 발견하게 되어 이 Mission을 추가하였다.

■ Line별 의미

1031 Mission 5.2.2.01에서 만든 데이터프레임 x에 ddply 함수를 적용하여 가구원별 성별 변수(1은 남자, 2는 여자)의 평균값을 산출하여 데이터프레임 x1의 변수 gender로 저장한 것이다.

1032 Line 1031에서 만든 데이터프레임 x1의 변수 gender 값의 분포를 table 함수로 살펴본 결과이다. 1(남자)은 11,267명, 2(여자)는 11,736명으로 나타났다. 하지만 1.2, 1.5, 1.8이라는 값도 각각 1명으로 나타났다. 무슨 의미인가?

상식적으로 성별은 태어나서 죽을 때까지 변할 수 없는 개인의 특성으로 간주된다(물론 트랜스젠더와 같이 법적으로 성별이 바뀐 경우도 있지만 이 책에서는 그러한 사례는 없다고 가정함). 따라서 성별은 바뀔 수 없다고 가정한다면 아래 table 함수 실행 결과에서 1.2, 1.5, 1.8이라는 값은 논리적으로 오류가 된다. 가장 타당한 해석은 성별 변수 입력에 오류가 있다는 것이다. 이 3명을 찾아내어 오류를 수정해보자.

1033 데이터프레임 x1의 변수 gender 값이 1-2 사이의 값을 갖는 경우 3으로 바꾸자.

1034 gender 변수의 값을 기준으로 내림차순으로 정렬한 결과를 head 함수로 살펴본 결과이다. hpid 값이 1215511103, 1215511104, 1313531106인 가구원이 이에 해당하는 것을 알 수 있다.

1035 Line 1034에서 찾아낸 성별 변수 값에 오류가 있는 3명의 데이터를 출력한 결과이다. 내용을 살펴보니 yr 변수의 값이 1-4, 즉 2008-2011년까지는 성별 변수의 값이 바뀌지 않는데 2012년 성별 변수의 값이 모두 뒤바뀐 것을 볼 수 있다.

1036-7 이 3명의 2012년 성별 변수 c3의 값을 2008-2011년에 입력된 값으로 바꾼 것이다.

1038-40 2012년도 데이터셋 IND인 t12ind.dta 파일을 불러올 때 이를 수정하고 싶은 독자들은 실행하면 된다.

1041-2 Line 1032의 실행 결과와 비교해보니 table 함수 출력 결과에서 1.2, 1.5, 1.8 값은 없는 것을 알 수 있다. 성별 변수의 값 입력 오류 문제는 해결되었다.

데이터프레임 x1에는 변수 hpid, gender가 있다.

■ Line별 함수와 출력 결과

1031
```
> x1 <- ddply(x, "hpid", summarize, gender=mean(c3) )
```

1032
```
> table(x1$gender)
    1   1.2   1.5   1.8     2
11267     1     1     1 11736
```

1033
```
> x1$gender[x1$gender>1 & x1$gender<2] <- 3
```

```
1034  > head(x1[order(-x1$gender), ], n=5)
            hpid gender
      5288 1215511103      3
      5289 1215511104      3
      7751 1313531106      3
      2    1000111102      2
      4    1000311102      2
1035  > x[x$hpid==1215511103 | x$hpid==1215511104 | x$hpid==1313531106,
        c("hpid", "yr", "c3")]
             hpid yr c3
      4928  1215511103 1 2
      4929  1215511104 1 1
      25685 1215511103 2 2
      25686 1215511104 2 1
      44440 1215511103 3 2
      44441 1215511104 3 1
      62141 1215511103 4 2
      62142 1215511104 4 1
      63950 1313531106 4 1
      78890 1215511103 5 1
      78891 1215511104 5 2
      80583 1313531106 5 2
1036  > x$c3[x$yr==5 & x$hpid==1215511103] <- 2
1037  > x$c3[x$yr==5 & (x$hpid==1215511104 | x$hpid==1313531106)] <- 1
1038  > t12ind <- read.dta("./data/t12ind.dta")
1039  > t12ind$c3[t12ind$hpid==1215511103] <- 2
1040  > t12ind$c3[t12ind$hpid==1215511104 | t12ind$hpid==1313531106] <- 1
1041  > x1 <- ddply(x, "hpid", summarize, gender=mean(c3) )
1042  > table(x1$gender)
          1     2
      11269 11737
```

Mission 5.2.2.04

▶ 가구원의 출생연도, 가구주와의 관계, 공공 의료보장 형태, 장애유형과 등급, 경제활동에 대한 변수를 만들자.

이 Mission은 가구원의 출생연도에 관한 데이터프레임은 x2(Line 1046-9), 가구주와의 관계에 관한 데이터프레임은 x3(Line 1050-60), 가구원별 공공 의료보장 형태에 관한 데이터프레임은 x4(Line 1061-7), 가구원의 장애유형과 등급에 관한 데이터프레임은 x5(Line 1068-76), 가구원의 경제활동에 관한 데이터프레임은 x6(Line 1077-81)로 저장할 계획이다.

■ Line별 의미

1046-9 출생연도 변수 c4_0 역시 성별과 마찬가지로 태어나서 죽을 때까지 변치 않는 특성이다. 여기에서는 각 가구원의 최초 조사 시점에서 입력된 c4_0의 값만 선택하는 방법을 실행해보자(137페이지 Mission 3.2.8.06 참고).

Line 1046은 Mission 5.2.2.01(217페이지 참고)에서 만든 데이터프레임 x에 **ddply** 함수를 적용하여 변수 hpid, c4_0를 기준변수로 하여 연속된 숫자를 만드는 것이다. **ddply** 함수 출력 결과를 데이터프레임 x2로 저장하자.

Line 1047은 Line 1046에서 만든 데이터프레임 x2에 head 함수로 출력한 결과이다. **ddply** 함수가 제대로 적용된 것을 볼 수 있다. hpid 값이 1000111101에 해당하는 가구원은 1929년생이며 4번 조사에 참여한 것으로 나온다. 변수 N 값이 1, 2, 3, 4로 나온 것을 볼 수 있다. 4번 조사에 참여했지만 출생연도 값은 변하지 않는 것을 알 수 있다.

Line 1048은 앞서 성별 변수에서 입력 오류가 발견되어 걱정되는 마음에 변수 birth.yr과 hpid를 오름차순으로 정렬한 결과를 데이터프레임 x2로 저장한 후 head 함수로 출력한 결과이다. hpid 값이 1728911101에 해당하는 가구원이 자신의 출생연도를 응답하지 않아 -9로 입력된 것을 알 수 있다. 이러한 경우는 출생연도를 유추하여 채우기에는 위험이 크기 때문에 일단 그대로 놔두기로 한다.

Line 1049는 **x2 <- x2[x2$N==1,]** 문을 통해 변수 N 값이 1인 경우만 선택하면 가구원별 출생연도는 구할 수 있게 된다.

1050-60 Mission 5.2.2.01에서 만든 데이터프레임 x의 가구주와 관계 변수 c2를 데이터프레임 x3의 1개 변수 r.head로 통합하는 과정을 보여주고 있다.

c2 변수는 1(가구주의 조부모)에서 300(친인척 관계가 아닌 동거인)까지의 3자리 숫자 값을 갖는다. 이를 반영하여 각 연도별 c2 변수의 값을 3자리의 문자로 바꾼 후 **paste** 함수를 통해

하나의 통합 변수를 만들고자 한다.

Line 1050은 데이터프레임 x에서 변수 hpid, yr, c2를 추출한 후 데이터프레임 x3으로 저장하고 변수 c2는 r로 이름을 바꾸는 것이다.

Line 1051-3은 **ifelse** 함수를 이용하여 가구주와의 관계 변수를 3자리의 문자로 바꾸는 것이다.

Line 1054는 **reshape** 함수를 통해 넓은 구성형태의 데이터프레임으로 바꿔주는 것이다. 변수 r이 timevar 옵션에 지정된 변수 yr의 1-5 값을 받아 변수 r.1(2008년), r.2(2009년), r.3(2010년), r.4(2011년), r.5(2012년)로 바뀌게 된다.

Line 1055는 Line 1054에서 만들어진 데이터프레임 x3을 head 함수로 살펴본 결과이다. hpid 값이 1000111101인 가구원의 경우 변수 r.5 값이 <NA>로 결측으로 나온다.

Line 1056-8은 Line 1055에서 살펴본 결측값을 문자 "999"로 바꾸기 위한 **for 반복문**이다. r.1-r.5는 데이터프레임 x3에서 2-6번째 변수이기 때문에 i 값을 2-6을 부여하게 된다.

Line 1059는 구분자를 마침표로 하는 paste 함수로 r.1, r.2, r.3, r.4, r.5 변수 값을 합쳐 r.head 변수를 만든 것이다.

Line 1060은 Line 1059에서 만든 데이터프레임 x3을 head 함수로 살펴본 결과이다. 결측값이 "999"로 바뀌고 변수 r.head가 제대로 만들어진 것을 알 수 있다.

1061-7 Mission 5.2.2.01에서 만든 데이터프레임 x의 가구원의 공공 의료보장 형태 변수 c11를 데이터프레임 x4의 1개 변수 pub.hi로 통합하는 과정을 보여주고 있다.

Line 1061은 데이터프레임 x에서 변수 hpid, yr, c11를 추출한 후 데이터프레임 x4로 저장하는 것이다.

Line 1062는 변수 c11에 대해 table 함수로 출력한 결과이다. 변수 c11은 1-9의 값을 갖는 것을 알 수 있다. Line 1067의 head(x4) 출력 결과 중 변수 pub.hi를 보니 01, 02, 03, NA가 마침표(.)로 연결된 것을 볼 수 있다.

Line 1063은 Line 1062에서 보듯이 결측값 NA는 2자리이기 때문에 자릿수를 맞추려고 **paste** 함수를 이용해 변수 c11을 2자리 문자 변수로 바꾼 후 변수 r로 저장한 것이다.

Line 1064는 데이터프레임 x4에서 변수 hpid, yr, r만 남기고 저장하는 것이다.

Line 1065는 **reshape** 함수를 통해 넓은 구성형태의 데이터프레임으로 바꿔주는 것이다. 변수 r이 timevar 옵션에 지정된 변수 yr의 1-5 값을 받아 변수 r.1(2008년), r.2(2009년), r.3(2010년), r.4(2011년), r.5(2012년)로 바뀌게 된다.

Line 1066은 Line 1065에서 만들어진 변수 r.1, r.2, r.3, r.4, r.5를 paste 함수로 합쳐서 변수 pub.hi로 저장하는 것이다.

Line 1067은 Line 1066에서 만들어진 데이터프레임 x4를 head 함수로 살펴본 결과이다.

변수 pub.hi가 제대로 만들어진 것을 알 수 있다.

1068-76 Mission 5.2.2.01에서 만든 데이터프레임 x의 가구원의 장애유형 변수 c13과 장애등급 변수 c14를 데이터프레임 x4의 1개 변수 disable로 통합하는 과정을 보여주고 있다.

Line 1068은 데이터프레임 x에서 변수 hpid, yr, c13, c14를 추출한 후 데이터프레임 x5로 저장하는 것이다.

Line 1069는 table 함수를 통해 변수 c13과 변수 c14의 교차표를 보여주고 있다. 장애유형 변수 c13은 15개 장애유형을 1-15의 숫자로 입력되어 있고 장애가 없는 가구원은 -1(해당사항 없음)로 입력되어 있다. 장애등급은 1-7의 숫자로 입력되어 있고 장애가 없는 가구원은 -1(해당사항 없음)로 입력되어 있다.

Line 1070은 Mission 5.2.2.02의 Line 994-1012에서 저장한 **함수 객체 makedisable**을 실행한 것이다. 이를 통해 장애유형 변수 c13의 1-15(15개 장애유형), -1(일반인)을 A-O(15개 장애유형), Z(일반인)의 값을 갖는 변수 r1로 바꾸어 저장된다.

Line 1071은 **ifelse** 함수를 이용하여 변수 c14의 값 -1(일반인)을 문자 "Z"로 바꾸고 나머지 장애등급 1-7은 문자로 바꾸어 변수 r2로 저장하는 것이다.

Line 1072는 **paste** 함수를 이용하여 Line 1070, Line 1071을 통해 만든 문자 변수 r1, r2를 합쳐 변수 r로 저장한 것이다.

Line 1073은 데이터프레임 x5에서 변수 hpid, yr, r을 추출하여 저장한 것이다.

Line 1074는 **reshape** 함수를 통해 넓은 구성형태의 데이터프레임으로 바꿔주는 것이다. 변수 r이 timevar 옵션에 지정된 변수 yr의 1-5 값을 받아 변수 r.1(2008년), r.2(2009년), r.3(2010년), r.4(2011년), r.5(2012년)로 바뀌게 된다.

Line 1075는 Line 1074에서 만들어진 r.1, r.2, r.3, r.4, r.5를 **paste** 함수로 합쳐서 변수 disable로 저장하는 것이다.

Line 1076은 Line 1075에서 만들어진 데이터프레임 x5를 head 함수로 살펴본 결과이다. 변수 disable이 제대로 만들어진 것을 알 수 있다.

1077-81 Mission 5.2.2.01에서 만든 데이터프레임 x의 가구원의 직종 변수 c28을 데이터프레임 x6의 1개 변수 job으로 통합하는 과정을 보여주고 있다.

Line 1077은 데이터프레임 x에서 변수 hpid, yr, c28을 추출한 후 데이터프레임 x6으로 저장하는 것이다.

Line 1078은 Mission 5.2.2.02의 Line 1013-27에서 저장한 **함수 객체 makejob**을 실행한 것이다. 이를 통해 장애유형 변수 c28의 중분류 코드 값은 대분류 코드로 변환된 후 변수 r로 바꾸어 저장된다.

Line 1079는 **reshape** 함수를 통해 넓은 구성형태의 데이터프레임으로 바꿔주는 것이다. 변수 r이 timevar 옵션에 지정된 변수 yr의 1-5 값을 받아 변수 r.1(2008년), r.2(2009년),

r.3(2010년), r.4(2011년), r.5(2012년)로 바뀌게 된다.

Line 1080은 Line 1079에서 만들어진 r.1, r.2, r.3, r.4, r.5를 **paste** 함수로 합쳐서 변수 job으로 저장하는 것이다.

Line 1081은 Line 1080에서 만들어진 데이터프레임 x6을 head 함수로 살펴본 결과이다. 변수 job이 제대로 만들어진 것을 알 수 있다.

■ Line별 함수와 출력 결과

```
1046    > x2 <- ddply(x, .(hpid), summarise, birth.yr=c4_0,
                     yr = yr, N = 1:length(hpid))
1047    > head(x2)
              hpid birth.yr yr N
        1 1000111101     1929  1 1
        2 1000111101     1929  2 2
        3 1000111101     1929  3 3
        4 1000111101     1929  4 4
        5 1000111102     1940  1 1
        6 1000111102     1940  2 2
1048    > x2 <- x2[order(x2$birth.yr, x2$hpid), ] ; head(x2)
                   hpid birth.yr yr N
        73765 1728911101       -9  1 1
        56881 1565311103     1909  1 1
        21842 1227111103     1911  1 1
        21843 1227111103     1911  2 2
        75161 1744811101     1911  1 1
        75162 1744811101     1911  2 2
1049    > x2 <- x2[x2$N==1, ]
1050    > x3 <- x[, c("hpid", "yr", "c2")] ; names(x3)[3] <- "r"
1051    > x3$r <- ifelse(x3$r<10, paste("00", as.character(x3$r), sep=""),
1052    +          ifelse(x3$r>=10 & x3$r<100, paste("0", as.character(x3$r), sep=""),
1053    +                 as.character(x3$r) ))
1054    > x3 <- reshape(x3, timevar="yr", idvar="hpid", direction="wide")
1055    > head(x3, n=5)
```

```
         hpid r.1 r.2 r.3 r.4  r.5
1 1000111101 010 010 010 020 <NA>
2 1000111102 020 020 020 010  010
3 1000311101 010 010 010 010 <NA>
4 1000311102 020 020 020 020 <NA>
5 1000311103 011 011 011 011 <NA>
6 1000311104 012 012 012 012 <NA>
```

```
1056 > for (i in 2:6) {
1057 +   x3[[i]][is.na(x3[[i]])] <- "999"
1058 + }
1059 > x3$r.head <- paste(x3$r.1, x3$r.2, x3$r.3, x3$r.4, x3$r.5, sep=".")
1060 > head(x3)
```

```
         hpid r.1 r.2 r.3 r.4 r.5              r.head
1 1000111101 010 010 010 020 999 010.010.010.020.999
2 1000111102 020 020 020 010 010 020.020.020.010.010
3 1000311101 010 010 010 010 999 010.010.010.010.999
4 1000311102 020 020 020 020 999 020.020.020.020.999
5 1000311103 011 011 011 011 999 011.011.011.011.999
6 1000311104 012 012 012 012 999 012.012.012.012.999
```

```
1061 > x4 <- x[, c("hpid", "yr", "c11")]
1062 > table(x4$c11)
```

```
    1     2     3     4     5     6     7     8     9
 6518 51635 28495  2188  1875   386    63    60     8
```

```
1063 > x4$r <- paste("0", as.character(x4$c11), sep="")
1064 > x4 <- x4[, c("hpid", "yr", "r")]
1065 > x4 <- reshape(x4, timevar="yr", idvar="hpid", direction="wide")
1066 > x4$pub.hi <- paste(x4$r.1, x4$r.2, x4$r.3, x4$r.4, x4$r.5, sep=".")
1067 > head(x4)
```

```
         hpid r.1 r.2 r.3 r.4  r.5         pub.hi
1 1000111101  03  03  03  02 <NA> 03.03.03.02.NA
2 1000111102  03  02  03  02   02 03.02.03.02.02
3 1000311101  02  01  03  01 <NA> 02.01.03.01.NA
4 1000311102  02  02  02  01 <NA> 02.02.02.01.NA
5 1000311103  02  02  02  01 <NA> 02.02.02.01.NA
6 1000311104  02  02  02  01 <NA> 02.02.02.01.NA
```

```
1068 > x5 <- x[, c("hpid", "yr", "c13", "c14")]
```

```
1069  > table(x5$c13, x5$c14)
           -1     1     2     3     4     5     6     7
      -1 86624    0     0     0     0     0     0     0
      1      0  123   199   400   475   596   526   152
      2      0   80   112   133    53    17    14    16
      3      0   91    18    27    22    55   248    20
      4      0    0    80    92    83    61    55    67
      5      0    0     0    40    14     0     0     6
      6      0   35    92    71     0     0     0    11
      7      0   21    18    14     0     0     0     0
      8      0    6    56    65     0     0     0    42
      9      0    0   109     0     0    17     0     1
      10     0    0     5    18     0     3     0     1
      11     0    6    13    15     0     0     0     4
      12     0    2     0     0     0     2     0     0
      13     0    0     0     0     2     0     0     0
      14     0    0     0     3     8    17     0     1
      15     0    0     0    19    24     0     0    28
1070  > x5 <- makedisable()
1071  > x5$r2 <- ifelse(x5$c14 == -1, "Z", as.character(x5$c14))
1072  > x5$r <- paste(x5$r1, x5$r2, sep="")
1073  > x5 <- x5[, c("hpid", "yr", "r")]
1074  > x5 <- reshape(x5, timevar="yr", idvar="hpid", direction="wide")
1075  > x5$disable <- paste(x5$r.1, x5$r.2, x5$r.3, x5$r.4, x5$r.5, sep=".")
1076  > head(x5)
            hpid r.1 r.2 r.3 r.4  r.5        disable
    1 1000111101  ZZ  ZZ  ZZ  ZZ <NA> ZZ.ZZ.ZZ.ZZ.NA
    2 1000111102  A4  ZZ  ZZ  ZZ   ZZ A4.ZZ.ZZ.ZZ.ZZ
    3 1000311101  ZZ  ZZ  ZZ  ZZ <NA> ZZ.ZZ.ZZ.ZZ.NA
    4 1000311102  ZZ  ZZ  ZZ  ZZ <NA> ZZ.ZZ.ZZ.ZZ.NA
    5 1000311103  ZZ  ZZ  ZZ  ZZ <NA> ZZ.ZZ.ZZ.ZZ.NA
    6 1000311104  ZZ  ZZ  ZZ  ZZ <NA> ZZ.ZZ.ZZ.ZZ.NA
1077  > x6 <- x[, c("hpid", "yr", "c28")] ; names(x6)[3] <- "r"
```

```
1078 > x6 <- makejob()
1079 > x6 <- reshape(x6, timevar="yr", idvar="hpid", direction="wide")
1080 > x6$job <- paste(x6$r.1, x6$r.2, x6$r.3, x6$r.4, x6$r.5, sep=".")
1081 > head(x6)
             hpid r.1 r.2 r.3 r.4  r.5            job
     1 1000111101  00  00  00  00 <NA> 00.00.00.00.NA
     2 1000111102  00  00  00  00   00 00.00.00.00.00
     3 1000311101  01  01  05  01 <NA> 01.01.05.01.NA
     4 1000311102  03  03  03  03 <NA> 03.03.03.03.NA
     5 1000311103  00  00  00  00 <NA> 00.00.00.00.NA
     6 1000311104  00  00  00  00 <NA> 00.00.00.00.NA
```

Mission 5.2.2.05

▶ 최종 가구원 단위 사회경제적 요인 데이터프레임 ind.ses를 만들자.

■ Line별 의미

1085-90 Mission 5.2.2.02에서 만든 데이터프레임 x1과 Mission 5.2.2.04에서 만든 데이터프레임 x2-x6에서 key 변수 hpid와 필요한 변수들만 추출하여 저장한 것이다.

1091-5 Line 1085-90에서 만든 데이터프레임 x1-x6을 **merge** 함수로 합쳐 최종 가구원 단위 사회경제적 요인 데이터프레임 ind.ses를 만드는 것이다.

1096 데이터프레임 ind.ses에서 20개 사례만을 head 함수로 출력한 결과를 View 함수로 살펴본 것이다.

■ Line별 함수와 출력 결과

```
1085 > x1 <- x1[, c("hpid", "gender")]
1086 > x2 <- x2[, c("hpid", "birth.yr")]
1087 > x3 <- x3[, c("hpid", "r.head")]
1088 > x4 <- x4[, c("hpid", "pub.hi")]
1089 > x5 <- x5[, c("hpid", "disable")]
1090 > x6 <- x6[, c("hpid", "job")]
1091 > ind.ses <- merge(x1, x2, by="hpid", all=TRUE)
```

```
1092 > ind.ses <- merge(ind.ses, x3, by="hpid", all=TRUE)
1093 > ind.ses <- merge(ind.ses, x4, by="hpid", all=TRUE)
1094 > ind.ses <- merge(ind.ses, x5, by="hpid", all=TRUE)
1095 > ind.ses <- merge(ind.ses, x6, by="hpid", all=TRUE)
1096 > View(head(ind.ses, n=20))
```

hpid	gender	birth.yr	r.head	pub.hi	disable	job
1000111101	1	1929	010.010.010.020.999	03.03.03.02.NA	ZZ.ZZ.ZZ.ZZ.NA	00.00.00.00.NA
1000111102	2	1940	020.020.020.010.010	03.02.03.02.02	A4.ZZ.ZZ.ZZ.ZZ	00.00.00.00.00
1000311101	1	1956	010.010.010.010.999	02.01.03.01.NA	ZZ.ZZ.ZZ.ZZ.NA	01.01.05.01.NA
1000311102	2	1959	020.020.020.020.999	02.02.02.01.NA	ZZ.ZZ.ZZ.ZZ.NA	03.03.03.03.NA
1000311103	2	1988	011.011.011.011.999	02.02.02.01.NA	ZZ.ZZ.ZZ.ZZ.NA	00.00.00.00.NA
1000311104	2	1993	012.012.012.012.999	02.02.02.01.NA	ZZ.ZZ.ZZ.ZZ.NA	00.00.00.00.NA
1000411101	2	1918	010.010.010.003.003	03.02.03.03.03	ZZ.ZZ.ZZ.ZZ.ZZ	00.00.00.00.00
1000411102	1	1953	999.999.999.010.010	NA.NA.NA.03.03	NA.NA.NA.ZZ.ZZ	NA.NA.NA.02.02
1000411103	2	1958	999.999.999.020.020	NA.NA.NA.03.03	NA.NA.NA.ZZ.ZZ	NA.NA.NA.00.00
1000411104	1	1996	999.999.999.012.012	NA.NA.NA.03.03	NA.NA.NA.ZZ.ZZ	NA.NA.NA.00.00
1000611101	1	1955	010.010.010.010.010	03.03.03.03.03	ZZ.ZZ.ZZ.ZZ.ZZ	08.08.08.08.08
1000611102	2	1956	020.020.020.020.020	03.03.03.03.03	ZZ.ZZ.ZZ.ZZ.ZZ	00.00.00.09.00
1000611103	2	1980	011.011.011.999.999	03.03.03.NA.NA	ZZ.ZZ.ZZ.NA.NA	00.00.00.NA.NA
1000611104	2	1986	012.012.012.013.013	03.03.03.02.03	ZZ.ZZ.ZZ.ZZ.ZZ	00.00.02.02.05
1000611105	1	1993	013.013.013.014.014	03.03.03.02.02	ZZ.ZZ.ZZ.ZZ.ZZ	00.00.00.00.00
1000611106	2	1920	003.003.003.003.003	03.03.03.03.03	ZZ.ZZ.ZZ.B7.B7	00.00.00.00.00
1000711101	1	1947	010.999.999.999.999	01.NA.NA.NA.NA	ZZ.NA.NA.NA.NA	02.NA.NA.NA.NA
1000711102	2	1950	020.999.999.999.999	01.NA.NA.NA.NA	ZZ.NA.NA.NA.NA	00.NA.NA.NA.NA
1000711103	1	1979	011.999.999.999.999	02.NA.NA.NA.NA	ZZ.NA.NA.NA.NA	03.NA.NA.NA.NA
1000711104	1	1982	012.999.999.999.999	01.NA.NA.NA.NA	ZZ.NA.NA.NA.NA	00.NA.NA.NA.NA

2.3 가구원 단위 만성질환 이환 요인 데이터프레임

데이터셋 CD를 이용하여 만들 **가구원 단위 만성질환 이환 요인 데이터프레임 ind.cd**를 만드는 과정을 보여주고 있다. 데이터프레임 ind.cd에는 **질병 대분류**(182페이지 표 4-21 참고)**별 이환 만성질환 개수**에 대한 정보를 담을 예정이다. 데이터셋 CD에서 추출할 변수와 데이터프레임 ind.cd에 생성할 변수의 이름과 생성 방식을 표 5-6을 통해 살펴보자.

표 5-6 데이터셋 CD에서 추출할 변수와 데이터프레임 ind.cd에 생성할 변수 간 관계

영역	데이터셋 CD에서 추출할 변수		데이터프레임 ind.cd에 생성할 변수	
	변수 이름	변수 내용	변수 이름	변수 생성 방식
key 변수	hpid	가구원 식별번호	hpid	key 변수로 merge 함수의 기준변수
질병 대분류별 만성질환 개수	cd1 cd1_1	변수 cd1은 2008- 2011년 질환코드, 변수 cd1_1은 2012년 질환 코드임.	cdnum.11, cdnum.12, cdnum.13, cdnum.14, cdnum.15, cdnum.16, cdnum.17, cdnum.18, cdnum.19, cdnum.20, cdnum.21, cdnum.22, cdnum.23, cdnum.24, cdnum.25, cdnum.26, cdnum.27, cdnum.30, cdnum.40, cdnum.50, cdnum.55	변수명 마지막 두 자리의 숫자는 질병 대분류 코드로서 182페이지 표 4-21 참고

Mission 5.2.3.01

▶ 데이터셋 CD를 불러온 후 데이터프레임으로 저장하자.

■ Line별 의미

1103-8 데이터셋 CD 5개를 read.dta 함수로 불러온 후 데이터프레임으로 저장하는 과정이다 (198페이지 Mission 5.1.2.01의 Line 833-9 참고).
데이터프레임 이름은 Line 1103에서 만든 벡터 객체 df.name의 5개 문자열이다.

■ Line별 함수와 출력 결과

```
1103 > df.name  <-  c("t08cd", "t09cd", "t10cd", "t11cd", "t12cd")
1104 > for (i in 1:5){
1105 +   x <- paste("./data/", df.name[i], ".dta", sep="")
1106 +   y <- read.dta(x)
1107 +   assign(df.name[i], y)
1108 + }
```

Mission 5.2.3.02

▶ 질병 대분류 코드 변수를 만드는 R 함수 객체를 만들자.

KHPS 데이터셋을 다루기 까다로운 이유 중 하나는 바로 질병코드가 연도별로 차이를 보이기 때문이다. 2008-2009년은 숫자 4자리 코드, 2010-2011년은 숫자 5자리 코드로 기록되어 있으며 이 코드는 KHPS 자체 코드이다(181페이지 표 4-20 참고). 반면 2012년부터는 우리나라 공식 사망원인질병분류 코드인 KCD6 코드를 이용하였으며, 영어 대문자 1자리와 숫자 2자리로 구성된다. 여기에서는 2012년 KCD6 코드로 입력된 질병코드 변수 cd1_1에서 질병 대분류(182페이지 표 4-21 참고) 코드 변수 code를 만든 **함수 객체 makedzcode**를 만들 것이다(R 함수 객체를 만드는 방법은 218페이지 Mission 5.2.2.02 참고). 인자는 df로 지정하였고 return(df)를 통해 데이터 프레임 객체를 출력할 계획이다.

이 함수 객체 makedzcode는 236페이지 Line 1146, 262페이지 Line 1384에서 실행된다.

■ Line별 의미

1112 함수 객체 이름은 makedzcode이고, 인자는 df로 지정하자.

1113-4 20102년 질병코드 변수 cd1_1을 **substr** 함수를 이용하여 첫 번째 자리의 영어 대문자를 추출하여 cd1 변수로 만들고 2번째와 3번째 자리를 추출하여 2자리 숫자로 이루어진 cd2 변수를 만드는 것이다.

1115-35 Line 1113-4에서 만든 변수 cd1, cd2에 Line 1115-35의 ifelse 함수를 적용하여 질병 대분류 코드 변수 code를 만드는 과정을 보여주고 있다. 변수 code는 11-55까지 2자리 숫자로 입력된 21개 질병 대분류에 대한 정보를 담고 있다(182페이지 표 4-21 참고).

1136 Line 1113-35까지의 표현식에 의해 만들어지는 데이터프레임 df를 리턴하라는 것이다.

■ Line별 함수와 출력 결과

```
1112  > makedzcode <- function(df) {
1113  +   df$cd1 <- substr(df$cd1_1, 1, 1)
1114  +   df$cd2 <- substr(df$cd1_1, 2, 3) ; df$cd2 <- as.numeric(df$cd2)
1115  +   df$code <- ifelse(df$cd1=="A" | df$cd1=="B", 11,
1116  +        ifelse(df$cd1=="C" | (df$cd1=="D" & df$cd2>=0 & df$cd2<50), 12,
1117  +        ifelse(df$cd1=="D" & df$cd2>=50, 13,
```

```
1118  +         ifelse(df$cd1=="E", 14,
1119  +         ifelse(df$cd1=="F", 15,
1120  +         ifelse(df$cd1=="G", 16,
1121  +         ifelse(df$cd1=="H" & df$cd2>=0 & df$cd2<60, 17,
1122  +         ifelse(df$cd1=="H" & df$cd2>=60, 18,
1123  +         ifelse(df$cd1=="I", 19,
1124  +         ifelse(df$cd1=="J", 20,
1125  +         ifelse(df$cd1=="K", 21,
1126  +         ifelse(df$cd1=="L", 22,
1127  +         ifelse(df$cd1=="M", 23,
1128  +         ifelse(df$cd1=="N", 24,
1129  +         ifelse(df$cd1=="O", 25,
1130  +         ifelse(df$cd1=="P", 26,
1131  +         ifelse(df$cd1=="Q", 27,
1132  +         ifelse(df$cd1=="R", 30,
1133  +         ifelse(df$cd1=="S" | df$cd1=="T" | df$cd1=="V" | df$cd1=="W" |
                 df$cd1=="X" |  df$cd1=="Y", 40,
1134  +         ifelse(df$cd1=="U" | df$cd1=="Z", 50,
1135  +         55 ))))))))))))))))))))
1136  +   return(df)
1137  + }
```

Mission 5.2.3.03

▶ 데이터셋 CD에서 질병 대분류별 이환 만성질환 개수 변수들을 만들고 데이터프레임 ind.cd로 저장하자.

■ Line별 의미

1141-4 2008-2011년 질병 대분류 코드 변수 code를 만드는 과정이다.

Line 1141은 Mission 5.2.3.01에서 만든 2008-2012년 만성질환 이환 데이터프레임 중 t08cd, t09cd, t10cd, t11cd에 연도 변수 yr을 만들고 각각 1(2008년), 2(2009년), 3(2010년), 4(2011년) 값을 준 것이다.

왜 2012년 데이터셋 CD는 포함되지 않았는가? 2008-2011년은 KHPS 자체 질병코드를 사용했지만 2012년 데이터셋에서는 KCD6 코드를 이용하는 차이로 인해 각각 질병코드를 2자리 숫자로 이루어진 질병 대분류 변수(code)로 만든 후 하나의 데이터프레임 ind.cd로 합치기로 할 예정이다.

Line 1142는 2008-2011년 데이터셋 CD를 **plyr 패키지**의 **rbind.fill** 함수로 합친 후 데이터프레임 x1로 저장하는 것이다.

Line 1143은 **ifelse** 함수를 이용하여 2자리 숫자의 질병 대분류 변수(code)를 만드는 것이다. x1$yr<3 경우, 즉 2008-2009년일 경우 trunc(x1$cd1/100) 값을 적용하고, 나머지, 즉 2010-2011년일 경우 trunc(x1$cd1/1000) 값을 적용한다.

이렇게 ifelse 문을 만든 이유는 2008-2009년은 질병코드가 4자리의 숫자로 입력되어 있고, 2010-2011년은 5자리의 숫자로 입력되었기 때문이다.

Line 1144는 변수 hpid, code, yr만 추출하여 데이터프레임 x1로 저장하는 것이다.

1145-7 Line 1145-7은 2012년 질병 대분류 코드 변수 code를 만드는 과정이다.

Line 1145는 Mission 5.2.3.01에서 만든 2008-2012년 만성질환 이환 데이터프레임 중 t12cd에 연도 변수 yr를 만들고 값 5(2012년)을 준 것이다.

Line 1146은 Mission 5.2.3.02에서 만든 **함수 객체 makedzcode**에 **인자를 x2로 지정**하여 실행한 것이다. 이를 실행하면 2자리 숫자가 입력된 질병 대분류 코드 변수 code가 만들어진다. head(x2)로 확인해보자. 변수 cd1_1은 KCD6 코드이고 변수 cd1, cd2는 변수 cd1_1를 쪼개어 만든 변수이다. 질병 대분류 코드 변수 code가 만들어진 것을 알 수 있다.

Line 1147은 변수 hpid, code, yr만 추출하여 데이터프레임 x2로 저장하는 것이다.

1148 2008-2011년 데이터프레임 x1, 2012년 데이터프레임 x2를 rbind 함수로 합친 후 데이터프레임 y로 저장하자.

1149-51 질병 대분류 코드 변수 code가 제대로 만들어졌는지를 확인해보자.

Line 1149는 table(y$code, y$yr) 문의 실행 결과를 객체 temp로 저장한 것이다.

Line 1150은 Line 1149에서 만든 객체 temp의 열의 이름을 "2008년"부터 "2012년"으로 바꾼 것이다.

Line 1151은 객체 temp를 출력한 결과이다. 연도별 값 11-55가 있는 것을 알 수 있으며 2자리 숫자로 구성된 질병 대분류 코드가 제대로 만들어진 것을 알 수 있다.

1152-4 Line 1152는 **ddply** 함수를 적용하여 데이터프레임 y의 hpid, yr, code 변수별 건수를 변수 cd로 출력한 후 데이터프레임 z로 저장한 것이다.

Line 1153은 hpid, code, cd 변수를 기준으로 오름차순 정렬하는 것이다.

Line 1154는 hpid 변수 값이 1000111101인 가구원만 추출하여 출력한 결과이다.

이를 살펴보면 이 가구원은 질병 대분류 코드가 14(내분비, 영양 및 대사 질환), 16(신경계통의 질환), 19(순환기계통의 질환), 21(소화기계통의 질환), 23(근육골격계통 및 결합 조직의 질환), 24(비뇨생식기계통의 질환)에 해당하는 만성질환을 가지고 있고 이에 대해 연도(변수 yr)별 만성질환 개수(변수 cd)를 알 수 있다.

질병 대분류 코드 값이 14인 경우를 보자. 연도 변수 yr 값이 1인 경우 cd 변수 값은 1이고, 변수 yr 값이 2-4인 경우 cd 변수 값이 2인 것을 볼 수 있다. 즉 2008년에는 내분비, 영양 및 대사질환을 1개 가지고 있다가 2009년부터는 2개 질환을 갖게 된 것이다. 논리적으로 이 가구원은 내분비, 영양 및 대사질환을 2개 가지고 있다고 분류하는 것이 맞을 것이다. 따라서 마지막 연도(hpid 변수 값이 1000111101인 가구원의 경우 2011년으로 변수 yr 값이 4가 됨)의 해당 질병 대분류별 이환 만성질환 개수만 추출하고자 한다.

1155-62 Line 1155-62는 Line 1152-4를 통해 마지막 연도의 질병 대분류별 이환 만성질환 개수를 추출하기 위한 과정이다. 따라서 이 과정은 137페이지 Mission 3.2.8.06의 **ddply** 함수와 **merge** 함수를 이용하여 **집단별 마지막 사례를 선택하는 함수문**을 응용하여 만든 것이다.

Line 1155는 **paste** 함수를 이용하여 변수 hpid, code를 문자로 변환한 후 합쳐서 변수 uni.key를 만든 것이다.

Line 1156은 Line 1155에서 만든 데이터프레임 z 중 hpid 값이 1000111101인 가구원만 출력한 결과로 uni.key 변수가 제대로 만들어진 것을 볼 수 있다.

Line 1157-62는 137페이지 Mission 3.2.8.06을 참고하면 쉽게 이해할 수 있기 때문에 자세한 설명은 생략하도록 한다.

1163 Line 1155-62를 통해 만든 데이터프레임 z에서 변수 hpid, code, cd만 추출하여 저장한 것이다.

1164 데이터프레임 z 중 hpid 값이 1000111101인 가구원만 출력한 결과로 질병 대분류 코드가 14(내분비, 영양 및 대사 질환)는 2개, 16(신경계통의 질환)은 1개, 19(순환기계통의 질환)는 3개, 21(소화기계통의 질환)은 1개, 23(근육골격계통 및 결합 조직의 질환)은 1개, 24(비뇨생식기계통의 질환)는 1개 있고 총 9개 만성질환을 갖고 있는 것을 알 수 있다.

1165-6 Line 1165-6은 전체 만성질환 개수를 구하는 과정이다.

Line 1165는 변수 hpid를 기준으로 변수 cd의 합을 구한 후 데이터프레임 t1로 저장하는 **ddply** 함수문이다.

Line 1166은 Line 1165에서 만든 데이터프레임 t1 중 hpid 값이 1000111101인 가구원만 출력한 결과로서, 이 가구원의 만성질환 개수는 9개인 것을 알 수 있다. 제대로 합해진 것을 알 수 있다.

1167 질병 대분류별 이환 만성질환 개수를 구하는 reshape 함수로서 실행 결과는 데이터프레임 ind.cd로 저장된다. 11-55 값을 갖는 code 변수를 timevar 옵션에 넣고 실행하면 21개 변수 (cd.11~cd.55)가 만들어진다.

names(t2) 실행 결과를 보니 변수의 개수가 22개로 변수 hpid를 제외하면 **reshape** 함수를 통해 21개 변수 cd.11~cd.55가 만들어진 것을 알 수 있다.

1168 지금까지 과정을 통해 만든 데이터프레임 t1, t2를 merge 함수로 합쳐서 데이터프레임 ind.cd로 저장하는 것이다.

1169-74 변수의 순서를 조정하여 저장한 것이다.

1175 최종적으로 만들어진 데이터프레임 ind.cd를 dim 함수로 살펴보니 11,963명의 가구원이 만성질환을 가지고 있다는 것을 알 수 있고 변수는 22개가 있음을 알 수 있다.

■ Line별 함수와 출력 결과

```
1141 > t08cd$yr <- 1 ; t09cd$yr <- 2 ; t10cd$yr <- 3 ; t11cd$yr <- 4
1142 > x1 <- rbind.fill(t08cd, t09cd, t10cd, t11cd)
1143 > x1$code <- ifelse(x1$yr<3, trunc(x1$cd1/100), trunc(x1$cd1/1000))
1144 > x1 <- x1[, c("hpid", "code", "yr")]
1145 > x2 <- t12cd[, c("hpid", "cd1_1")] ; x2$yr <- 5
1146 > x2 <- makedzcode(x2) ; head(x2)
             hpid cd1_1 yr cd1 cd2 code
     1 1000111102   M15  5   M  15   23
     2 1000111102   E78  5   E  78   14
     3 1000111102   H26  5   H  26   17
     4 1000111102   M51  5   M  51   23
     5 1000111102   E07  5   E   7   14
     6 1000111102   B02  5   B   2   11
1147 > x2 <- x2[,c("hpid", "code", "yr")]
1148 > y <- rbind(x1, x2)
1149 > temp <- table(y$code, y$yr)
1150 > colnames(temp) <- c("2008년", "2009년", "2010년", "2011년", "2012년")
1151 > temp
        2008년 2009년 2010년 2011년 2012년
      11    340    591    649    709    724
      12    477    622    556    734    712
      13    107    156    166    184    159
      14   1669   2037   2254   2426   2437
      15    367    539    451    508    461
```

```
16   338   388   567   611   480
17   750  1194  1400  1537  1407
18   194   293   307   336   307
19  3563  3854  3978  4211  3814
20  1177  1624  1838  1915  1782
21  2250  3088  3349  3505  3283
22   854  1043  1194  1078   993
23  3295  4344  5116  5522  5304
24   614   834   918   940   873
25     7     5     4     4     3
26     0     0     1     1     0
27     9    12    16    17    51
30   168   188   249   250   548
40   189   222   218   195    36
50     0     0     0     0    56
55     0     0     7     0   151
```

```
1152  > z <- ddply(y, c("hpid", "yr", "code"), summarize, cd=sum(!is.na(code)) )
1153  > z <- z[order(z$hpid, z$code, z$cd), ]
1154  > z[z$hpid==1000111101, ]
```

```
         hpid yr code cd
1  1000111101  1   14  1
4  1000111101  2   14  2
9  1000111101  3   14  2
15 1000111101  4   14  2
2  1000111101  1   16  1
5  1000111101  2   16  1
10 1000111101  3   16  1
3  1000111101  1   19  1
6  1000111101  2   19  1
11 1000111101  3   19  2
16 1000111101  4   19  3
12 1000111101  3   21  1
17 1000111101  4   21  1
```

```
7  1000111101  2   23   1
13 1000111101  3   23   1
18 1000111101  4   23   1
8  1000111101  2   24   1
14 1000111101  3   24   1
19 1000111101  4   24   1
1155 > z$uni.key <- paste(as.character(z$hpid), as.character(z$code),
                          sep="")
1156 > z[z$hpid==1000111101, ]
            hpid yr code cd       uni.key
1  1000111101  1   14   1  100011110114
4  1000111101  2   14   2  100011110114
9  1000111101  3   14   2  100011110114
15 1000111101  4   14   2  100011110114
2  1000111101  1   16   1  100011110116
5  1000111101  2   16   1  100011110116
10 1000111101  3   16   1  100011110116
3  1000111101  1   19   1  100011110119
6  1000111101  2   19   1  100011110119
11 1000111101  3   19   2  100011110119
16 1000111101  4   19   3  100011110119
12 1000111101  3   21   1  100011110121
17 1000111101  4   21   1  100011110121
7  1000111101  2   23   1  100011110123
13 1000111101  3   23   1  100011110123
18 1000111101  4   23   1  100011110123
8  1000111101  2   24   1  100011110124
14 1000111101  3   24   1  100011110124
19 1000111101  4   24   1  100011110124
1157 > z <- ddply(z, .(uni.key), summarise,
1158 +           hpid=hpid, yr=yr, code=code, cd=cd,
1159 +           N1 = 1:length(uni.key))
1160 > z2 <- ddply(z, "uni.key", summarize, N2=length(yr))
```

```
1161 > z <- merge(z, z2, by="uni.key", all.x=TRUE)
1162 > z <- z[z$N1 == z$N2, ]
1163 > z <- z[, c("hpid", "code", "cd")]
1164 > z[z$hpid==1000111101, ]
           hpid code cd
     4  1000111101   14  2
     7  1000111101   16  1
     11 1000111101   19  3
     13 1000111101   21  1
     16 1000111101   23  1
     19 1000111101   24  1
1165 > t1<-ddply(z, "hpid", summarize, cd=sum(cd) )
1166 > t1[t1$hpid==1000111101, ]
          hpid cd
     1 1000111101  9
1167 > t2<-reshape(z, timevar="code", idvar="hpid", direction="wide") ;
      names(t2)
      [1] "hpid"  "cd.14" "cd.16" "cd.19" "cd.21" "cd.23" "cd.24" "cd.11"
      [9] "cd.17" "cd.22" "cd.15" "cd.20" "cd.12" "cd.13" "cd.30" "cd.40"
     [17] "cd.18" "cd.50" "cd.55" "cd.27" "cd.25" "cd.26"
1168 > ind.cd<-merge(t1, t2, by="hpid", all=TRUE)
1169 > ind.cd<-ind.cd[, c("hpid", "cd",
1170 +                   "cd.11", "cd.12", "cd.13", "cd.14", "cd.15",
1171 +                   "cd.16", "cd.17", "cd.18", "cd.19", "cd.20",
1172 +                   "cd.21", "cd.22", "cd.23", "cd.24", "cd.25",
1173 +                   "cd.26", "cd.27",
1174 +                     "cd.30", "cd.40", "cd.50", "cd.55")]
1175 > dim(ind.cd)
     [1] 11963   22
```

2.4 민간의료보험 단위 데이터프레임

데이터프레임 **ind.phi**는 데이터셋 PHI를 이용하여 **가입된 보험별 가구와 가구원의 식별번호, 보험 가입된 가구원 번호, 가입된 보험의 식별번호, 보험 가입 시작 및 최종 연도, 총 납입 보험료, 총 납입 월수**에 대한 정보를 생성하는 과정을 거쳐 만들어진다(표 5-7).

표 5-7 데이터셋 PHI에서 추출할 변수와 데이터프레임 ind.phi에 생성할 변수 간 관계

<table>
<tr><th rowspan="2">영역</th><th colspan="2">데이터셋 PHI에서 추출할 변수</th><th colspan="2">데이터프레임 ind.phi에 생성할 변수</th></tr>
<tr><th>변수 이름</th><th>데이터셋/변수 내용</th><th>변수 이름</th><th>변수 생성 방식</th></tr>
<tr><td rowspan="2">key 변수</td><td>hhid</td><td>가구 식별번호</td><td>hhid</td><td>hhid 변수 값을 그대로 가져옴</td></tr>
<tr><td>hpid</td><td>가구원 식별번호</td><td>hpid</td><td>hpid 변수 값을 그대로 가져옴</td></tr>
<tr><td rowspan="8">민간 의료 보험 가입</td><td>pid</td><td>보험 가입 가구원 번호</td><td>pid</td><td>pid 변수 값을 그대로 가져옴</td></tr>
<tr><td>num</td><td>가입 보험 구분 변수</td><td>num</td><td>num 변수 값을 그대로 가져옴</td></tr>
<tr><td rowspan="2"></td><td rowspan="2">2008년 상반기, 하반기 데이터셋과 2010년 상반기, 하반기 데이터셋은 각각 2008년, 2010년으로 통합</td><td>phi.yr1</td><td>보험 가입 시작 연도</td></tr>
<tr><td>phi.yr2</td><td>보험 가입 최종 연도</td></tr>
<tr><td>e2</td><td>주계약 보험 형태 (일반질병, 암, 상해, 간병, 종신, 기타 등)</td><td rowspan="2">phi.type</td><td rowspan="2">e2, e4 변수를 합쳐 2자리 값을 갖는 1개 변수로 통합</td></tr>
<tr><td>e4</td><td>보험형태 (정액형, 실손형, 혼합형)</td></tr>
<tr><td rowspan="2">e6</td><td rowspan="2">월 납입 보험료, 단위: 원</td><td>phi.pay</td><td>총 납입 보험료, 단위: 원</td></tr>
<tr><td>phi.mon</td><td>총 보험료 납입 월수</td></tr>
</table>

데이터프레임 **ind.phr**는 데이터셋 PHR을 이용하여 **보험료를 수령한 보험별 보험료를 수령한 가구와 가구원의 식별번호, 보험료를 수령한 가구원 번호, 보험 식별번호, 연도별 총 수령 보험료, 암으로 인한 연도별 총 수령 보험료**에 대한 정보를 생성하는 과정을 거쳐 만들어진다(표 5-8).

표 5-8 데이터셋 PHR에서 추출할 변수와 데이터프레임 ind.phr에 생성할 변수 간 관계

영역	데이터셋 PHR에서 추출할 변수		데이터프레임 ind.phr에 생성할 변수	
	변수 이름	데이터셋/변수 내용	변수 이름	변수 생성 방식
key 변수	hhid	가구 식별번호	hhid	hhid 변수 값을 그대로 가져옴
	hpid	가구원 식별번호	hpid	hpid 변수 값을 그대로 가져옴
민간 의료 보험료 수령	pid	보험료 수령 가구원 번호	pid	pid 변수 값을 그대로 가져옴
	num	보험료 수령한 보험 구분 변수	num	num 변수 값을 그대로 가져옴
	f1	2008-2011년 질병코드	phr.1-phr.5	연도별 총 수령 보험료, 단위: 원 phr.1(2008년)에서 phr.5(2012년)까지 5개 변수 생성
	f1_1	2012년 질병코드		
	f9	수령 보험금, 단위: 원	phr.11-phr.15	암으로 인한 연도별 총 수령 보험료, 단위: 원 phr.11(2008년)에서 phr.15(2012년)까지 5개 변수 생성

Mission 5.2.4.01

▶ 데이터셋 PHI, PHR을 불러온 후 데이터프레임으로 저장하자.

■ Line별 의미

1181-8 데이터셋 PHI 7개와 PHR 7개를 read.dta 함수로 불러온 후 데이터프레임으로 저장하는 과정이다(198페이지 Mission 5.1.2.01의 Line 833-9 참고). 데이터프레임 이름은 Line 1181-3에서 만들어지는 벡터 객체 df.name의 14개 문자열이 된다.

■ Line별 함수와 출력 결과

```
1181  > df.name <- c("t08aphi", "t08bphi", "t09phi", "t10aphi", "t10bphi",
1182  +              "t11phi", "t12phi","t08aphr", "t08bphr", "t09phr",
1183  +              "t10aphr", "t10bphr", "t11phr", "t12phr")
1184  > for (i in 1:14){
1185  +   x <- paste("./data/", df.name[i], ".dta", sep="")
1186  +   y  <-  read.dta(x)
1187  +   assign(df.name[i], y)
1188  + }
```

Mission 5.2.4.02

▶ 민간의료보험 가입 관련 변수를 만들자.

■ Line별 의미

1192-3 Mission 5.2.4.01에서 만든 7개 데이터프레임 t08aphi~t12phi에 연도 변수 yr을 만들고 각각 1-7 값을 주는 것이다(1: 2008년 상반기, 2: 2008년 하반기, 3: 2009년, 4: 2010년 상반기, 5: 2010년 하반기, 6: 2011년, 7: 2012년).

1194 Line 1192-3에서 만든 7개 데이터프레임을 **plyr 패키지**의 **rbind.fill** 함수로 합친 후 데이터프레임 x로 저장하자.

1195 Line 1194에서 만든 데이터프레임 x에서 변수 hhid, hpid, pid, num, e2, e4, e6을 추출한 후 데이터프레임 x로 저장하자.

1196-7 가입한 민간의료보험의 월 납입 보험료(단위: 원) 변수(e6)를 이용하여 월 납입 보험료 변수 pay를 만들고 변수 yr을 이용하여 보험료 납입 월수 변수 month를 만들고자 한다.

변수 e6은 7(납입면제, 완납), 0(0원), -1(해당사항 없음), -9(모름/무응답)라는 값을 가지고 있고 그 이외 값은 실제 납입한 월 보험료에 대한 값을 갖는다.

ifelse(x$e6<10, 0, x$e6) 문을 통해 변수 e6 값이 10보다 낮은 경우는 모두 0원으로 처리하고 그 이외 경우는 e6 값을 그대로 기록한다.

납입 월수 변수 month를 만들기 위해서 2008년, 2010년 데이터셋 PHI가 상반기, 하반기로 구분된 점에 주목하고자 한다. yr 변수의 값이 1(2008년 상반기), 2(2008년 하반기), 4(2010년 상반기), 5(2010년 하반기)인 경우는 6개월로 계산하고 그 이외 yr 변수의 값일 경우 12개월로 계산하는 것으로 한다면 **ifelse(x$yr != 3 & x$yr < 6, 6, 12) 문**을 실행하면 해결된다.

1198- 가입 민간의료보험 유형에 관한 변수는 e2, e4이다.

1203 변수 e2는 1(일반질병보험)~7(기타 보험의 의료특약)과 0(보험형태 알 수 없음)의 값이 있고, 변수 e4는 1(정액형), 2(실손형), 3(혼합형)과 0(보험형태 알 수 없음)의 값이 있다. 이 두 변수를 문자 변수로 바꾼 후 **paste** 함수로 합치게 되면 8x4, 즉 최대 32개 민간의료보험 유형이 나오게 될 것이다.

Line 1198은 변수 e2, e4에서 음의 값 -1(해당사항 없음), -9(모름/무응답)은 보험 유형을 알 수 없어 모두 0으로 처리하는 것이다.

Line 1199는 변수 e2, e4를 문자 변수로 바꾸는 것이다.

Line 1200은 **paste** 함수로 변수 e2, e4를 합쳐 2자리 문자를 갖는 변수 phi.type으로 저장하는 것이다.

Line 1201은 length(table(x$phi.type)) 실행 결과를 보여주고 있다. 출력 결과가 31로 나왔는데 이는 phi.type 변수는 31개 다른 값을 가지고 있고, 이는 e2, e4 변수를 합쳐 놓으니 31개 민간의료보험 유형이 나온 것을 의미한다.
Line 1202-3의 data.frame(table(x$phi.type)) 실행 결과를 살펴보니 "03"만 없고 나머지 31개 유형은 모두 존재한 것을 알 수 있다.

■ Line별 함수와 출력 결과

```
1192  > t08aphi$yr <- 1 ; t08bphi$yr <- 2 ; t09phi$yr <- 3 ; t10aphi$yr <- 4
1193  > t10bphi$yr <- 5 ; t11phi$yr <- 6 ; t12phi$yr <- 7
1194  > x <- rbind.fill(t08aphi, t08bphi, t09phi, t10aphi, t10bphi,
                        t11phi, t12phi)
1195  > x <- x[, c("hhid", "hpid", "pid", "num", "yr", "e2", "e4", "e6")]
1196  > x$pay <- ifelse(x$e6<10, 0, x$e6)
1197  > x$month <- ifelse(x$yr != 3 & x$yr < 6, 6, 12)
1198  > x$e2[x$e2<0] <- 0 ; x$e4[x$e4<0] <- 0
1199  > x$e2 <- as.character(x$e2) ; x$e4 <- as.character(x$e4)
1200  > x$phi.type <- paste(x$e2, x$e4, sep="")
1201  > length(table(x$phi.type))
      [1] 31
1202  > temp <- data.frame(table(x$phi.type)) ; names(temp)[1] <- "phi.type"
1203  > temp
        phi.type  Freq
      1       00   493
      2       01   113
      3       02     1
      4       10   228
      5       11 63922
      6       12 12053
      7       13  2313
      8       20   109
      9       21 24438
      10      22   605
      11      23   153
```

```
12        30   160
13        31 20762
14        32  8507
15        33   904
16        40     3
17        41   191
18        42    15
19        43     3
20        50    55
21        51 25028
22        52   415
23        53   300
24        60    14
25        61   704
26        62   123
27        63     7
28        70     1
29        71   253
30        72    39
31        73    19
```

Mission 5.2.4.03

▶ 가입 민간의료보험별 가입 시작 및 마지막 연도, 보험 유형, 총 납입 보험료, 총 납입 월수 변수를 만들자.

■ Line별 의미

1207 데이터프레임 x를 변수 hhid, pid, num, yr을 기준으로 오름차순 정렬을 시행하여 저장한 후 head(x) 함수로 살펴본 결과이다.

변수 hpid 값이 1000111102인 가구원의 민간의료보험 가입 정보가 나와 있다. 가입 번호(변수 num)가 51인 1개 민간의료보험에 가입되어 있고 변수 yr 값은 3-7로 2009-2012년 데이터셋 PHI에 가입 정보가 담겨져 있는 것을 알 수 있다. 월 납입 보험료는 10000원으로 동일하고 납입 월수는 변수 month에 정보가 담겨져 있다. 변수 phi.type 값을 보니 32와 31 등 2가지 유형이 존재하고 있다.

1208 x[x$hpid==1000311101,] 문을 통해 변수 hpid 값이 1000311101인 가구원에 대한 정보를 살펴본 결과이다.

가입 번호 변수 num 값이 11, 17로 나와 2개 민간의료보험에 가입되어 있고 변수 num 값이 11인 경우 변수 yr 값은 1-6, 17인 경우 변수 yr 값은 1-4로 나타나 가입 기간이 다른 것을 알 수 있다. 보험 형태는 모두 51로 동일하다.

이러한 자료를 가구원이 가입한 민간의료보험별로 1줄로 요약하여 가입 시작 연도(변수 yr.phi1)와 마지막 연도(변수 yr.phi2), 가입 민간의료보험 유형(변수 phi.type), 총 납입 보험료(변수 tot.pay), 총 납입 월수(변수 tot.mon)를 만들어보자.

1209-25 Line 1209-25는 137페이지 Mission 3.2.8.06의 **ddply** 함수와 **merge** 함수를 이용하여 **집단별 첫 사례와 마지막 사례를 선택하는 함수문**을 응용하여 가입 민간의료보험의 가입 시작 연도(변수 yr.phi1)와 마지막 연도(변수 yr.phi2)를 만드는 과정이다.

Line 1209에서 만드는 변수 uni.key는 Line 1210-9의 **ddply 함수**에 적용할 기준변수로서 변수 hhid, pid, num을 문자 변수로 바꾼 후 **paste** 함수로 합친 것이다.

Line 1210-21까지 시행한 결과를 Line 1221의 head(x) 출력 결과로 살펴보자. 변수 hpid 값이 1000111102인 가구원은 변수 N1은 1-5 값이 기록되어 있고 변수 N2는 5만 기록된 것을 볼 수 있다.

Line 1222-3은 가입 시작 연도를 추출하기 위한 것으로 Line 1223의 head(x1) 실행 결과를 살펴보자. 변수 hpid 값이 1000111102인 가구원의 변수 phi.yr1 값이 3으로 나타나 가입시작 연도가 추출된 것을 알 수 있다(Line 1207 설명 참고).

Line 1224는 가입 마지막 연도를 추출하기 위한 것으로 Line 1225의 head(x2) 실행 결과를 살펴보자. 변수 hpid 값이 1000111102인 가구원의 변수 phi.yr1 값이 7로 나타나 가입 마지막 연도가 추출된 것을 알 수 있다(Line 1207 설명 참고).

1226-8 **ddply** 함수를 이용하여 총 납입 보험료 변수 tot.pay와 총 납입 월수 변수 tot.mon을 만들기 위한 것이다.

uni.key 변수를 기준으로 변수 월 납입 보험료 변수 pay.month와 납입 월수 변수 month를 곱한 값들의 합을 변수 tot.pay로 저장하고, month 변수 값들의 합을 변수 tot.mon 변수로 저장하여 데이터프레임 x3으로 저장한 것이다.

■ **Line별 함수와 출력 결과**

```
1207    > x <- x[order(x$hhid, x$pid, x$num, x$yr), ] ; head(x)
                    hhid       hpid pid num yr e2 e4     e6    pay month phi.type
        47220  10001111 1000111102   2  51  3  3  2  10000  10000    12       32
        69693  10001111 1000111102   2  51  4  3  2  10000  10000     6       32
        92290  10001111 1000111102   2  51  5  3  1  10000  10000     6       31
        115997 10001111 1000111102   2  51  6  3  1  10000  10000    12       31
        139212 10001111 1000111102   2  51  7  3  1  10000  10000    12       31
        1      10003111 1000311101   1  11  1  5  1 250000 250000     6       51
1208    > x[x$hpid==1000311101, ]
                    hhid       hpid pid num yr e2 e4     e6    pay month phi.type
        1      10003111 1000311101   1  11  1  5  1 250000 250000     6       51
        23254  10003111 1000311101   1  11  2  5  1 250000 250000     6       51
        47221  10003111 1000311101   1  11  3  5  1 250000 250000    12       51
        69694  10003111 1000311101   1  11  4  5  1 250000 250000     6       51
        92291  10003111 1000311101   1  11  5  5  1 184650 184650     6       51
        115998 10003111 1000311101   1  11  6  5  1 184650 184650    12       51
        2      10003111 1000311101   1  17  1  5  1 230000 230000     6       51
        23255  10003111 1000311101   1  17  2  5  1 230000 230000     6       51
        47222  10003111 1000311101   1  17  3  5  1 230000 230000    12       51
        69695  10003111 1000311101   1  17  4  5  1 230000 230000     6       51
1209    > x$uni.key <- paste(as.character(x$hhid), as.character(x$pid),
                             as.character(x$num), sep="")
1210    > x <- ddply(x, .(uni.key), summarise,
1211    +             hhid=hhid,
1212    +             hpid=hpid,
1213    +             pid=pid,
1214    +             num=num,
1215    +             yr=yr,
1216    +             pay=pay,
1217    +             month=month,
1218    +             phi.type=phi.type,
1219    +             N1 = 1:length(uni.key))
```

```
1220 > temp <- ddply(x, "uni.key", summarize, N2=length(yr))
1221 > x <- merge(x, temp, by="uni.key", all.x=TRUE) ; head(x)
          uni.key     hhid       hpid pid num yr    pay month phi.type N1 N2
     1 10001111251 10001111 1000111102   2  51  3  10000    12       32  1  5
     2 10001111251 10001111 1000111102   2  51  4  10000     6       32  2  5
     3 10001111251 10001111 1000111102   2  51  5  10000     6       31  3  5
     4 10001111251 10001111 1000111102   2  51  6  10000    12       31  4  5
     5 10001111251 10001111 1000111102   2  51  7  10000    12       31  5  5
     6 10003111111 10003111 1000311101   1  11  1 250000     6       51  1  6
1222 > x1 <- x[x$N1==1,
           c("uni.key", "hhid", "hpid", "pid", "num", "yr", "phi.type")]
1223 > names(x1)[6] <- "phi.yr1" ; head(x1)
          uni.key     hhid       hpid pid num phi.yr1
     1  10001111251 10001111 1000111102   2  51       3
     6  10003111111 10003111 1000311101   1  11       1
     12 10003111117 10003111 1000311101   1  17       1
     16 10003111212 10003111 1000311102   2  12       1
     22 10003111216 10003111 1000311102   2  16       1
     28 10003111313 10003111 1000311103   3  13       1
1224 > x2 <- x[x$N1==x$N2, c("uni.key", "yr", "phi.type")] ;
      names(x2)[2] <- "phi.yr2"
1225 > head(x2)
          uni.key phi.yr2
     5  10001111251       7
     11 10003111111       6
     15 10003111117       4
     21 10003111212       6
     27 10003111216       6
     33 10003111313       6
1226 > x3 <- ddply(x, "uni.key", summarize,
1227 +              phi.pay=sum(pay*month, na.rm=TRUE),
1228 +              phi.mon=sum(month, na.rm=TRUE))
```

Mission 5.2.4.04

▶ 최종 민간의료보험 가입 정보 데이터프레임 ind.phi를 만들어보자.

■ Line별 의미

1232-3 Mission 5.2.4.03에서 만든 데이터프레임 x1, x2, x3을 **merge** 함수로 합쳐 최종 민간의료보험 가입 정보 데이터프레임 ind.phi를 만들자.

1234-43 데이터셋 PHI는 2008년, 2010년에 상반기, 하반기로 구분되어 있어 연도 변수 phi.yr1과 phi.yr2는 1-7의 값을 갖기 때문에 **ifelse** 함수문을 통해 2008년은 1, 2009년은 2, 2010년은 3, 2011년은 4, 2012년은 5로 값을 변경하는 것이다.

1244-5 변수의 순서를 조정한 것이다.

1246 최종 ind.phi 데이터프레임을 head 함수로 살펴본 결과이다. 가입한 민간의료보험 단위로 데이터프레임이 만들어진 것을 볼 수 있다.

■ Line별 함수와 출력 결과

```
1232  > ind.phi <- merge(x1, x2, by="uni.key", all=TRUE)
1233  > ind.phi <- merge(ind.phi, x3, by="uni.key", all=TRUE)
1234  > ind.phi$phi.yr1 <- ifelse(ind.phi$phi.yr1==1 | ind.phi$phi.yr1==2, 1,
1235  +                      ifelse(ind.phi$phi.yr1==3 , 2,
1236  +                      ifelse(ind.phi$phi.yr1==4 | ind.phi$phi.yr1==5, 3,
1237  +                      ifelse(ind.phi$phi.yr1==6, 4,
1238  +                      5 ))))
1239  > ind.phi$phi.yr2 <- ifelse(ind.phi$phi.yr2==1 | ind.phi$phi.yr2==2, 1,
1240  +                      ifelse(ind.phi$phi.yr2==3 , 2,
1241  +                      ifelse(ind.phi$phi.yr2==4 | ind.phi$phi.yr2==5, 3,
1242  +                      ifelse(ind.phi$phi.yr2==6, 4,
1243  +                      5 ))))
1244  > ind.phi <- ind.phi[, c("hhid", "hpid", "pid", "num",
1245  +                "phi.yr1", "phi.yr2", "phi.type", "phi.pay", "phi.mon")]
```

```
1246  > head(ind.phi)
          hhid       hpid pid num phi.yr1 phi.yr2 phi.type  phi.pay phi.mon
1 10001111 1000111102   2  51       2       5       31   480000      48
2 10003111 1000311101   1  11       1       4       51 10823700      48
3 10003111 1000311101   1  17       1       3       51  6900000      30
4 10003111 1000311102   2  12       1       4       51  8277000      48
5 10003111 1000311102   2  16       1       4       11  2432760      48
6 10003111 1000311103   3  13       1       4       51  3468696      48
```

Mission 5.2.4.05

▶ 민간의료보험료 수령 관련 변수를 만들자.

암으로 인해 수령한 보험료를 계산하는 과정이 있기 때문에 2008-2009년, 2010-2011년, 2012년의 질병코드 체계의 차이점을 고려해야 한다(181페이지 5.3 질병코드 살펴보기 부분 참고).

■ Line별 의미

1250 Mission 5.2.4.01에서 만든 6개 데이터프레임 t08aphr~t11phr에 연도 변수 yr을 만들고 1-4 값을 주는 것이다(1: 2008년 상반기 및 하반기, 2: 2009년, 3: 2010년 상반기 및 하반기, 4: 2011년).
2012년 데이터프레임은 질병코드로 KCD6을 쓰기 때문에 뒤에서 다루기로 한다.

1251 Line 1250에서 저장된 6개 데이터프레임을 **rbind.fill** 함수로 합친 후 데이터프레임 x1로 저장한 것이다.

1252 **ifelse** 함수를 통해 4자리 질병코드를 사용하는 **2008-2009년**에서 **(x1$yr<3 & trunc(x1$f1/100)==12)** 조건을 만족하거나 5자리 질병코드를 사용하는 **2010-2011년**에서 **(x1$yr>=3 & trunc(x1$f1/1000)==12)** 조건을 만족한 경우 phr.dz 변수 값을 1로 하고 그 이외 경우는 2로 하는 것이다 질병코드 앞 두 자리 값이 12인 경우는 암으로 인해 보험료를 수령했다는 의미이다(182페이지 표 4-21 참고).

1253 Line 1252에서 만든 데이터프레임 x1에서 변수 hhid, hpid, pid, num, yr, f3, f9, phr.dz만을 추출하여 저장하자.

1254 Mission 5.2.4.01에서 만든 데이터프레임 t12phr에서 필요한 변수만 추출한 후 연도 변수

yr에 값 5를 부여한 것이다.

1255-7 2012년 데이터프레임인 t12phr에서 질병코드는 KCD6 코드를 이용하고 있다.
Line 1255-6는 KCD6 코드 중 영어 대문자를 포함하는 변수 cd1과 숫자 2자리로 이루어진 변수 cd2를 만든 것이다.
Line 1257은 **ifelse(x2$cd1=="C" | (x2$cd1=="D" & x2$cd2>=0 & x2$cd2<50), 1, 2)** 문을 통해 암에 해당하는 KCD6 코드에 해당하는 경우 값 1을 주고 기타 질환은 값 2를 부여하여 변수 phr.dz를 만드는 것이다.

1258 데이터프레임 x2에서 변수 hhid, hpid, pid, num, yr, f3, f9, phr.dz만을 추출하여 저장한 것이다.

1259 2008-2011년 보험료 수령 데이터프레임 x1, 2012년 보험료 수령 데이터프레임 x2를 rbind로 합쳐 데이터프레임 y로 저장한 것이다.

■ Line별 함수와 출력 결과

```
1250  > t08aphr$yr <- 1 ; t08bphr$yr <- 1 ; t09phr$yr <- 2 ; t10aphr$yr <- 3 ;
        t10bphr$yr <- 3 ; t11phr$yr <- 4
1251  > x1 <- rbind.fill(t08aphr, t08bphr, t09phr, t10aphr, t10bphr, t11phr)
1252  > x1$phr.dz <- ifelse((x1$yr<3 & trunc(x1$f1/100)==12) |
                              (x1$yr>=3 & trunc(x1$f1/1000)==12), 1, 2)
1253  > x1 <- x1[, c("hhid", "hpid", "pid", "num", "yr", "f3", "f9", "phr.dz")]
1254  > x2 <- t12phr[, c("hhid", "hpid", "pid", "num", "f3", "f1_1", "f9")] ;
        x2$yr <- 5
1255  > x2$cd1 <- substr(x2$f1_1, 1, 1)
1256  > x2$cd2 <- substr(x2$f1_1, 2, 3) ; x2$cd2 <- as.numeric(x2$cd2)
1257  > x2$phr.dz <- ifelse(x2$cd1=="C" | (x2$cd1=="D" & x2$cd2>=0 & x2$cd2<50),
                                1, 2)
1258  > x2 <- x2[, c("hhid", "hpid", "pid", "num", "yr", "f3", "f9", "phr.dz")]
1259  > y <- rbind(x1, x2)
```

Mission 5.2.4.06

▶ 수령 보험료 변수를 만들자.

■ Line별 의미

1263 Mission 5.2.4.05에서 만든 데이터프레임 y의 수령 보험료 변수 f9는 -9(모름/무응답) 값을 포함하고 있어 이를 결측값 NA로 바꾸는 것이다.

1264 yr<3인 경우, 즉 2008-2009년인 경우 f9 값(단위: 천 원) 그대로 부여하고 yr≥4인 경우 즉 2010-2012년인 경우 f9 값(단위: 원)을 1,000으로 나눈 값을 부여하는 ifelse 함수문의 실행 결과를 변수 f9로 저장하는 것이다.

1265 f9 변수에 대한 summary 함수 출력 결과이다. 결측값이 11건이 있는 것을 알 수 있다.

1266-71 Line 1265에서 확인한 변수 f9의 11건의 결측값을 연도(yr)별, 의료이용 형태(f3)별 평균값으로 대체하는 **ddply 함수**와 **for 반복문**(152페이지 Mission 3.2.10.02 참고)이다.

1272 Line 1266-71 실행 결과를 summary(y[[7]])로 확인한 결과이다.
결측값을 보인 보험금 수령 건이 보이지 않고 최소값(Min.)과 최대값(Max.)을 제외한 다른 값들이 미묘한 차이로 바뀐 것을 볼 수 있다.

1273 지금까지 만든 데이터프레임 y를 head 함수로 살펴본 결과이다.

■ Line별 함수와 출력 결과

```
1263  > y$f9[y$f9 == -9] <- NA
1264  > y$f9 <- ifelse(y$yr<3, y$f9, round(y$f9/10^3, digit=0))
1265  > summary(y[[7]])
         Min. 1st Qu.  Median    Mean 3rd Qu.    Max.    NA's
            1      64     230     941     545  120000      11
1266  > temp <- ddply(y, c("yr", "f3"), summarize,
                      phr.mean=round(mean(f9, na.rm=TRUE), digit=0))
1267  > for (i in 1:5) {
1268  +  for (j in 1:3) {
1269  +   y[[7]][is.na(y[[7]]) & y$yr==i & y$f3==j] <-
          temp[temp$yr==i & temp$f3==j , 3]
1270  +  }
1271  + }
```

```
1272  > summary(y[[7]])
         Min.   1st Qu.    Median      Mean   3rd Qu.       Max.
         1.00     64.75    230.00    941.20    550.00 120000.00
1273  > head(y)
           hhid       hpid pid num yr f3  f9 phr.dz
      1 10043111 1004311102   2  11  1  2 100      2
      2 10043111 1004311102   2  12  1  2  70      2
      3 10043111 1004311102   2  12  1  2 300      2
      4 10043111 1004311102   2  12  1  2 380      2
      5 10043111 1004311102   2  13  1  2 300      2
      6 10049111 1004911102   2  13  1  2 100      2
```

Mission 5.2.4.07

▶ 연도별 총 수령 보험료와 암으로 인해 수령한 보험료 변수를 만들고 최종 민간의료 보험료 수령 데이터프레임 ind.phr을 만들자.

이 Mission은 가입한 민간의료보험별 총 수령 보험료에 관한 5개 변수 phr.1(2008년), phr.2(2009년), phr.3(2010년), phr.4(2011년), phr.5(2012년)와 암으로 인해 보험료를 수령한 민간의료보험별 총 수령 보험료에 관한 5개 변수 phr.11(2008년), phr.12(2009년), phr.13(2010년), phr.14(2011년), phr.15(2012년)를 만드는 과정이다.

■ Line별 의미

1277-8 변수 phr.1, phr.2, phr.3, phr.4, phr.5를 만드는 과정이다.

Line 1277은 기준변수를 hhid, hpid, pid, num, yr로 하고 수령 보험료 변수 f9의 합을 데이터프레임 y1의 변수 phr로 저장하는 **ddply** 함수이다. 변수 f9의 단위가 천 원이기 때문에 1,000을 곱해야 하는 점을 주의하자.

Line 1278은 **reshape** 함수를 통해 넓은 구성형태의 데이터프레임으로 바꿔주는 것이다. 변수 phr이 timevar 옵션에 지정된 변수 yr의 1-5 값을 받아 변수 phr.1(2008년), phr.2(2009년), phr.3(2010년), phr.4(2011년), phr.5(2012년)로 바뀌게 된다.

1279-85 변수 phr.11, phr.12, phr.13, phr.14, phr.15를 만드는 과정이다.

Line 1279는 기준변수를 hhid, hpid, pid, num, yr, phr.dz로 하고 수령 보험료 변수 f9의 합을 데이터프레임 y2의 변수 phr로 저장하는 **ddply** 함수이다. 변수 f9의 단위가 천원이기 때문에 1,000을 곱해야 하는 점을 주의해야 한다.

Line 1280의 y2$phr.dz*10 + y2$yr 문은 변수 phr.dz(1: 암으로 인해 보험료 수령, 2: 기타 질환으로 보험료 수령)와 연도 변수 yr을 2자리 숫자 변수 dz.yr로 만들기 위한 것이다. 따라서 암으로 인해 보험료를 수령한 경우는 변수 dz.yr 값이 11, 12, 13, 14, 15가 되고 기타 질환은 변수 dz.yr 값이 21, 22, 23, 24, 25가 된다.

Line 1281은 데이터프레임 y2에서 변수 hhid, hpid, pid, num, dz.yr, phr을 추출하여 저장한 것이다.

Line 1282는 **reshape** 함수를 통해 넓은 구성형태의 데이터프레임으로 바꿔주는 것이다. 변수 phr이 timevar 옵션에 지정된 변수 dz.yr의 11-25 값을 받아 변수 phr.11, phr.12, phr.13, phr.14, phr.15, phr.21, phr.22, phr.23, phr.24, phr.25로 바뀐다.

Line 1283-5는 데이터프레임 y2의 변수의 순서를 조정하는 것이다.

1286 Line 1279-86에서 만들어진 데이터프레임 y2를 View 함수로 살펴본 결과이다.

1287 암으로 인해 보험료를 수령한 5개 변수 phr.11, phr.12, phr.13, phr.14, phr.15만 필요하기 때문에 데이터프레임 y2에서 key 변수와 변수 phr.11, phr.12, phr.13, phr.14, phr.15를 추출한 것이다.

1288 지금까지 만든 데이터프레임 y1, y2를 **merge** 함수로 합쳐 데이터프레임 ind.phr로 저장하는 것이다.

1289 데이터프레임 ind.phr을 View 함수로 살펴본 결과이다.

■ Line별 함수와 출력 결과

```
1277  > y1 <- ddply(y, c("hhid", "hpid", "pid", "num", "yr"), summarize,
                    phr=sum(f9*10^3, na.rm=TRUE))
1278  > y1 <- reshape(y1, timevar="yr", idvar=c("hhid", "hpid", "pid", "num"),
                    direction="wide")
1279  > y2 <- ddply(y, c("hhid", "hpid", "pid", "num", "yr", "phr.dz"),
                   summarize, phr=sum(f9*10^3, na.rm=TRUE))
1280  > y2$dz.yr <- y2$phr.dz*10 + y2$yr
1281  > y2 <- y2[, c("hhid", "hpid", "pid", "num", "dz.yr", "phr")]
1282  > y2 <- reshape(y2, timevar="dz.yr",
                     idvar=c("hhid", "hpid", "pid", "num"), direction="wide")
```

```
1283 > y2 <- y2[, c("hhid", "hpid", "pid", "num",
1284 +              "phr.11", "phr.12", "phr.13", "phr.14", "phr.15",
1285 +              "phr.21", "phr.22", "phr.23", "phr.24", "phr.25")]
1286 > View(head(y2,n=10))
```

hhid	hpid	pid	num	phr.11	phr.12	phr.13	phr.14	phr.15	phr.21	phr.22	phr.23	phr.24	phr.25
10043111	1004311102	2	11	NA	NA	NA	NA	NA	100000	NA	NA	NA	NA
10043111	1004311102	2	12	NA	NA	NA	NA	NA	750000	NA	NA	NA	NA
10043111	1004311102	2	13	NA	NA	NA	NA	NA	300000	NA	40000	NA	NA
10049111	1004911102	2	13	NA	5e+05	NA	NA	NA	300000	NA	NA	NA	NA
10071111	1007111102	2	13	NA	NA	NA	NA	NA	200000	NA	NA	NA	NA
10071111	1007111102	2	14	NA	NA	NA	NA	NA	400000	NA	NA	NA	NA
10076111	1007611101	1	13	4e+05	NA	NA	NA	NA	NA	NA	NA	NA	NA
10076111	1007611101	1	14	2e+05	NA	NA	NA	NA	NA	NA	NA	NA	NA
10097111	1009711102	2	17	NA	NA	NA	NA	NA	600000	NA	NA	NA	NA
10097111	1009711103	3	0	NA	NA	NA	NA	NA	61000	NA	NA	NA	NA

```
1287 > y2 <- y2[, 1:9]
1288 > ind.phr <- merge(y1, y2, by=c("hhid", "hpid", "pid", "num"), all=TRUE)
1289 > View(head(ind.phr, n=20))
```

hhid	hpid	pid	num	phr.1	phr.2	phr.3	phr.4	phr.5	phr.11	phr.12	phr.13	phr.14	phr.15
10021111	1002111102	2	14	NA	1.2e+08	NA	NA	NA	NA	NA	NA	NA	NA
10033111	1003311101	1	301	NA	NA	NA	900000	NA	NA	NA	NA	NA	NA
10034111	1003411101	1	12	520000	NA	460000	NA	NA	NA	NA	NA	NA	NA
10043111	1004311102	2	11	100000	NA	NA	NA	NA	NA	NA	NA	NA	NA
10043111	1004311102	2	12	750000	NA	NA	NA	NA	NA	NA	NA	NA	NA
10043111	1004311102	2	13	300000	NA	40000	NA	NA	NA	NA	NA	NA	NA
10044111	1004411101	1	11	NA	NA	300000	NA	NA	NA	NA	NA	NA	NA
10049111	1004911102	2	13	300000	5.0e+05	NA	NA	NA	NA	500000	NA	NA	NA
10049111	1004911102	2	14	NA	1.1e+06	NA	NA	NA	NA	1100000	NA	NA	NA
10052111	1005211104	4	14	NA	NA	NA	300000	NA	NA	NA	NA	NA	NA
10052111	1005211104	4	15	NA	NA	97000	69000	NA	NA	NA	NA	NA	NA
10058111	1005811102	2	15	525000	NA	NA	NA	NA	NA	NA	NA	NA	NA
10060111	1006011102	2	12	2442000	NA	NA	NA	NA	NA	NA	NA	NA	NA
10060111	1006011102	2	13	2442000	NA	NA	NA	NA	NA	NA	NA	NA	NA
10060111	1006011102	2	401	NA	NA	NA	NA	7e+06	NA	NA	NA	NA	NA
10060111	1006011102	2	55	NA	4.0e+05	NA	NA	NA	NA	NA	NA	NA	NA
10060111	1006011102	2	57	NA	2.0e+06	NA	NA	NA	NA	NA	NA	NA	NA
10060111	1006011102	2	58	NA	8.5e+06	NA	NA	NA	NA	NA	NA	NA	NA
10064111	1006411101	1	11	NA	NA	300000	NA	NA	NA	NA	NA	NA	NA
10066111	1006611103	3	15	NA	7.5e+04	NA	NA	NA	NA	NA	NA	NA	NA

3 의료이용과 의료비 지출 데이터프레임

응급의료 데이터셋 **ER**, 외래 데이터셋 **OU**, 입원 데이터셋 **IN**을 이용하여 결과에 해당하는 **의료이용과 의료비 지출에 관한 데이터프레임 outcome**을 만들어보는 과정이다.

표 5-9를 통해 데이터셋 OU, ER, IN에서 추출할 변수와 의료이용과 의료비 지출에 관한 데이터프레임에 생성할 변수를 살펴보자.

표 5-9 데이터셋 ER, OU, IN 변수와 의료이용과 의료비 지출에 관한 데이터프레임 outcome에 생성할 변수 간 관계

데이터셋별 변수 이름			의료이용과 의료비 지출에 관한 데이터프레임	
ER	OU	IN	변수 이름	변수 내용
hpid	hpid	hpid	hpid	key 변수
신규, 값: 1	신규, 값: 2	신규, 값: 3	type	이용 서비스 유형
er4	ou6	in3	yr	서비스 이용 시작 연도
er10	ou8	in9	days	서비스 이용 일수
er22 ('08-'11년) er22_2 ('12년)	ou3 ('08-'11년) ou3_2 ('12년)	in25 ('08-'11년) in25_2 (‘12년)	code	질병코드
er26 ('08-'09년) er26_1 ('10-'12년)	ou29 ('08-'09년) ou29_2 ('10-'12년)	in35 ('08-'09년) in35_2 ('10-'12년)	cost.oop	본인부담 비용(원)
er27			cost.amb	앰뷸런스 비용(원)
er27_1	ou38	in48	cost.tra	교통비(원)
		in52	cost.nur	간병비(원)
er33	ou35	in37	cost.med	처방약값(원)
	ou29_3 ('09-'12년)		cost.orm	보약금액(원)

이 절은 15개 데이터셋 OU, ER, IN을 가공하여 1개의 데이터프레임 outcome으로 통합하는 과정을 보여주고 있다. 특히 데이터셋 OU는 가장 용량이 큰 데이터셋으로 자료 처리에 시간이 많이 걸릴 것이다. 총 10개 Mission이 주어져 있으니 차근차근 실행해보자.

Mission 5.3.0.01

▶ 데이터셋 ER, OU, IN를 불러온 후 데이터프레임으로 저장하자.

■ Line별 의미

1296-1303 데이터셋 ER 5개, OU 5개, IN 5개를 read.dta 함수로 불러온 후 데이터프레임으로 저장하는 과정이다(198페이지 Mission 5.1.2.01의 Line 833-9 참고).
데이터프레임 이름은 Line 1296-8에서 만든 벡터 객체 df.name의 15개 문자열이 된다.

■ Line별 함수와 출력 결과

```
1296  > df.name <- c("t08er", "t09er", "t10er", "t11er", "t12er",
1297  +                "t08ou", "t09ou", "t10ou", "t11ou", "t12ou",
1298  +                "t08in", "t09in", "t10in", "t11in", "t12in")
1299  > for (i in 1:15){
1300  +   x <- paste("./data/", df.name[i], ".dta", sep="")
1301  +   y <- read.dta(x)
1302  +   assign(df.name[i], y)
1303  + }
```

Mission 5.3.0.02

▶ 응급의료에 대한 데이터프레임 z11(2008-2011년), z12(2012년)를 만들자.

■ Line별 의미

1307-11 Mission 5.3.0.01에서 만든 응급의료에 대한 데이터프레임 t08er, t09er, t10er, t11er, t12er에서 필요한 변수(255페이지 표 5-9 참고)를 추출하여 데이터프레임 w1-w5로 저장한 것이다.

1312-20 Line 1307-11에서 만든 데이터프레임 w1-w5에서 2-8번째 변수의 이름을 표 5-9에 적은 대로 바꾸기 위해 **for 반복문**을 활용한 과정을 보여주고 있다.
for 반복문의 실행 결과는 변수 이름이 yr, days, code, cost.oop, cost.amb, cost.tra, cost.med로 변경되는 것이다. 궁금한 독자는 names 함수로 확인해보면 된다.

1321-2 Line 1321은 2008-2011년 데이터프레임 w1-w4를 **rbind** 함수로 합친 후 데이터프레임

z11로 저장하고 이 데이터프레임 z11에 값 1을 부여한 변수 type을 만든 것이다.

Line 1322는 2012년 데이터프레임 w5를 데이터프레임 z12로 바꾸고 이 데이터프레임 z12에 값 1을 부여한 변수 type을 만든 것이다.

■ Line별 함수와 출력 결과

```
1307  > w1 <- t08er[, c("hpid", "er4", "er10", "er22",  "er26",  "er27", "er27_1", "er33")]
1308  > w2 <- t09er[, c("hpid", "er4", "er10", "er22",  "er26",  "er27", "er27_1", "er33")]
1309  > w3 <- t10er[, c("hpid", "er4", "er10", "er22",  "er26_1", "er27", "er27_1", "er33")]
1310  > w4 <- t11er[, c("hpid", "er4", "er10", "er22",  "er26_1", "er27", "er27_1", "er33")]
1311  > w5 <- t12er[, c("hpid", "er4", "er10", "er22_2", "er26_1", "er27", "er27_1", "er33")]
1312  > df.name <- c("w1", "w2", "w3", "w4", "w5")
1313  > for (i in 1:5){
1314  +    w <- get(df.name[i])
1315  +    names(w)[2] <- "yr" ; names(w)[3] <- "days" ; names(w)[4] <- "temp"
1316  +    names(w)[5] <- "cost.oop" ; names(w)[6] <- "cost.amb"
1317  +    names(w)[7] <- "cost.tra" ; names(w)[8] <- "cost.med"
1318  +    temp <- paste("w", i, sep="")
1319  +    assign(temp, w)
1320  + }
1321  > z11 <- rbind(w1, w2, w3, w4) ; z11$type <- 1
1322  > z12 <- w5 ; z12$type <- 1
```

Mission 5.3.0.03

▶ 외래에 대한 데이터프레임 z21(2008-2011년), z22(2012년)를 만들자.

■ Line별 의미

1326-30 Mission 5.3.0.01에서 만든 외래에 대한 데이터프레임 t08ou, t09ou, t10ou, t11ou, t12ou에서 필요한 변수(표 5-9 참고)를 추출하여 데이터프레임 x1-x5로 저장한 것이다.

1331-48 Line 1326-30에서 만든 데이터프레임 x1-x5에서 2-8번째 변수의 이름을 표 5-8에 적은 대로 바꾸기 위해 **for 반복문**을 활용한 과정을 보여주고 있다.

Mission 5.3.0.02의 **for 반복문**과 다른 점은 **if** 함수가 추가된 것이다.

if (i==1)와 if (i>1) 간 중괄호 {} 안의 함수문의 차이점은 names(x)[8] <- "cost.orm" 문의 유무이다. 이는 2008년(i==1) 외래 데이터셋은 보약금액 변수(cost.orm)가 없고 2009년(i>1)부터 추가된 변수이기 때문이다. **for 반복문** 안에 **if** 함수를 추가함으로써 여러 조건에 따라 다양한 R 함수문을 적용할 수 있다.

for 반복문의 실행 결과는 변수 이름이 yr, days, code, cost.oop, cost.tra, cost.med, cost.orm으로 변경되는 것이다. 궁금한 독자는 names 함수로 확인해보면 된다.

1349-50 Line 1349는 2008-2011년 데이터프레임 x1-x4를 rbind 함수로 합친 후 데이터프레임 z21로 저장하고 데이터프레임 z21에 값 2를 부여한 변수 type을 만든 것이다.

Line 1350은 2012년 데이터프레임 x5를 데이터프레임 z22로 바꾸고 데이터프레임 z22에 값 2를 부여한 변수 type을 만든 것이다.

■ Line별 함수와 출력 결과

```
1326  > x1 <- t08ou[, c("hpid", "ou6", "ou8", "ou3",  "ou29",  "ou38", "ou35")]
1327  > x2 <- t09ou[, c("hpid", "ou6", "ou8", "ou3",  "ou29",  "ou38", "ou35", "ou29_3")]
1328  > x3 <- t10ou[, c("hpid", "ou6", "ou8", "ou3",  "ou29_2", "ou38", "ou35", "ou29_3")]
1329  > x4 <- t11ou[, c("hpid", "ou6", "ou8", "ou3",  "ou29_2", "ou38", "ou35", "ou29_3")]
1330  > x5 <- t12ou[, c("hpid", "ou6", "ou8", "ou3_2", "ou29_2", "ou38", "ou35", "ou29_3")]
1331  > df.name <- c("x1", "x2", "x3", "x4", "x5")
1332  > for (i in 1:5){
1333  +  if (i==1) {
1334  +    x <- get(df.name[i])
1335  +    names(x)[2] <- "yr" ; names(x)[3] <- "days" ; names(x)[4] <- "temp"
1336  +    names(x)[5] <- "cost.oop" ; names(x)[6] <- "cost.tra" ;
           names(x)[7] <- "cost.med"
1337  +    temp <- paste("x", i, sep="")
1338  +    assign(temp, x)
1339  +  }
1340  +  if (i>1) {
1341  +    x <- get(df.name[i])
1342  +    names(x)[2] <- "yr" ; names(x)[3] <- "days" ; names(x)[4] <- "temp"
1343  +    names(x)[5] <- "cost.oop" ; names(x)[6] <- "cost.tra"
1344  +    names(x)[7] <- "cost.med" ; names(x)[8] <- "cost.orm"
1345  +    temp <- paste("x", i, sep="")
```

```
1346 +    assign(temp, x)
1347 +  }
1348 + }
1349 > z21 <- rbind.fill(x1, x2, x3, x4) ; z21$type <- 2
1350 > z22 <- x5 ; z22$type <- 2
```

Mission 5.3.0.04

▶ 입원에 대한 데이터프레임 z31(2008-2011년), z32(2012년)를 만들자.

■ Line별 의미

1354-8 Mission 5.3.0.01에서 만든 데이터프레임 t08in, t09in, t10in, t11in, t12in에서 필요한 변수(255페이지 표 5-9 참고)를 추출하여 데이터프레임 y1-y5로 저장한 것이다.

1359-67 Line 1354-8에서 만든 데이터프레임 y1-y5에서 2-8번째 변수의 이름을 표 5-8에 적은 대로 바꾸기 위해 **for 반복문**을 활용한 과정을 보여주고 있다.

for 반복문의 실행 결과는 변수 이름이 yr, days, code, cost.oop, cost.tra, cost.nur, cost.med로 변경되는 것이다. 궁금한 독자는 names 함수로 확인해보면 된다.

1368-9 Line 1368은 2008-2011년 데이터프레임 y1-y4를 **rbind** 함수로 합친 후 데이터프레임 z31로 저장하고 데이터프레임 z31에 값 3을 부여한 변수 type을 만든 것이다.

Line 1369는 2012년 데이터프레임 y5를 데이터프레임 z32로 바꾸고 데이터프레임 z32에 값 3을 부여한 변수 type을 만든 것이다.

■ Line별 함수와 출력 결과

```
1354 > y1 <- t08in[, c("hpid", "in3", "in9", "in25",  "in35",   "in48", "in52", "in37")]
1355 > y2 <- t09in[, c("hpid", "in3", "in9", "in25",  "in35",   "in48", "in52", "in37")]
1356 > y3 <- t10in[, c("hpid", "in3", "in9", "in25",  "in35_2", "in48", "in52", "in37")]
1357 > y4 <- t11in[, c("hpid", "in3", "in9", "in25",  "in35_2", "in48", "in52", "in37")]
1358 > y5 <- t12in[, c("hpid", "in3", "in9", "in25_2", "in35_2", "in48", "in52", "in37")]
1359 > df.name <- c("y1", "y2", "y3", "y4", "y5")
1360 > for (i in 1:5){
1361 +   y <- get(df.name[i])
```

```
1362  +   names(y)[2] <- "yr" ; names(y)[3] <- "days" ; names(y)[4] <- "temp"
1363  +   names(y)[5] <- "cost.oop" ; names(y)[6] <- "cost.tra"
1364  +   names(y)[7] <- "cost.nur" ; names(y)[8] <- "cost.med"
1365  +   temp <- paste("y", i, sep="")
1366  +   assign(temp, y)
1367  + }
1368  > z31 <- rbind(y1, y2, y3, y4) ; z31$type <- 3
1369  > z32 <- y5 ; z32$type <- 3
```

Mission 5.3.0.05

▶ 응급의료, 외래, 입원에 관한 데이터프레임을 하나로 통합한 데이터프레임 z1(2008-2011년), z2(2012년)를 만들고 서비스 이용 연도 변수를 만들자.

■ Line별 의미

1373 Mission 5.3.0.02, Mission 5.3.0.03 및 Mission 5.3.0.04를 통해 만든 2008-2011년 데이터프레임 z11(응급의료), z21(외래), z31(입원)을 **rbind.fill** 함수로 합쳐 데이터프레임 z1로 저장하자.

1374 Mission 5.3.0.02, Mission 5.3.0.03 및 Mission 5.3.0.04를 통해 만든 2012년 데이터프레임 z12(응급의료), z22(외래), z32(입원)를 **rbind.fill** 함수로 합쳐 데이터프레임 z2로 저장하자.

1375-7 서비스 이용 연도 변수 yr을 만드는 과정이다.

Line 1375는 Line 1373에서 만든 데이터프레임 z1의 변수 yr과 type의 교차표를 **table** 함수로 출력한 결과이다. 변수 yr 값이 0-7, 92, 94인 경우는 변수 type 값이 3(입원)에만 존재하는 것으로 나타난다. 변수 yr 값은 0-12는 2000-2012년을 의미하며, 92와 94는 1992년과 1994년을 의미한다. 이는 입원 시작 연도가 2007년 이전인 경우는 2008년에도 입원하고 있다는 것을 의미하기 때문에 2008로 값을 바꾸기로 한다.

Line 1376은 데이터프레임 z1(2008-2011년)의 서비스 이용 변수 yr 값 중 2008년 이전에 입원한 경우를 2008로 입력하고 그 이외 경우는 변수 yr 값에 2000을 더한 값으로 바꾸는 ifelse 문이다.

Line 1377은 2012년 데이터프레임 z2에서 변수 yr 값에 2000을 더해 저장한 것이다.

Line 1376-7을 실행하면 변수 yr은 2008, 2009, 2010, 2011, 2012 등 5개 값을 갖게 된다.

■ **Line별 함수와 출력 결과**

```
1373  > z1 <- rbind.fill(z11, z21, z31)
1374  > z2 <- rbind.fill(z12, z22, z32)
1375  > table(z1$yr, z1$type)
            1       2      3
      0     0       0      1
      4     0       0      1
      5     0       0      1
      6     0       0      1
      7     0       0     44
      8  2003  234059   2657
      9  1991  239672   2642
      10 2088  247797   2842
      11 1805  255306   2714
      92    0       0      1
      94    0       0      1
1376  > z1$yr <- ifelse(z1$yr<8 | z1$yr>90, 2008, z1$yr+2000)
1377  > z2$yr <- z2$yr+2000
```

Mission 5.3.0.06

▶ 응급의료, 외래, 입원을 통합한 데이터프레임 z를 만들자.

Mission 5.3.0.01부터 Mission 5.3.0.05까지의 과정에서 2008-2011년과 2012년 데이터프레임을 분리해서 만드는 이유는 연도별 질병코드 기록 방식의 차이 때문이다.

이 Mission을 통해 1개의 2008-2012년 통합 데이터프레임 z가 만들어진다. Mission 5.3.0.05에서 만들어진 데이터프레임 z1, z2 모두 4번째 변수는 temp로서 이는 질병코드 변수이다.

■ **Line별 의미**

1381-3 데이터프레임 z1(2008-2011)에서 질병 대분류 코드 변수 code를 **ifelse** 함수로 만든 것이다. z1$temp>0 & z1$temp<10^4, 즉 4자리 숫자로 질병코드가 기록된 경우(2008-2009년)는

trunc(z1$temp/100)를 적용하고, z1$temp>10^4 & z1$temp<10^5, 즉 5자리 숫자로 질병코드가 기록된 경우(2010-2011년)는 trunc(z1$temp/10^3) 값을 적용하고, 나머지 경우(음의 값 포함)는 55를 적용하는 **ifelse** 함수문이다.

1384 Mission 5.2.3.02에서 만든 **함수 객체 makedzcode**(232페이지 참고)에 인자를 z2로 지정, 실행하면 질병 대분류 코드 변수 code가 만들어진다. 이를 통해 2012년 질병분류 코드를 만들 수 있다.
names(z2)[[4]] <- "cd1_1" 문을 실행하여 변수 temp의 이름을 바꾼 이유는 함수 객체 makedzcode의 몸통 부분을 보면 변수 이름이 cd1_1로 되어 있기 때문이다.

1385 Line 1381-5에서 만든 데이터프레임 z1, z2를 **rbind.fill** 함수로 합쳐 데이터프레임 z로 저장한 것이다.

1386 데이터프레임 z의 변수 순서를 조정한 것이다.

■ Line별 함수와 출력 결과

```
1381 > z1$code <- ifelse(z1$temp>0 & z1$temp<10^4, trunc(z1$temp/100),
1382 +          ifelse(z1$temp>10^4 & z1$temp<10^5, trunc(z1$temp/10^3),
1383 +          55 ))
1384 > names(z2)[[4]] <- "cd1_1" ; z2 <- makedzcode(z2)
1385 > z <- rbind.fill(z1, z2)
1386 > z <- z[, c("hpid", "yr", "type", "days", "code",
1387 +              "cost.oop", "cost.med", "cost.tra",
1388 +              "cost.amb", "cost.orm", "cost.nur")]
```

Mission 5.3.0.07

▶ 의료이용 일수에 대한 변수를 만들자.

의료서비스 이용 일수 변수 days 값 중 -1과 -9는 결측값으로 처리하고 연도별, 서비스 유형(응급의료, 외래, 입원), 질병 대분류 코드별 의료서비스 이용 일수의 평균값으로 대체하고자 한다.

■ Line별 의미

1392 Mission 5.3.0.06에서 만든 데이터프레임 z에서 변수 days 중 음의 값을 결측값 NA로 바꾸는 것이다.

1393 summary(z$days) 실행 결과를 보니 결측값인 경우가 3,466건인 것을 알 수 있다.

1394-1403 Line 1393에서 확인한 변수 days의 3,466건의 결측값을 변수 yr(변수), type(서비스 유형), code(질병 대분류 코드)별 의료서비스 이용 일수의 평균값으로 대체하기 위한 **ddply** 함수와 **for 반복문**이다(152페이지 Mission 3.2.10.02 참고).

Line 1394는 데이터프레임 z의 변수 yr(변수), type(서비스 유형), code(질병 대분류 코드)별 변수 days의 평균값을 데이터프레임 temp의 days 변수로 저장한 것이다.

Line 1395-6은 데이터프레임 temp와 z의 변수 이름을 names 함수로 살펴본 결과이다. 두 데이터프레임 모두 변수 days가 4번째 위치한 것을 알 수 있다.

Line 1400의 z[[4]] 및 temp[, 4]는 데이터프레임 z, temp에서 변수 days를 의미한다.

Line 1397-1403의 **for 반복문**을 보면 i에 값 2008-2012를 지정하고 j에 1-3을 지정하고 k에 11-55를 지정한 것을 볼 수 있다. i는 2008-2012년을, j는 의료서비스 유형(1: 응급의료, 2: 외래, 3: 입원)을, k는 질병 대분류 코드의 값이라는 것을 알 수 있다.

for 반복문에서 Line 1400의 z[[4]][is.na(z[[4]]) & z$yr==i & z$type==j & z$code==k] <- temp[temp$yr==i & temp$type==j & temp$code==k , 4] 문은 데이터프레임 z에서 변수 yr 값은 i, 변수 type은 j, 변수 code는 k 값에 해당하면서 변수 days 값이 결측일 경우 데이터프레임 temp에서 변수 yr 값은 i, 변수 type은 j, 변수 code는 k 값에 해당하는 조건을 모두 만족하는 변수 days 값으로 채우라는 의미가 된다.

1404 지금까지 만든 데이터프레임 z의 변수 days에 summary 함수를 적용한 결과이다. Line 1393의 출력 결과와 비교하면 NA's 값이 보이지 않아 결측값이 평균값으로 대체된 것을 알 수 있다.

■ Line별 함수와 출력 결과

```
1392  > z$days[z$days < 0] <- NA
1393  > summary(z$days)
         Min. 1st Qu.  Median    Mean 3rd Qu.    Max.    NA's
         1.00    8.00   16.00   15.73   23.00 2920.00    3466
1394  > temp <- ddply(z, c("yr", "type", "code"), summarize,
            days=trunc(mean(days, na.rm=TRUE)))
1395  > names(temp)
      [1] "yr"   "type" "code" "days"
1396  > names(z)
       [1] "hpid"      "yr"        "type"      "days"      "code"
       [6] "cost.oop" "cost.med" "cost.tra" "cost.amb" "cost.orm"
```

```
       [11] "cost.nur"
1397  > for (i in 2008:2012)  {
1398  +   for (j in 1:3)      {
1399  +     for (k in 11:55)  {
1400  +       z[[4]][is.na(z[[4]]) & z$yr==i & z$type==j & z$code==k] <-
              temp[temp$yr==i & temp$type==j & temp$code==k , 4]
1401  +     }
1402  +   }
1403  + }
1404  > summary(z[[4]])
         Min. 1st Qu.  Median    Mean 3rd Qu.    Max.
         1.00    8.00   16.00   15.73   23.00 2920.00
```

Mission 5.3.0.08

▶ 의료비 지출에 대한 변수의 값 중 무료와 결측값에 해당하는 경우를 처리하자.

■ Line별 의미

1408-13 6개 의료비 지출 변수 cost.oop, cost.amb, cost.tra, cost.nur, cost.med, cost.orm은 값이 -1 이상이면서 100보다 작은 경우는 무료로 이용한 것(185페이지 표 4-24 참고)으로 간주하여 0으로 처리하는 것이다.

1414-9 변수 cost.oop, cost.amb, cost.tra, cost.nur, cost.med, cost.orm 값이 -9인 경우 결측값 NA로 처리하는 것이다.

1420 names(z) 실행 결과를 보니 6개 의료비 지출 변수는 6-11번째 위치한 것을 알 수 있다.

1421 View(summary(z[, 6:11])) 함수를 실행하여 6개 의료비 지출 변수들의 값의 분포를 살펴보니 유독 변수 cost.amb, cost.nur, cost.orm 등 3개 변수들이 결측값을 갖는 경우가 몇 십만 건 이상인 것을 볼 수 있다.

이는 3개 변수가 각각 응급의료, 입원, 외래 데이터셋에만 존재하는 변수이기 때문이다. 응급의료 데이터셋에서만 존재하는 앰뷸런스 이용 비용 변수인 cost.amb는 외래, 입원 데이터셋에서는 변수가 없기 때문에 결측값을 갖는 의료이용 건수가 많게 되는 것이다.

■ Line별 함수와 출력 결과

```
1408  > z$cost.oop[z$cost.oop >= -1 & z$cost.oop<100] <- 0
```

```
1409 > z$cost.amb[z$cost.amb >= -1 & z$cost.amb<100] <- 0
1410 > z$cost.tra[z$cost.tra >= -1 & z$cost.tra<100] <- 0
1411 > z$cost.nur[z$cost.nur >= -1 & z$cost.nur<100] <- 0
1412 > z$cost.med[z$cost.med >= -1 & z$cost.med<100] <- 0
1413 > z$cost.orm[z$cost.orm >= -1 & z$cost.orm<100] <- 0
1414 > z$cost.oop[z$cost.oop == -9] <- NA
1415 > z$cost.amb[z$cost.amb == -9] <- NA
1416 > z$cost.tra[z$cost.tra == -9] <- NA
1417 > z$cost.nur[z$cost.nur == -9] <- NA
1418 > z$cost.med[z$cost.med == -9] <- NA
1419 > z$cost.orm[z$cost.orm == -9] <- NA
1420 > names(z)
      [1] "hpid"     "yr"        "type"      "days"      "code"
      [6] "cost.oop" "cost.med" "cost.tra" "cost.amb" "cost.orm"
     [11] "cost.nur"
1421 > summary(z[, 6:11])
```

```
   cost.oop              cost.amb             cost.tra              cost.nur             cost.med             cost.orm
 Min.   :  -706360   Min.   :       0   Min.   :     0.0   Min.   :       0   Min.   :      0   Min.   :      0.0
 1st Qu.:     1500   1st Qu.:       0   1st Qu.:     0.0   1st Qu.:       0   1st Qu.:      0   1st Qu.:      0.0
 Median :     3000   Median :       0   Median :     0.0   Median :       0   Median :   1200   Median :      0.0
 Mean   :    26394   Mean   :    2561   Mean   :   551.5   Mean   :    1630   Mean   :   4786   Mean   :    227.9
 3rd Qu.:     6100   3rd Qu.:       0   3rd Qu.:   900.0   3rd Qu.:       0   3rd Qu.:   3800   3rd Qu.:      0.0
 Max.   :135200000   Max.   :5000000   Max.   :802000.0   Max.   :122000   Max.   :3655060   Max.   :1000000.0
 NA's   :704         NA's   :1245584   NA's   :470        NA's   :1241515  NA's   :773       NA's   :257581
```

Mission 5.3.0.09

▶ 의료비 지출 변수의 결측값을 평균값으로 대체하자.

이 Mission은 의료비 지출 변수 cost.oop, cost.amb, cost.tra, cost.nur, cost.med, cost.orm에 존재하는 결측값을 연도별, 서비스 유형(응급의료, 외래, 입원), 질병 대분류 코드별 의료비 지출액의 평균값으로 대체하는 과정이다.

■ Line별 의미

1425-31 데이터프레임 z의 6개 의료비 지출 변수인 cost.oop, cost.amb, cost.tra, cost.nur, cost.med, cost.orm들의 변수 yr(변수), type(서비스 유형), code(질병 대분류 코드) 별 평균값을 **ddply** 함수로 계산하여 이를 데이터프레임 temp로 저장한 것이다.

1432 Line 1425-31에서 만든 데이터프레임 temp에서 **temp[temp$yr==2009 & temp$code<20,]** 문을 통해 2009년 질병 대분류 코드 값이 20보다 작은 경우를 선택하여 출력한 것이다.
변수 cost.amb, cost.nur, cost.orm은 다수의 NaN이라는 값을 보이고 있다.
변수 cost.amb(응급의료에서만 존재)에서 NaN 값은 변수 type 값이 2(외래)와 3(입원)일 경우에 보이는 것을 알 수 있다.
변수 cost.nur(입원에서만 존재)에서 NaN 값은 변수 type 값이 1(응급의료)과 2(외래)일 경우에 보이는 것을 알 수 있다.
변수 cost.orm(외래에서만 존재)에서 NaN 값은 변수 type 값이 1(응급의료)과 3(입원)일 경우에 보이는 것을 알 수 있다.

1433-5 데이터프레임 temp에서 **NaN** 값을 **Na**로 바꾸는 것이다. Line 1438-46의 **for 반복문**에서 **is.na** 함수를 사용하기 때문에 is.nan 함수로 변수 값이 NaN인 경우를 선택한 후 NA로 바꿔야 한다.

1436-7 데이터프레임 temp와 z의 변수 이름을 names 함수로 살펴보니 6개 의료비 지출 변수들의 데이터프레임 안에서의 위치는 데이터프레임 temp의 경우 4-9번째이고 데이터프레임 z의 경우 6-11번째인 것을 알 수 있다.

1438-46 의료비 지출 변수 cost.oop, cost.amb, cost.tra, cost.nur, cost.med, cost.orm가 NA 값인 경우는 연도별, 서비스 유형(응급의료, 외래, 입원), 질병 대분류 코드별 의료비 지출액 평균값으로 대체하는 **for 반복문**(152페이지 Mission 3.2.10.02 참고)이다.
for 반복문을 보면 i에 값 2008-2012를, j에 값 1-3을, k에 11-55를, l에 값 4-9를 지정한 것을 볼 수 있다. i는 2008-2012년을, j는 의료서비스 유형(1: 응급의료, 2: 외래, 3: 입원)을, k는 질병 대분류 코드의 값이라는 것을 알 수 있다. 그렇다면 l은 4-9를 지정하였는데 무슨 의미인가? 6개 의료비 지출 변수의 위치를 지정하기 위한 것이다. 따라서 위에서 names 함수로 살펴본 6개 의료비 지출 변수는 for 문에서 l에 4-9 값을 지정한 후 데이터프레임 z에서 z[[l+2]]는 6-11번째 변수들을 지정할 수 있고 데이터프레임 temp에서는 temp[, l]를 통해 4-9번째 변수들을 지정할 수 있다.
Line 1442의 **z[[l+2]][is.na(z[[l+2]]) & z$yr==i & z$type==j & z$code==k] <- temp[temp$yr==i & temp$type==j & temp$code==k, l]** 문은 데이터프레임 z에서 변수 yr 값은 i, 변수 type 값은 j, 변수 code는 k 값에 해당하면서 각 의료비 지출 변수 값이 결측일 경우 데이터프레임 temp에서 변수 yr 값은 i, 변수 type은 j, 변수 code는 k 값에 해당하는 조건을 모두 만족하는 각 의료비 지출 변수 값으로 채우라는 의미가 된다.

1447 지금까지 만든 데이터프레임 z의 6개 의료비 지출 변수들에 summary 함수를 적용한 결과이

다. Line 1421과 비교하면 변수 cost.oop, cost.tra, cost.med 등 3개 변수는 결측값이 평균값으로 대체되어 보이지 않으며, 변수 cost.amb, cost.nur, cost.orm은 결측값을 보이는 의료이용 건이 일부 감소한 것을 알 수 있다.

■ Line별 함수와 출력 결과

```
1425  > temp <- ddply(z, c("yr", "type", "code"), summarize,
1426  +              cost.oop=round(mean(cost.oop, na.rm=TRUE), digit=0),
1427  +              cost.med=round(mean(cost.med, na.rm=TRUE), digit=0),
1428  +              cost.tra=round(mean(cost.tra, na.rm=TRUE), digit=0),
1429  +              cost.amb=round(mean(cost.amb, na.rm=TRUE), digit=0),
1430  +              cost.orm=round(mean(cost.orm, na.rm=TRUE), digit=0),
1431  +              cost.nur=round(mean(cost.nur, na.rm=TRUE), digit=0) )
1432  > temp[temp$yr==2009 & temp$code<20, ]
            yr type code cost.oop cost.med cost.tra cost.amb cost.orm cost.nur
      60  2009    1   11    32892      253       37        0      NaN      NaN
      61  2009    1   12    65825       10      564     7234      NaN      NaN
      62  2009    1   13    85007        0        0        0      NaN      NaN
      63  2009    1   14    69903      200        0        0      NaN      NaN
      64  2009    1   15    41075        0      147        0      NaN      NaN
      65  2009    1   16    53676       90      830        0      NaN      NaN
      66  2009    1   17    13687        0        0        0      NaN      NaN
      67  2009    1   18    72040      524      294        0      NaN      NaN
      68  2009    1   19    61030        5      260    14878      NaN      NaN
      79  2009    2   11    10430     9451      688      NaN        0      NaN
      80  2009    2   12    51687     9371     3246      NaN        0      NaN
      81  2009    2   13    19574     5623     1031      NaN        0      NaN
      82  2009    2   14    11086    17104      567      NaN        0      NaN
      83  2009    2   15    15542     4644     1213      NaN      139      NaN
      84  2009    2   16    20030     5688      774      NaN        0      NaN
      85  2009    2   17    14181     4158      698      NaN        0      NaN
      86  2009    2   18     8548     2650      500      NaN        0      NaN
      87  2009    2   19     6927    14711      599      NaN       13      NaN
      100 2009    3   11   540831     1031     5785      NaN      NaN        0
      101 2009    3   12  1064352      404     4194      NaN      NaN      775
```

```
102 2009   3  13   751783        0    7067    NaN    NaN      0
103 2009   3  14   489089      526    2084    NaN    NaN   1053
104 2009   3  15   703255      158    9930    NaN    NaN      0
105 2009   3  16   877191      506    1014    NaN    NaN      0
106 2009   3  17   411342     1619    1840    NaN    NaN      0
107 2009   3  18   627755        0   61692    NaN    NaN      0
108 2009   3  19  1188620     1097    4374    NaN    NaN   3808
1433 > temp$cost.amb[is.nan(temp$cost.amb)] <- NA
1434 > temp$cost.nur[is.nan(temp$cost.nur)] <- NA
1435 > temp$cost.orm[is.nan(temp$cost.orm)] <- NA
1436 > names(temp)
     [1] "yr"       "type"     "code"     "cost.oop" "cost.med"
     [6] "cost.tra" "cost.amb" "cost.orm" "cost.nur"
1437 > names(z)
      [1] "hpid"     "yr"       "type"     "days"     "code"
      [6] "cost.oop" "cost.med" "cost.tra" "cost.amb" "cost.orm"
     [11] "cost.nur"
1438 > for (i in 2008:2012) {
1439 +   for (j in 1:3)    {
1440 +     for (k in 11:55) {
1441 +       for (l in 4:9) {
1442 +         z[[l+2]][is.na(z[[l+2]]) & z$yr==i & z$type==j &
          z$code==k] <- temp[temp$yr==i & temp$type==j & temp$code==k, l]
1443 +       }
1444 +     }
1445 +   }
1446 + }
1447 > summary(z[, 6:11])
```

```
   cost.oop             cost.amb          cost.tra           cost.nur           cost.med           cost.orm
 Min.   :  -706360   Min.   :      0   Min.   :     0.0   Min.   :      0   Min.   :      0   Min.   :      0
 1st Qu.:     1500   1st Qu.:      0   1st Qu.:     0.0   1st Qu.:      0   1st Qu.:      0   1st Qu.:      0
 Median :     3000   Median :      0   Median :     0.0   Median :      0   Median :   1200   Median :      0
 Mean   :    26424   Mean   :   2569   Mean   :   551.5   Mean   :   1630   Mean   :   4787   Mean   :    228
 3rd Qu.:     6100   3rd Qu.:      0   3rd Qu.:   900.0   3rd Qu.:      0   3rd Qu.:   3800   3rd Qu.:      0
 Max.   :135200000   Max.   :5000000   Max.   :802000.0   Max.   :122000    Max.   :3655060   Max.   :1000000
                     NA's   :1245530                      NA's   :1241513                      NA's   :257474
```

Mission 5.3.0.10

▶ 의료이용과 의료비 지출에 관한 최종 데이터프레임 outcome을 만들자.

■ Line별 의미

1451-3 6개 의료비 지출액 변수 값을 합쳐 총 지출 변수 cost.tot 변수를 만드는 것이다. 변수 cost.amb, cost.nur, cost.orm 등 3개 변수는 각각 응급의료, 입원, 외래 데이터셋에만 존재하기 때문에 **ifelse** 함수문을 통해 해결할 수 있다.

1454 지금까지 만든 데이터프레임 z를 데이터프레임 outcome으로 바꾸어 저장하자.

■ Line별 함수와 출력 결과

```
1451 > z$cost.tot <- ifelse(z$type==1, z$cost.oop+z$cost.amb+z$cost.tra+z$cost.med,
1452 +                ifelse(z$type==2, z$cost.oop+z$cost.tra+z$cost.med+z$cost.orm,
1453 +                z$cost.oop+z$cost.tra+z$cost.nur+z$cost.med))
1454 > outcome <- z
```

4 우리나라 의료이용과 의료비 지출 수준 살펴보기

지금까지의 과정을 통해 만든 데이터프레임 hh, hh.det, ind, ind.ses, ind.cd, ind.phi, ind.phr, outcome을 이용하여 우리나라 국민들의 의료이용과 의료비 지출 수준이 어떠한지를 살펴보고자 한다.

이 절은 간단한 기술통계 수준의 결과를 얻기 위한 과정으로 의료이용과 의료비 지출 수준에 영향을 미치는 다양한 요인을 규명하는 분석은 시행하지 않았다.

Mission 5.4.0.01

▶ 패키지 gdata의 keep 함수를 이용하여 특정 데이터프레임만 남겨보자.

지금까지 만든 데이터프레임들이 Workspace 창에 어지럽게 있는 것을 볼 수 있다. 지금부터 필요한 데이터프레임은 hh, hh.det, ind, ind.ses, ind.cd, ind.phi, ind.phr, outcome이며 다른 모든 데이터프레임은 필요 없기 때문에 삭제를 하고 싶다. 어떻게 할 수 있을까?

객체를 삭제하는 함수는 rm이다. rm(t08ou)은 객체 t08ou를 삭제하게 된다.

지우고 싶은 데이터프레임이 너무 많을 경우 rm 함수는 비효율적이다. 이 경우 패키지 gdata의 keep 함수를 이용하면 훨씬 용이하게 처리할 수 있다(반대의 경우는 rm 함수가 유용하다).

■ Line별 의미

1460 패키지 gdata를 설치하고 불러온다.

1461 keep 함수에 적힌 데이터프레임 hh, hh.det, ind, ind.ses, ind.cd, ind.phi, ind.phr, outcome만 남기게 된다. sure=TRUE 옵션은 반드시 넣도록 한다.

■ Line별 함수와 출력 결과

```
1460 install.packages("gdata") ; library(gdata)
1461 keep(hh, ind, ind.ses, ind.cd, ind.phi, ind.phr, outcome, sure=TRUE)
```

Mission 5.4.0.02

▶ 연도별 KHPS 참여한 가구와 가구원수를 파악해보자.

표 5-10과 같은 2008-2012년 KHPS에 참여한 가구수와 가구원수를 산출해보자.

표 5-10 2008-2012년 KHPS 연간 데이터셋에 포함된 가구수 및 가구원수

구분	2008년	2009년	2010년	2011년	2012년
가구수	7,009	6,314	5,956	5,741	5,434
가구원(명)	21,283	19,153	17,885	17,035	15,872

출처: 한국보건사회연구원, 국민건강보험공단. 2012년 한국의료패널 기초분석보고서(I). 2014, p. 51.

■ Line별 의미

1465 데이터프레임 hh에 2008-2012년 가구별 KHPS 참여 여부를 기록하기 위한 변수 y08-y12를 만들고 여기에 NA를 부여한 것이다. 변수 y08-y12는 데이터프레임 hh에서 16-20번째에 위치하는 변수가 된다.

1466-8 Mission 5.1.1.03에서 만든 데이터프레임 hh의 변수 join은 5자리 문자 변수로 **substr** 함수를 이용하여 각 자리를 추출한 값들을 각 연도별 참여 변수 y08-y12에 입력하기 위한 **for 반복문**이다.

Line 1466은 i에 1-5의 값을 부여한 것이다.

Line 1467은 **hh[[i+15]] <- as.numeric(substr(hh$join, i, i)) 문**의 의미는 **substr** 함수로 변수 join에서 i번째 자리의 문자를 추출하고 이를 **as.numeric** 함수로 숫자로 변환한 후 데이터프레임 hh의 i+15번째 변수에 입력하는 것이다.

1469 데이터프레임 ind에 2008-2012년 가구원별 KHPS 참여 여부를 기록하기 위한 변수 y08-y12를 만들고 여기에 NA를 부여한 것이다. 변수 y08-y12는 데이터프레임 ind에서 27-31번째에 위치하는 변수가 된다.

1470-2 204페이지 Mission 5.1.2.04에서 만든 데이터프레임 ind의 변수 join2는 5자리 문자 변수로 **substr** 함수를 이용하여 각 자리를 추출한 값들을 각 연도별 참여 변수 y08-y12에 입력하기 위한 **for 반복문**이다.

Line 1470은 i에 1-5의 값을 부여한 것이다.

Line 1471은 **ind[[i+26]] <- as.numeric(substr(ind$join2, i, i))** 문의 의미는 **substr** 함수로 변수 join2에서 i번째 자리의 문자를 추출하고 이를 **as.numeric** 함수로 숫자로 변환한 후 데이터프레임 ind의 i+26번째 변수에 입력하는 것이다.

1473-5 행이 2개, 열이 5개인 비어 있는 행렬 객체 result를 만든 후 행의 이름과 열의 이름을 **rownames**와 **colnames** 함수를 이용하여 부여한 것이다. 표 5-10을 살펴보면 그 이유를 알 것이다.

1476-9 Line 1465-75를 통해 만든 데이터프레임 hh, ind의 변수 y08-y12(0은 미참여, 1은 참여)에 **table** 함수를 적용하여 산출된 값 중 참여한 가구수와 가구원수를 추출하여 행렬 객체 result에 입력하기 위한 **for 반복문**이다.

Line 1476은 i에 1-5의 값을 부여한 것이다.

Line 1477은 데이터프레임 hh의 i+15번째 변수에 table 함수를 적용하여 출력한 결과 중 2번째 값(참여한 가구수)를 추출하여 행렬 객체 result의 1번째 행과 i번째 열에 입력하게 된다.

Line 1478은 데이터프레임 ind의 i+26번째 변수에 table 함수를 적용하여 출력한 결과 중

2번째 값(참여한 가구원수)을 추출하여 행렬 객체 result의 2번째 행과 i번째 열에 입력하게 된다.

1480 지금까지 과정을 통해 만든 행렬 객체 result를 table5.10으로 저장하고 출력하면 표 5-10과 동일한 결과라는 것을 알 수 있다. result 객체는 rm 함수로 지우자.

1481 write.table 함수로 khps/outcome 디렉터리에 table5.10.csv 파일로 저장하자.

■ Line별 함수와 출력 결과

```
1465 > hh$y08 <- NA ; hh$y09 <- NA ; hh$y10 <- NA ; hh$y11 <- NA ; hh$y12 <- NA
1466 > for (i in 1:5) {
1467 +  hh[[i+15]] <- as.numeric(substr(hh$join, i, i))
1468  }
1469 > ind$y08 <- NA ; ind$y09 <- NA ; ind$y10 <- NA ; ind$y11 <- NA ;
       ind$y12 <- NA
1470 > for (i in 1:5) {
1471 +  ind[[i+26]] <- as.numeric(substr(ind$join2, i, i))
1472 + }
1473 > result <- matrix(nrow=2, ncol=5)
1474 > rownames(result) <- c("가구수", "가구원(명)")
1475 > colnames(result) <- c("2008년", "2009년", "2010년", "2011년", "2012년")
1476 > for (i in 1:5) {
1477 +  result[1,i] <- table(hh[[i+15]])[2]
1478 +  result[2,i] <- table(ind[[i+26]])[2]
1479 + }
1480 > table5.10 <- result ; table5.10 ; rm(result)
              2008년 2009년 2010년 2011년 2012년
     가구수      7009   6314   5956   5741   5434
     가구원(명) 21283  19153  17885  17035  15872
1481 > write.table(table5.10, "./outcome/table5.10.csv", sep=",")
```

Mission 5.4.0.03

▶ 우리나라 가구의 의료이용과 의료비 지출 수준을 알아보자.

표 5-11은 2008-2012년 KHPS 데이터셋을 이용하여 연도별 가구의 의료이용과 의료비 지출의 수준을 분석한 결과이다. 이 표의 모양대로 원하는 결과를 만들어보자.

표 5-11 2008-2012년 우리나라 가구의 의료이용과 의료비 지출

구분	2008년	2009년	2010년	2011년	2012년
총 가구수	7,009	6,314	5,956	5,741	5,434
의료이용 가구수	6,822	6,197	5,862	5,638	5,345
평균 의료비(원)	922,080	974,973	1,034,889	1,178,234	1,254,886
평균 처방약값(원)	160,606	175,380	191,214	209,328	209,163
응급의료 이용 가구수	1,351	1,344	1,300	1,143	1,151
평균 응급의료 비용(원)	72,395	70,689	84,967	76,894	78,902
평균 앰뷸런스 비용(원)	1,476	2,065	3,857	6,943	2,486
외래 이용 가구수	6,815	6,185	5,858	5,630	5,340
평균 외래 비용(원)	586,376	647,244	698,025	764,974	866,624
평균 교통비(원)	17,672	17,502	18,352	19,960	22,860
평균 보약금액(원)	-	5,217	13,450	11,929	7,085
입원 이용 가구수	1,677	1,569	1,604	1,536	1,531
평균 입원 비용(원)	1,382,793	1,313,975	1,207,953	1,539,910	1,325,280
평균 간병비(원)	2,709	2,509	2,769	3,520	3,060

■ Line별 의미

1484-7 Line 1484는 i에 1-5의 값을 부여하는 것이다.

Line 1485는 문자 x에 i(1-5)를 **paste** 함수로 합친 문자를 df로 저장하는 것이다. for 반복문을 실행하면 x1, x2, x3, x4, x5 등 5개 문자가 출력된다.

Line 1486은 데이터프레임 hh에서 i+15번째 행의 값이 1인 경우와 4번째 변수(hhid)와 i+5번째 변수들(wgch1, wgch2, wgch3, wgch4, wgch5)를 추출하여 assign 함수를 통해 Line 1485에서 만든 문자 벡터 df에 할당되며 데이터프레임 x1, x2, x3, x4, x5 등 5개 데이터프레임을 출력하게 된다. 이 5개 데이터프레임들은 각각 가구 횡단 가중치 변수인 wgch1, wgch2, wgch3, wgch4, wgch5와 가구 key 변수 hhid 등 2개 변수를 갖게 된다.

1488-92 Line 1484-7에서 만들어진 데이터프레임 x1, x2, x3, x4, x5의 2번째 변수 이름을 wt로 변경하고 각각에 연도 변수 yr을 만든 후 2008-2012 값을 주는 것이다. 이는 Line 1493에서 **rbind** 함수로 합치기 위해 가중치 변수 이름을 wt로 통일하는 것이다.

1493 데이터프레임 x1, x2, x3, x4, x5를 rbind 함수로 합쳐 데이터프레임 x로 저장하고 데이터프레임 x1, x2, x3, x4, x5를 삭제하는 것이다.

1494 데이터프레임 outcome의 변수 hpid 값을 100으로 나눈 후 trunc 함수를 실행한 결과를 가구 key 변수인 hhid로 저장하는 것이다.

1495 데이터프레임 outcome에서 변수 hhid, yr, type의 값 조합에 따라 변수 days 값의 합을 구한 후 변수 use로 출력한 후 데이터프레임 y로 저장하는 것이다.

1496 Line 1495에서 만든 데이터프레임 y에서 변수 use는 가구 key 변수, 연도, 의료이용 유형(응급의료, 외래, 입원)별 의료서비스 이용 여부를 알기 위해 만든 것으로 값을 1로 바꾸자.

1497 데이터프레임 y에 timevar 옵션에는 변수 type, idvar 옵션에는 변수 hhid, yr를 지정한 wide 방향의 **reshape** 함수를 적용한 결과를 데이터프레임 y로 덮어씌우는 것이다.

1498 Line 1484-93에서 만든 데이터프레임 x와 Line 1494-7에서 만든 데이터프레임 y를 **merge** 함수로 합친 후 데이터프레임 x에 저장하고 이를 head 함수로 출력한 것이다. **all.x=TRUE 옵션**을 지정했기 때문에 각 연도별 가구 횡단 가중치 값에 각 유형별 의료서비스 이용 변수 **use.1(응급의료), use.2(외래), use.3(입원)**이 붙는 형태가 된 것이다. 여기에서 NA로 기록된 경우는 해당 유형의 의료서비스를 이용하지 않았다는 의미가 된다.

1499 i에 1-3의 값을 부여한 후 Line 1498에서 만든 데이터프레임 x의 i+3번째 변수의 값이 결측값일 경우 0으로 바꾸는 **for 반복문**이다.

1500 데이터프레임 x의 4-6번째 변수(use.1, use.2, use.3)를 합친 값이 0이면, 즉 변수 use.1, use.2, use.3 값이 모두 0으로 의료서비스를 이용한 가구원이 없는 가구를 의미하게 되며 이 경우 변수 use에 값 0을 부여하라는 것이다. 나머지 경우, 즉 의료이용을 한 가구원이 있는 가구는 현재 변수 use 값이 결측값이 되며 이를 1로 바꾸게 되면 변수 use는 값 0(의료이용을 한 가구원이 없는 가구), 1(의료이용을 한 가구원이 있는 가구)을 갖게 된다.

1501 데이터프레임 x의 변수의 순서를 조정하는 것이다. 순서가 궁금한 독자는 names(x)를 실행하면 그 결과를 확인할 수 있다.

1502 4-7번째 변수의 이름을 v2, v5, v8, v12로 바꾸는 것이다. 그 이유는 뒤에 설명할 것이다.

1503-6 Line 1503-5는 데이터프레임 outcome의 변수 cost.oop(본인부담 의료비 총액), cost.med(처방약값) 값의 합을 가구와 연도별로 산출하여 변수 v3, v4로 저장한 결과를 데이터프레임 y로 저장하라는 것이다.
Line 1506은 데이터프레임 x와 y를 **merge** 함수로 합치라는 것이며, 데이터프레임 y의 변수 v3, v4가 데이터프레임 x에 추가되게 된다.

1507-22 Line 1503-6은 의료서비스 유형을 고려하지 않고 본인부담의료비 총액과 처방약값을 가구별, 연도별로 산출한 것이다. 반면 Line 1507-21은 의료서비스 유형별 의료비 지출 변수를 만드는 과정이다.

Line 1507-11은 응급의료 이용(데이터프레임 outcome의 변수 type 값이 1인 경우)에 따른 본인부담 의료비 총액(변수 cost.oop)와 앰뷸런스 이용 비용(변수 cost.amb)의 합을 가구별, 연도별로 **ddply** 함수로 산출하여 변수 v6, v7로 저장한 결과를 데이터프레임 y1로 저장한 후 **merge** 함수로 데이터프레임 x에 결합한 것이다.

Line 1512-7은 외래 이용(데이터프레임 outcome의 변수 type 값이 2인 경우)에 따른 본인부담 의료비 총액(변수 cost.oop)와 교통비(변수 cost.tra), 보약 이용 비용(변수 cost.orm)의 합을 가구별, 연도별로 **ddply** 함수로 산출하여 변수 v9, v10, v11로 저장한 결과를 데이터프레임 y2로 저장한 후 **merge** 함수로 데이터프레임 x에 결합한 것이다.

Line 1518-22는 외래 이용(데이터프레임 outcome의 변수 type 값이 3인 경우)에 따른 본인부담 의료비 총액(변수 cost.oop)과 간병비(변수 cost.nur)의 합을 가구별, 연도별로 **ddply** 함수로 산출하여 변수 v13, v14로 저장한 결과를 데이터프레임 y3로 저장한 후 **merge** 함수로 데이터프레임 x에 결합한 것이다.

1523-9 행이 14개, 열이 5개인 비어 있는 행렬 객체 result를 만든 후 행의 이름과 열의 이름을 **rownames**와 **colnames** 함수를 이용하여 부여한 것이다. 표 5-11을 살펴보면 그 이유를 알 것이다.

1530-4 행렬 객체 result의 1번째, 2번째, 5번째, 8번째, 12번째 행에 table 함수를 적용한 결과를 삽입하는 과정이다. 해당 행은 총 가구수(1번째 행), 의료 이용 가구수(2번째 행), 응급의료 이용 가구수(5번째 행), 외래 이용 가구수(8번째 행), 입원 이용 가구수(12번째 행)이다(표 5-11 참고). 이때 Line 1502에서 만든 변수 v2, v5, v8, v12에 주목하자.

Line 1530은 **table(x$yr)** 문의 출력 결과를 행렬 객체 result의 1번째 행에 넣게 된다. 데이터프레임 x의 변수 yr의 빈도는 해당 연도의 총 가구수가 된다.

Line 1531의 **table(x$v2, x$yr)[2,]** 문은 변수 v2(의료이용 여부 변수로 0은 이용하지 않음, 1은 이용함이다)와 연도 변수 yr에 대한 교차표 중 2번째 행에 있는 값(연도별 의료 이용 가구수)을 의미한다. 이를 result의 2번째 행에 삽입하자.

Line 1532의 **table(x$v5, x$yr)[2,]** 문은 변수 v5(응급의료 이용 여부 변수로 0은 이용하지 않음, 1은 이용함이다)와 연도 변수 yr에 대한 교차표 중 2번째 행에 있는 값(연도별 응급의료 이용을 한 가구원이 있는 가구수)을 의미하며, result의 5번째 행에 삽입하자.

Line 1533의 **table(x$v8, x$yr)[2,]** 문은 변수 v8(외래 이용 여부 변수로 0은 이용하지 않음, 1은 이용함이다)과 연도 변수 yr에 대한 교차표 중 2번째 행에 있는 값(연도별 외래 이용을 한 가구원이 있는 가구수)을 의미한다. 이를 result의 8번째 행에 삽입하자.

Line 1534의 **table(x$v12, x$yr)[2,]** 문은 변수 v12(입원 이용 여부 변수로 0은 이용하지 않음, 1은 이용함이다)와 연도 변수 yr에 대한 교차표 중 2번째 행에 있는 값(연도별 입원 이용을 한 가구원이 있는 가구수)을 의미한다. 이를 result의 12번째 행에 삽입하자.

1535-45 데이터프레임 x의 변수 v3, v4, v6, v7, v9, v10, v11, v13, v14 값의 연도별 합을 산출한 결과를 데이터프레임 temp로 저장한 후 출력한 결과이다.

가중치 값을 적용한 평균값을 산출하기 위하여 **weighted.mean**을 사용한 점에 주목하자. weighted.mean을 사용할 때는 **가중치 변수 wt를 지정**하면 된다.

1546 데이터프레임 temp 출력 결과를 보면 표 5-11과 형태가 달라 행렬 객체 result에 삽입하기 어렵다. 데이터프레임 temp에서 1번째 변수 yr를 제거한 후 행렬 위치를 바꿔주면 해결된다. 실행 결과를 출력한 결과를 살펴보면 행의 이름이 v3, v4, v6, v7, v9, v10, v11, v13, v14가 되고 5개 열을 갖는 것을 알 수 있다. 5개 열은 2008-2012년이 된다. 이로써 표 5-11과 같은 형태를 갖춘 것을 알 수 있다.

1547-51 데이터프레임 temp의 각 행의 값을 행렬 객체 result의 3번째, 4번째, 6번째, 7번째, 9번째, 10번째, 11번째, 13번째, 14번째 행에 삽입하는 과정이다. 데이터프레임 temp의 행의 이름을 보면 몇 번째 행에 삽입할지를 쉽게 알 수 있기 때문에 어렵지 않을 것이다. 변수 이름을 v1-v14로 지정한 이유는 표 5-11, 즉 행렬 객체 result의 몇 번째 행에 분석 결과를 삽입할지를 쉽게 식별하기 위해서이다.

행렬 객체 result를 table 5.11로 이름을 바꾸어 저장하자.

1552 행렬 객체 table5.11을 View 함수로 본 결과이다. 표 5-11과 동일한 결과이다.

1553 데이터프레임 x를 use.hh로 바꾸어 저장한 후 필요 없는 객체들을 rm 함수로 지우는 것이다.

1554 write.table 함수로 khps/outcome 디렉터리에 table5.11.csv 파일로 저장하자.

■ Line별 함수와 출력 결과

```
1484  > for (i in 1:5) {
1485  +  df <- paste("x",i,sep="")
1486  +  assign(df, hh[hh[[i+15]]==1, c(4, i+5)])
1487  }
1488  > names(x1)[2] <- "wt" ; x1$yr <- 2008
1489  > names(x2)[2] <- "wt" ; x2$yr <- 2009
1490  > names(x3)[2] <- "wt" ; x3$yr <- 2010
1491  > names(x4)[2] <- "wt" ; x4$yr <- 2011
1492  > names(x5)[2] <- "wt" ; x5$yr <- 2012
1493  > x <- rbind(x1, x2, x3, x4, x5) ; rm(x1, x2, x3, x4, x5)
1494  > outcome$hhid <- trunc(outcome$hpid/100)
1495  > y <- ddply(outcome, c("hhid", "yr", "type"), summarize,
                  use = sum(days))
```

```
1496 > y$use <- 1
1497 > y <- reshape(y, timevar="type", idvar=c("hhid", "yr"),
                  direction="wide")
1498 > x <- merge(x, y, by=c("hhid", "yr"), all.x=TRUE) ; head(x)
          hhid   yr       wt  use.1  use.2  use.3
     1 10001111 2008 2776.660     1      1     1
     2 10001111 2009 3057.063    NA      1    NA
     3 10001111 2010 2968.851     1      1     1
     4 10001111 2011 6045.620     1      1     1
     5 10001111 2012 4540.957     1      1     1
     6 10003111 2008 2583.476    NA      1    NA
1499 > for (i in 1:3) { x[[i+3]][is.na(x[[i+3]])] <- 0 }
1500 > x$use[x[[4]]+x[[5]]+x[[6]] == 0] <- 0 ; x$use[is.na(x$use)] <- 1
1501 > x <- x[, c(1:3, 7, 4:6)]
1502 > names(x)[4] <- "v2" ; names(x)[5] <- "v5" ; names(x)[6] <- "v8" ;
       names(x)[7] <- "v12"
1503 > y <- ddply(outcome, c("hhid", "yr"), summarize,
1504                 v3 = sum(cost.oop, na.rm=TRUE),
1505                 v4 = sum(cost.med, na.rm=TRUE))
1506 > x <- merge(x, y, by=c("hhid", "yr"), all.x=TRUE)
1507 > y1 <- outcome[outcome$type==1, ]
1508 > y1 <- ddply(y1, c("hhid", "yr"), summarize,
1509 +                v6 = sum(cost.oop, na.rm=TRUE),
1510 +                v7 = sum(cost.amb, na.rm=TRUE))
1511 > x <- merge(x, y1, by=c("hhid", "yr"), all.x=TRUE)
1512 > y2 <- outcome[outcome$type==2, ]
1513 > y2 <- ddply(y2, c("hhid", "yr"), summarize,
1514 +                v9 = sum(cost.oop, na.rm=TRUE),
1515 +                v10 = sum(cost.tra, na.rm=TRUE),
1516 +                v11 = sum(cost.orm, na.rm=TRUE))
1517 > x <- merge(x, y2, by=c("hhid", "yr"), all.x=TRUE)
1518 > y3 <- outcome[outcome$type==3, ]
1519 > y3 <- ddply(y3, c("hhid", "yr"), summarize,
```

```
1520 +            v13 = sum(cost.oop, na.rm=TRUE),
1521 +            v14 = sum(cost.nur, na.rm=TRUE))
1522 > x <- merge(x, y3, by=c("hhid", "yr"), all.x=TRUE)
1523 > result <- matrix(nrow=14, ncol=5)
1524 > colnames(result) <- c("2008년", "2009년", "2010년", "2011년", "2012년")
1525 > rownames(result)
1526 +   <- c("총 가구수", "의료이용 가구수", "의료비(천원)", "처방약값(원)",
1527 +        "응급의료 이용 가구수", "응급의료 비용(천원)", "앰뷸런스 비용(원)",
1528 +        "외래 이용 가구수", "외래 비용(천원)", "교통비(원)", "보약금액(원)",
1529 +        "입원 이용 가구수", "입원 비용(천원)", "간병비(원)")
1530 > result[1, ] <- table(x$yr)
1531 > result[2, ] <- table(x$v2, x$yr)[2,]
1532 > result[5, ] <- table(x$v5, x$yr)[2,]
1533 > result[8, ] <- table(x$v8, x$yr)[2,]
1534 > result[12, ] <- table(x$v12, x$yr)[2,]
1535 > temp <- ddply(x, "yr", summarize,
1536 +              v3  = round(weighted.mean(v3,  wt, na.rm=TRUE), 0),
1537 +              v4  = round(weighted.mean(v4,  wt, na.rm=TRUE), 0),
1538 +              v6  = round(weighted.mean(v6,  wt, na.rm=TRUE), 0),
1539 +              v7  = round(weighted.mean(v7,  wt, na.rm=TRUE), 0),
1540 +              v9  = round(weighted.mean(v9,  wt, na.rm=TRUE), 0),
1541 +              v10 = round(weighted.mean(v10, wt, na.rm=TRUE), 0),
1542 +              v11 = round(weighted.mean(v11, wt, na.rm=TRUE), 0),
1543 +              v13 = round(weighted.mean(v13, wt, na.rm=TRUE), 0),
1544 +              v14 = round(weighted.mean(v14, wt, na.rm=TRUE), 0)
1545 +              ) ; temp
    yr      v3     v4    v6   v7     v9   v10   v11     v13  v14
1 2008  922080 160606 72395 1476 586376 17672     0 1382793 2709
2 2009  974973 175380 70689 2065 647244 17502  5217 1313975 2509
3 2010 1034889 191214 84967 3857 698025 18352 13450 1207953 2769
4 2011 1178234 209328 76894 6943 764974 19960 11929 1539910 3520
5 2012 1254886 209163 78902 2486 866624 22860  7085 1325280 3060
```

```
1546 > temp <- temp[, -1] ; temp <- t(temp) ; temp
        [,1]    [,2]    [,3]    [,4]    [,5]
v3    922080  974973 1034889 1178234 1254886
v4    160606  175380  191214  209328  209163
v6     72395   70689   84967   76894   78902
v7      1476    2065    3857    6943    2486
v9    586376  647244  698025  764974  866624
v10    17672   17502   18352   19960   22860
v11        0    5217   13450   11929    7085
v13  1382793 1313975 1207953 1539910 1325280
v14     2709    2509    2769    3520    3060
1547 > result[ 3, ] <- temp[1,] ; result[ 4, ] <- temp[2,]
1548 > result[ 6, ] <- temp[3,] ; result[ 7, ] <- temp[4,]
1549 > result[ 9, ] <- temp[5,] ; result[10, ] <- temp[6,]
1550 > result[11, ] <- temp[7,] ; result[13, ] <- temp[8,]
1551 > result[14, ] <- temp[9,] ; table5.11 <- result
1552 > View(table5.11)
```

row.names	2008년	2009년	2010년	2011년	2012년
총 가구수	7009	6314	5956	5741	5434
의료이용 가구수	6822	6197	5862	5638	5345
의료비(원)	922080	974973	1034889	1178234	1254886
처방약값(원)	160606	175380	191214	209328	209163
응급의료 이용 가구수	1351	1344	1300	1143	1151
응급의료 비용(원)	72395	70689	84967	76894	78902
앰뷸런스 비용(원)	1476	2065	3857	6943	2486
외래 이용 가구수	6815	6185	5858	5630	5340
외래 비용(원)	586376	647244	698025	764974	866624
교통비(원)	17672	17502	18352	19960	22860
보약금액(원)	0	5217	13450	11929	7085
입원 이용 가구수	1677	1569	1604	1536	1531
입원 비용(원)	1382793	1313975	1207953	1539910	1325280
간병비(원)	2709	2509	2769	3520	3060

```
1553 > use.hh <- x ; rm(x, y, y1, y2, y3, temp, result)
1554 > write.table(table5.11, "./outcome/table5.11.csv", sep=",")
```

Mission 5.4.0.04

▶ 우리나라 국민의 의료이용과 의료비 지출 수준을 알아보자.

표 5-12는 2008-2012년 KHPS 데이터셋을 이용하여 연도별 국민의 의료이용와 의료비 지출의 수준을 분석한 결과이다. 이 표의 모양대로 원하는 결과를 만들어보자.

Mission 5.4.0.03의 Line 1486의 assign(df, hh[hh[[i+15]]==1, c(4, i+5)]) 문을 assign(df, ind[ind[[i+27]]==1, c(7, i+8)]) 문으로 바꾸고, reshape와 merge 함수문에서 hhid를 hpid로 바꾸기만 하면 된다. 따라서 Line별 의미에 대해서는 설명하지 않았다.

표 5-12 2008-2012년 우리나라 국민의 의료이용과 의료비 지출

구분	2008년	2009년	2010년	2011년	2012년
조사대상자(명)	21,283	19,153	17,885	17,035	15,872
의료 이용(명)	17,007	15,839	15,011	14,283	13,455
평균 의료비(원)	392,265	395,551	416,491	463,965	484,666
평균 처방약값(원)	62,854	66,821	71,589	78,571	76,974
응급의료 이용(명)	1,560	1,596	1,542	1,338	1,315
평균 응급의료 비용(원)	60,104	61,460	68,888	64,497	69,431
평균 앰뷸런스 비용(원)	1,250	1,797	3,097	5,899	1,919
외래 이용(명)	16,907	15,715	14,926	14,195	13,391
평균 외래 비용(원)	251,382	270,982	288,569	310,824	338,794
평균 교통비(원)	6,955	6,648	6,829	7,448	8,170
평균 보약금액(원)	-	2,315	5,599	5,185	2,917
입원 이용(명)	1,907	1,805	1,844	1,761	1,751
평균 입원 비용(원)	1,245,790	1,084,175	1,036,289	1,288,182	1,143,533
평균 간병비(원)	2,102	1,518	2,136	2,410	2,332

■ Line별 함수와 출력 결과

```
1557 > for (i in 1:5) {
1558 > df <- paste("x",i,sep="")
1559   assign(df, ind[ind[[i+26]]==1, c(7, i+8)])
```

```
1560 }
1561 > names(x1)[2] <- "wt" ; x1$yr <- 2008
1562 > names(x2)[2] <- "wt" ; x2$yr <- 2009
1563 > names(x3)[2] <- "wt" ; x3$yr <- 2010
1564 > names(x4)[2] <- "wt" ; x4$yr <- 2011
1565 > names(x5)[2] <- "wt" ; x5$yr <- 2012
1566 > x <- rbind(x1, x2, x3, x4, x5) ; rm(x1, x2, x3, x4, x5)
1567 > y <- ddply(outcome, c("hpid", "yr", "type"), summarize,
                 use = sum(days))
1568 > y$use <- 1
1569 > y <- reshape(y, timevar="type", idvar=c("hpid", "yr"),
                   direction="wide")
1570 > x <- merge(x, y, by=c("hpid", "yr"), all.x=TRUE)
1571 > for (i in 1:3) { x[[i+3]][is.na(x[[i+3]])] <- 0 }
1572 > x$use[x[[4]]+x[[5]]+x[[6]] == 0] <- 0 ; x$use[is.na(x$use)] <- 1
1573 > x <- x[, c(1:3, 7, 4:6)]
1574 > names(x)[4] <- "v2" ; names(x)[5] <- "v5" ; names(x)[6] <- "v8" ;
      names(x)[7] <- "v12"
1575 > y <- ddply(outcome, c("hpid", "yr"), summarize,
1576 +            v3 = sum(cost.oop, na.rm=TRUE),
1577 +            v4 = sum(cost.med, na.rm=TRUE))
1578 > x <- merge(x, y, by=c("hpid", "yr"), all.x=TRUE)
1579 > y1 <- outcome[outcome$type==1, ]
1580 > y1 <- ddply(y1, c("hpid", "yr"), summarize,
1581 +            v6 = sum(cost.oop, na.rm=TRUE),
1582 +            v7 = sum(cost.amb, na.rm=TRUE))
1583 > x <- merge(x, y1, by=c("hpid", "yr"), all.x=TRUE)
1584 > y2 <- outcome[outcome$type==2, ]
1585 > y2 <- ddply(y2, c("hpid", "yr"), summarize,
1586 +            v9 = sum(cost.oop, na.rm=TRUE),
1587 +            v10 = sum(cost.tra, na.rm=TRUE),
```

```
1588 +              v11 = sum(cost.orm, na.rm=TRUE))
1589 > x <- merge(x, y2, by=c("hpid", "yr"), all.x=TRUE)
1590 > y3 <- outcome[outcome$type==3, ]
1591 > y3 <- ddply(y3, c("hpid", "yr"), summarize,
1592 +              v13 = sum(cost.oop, na.rm=TRUE),
1593 +              v14 = sum(cost.nur, na.rm=TRUE))
1594 > x <- merge(x, y3, by=c("hpid", "yr"), all.x=TRUE)
1595 > result <- matrix(nrow=14, ncol=5)
1596 > colnames(result) <- c("2008년", "2009년", "2010년", "2011년", "2012년")
1597 > rownames(result) <- c("조사대상자(명)",
1598 +                    "의료이용(명)", "의료비(원)", "처방약값(원)",
1599 +                    "응급의료 이용(명)", "응급의료 비용(원)", "앰뷸런스 비용(원)",
1600 +                    "외래 이용(명)", "외래 비용(원)", "교통비(원)", "보약금액(원)",
1601 +                    "입원 이용(명)", "입원 비용(원)", "간병비(원)")
1602 > result[1, ] <- table(x$yr)
1603 > result[2, ] <- table(x$v2, x$yr)[2,]
1604 > result[5, ] <- table(x$v5, x$yr)[2,]
1605 > result[8, ] <- table(x$v8, x$yr)[2,]
1606 > result[12, ] <- table(x$v12, x$yr)[2,]
1607 > temp <- ddply(x, "yr", summarize,
1608 +              v3  = round(weighted.mean(v3,  wt, na.rm=TRUE), 0),
1609 +              v4  = round(weighted.mean(v4,  wt, na.rm=TRUE), 0),
1610 +              v6  = round(weighted.mean(v6,  wt, na.rm=TRUE), 0),
1611 +              v7  = round(weighted.mean(v7,  wt, na.rm=TRUE), 0),
1612 +              v9  = round(weighted.mean(v9,  wt, na.rm=TRUE), 0),
1613 +              v10 = round(weighted.mean(v10, wt, na.rm=TRUE), 0),
1614 +              v11 = round(weighted.mean(v11, wt, na.rm=TRUE), 0),
1615 +              v13 = round(weighted.mean(v13, wt, na.rm=TRUE), 0),
1616 +              v14 = round(weighted.mean(v14, wt, na.rm=TRUE), 0)
1617 + )
1618 > temp <- temp[, -1] ; temp <- t(temp)
```

```
1619 > result[ 3, ] <- temp[1,] ; result[ 4, ] <- temp[2,]
1620 > result[ 6, ] <- temp[3,] ; result[ 7, ] <- temp[4,]
1621 > result[ 9, ] <- temp[5,] ; result[10, ] <- temp[6,]
1622 > result[11, ] <- temp[7,] ; result[13, ] <- temp[8,]
1623 > result[14, ] <- temp[9,] ; table5.12 <- result
1624 > View(table5.12)
```

row.names	2008년	2009년	2010년	2011년	2012년
조사대상자(명)	21283	19153	17885	17035	15872
의료이용(명)	17007	15839	15011	14283	13455
의료비(원)	392265	395551	416491	463965	484666
처방약값(원)	62854	66821	71589	78571	76974
응급의료 이용(명)	1560	1596	1542	1338	1315
응급의료 비용(원)	60104	61460	68888	64497	69431
앰뷸런스 비용(원)	1250	1797	3097	5899	1919
외래 이용(명)	16907	15715	14926	14195	13391
외래 비용(원)	251382	270982	288569	310824	338794
교통비(원)	6955	6648	6829	7448	8170
보약금액(원)	0	2315	5599	5185	2917
입원 이용(명)	1907	1805	1844	1761	1751
입원 비용(원)	1245790	1084175	1036289	1288182	1143533
간병비(원)	2102	1518	2136	2410	2332

```
1625 > use.ind <- x ; rm(x, y, y1, y2, y3, temp, result)
1626 > write.table(table5.12, "./outcome/table5.12.csv", sep=",")
```

Mission 5.4.0.05

▶ 가구 특성별 응급의료, 외래, 입원 이용에 대한 평균 비용지출 수준을 알아보자.

표 5-13은 2008-2012년 KHPS 데이터셋을 이용하여 가구 특성별 응급의료, 외래, 입원 이용에 대한 평균 비용지출 수준을 분석한 결과이다. 이 표의 모양대로 원하는 결과를 만들어보자.

표 5-13 2008-2012년 가구 특성별 응급의료, 외래, 입원 이용에 대한 평균 비용지출 수준

구분	2008년	2009년	2010년	2011년	2012년
평균 의료비(원)	392,265	395,551	416,491	463,965	484,666
거주지역					
특별광역시	953,870	1,000,505	1,034,321	1,153,048	1,238,384
도	894,628	952,115	1,035,374	1,199,390	1,268,271
기초생활보장					
일반가구	951,878	1,017,349	1,077,842	1,209,751	1,296,793
수급가구	519,106	438,050	442,231	723,631	560,237
가입 민간의료보험 수					
미가입	782,253	938,281	952,981	1,146,146	1,207,696
1개	822,235	996,400	1,136,572	1,332,304	1,434,791
2개	784,703	1,255,643	1,176,721	1,193,140	1,340,526
3개 이상	1,049,500	1,193,247	1,348,598	1,458,316	1,517,477
소득 4분위					
제1분위	695,010	672,898	751,955	868,170	927,947
제2분위	830,198	824,346	1,009,449	1,181,767	1,111,857
제3분위	962,704	1,095,254	1,067,248	1,275,573	1,319,656
제4분위	1,265,497	1,397,038	1,369,212	1,443,632	1,610,682
가구주 경제활동 참여					
참여	905,728	994,015	1,040,750	1,192,046	684,806
미참여	970,362	919,935	1,019,838	1,143,278	1,255,763

■ Line별 의미

1629-33 데이터프레임 hh.det의 변수 region은 5개 연도의 지역(시도)에 대한 2자리 숫자 값을 1개의 변수로 묶은 것이다. 이를 **substr** 함수로 각 연도별 값으로 분리한 후 각각 변수 a1, a2, a3, a4, a5로 저장하는 것이다.

1634-8 데이터프레임 hh.det의 변수 medicaid는 5개 연도의 기초생활보장 수급에 대한 2자리 숫자 값을 1개의 변수로 묶은 것이다. 이를 **substr** 함수로 각 연도별 값으로 분리한 후 각각 변수 b1, b2, b3, b4, b5로 저장하는 것이다.

1639-44 Line 1639는 i에 값 1-5를 부여하는 것이다.

Line 1640-1은 데이터프레임 hh에서 i+15번째 변수의 값이 1인 경우와 4번째 변수(hhid)와 i+5번째 변수(각 연도 가구 횡단 가중치)를 추출하여 각각 데이터프레임 x1, x2, x3, x4, x5로 저장하는 for 반복문이다. 각 데이터프레임 x1, x2, x3, x4, x5는 가구 key 변수 hhid와 각 연도의 가구 횡단 가중치 변수 등 2개 변수가 있게 된다.

Line 1642-3은 데이터프레임 hh.det에서 1번째 변수(hhid), i+24번째 변수(a1, a2, a3, a4, a5), i+29번째 변수(b1, b2, b3, b4, b5), i+4번째 변수(total.1, total.2, total.3, total.4, total.5)를 추출하여 각각 데이터프레임 y1, y2, y3, y4, y5로 저장하는 **for 반복문**이다. 데이터프레임 y1, y2, y3, y4, y5는 가구 key 변수 hhid와 각 연도의 가구 지역, 기초생활보장, 가구 총 소득 변수 등 4개 변수가 있게 된다.

1645-9 지금까지 만든 데이터프레임 x1, x2, x3, x4, x5와 y1, y2, y3, y4, y5를 **merge** 함수로 합친 후 데이터프레임 x1, x2, x3, x4, x5로 저장하는 것이다.

1650 데이터프레임 y1, y2, y3, y4, y5를 rm 함수로 삭제하고 데이터프레임 hh.det에서 임시로 만든 변수 a1-a5와 변수 b1-b5를 삭제한 후 본래 데이터프레임 hh.det로 저장하는 것이다.

1651 데이터프레임 ind.ses의 1번째 변수(hhid), 4번째 변수(r.head), 7번째 변수(job)를 추출하여 데이터프레임 temp로 저장하는 것이다. 변수 r.head와 job은 5개 연도의 가구주와의 관계와 경제적 활동 상태에 대한 값을 1개의 변수로 합친 변수이다.

1652-62 Line 1652는 Line 1651에서 만든 데이터프레임 temp의 변수 hpid에서 앞 8자리를 추출하기 위하여 **trunc** 함수를 적용한 것으로 이를 변수 hhid로 저장하는 것이다.

Line 1653-7은 **substr** 함수를 변수 r.head에 적용하여 각 연도별 가구주와의 관계에 대한 값을 추출하여 각각 변수 a1, a2, a3, a4, a5로 저장하는 것이다.

Line 1658-62는 **substr** 함수를 변수 job에 적용하여 각 연도별 경제적 활동에 대한 값을 추출하여 각각 변수 b1, b2, b3, b4, b5로 저장하는 것이다.

1663-6 Line 1663은 i에 값 1-5를 부여하는 것이다.

Line 1664-5는 데이터프레임 temp에서 i+4번째 변수(a1, a2, a3, a4, a5)의 값이 10인 경우, 즉 가구주 본인인 경우와 4번째 변수(hhid)와 i+9번째 변수(b1, b2, b3, b4, b5)를 추출하여 각각 데이터프레임 y1, y2, y3, y4, y5로 저장하는 for 반복문이다.

1667-71 Line 1645-9에서 만든 데이터프레임 x1, x2, x3, x4, x5와 y1, y2, y3, y4, y5를 merge 함수로 합친 후 데이터프레임 x1, x2, x3, x4, x5로 저장하는 것이다.

1672 데이터프레임 y1, y2, y3, y4, y5, temp를 지우는 것이다.

1673-83 Line 1673은 i에 값 1-5를 부여하는 것이다.

Line 1674-82는 **get** 함수를 이용하여 x1, x2, x3, x4, x5를 추출하여 데이터프레임 df로 저장한 후 2번째 변수 이름은 wt(가중치), 3번째 변수 이름은 region(가구 소재 지역), 4번째 변수 이름은 medicaid(기초생활보장 수급), 5번째 변수 이름은 total(가구 총 소득), 6번째 변수 이름은 hh.job(가구주의 경제적 활동)로 바꾸고 변수 yr에 값 i+2007, 즉 값 2008, 2009, 2010, 2011, 2012를 입력한 것을 다시 데이터프레임 x1, x2, x3, x4, x5로 저장하기 위한 for 반복문이다.

1684 데이터프레임 x1, x2, x3, x4, x5를 rbind 함수로 합쳐 데이터프레임 x로 저장하고 필요 없게 된 데이터프레임 x1, x2, x3, x4, x5를 삭제하는 것이다.

1685-6 데이터프레임 ind.phi에서 **ddply** 함수를 이용하여 가구 key 변수 hhid와 민간의료보험 가입시작 연도 변수 phi.yr1별 빈도, 즉 가입 민간의료보험 수를 산출하여 변수 phiN으로 저장한 것을 데이터프레임 temp로 저장하는 것이다.

1687 Line 1685-6에서 만든 데이터프레임 temp의 2번째 변수 이름을 연도 변수 yr(값 1-5를 가짐)로 바꾼 후 2007을 더해 2008-2012로 바꾸는 것이다.

1688 Line 1684에서 만든 데이터프레임 x에 temp를 **merge** 함수로 합친 후 데이터프레임 temp를 삭제하는 것이다.

1689 가구 소재지역 변수 region은 값 11-31은 특별시, 광역시에 해당하고 41 이상의 값은 도 지역을 의미하기 때문에 특별광역시를 값 1, 도 지역을 2로 저장하는 것이다.

1690 데이터프레임 x의 변수 hh.job의 값이 0보다 큰 경우, 즉 경제적 활동을 하는 경우는 값 1로 저장하고 변수 hh.job의 값이 0 이하이거나 결측값인 경우, 즉 경제적 활동을 하지 않은 경우는 2로 저장하는 것이다.

1691 데이터프레임 x의 변수 phiN이 결측값인 경우, 즉 민간의료보험에 가입하지 않은 가구의 경우 값 0으로 저장하고 3 이상인 경우, 즉 3개 이상 민간의료보험에 가입한 가구의 경우는 값 3으로 저장하는 것이다. 따라서 변수 phiN은 0(미가입), 1(1개 가입), 2(2개 가입), 3(3개 이상 가입) 등 4개 값을 가지게 된다.

1692-1700 Line 1692는 i에 값 2008-2012를 부여하는 것이다.
Line 1693-99는 데이터프레임 x의 변수 yr 값이 i인 경우를 추출하여 데이터프레임 temp로 저장하고 가구 총 소득 변수 total에 summary 함수를 적용하여 출력한 결과를 q4로 저장한 후 **ifelse** 함수를 이용하여 가구 총 소득의 4분위를 산출하는 결과를 assign 함수를 이용하여 다시 데이터프레임 x1, x2, x3, x4, x5로 저장하는 것이다.

1701 데이터프레임 x1, x2, x3, x4, x5를 rbind 함수로 합쳐 데이터프레임 x로 저장하고 필요 없게 된 데이터프레임 x1, x2, x3, x4, x5, temp와 객체 q4를 삭제하는 것이다.

1702 데이터프레임 use.hh의 가구 key 변수 hhid, 연도 변수 yr, 본인부담 의료비 v3를 추출하여 데이터프레임 temp로 저장하는 것이다.

1703 Line 1701에서 만든 데이터프레임 x에 데이터프레임 temp를 **merge** 함수로 합친 후 데이터프레임 x로 저장하는 것이다.

1704 데이터프레임 x의 9번째 변수 이름을 cost로 바꾸고 데이터프레임 temp를 삭제하는 것이다.

1705 데이터프레임 x의 변수의 순서를 조정하는 것이다.

1706-13 행이 19개, 열이 5개인 비어 있는 행렬 객체 result를 만든 후 행의 이름과 열의 이름을 **rownames** 함수와 **colnames** 함수를 이용하여 부여한 것이다. 표 5-13을 살펴보면 그 이유를 알 것이다.

1714-22 Line 1714는 i에 값 4-8를 부여하는 것이다.

Line 1715는 데이터프레임 x에서 변수 yr, wt, cost와 i번째 변수(region, medicaid, phiN, total, hh.job)를 추출하여 데이터프레임 temp로 저장한 후 3번째 변수, 즉 i번째 변수(region, medicaid, phiN, total, hh.job)의 이름을 iv로 바꾸는 것이다.

Line 1716-7은 Line 1715에서 만든 데이터프레임 temp에 **ddply** 함수를 적용하여 연도 변수 yr과 i번째 변수(region, medicaid, phiN, total, hh.job)를 기준으로 의료비 지출 변수 cost의 가중평균을 산출한 결과를 데이터프레임 temp로 저장하는 것이다.

Line 1718은 Line 1716에서 만든 데이터프레임 temp에 wide 방향의 **reshape** 함수를 적용한 것이다.

Line 1719는 Line 1717에서 만든 데이터프레임 temp를 **as.matrix** 함수로 행렬 객체로 변환한 것이다.

Line 1720-1은 Line 1714-9를 통해 만들어진 행렬 객체 temp를 **assign** 함수를 이용하여 행렬 객체 x1(변수 region의 특성별 본인부담 의료비 가중평균), x2(변수 medicaid의 특성별 본인부담 의료비 가중평균), x3(변수 phiN의 특성별 본인부담 의료비 가중평균), x4(변수 total의 특성별 본인부담 의료비 가중평균), x5(변수 hh.job의 특성별 본인부담 의료비 가중평균)로 저장하는 것이다.

1723-6 Line 1723-5는 지금까지의 과정을 통해 만든 행렬 객체 x1, x2, x3, x4, x5의 값을 Line 1706-13에서 만든 행렬 객체 result, 즉 표 5-13에 입력하는 것이다.

Line 1726은 분석 결과 값이 입력된 행렬 객체 result를 table5.13으로 저장한 후 View 함수를 통해 살펴본 결과이다. 표 5-13과 동일하다는 것을 알 수 있다.

1727 필요 없는 객체 temp, x, x1, x2, x3, x4, x5, result를 삭제한다.

1728 write.table 함수로 khps/outcome 디렉터리에 table5.13.csv 파일로 저장하자.

■ **Line별 함수와 출력 결과**

```
1629 > hh.det$a1 <- as.numeric(substr(hh.det$region, 1, 2))
1630 > hh.det$a2 <- as.numeric(substr(hh.det$region, 4, 5))
1631 > hh.det$a3 <- as.numeric(substr(hh.det$region, 7, 8))
1632 > hh.det$a4 <- as.numeric(substr(hh.det$region, 10, 11))
1633 > hh.det$a5 <- as.numeric(substr(hh.det$region, 13, 14))
1634 > hh.det$b1 <- as.numeric(substr(hh.det$medicaid, 1, 2))
1635 > hh.det$b2 <- as.numeric(substr(hh.det$medicaid, 4, 5))
1636 > hh.det$b3 <- as.numeric(substr(hh.det$medicaid, 7, 8))
1637 > hh.det$b4 <- as.numeric(substr(hh.det$medicaid, 10, 11))
1638 > hh.det$b5 <- as.numeric(substr(hh.det$medicaid, 13, 14))
1639 > for (i in 1:5) {
1640 +  df <- paste("x",i,sep="")
1641 +  assign(df, hh[hh[[i+15]]==1, c(4, i+5)])
1642 +  df <- paste("y",i,sep="")
1643 +  assign(df, hh.det[, c(1, i+24, i+29, i+4)])
1644 + }
1645 > x1 <- merge(x1, y1, by="hhid", all.x=TRUE)
1646 > x2 <- merge(x2, y2, by="hhid", all.x=TRUE)
1647 > x3 <- merge(x3, y3, by="hhid", all.x=TRUE)
1648 > x4 <- merge(x4, y4, by="hhid", all.x=TRUE)
1649 > x5 <- merge(x5, y5, by="hhid", all.x=TRUE)
1650 > rm(y1, y2, y3, y4, y5) ; hh.det <- hh.det[, 1:24]
1651 > temp <- ind.ses[, c(1, 4, 7)]
1652 > temp$hhid <- trunc(temp$hpid/100)
1653 > temp$a1 <- as.numeric(substr(temp$r.head, 1, 3))
1654 > temp$a2 <- as.numeric(substr(temp$r.head, 5, 7))
1655 > temp$a3 <- as.numeric(substr(temp$r.head, 9, 11))
1656 > temp$a4 <- as.numeric(substr(temp$r.head, 13, 15))
1657 > temp$a5 <- as.numeric(substr(temp$r.head, 17, 19))
1658 > temp$b1 <- as.numeric(substr(temp$job, 1, 2))
```

```
1659 > temp$b2 <- as.numeric(substr(temp$job, 4, 5))
1660 > temp$b3 <- as.numeric(substr(temp$job, 7, 8))
1661 > temp$b4 <- as.numeric(substr(temp$job, 10, 11))
1662 > temp$b5 <- as.numeric(substr(temp$job, 12, 13))
1663 > for (i in 1:5) {
1664 +  df <- paste("y",i,sep="")
1665 +  assign(df, temp[temp[[i+4]]==10, c(4, i+9)])
1666 + }
1667 > x1 <- merge(x1, y1, by="hhid", all.x=TRUE)
1668 > x2 <- merge(x2, y2, by="hhid", all.x=TRUE)
1669 > x3 <- merge(x3, y3, by="hhid", all.x=TRUE)
1670 > x4 <- merge(x4, y4, by="hhid", all.x=TRUE)
1671 > x5 <- merge(x5, y5, by="hhid", all.x=TRUE)
1672 > rm(y1, y2, y3, y4, y5, temp)
1673 > for (i in 1:5) {
1674 +  df <- get(paste("x", i, sep=""))
1675 +  names(df)[2] <- "wt"
1676 +  names(df)[3] <- "region"
1677 +  names(df)[4] <- "medicaid"
1678 +  names(df)[5] <- "total"
1679 +  names(df)[6] <- "hh.job"
1680 +  df$yr <- i+2007
1681 +  df.name <- paste("x",i,sep="")
1682 +  assign(df.name, df)
1683 + }
1684 > x <- rbind(x1, x2, x3, x4, x5) ; rm(x1, x2, x3, x4, x5)
1685 > temp <- ddply(ind.phi, c("hhid", "phi.yr1"), summarize,
1686 +                phiN=sum(!is.na(hhid)))
1687 > names(temp)[2] <- "yr" ; temp$yr <- temp$yr+2007
1688 > x <- merge(x, temp, by=c("hhid", "yr"), all.x=TRUE) ; rm(temp)
1689 > x$region[x$region < 41] <- 1 ; x$region[x$region >= 41] <- 2
```

```
1690 > x$hh.job[x[[7]] > 0] <- 1 ; x$hh.job[x[[7]] <= 0 | is.na(x[[7]])] <-2
1691 > x$phiN[is.na(x$phiN)] <- 0 ; x$phiN[x$phiN > 2] <- 3
1692 > for (i in 2008:2012) {
1693 +  temp <- x[x$yr == i, ]
1694 +  q4 <- summary(temp$total)
1695 +  temp$total <- ifelse(temp$total < q4[2], 1,
1696 +                ifelse(temp$total >= q4[2] & temp$total < q4[3], 2,
1697 +                ifelse(temp$total >= q4[5], 4, 3)))
1698 +  df <- paste("x",i-2007,sep="")
1699 +  assign(df, temp)
1700 + }
1701 > x <- rbind(x1, x2, x3, x4, x5) ; rm(x1, x2, x3, x4, x5, temp, q4)
1702 > temp <- use.hh[, c("hhid", "yr", "v3")]
1703 > x <- merge(x, temp, by=c("hhid", "yr"), all.x=TRUE)
1704 > names(x)[9] <- "cost" ; rm(temp)
1705 > x <- x[, c(1:5, 8, 6, 7, 9)]
1706 > result <- matrix(nrow=20, ncol=5)
1707 > colnames(result) <- c("2008년", "2009년", "2010년", "2011년", "2012년")
1708 > name <- c("거주지역", "  특별광역시", "  도",
1709 +           "기초생활보장", "  일반가구", "  수급가구",
1710 +           "가입 민간의료보험 수", "  미가입", "  1개", "  2개", "  3개 이상",
1711 +           "소득 4분위", "  제1분위", "  제2분위", "  제3분위", "  제4분위",
1712 +           "가구주 경제활동 참여", "  참여", "  미참여")
1713 > rownames(result) <- name ; rm(name)
1714 > for (i in 4:8) {
1715 +  temp <- x[, c(2:3, i, 9)] ; names(temp)[3] <- "iv"
1716 +  temp <- ddply(temp, c("yr", "iv"), summarize,
1717 +                y  = round(weighted.mean(cost, wt, na.rm=TRUE), 0))
1718 +  temp <- reshape(temp, timevar="yr", idvar="iv", direction="wide")
1719 +  temp <- as.matrix(temp)
1720 +  df <- paste("x",i-3,sep="")
```

```
1721 +  assign(df, temp)
1722 + }
1723 > result[2:3,   ] <- x1[, 2:6] ; result[5:6,   ] <- x2[, 2:6]
1724 > result[8:11,  ] <- x3[, 2:6] ; result[13:16, ] <- x4[, 2:6]
1725 > result[18:19, ] <- x5[, 2:6]
1726 > table5.13 <- result ; View(table5.13)
```

row.names	2008년	2009년	2010년	2011년	2012년
거주지역	NA	NA	NA	NA	NA
특별광역시	953870	1000505	1034321	1153048	1238384
도	894628	952115	1035374	1199390	1268271
기초생활보장	NA	NA	NA	NA	NA
일반가구	951878	1017349	1077842	1209751	1296793
수급가구	519106	438050	442231	723631	560237
가입 민간의료보험 수	NA	NA	NA	NA	NA
미가입	782253	938281	952981	1146146	1207696
1개	822235	996400	1136572	1332304	1434791
2개	784703	1255643	1176721	1193140	1340526
3개 이상	1049500	1193247	1348598	1458316	1517477
소득 4분위	NA	NA	NA	NA	NA
제1분위	695010	672898	751955	868170	927947
제2분위	830198	824346	1009449	1181767	1111857
제3분위	962704	1095254	1067248	1275573	1319656
제4분위	1265497	1397038	1369212	1443632	1610682
가구주 경제활동 참여	NA	NA	NA	NA	NA
참여	905728	994015	1040750	1192046	684806
미참여	970362	919935	1019838	1143278	1255763

```
1727 > rm(temp, x, x1, x2, x3, x4, x5, result)
1728 > write.table(table5.13, "./outcome/table5.13.csv", sep=",")
```

Mission 5.4.0.06

▶ 만성질환 및 암 유병 가구원이 있는 가구의 민간의료보험 가입, 보험료 수급 및 의료비 지출 수준을 알아보자.

표 5-14는 2008-2012년 KHPS 데이터셋을 이용하여 만성질환 및 암 유병 가구원이 있는 가구의 민간의료보험 가입, 보험료 수급 및 의료비 지출 수준을 분석한 결과이다. 이 표의 모양대로 원하는 결과를 만들어보자.

표 5-14 2008-2012년 만성질환 및 암 유병 가구원이 있는 가구의 민간의료보험 가입, 보험료 수급 및 의료비 지출 현황

구분	2008년	2009년	2010년	2011년	2012년
I. 만성질환 유병 가구					
1. 보험 가입 가구					
월 납입 보험료(원)	260,893	123,364	145,583	133,460	115,815
수령 보험금(원)	2,266,837	2,756,884	3,022,662	3,055,769	5,216,688
의료비 지출(원)	1,092,916	1,190,629	1,329,138	1,500,435	1,513,762
입원비 지출(원)	365,189	346,701	408,585	498,966	466,492
2. 보험 미가입 가구					
의료비 지출(원)	931,587	1,024,004	1,070,983	1,243,657	1,261,240
입원비 지출(원)	489,385	357,863	345,673	455,862	403,058
II. 암 유병 가구					
1. 암보험 가입 가구					
월 납입 보험료(원)	265,634	135,313	147,933	152,622	121,817
수령 보험금(원)	5,972,371	8,502,288	9,321,857	9,445,513	17,097,745
의료비 지출(원)	1,976,794	1,929,010	2,028,702	2,464,220	1,990,763
입원비 지출(원)	897,837	740,070	680,233	1,196,676	700,781
2. 암보험 미가입 가구					
의료비 지출(원)	1,725,405	1,621,949	1,801,394	2,048,934	1,793,663
입원비 지출(원)	921,671	719,515	773,398	1,005,052	720,148

■ Line별 의미

1731-4 Line 1731은 i에 값 1-5를 부여하는 것이다.

Line 1732-3은 데이터프레임 hh에서 i+15번째 변수의 값이 1인 경우와 4번째 변수(hhid)와 i+5번째 변수(각 연도 가구 횡단 가중치)를 추출하여 각각 데이터프레임 x1, x2, x3, x4, x5로 저장하는 for 반복문이다. 각 데이터프레임 x1, x2, x3, x4, x5는 가구 key 변수 hhid와 각 연도의 가구 횡단 가중치 변수 등 2개 변수가 있게 된다.

1735-9 Line 1731-4에서 만든 데이터프레임 x1, x2, x3, x4, x5의 2번째 변수 이름을 wt로 바꾸고 연도 변수 yr에 값 2008-2012를 입력하는 것이다.

1740 데이터프레임 x1, x2, x3, x4, x5를 **rbind** 함수로 합쳐 데이터프레임 x로 저장한 후 데이터프레임 x1, x2, x3, x4, x5를 삭제하는 것이다.

1741 데이터프레임 ind.cd에서 변수 hpid, cd.12를 추출하여 데이터프레임 x1로 저장하고 2번째 변수 이름을 ca로 바꾸는 것이다.

1742 데이터프레임 ind.phi에서 변수 hhid, phi.yr1, phi.type, phi.pay, phi.mon을 추출하여 데이터프레임 x2로 저장하는 것이다.

1743 Line 1742에서 만든 데이터프레임 x2의 2번째 변수 이름을 yr로, 3번째 변수 이름을 type으로, 4번째 변수 이름을 pay로, 5번째 이름을 mon으로 바꾸는 것이다.

1744 데이터프레임 ind.phr에서 1번째 변수 hhid와 5-14번째 변수(phr.1-phr.5와 phr.11-phr.15)를 추출하여 데이터프레임 x3으로 저장하는 것이다.

1745 데이터프레임 use.ind에서 변수 hhid, yr, v3, v13을 추출하여 데이터프레임 x4로 저장하는 것이다.

1746-51 Line 1746은 Line 1741에서 만든 데이터프레임 x1의 변수 hpid의 앞 8자리를 **trunc** 함수를 이용하여 추출한 후 가구 key 변수 hpid로 저장하는 것이다.

Line 1747은 변수 ca의 값이 0보다 큰 경우는 1, 결측값인 경우는 0으로 바꾸는 것이다. 이를 통해 1은 암을 앓고 있는 가구원이 있는 경우를, 0은 기타 만성질환을 앓고 있는 가구원이 있는 경우를 의미하게 된다.

Line 1748은 데이터프레임 x1에서 ddply 함수를 이용하여 가구 key 변수 hhid와 변수 ca별 빈도, 즉 가구별 암과 기타 만성질환을 앓고 있는 가구원의 수에 대한 변수 fm.n을 만든 후 이를 데이터프레임 x1로 저장하는 것이다.

Line 1749는 Line 1748에서 만든 데이터프레임 x1에 wide 방향의 **reshape** 함수를 적용한 결과를 데이터프레임 x1로 저장하는 것이다. **reshape** 함수에서 timevar 옵션에는 변수 ca를, idvar 옵션에는 변수 hhid를 적용하게 된 점에 주목하자. head(x1) 출력 결과를 보니 변수 fm.n.1은 암을 앓고 있는 가구원이 있는 가구의 경우 1보다 큰 값을 갖게 되고 결측값인 경우는 기타 만성질환을 앓고 있는 가구원이 있는 가구를 의미하게 됨을 알 수 있다.

Line 1750은 Line 1749에서 만든 데이터프레임 x1의 3번째 변수 이름을 cancer로 바꾸고 2번째 변수를 삭제한 후 데이터프레임 x1로 저장하는 것이다.

Line 1751은 Line 1750에서 만든 데이터프레임 x1의 변수 cancer가 결측값인 경우는 0 (기타 만성질환을 앓고 있는 가구원이 있는 가구)으로 입력하고, 0보다 큰 값을 갖는 경우 1 (암을 앓고 있는 가구원이 있는 가구)로 입력하는 것이다.

1752-7 Line 1752는 Line 1742-3에서 만든 데이터프레임 x2의 변수 pay를 변수 mon으로 나누어 월 납입 보험료 변수 bill을 만든 것이다.

Line 1753은 데이터프레임 x2의 변수 type의 1번째 문자를 추출한 후 **as.numeric** 함수를 통해 숫자 변수로 바꾸고 값이 2(암 보험)가 아닌 경우는 1(기타 민간의료보험)로 저장하는 것이다.

Line 1754는 데이터프레임 x2에 **ddply** 함수를 적용하여 가구 key 변수 hhid와 연도별 월 납입 보험료를 합한 값을 변수 bill1로 저장한 결과를 데이터프레임 x2.1로 저장하는 것이다.

Line 1755는 데이터프레임 x2에 **ddply** 함수를 적용하여 가구 key 변수 hhid, 연도별, 보험 유형(1은 기타 민간의료보험, 2는 암 보험)별 월 납입 보험료를 합한 값을 변수 bill2로 저장한 결과를 데이터프레임 x2.2로 저장하는 것이다.

Line 1756은 Line 1755에서 만든 데이터프레임 x2.2의 변수 type 값이 2(암 보험 가입)인 경우와 1번째, 2번째 그리고 4번째 변수(hhid, yr, bill2)를 추출하여 데이터프레임 x2.2로 저장하는 것이다.

Line 1757은 데이터프레임 x2.1과 x2.2의 연도 변수 yr에 2007을 더함으로써 2008-2012의 값을 갖도록 하는 것이다.

1758-68 Line 1758은 i에 값 1-5를 부여하는 것이다.

Line 1759, Line 1761, Line 1763은 Line 1744에서 만든 데이터프레임 x3의 i+1번째 변수(phr.1, phr.2, phr.3, phr.4, phr.5)가 결측값이 아닌 경우와 1번째 변수와 i+1번째 변수를 추출하고 2번째 변수 이름을 phr1로 바꾼 것을 각각 데이터프레임 a1, a2, a3, a4, a5로 저장하는 **for 반복문**이다.

Line 1760, Line 1762, Line 1764는 Line 1744에서 만든 데이터프레임 x3의 i+6번째 변수(phr.11, phr.12, phr.13, phr.14, phr.15)가 결측값이 아닌 경우와 1번째 변수와 i+6번째 변수를 추출하고 2번째 변수 이름을 phr2로 바꾼 것을 각각 데이터프레임 b1, b2, b3, b4, b5로 저장하는 **for 반복문**이다.

Line 1766은 데이터프레임 a1, a2, a3, a4, a5를 **rbind** 함수로 합쳐 데이터프레임 x3.1로 저장하고 데이터프레임 b1, b2, b3, b4, b5를 **rbind** 함수로 합쳐 데이터프레임 x3.2로 저장하는 것이다.

Line 1767은 데이터프레임 x3.1에 **ddply** 함수를 적용하여 가구 key 변수 hhid와 연도별 변수 phr1의 합계를 산출하여 변수 phr1로 저장한 결과를 데이터프레임 x3.1로 저장하는 것이다.

Line 1768은 필요 없게 된 데이터프레임 a1, a2, a3, a4, a5 그리고 b1, b2, b3, b4, b5를 삭제하는 것이다.

1769-72 Line 1769는 데이터프레임 x4의 변수 hpid에서 앞 8자리를 **trunc** 함수로 추출하여 가구 key 변수 hhid로 저장하는 것이다.

Line 1770-2는 데이터프레임 x4에 **ddply** 함수를 적용하여 가구 key 변수 hhid와 연도별 변수 v3(본인부담 의료비)과 v13(입원비 지출)의 합계를 산출한 결과를 각각 변수 cost.tot와 cost.in으로 저장한 후 이를 데이터프레임 x4로 저장하는 것이다.

1773-8 Line 1773은 데이터프레임 Line 1746-51에서 만든 데이터프레임 x1에 Line 1731-40에서 만든 데이터프레임 wt를 **merge** 함수로 합친 것을 데이터프레임 x로 저장하는 것이다. 데이터프레임 x1은 만성질환을 앓고 있는 가구원이 있는 전체 가구에 대한 정보가 있으며, **all.x=TRUE** 옵션을 통해 이들 가구에 대해서만 가중치 값을 가져올 수 있게 된다.

Line 1774-8은 Line 1773에서 만든 데이터프레임 x에 지금까지 만든 데이터프레임 x2.1, x2.2, x3.1, x3.2, x4를 변수 hhid, yr을 기준변수로 하는 **merge** 함수로 차례대로 합쳐 데이터프레임 x로 저장하는 것이다.

Line 1778의 head(x) 출력 결과를 보자. 변수 bill1이 결측값인 경우는 민간의료보험에 가입하지 않은 가구라는 것을 알 수 있다.

1779 Line 1773-8에서 만든 데이터프레임 x의 변수 bill1이 결측값인 경우(민간의료보험에 미가입)는 0으로 입력하고 나머지 경우(민간의료보험에 가입)는 1로 입력한 것을 변수 phi에 저장하는 것이다.

1780 앞으로 필요 없게 된 데이터프레임 wt, x1, x2, x2.1, x2.2, x3, x3.1, x3.2, x4를 삭제하는 것이다.

1781-91 Line 1781-5는 데이터프레임 x에 **ddply** 함수를 적용하여 연도별, 민간의료보험 가입 유무별 변수 bill1, phr1, cost.tot, cost.in 값의 합계를 산출하여 각각 변수 bill, phr, cost.tot, cost.in으로 저장한 결과를 데이터프레임 x1로 저장하는 것이다.

Line 1786-9는 Line 1781-5에서 만든 데이터프레임 x1에서 민간의료보험 가입한 가구의 연도별 변수 bill, phr, cost.tot, cost.in 값을 벡터 객체 r3, r4, r5, r6으로 저장

하는 것이다.

Line 1790-1은 Line 1781-5에서 만든 데이터프레임 x1에서 민간의료보험에 가입하지 않은 가구의 연도별 변수 cost.tot, cost.in 값을 벡터 객체 r8, r9로 저장하는 것이다.

1792-1802 Line 1792-6은 데이터프레임 x 중 암을 앓고 있는 가구를 **x[x$cancer==1,]** 문을 통해 추출한 후 여기에 **ddply** 함수를 적용하여 연도별, 민간의료보험 가입 유무별 변수 bill1, phr1, cost.tot, cost.in 값의 합계를 산출하여 각각 변수 bill, phr, cost.tot, cost.in으로 저장한 결과를 데이터프레임 x2로 저장하는 것이다.

Line 1797-1800은 Line 1792-6에서 만든 데이터프레임 x2에서 민간의료보험에 가입한 가구의 연도별 변수 bill, phr, cost.tot, cost.in 값을 벡터 객체 r12, r13, r14, r15로 저장하는 것이다.

Line 1801-2는 Line 1792-6에서 만든 데이터프레임 x2에서 민간의료보험에 가입하지 않은 가구의 연도별 변수 cost.tot, cost.in 값을 벡터 객체 r17, r18로 저장하는 것이다.

1803-12 행이 18개, 열이 5개인 비어 있는 행렬 객체 result를 만든 후 행의 이름과 열의 이름을 **rownames**와 **colnames** 함수를 이용하여 부여한 것이다. 표 5-14를 살펴보면 그 이유를 알 것이다.

1813-6 지금까지의 과정을 통해 만든 벡터 객체 r3, r4, r5, r6, r8, r9, r12, r13, r14, r15, r17, r18을 Line 1803-13에서 만든 행렬 객체 result, 즉 표 5-14에 입력하는 것이다.

1817 Line 1814-7에서 만든 행렬 객체 result를 table5.14로 저장한 후 View 함수를 통해 살펴본 결과이다. 표 5-14와 동일하다는 것을 알 수 있다.

1818 write.table 함수로 khps/outcome 디렉터리에 table5.14.csv 파일로 저장하자.

■ Line별 함수와 출력 결과

```
1731  > for (i in 1:5) {
1732  +  df <- paste("x",i,sep="")
1733  +  assign(df, hh[hh[[i+15]]==1, c(4, i+5)])
1734  + }
1735  > names(x1)[2] <- "wt" ; x1$yr <- 2008
1736  > names(x2)[2] <- "wt" ; x2$yr <- 2009
1737  > names(x3)[2] <- "wt" ; x3$yr <- 2010
1738  > names(x4)[2] <- "wt" ; x4$yr <- 2011
1739  > names(x5)[2] <- "wt" ; x5$yr <- 2012
```

```
1740  > wt <- rbind(x1, x2, x3, x4, x5) ; rm(x1, x2, x3, x4, x5)
1741  > x1 <-  ind.cd[, c("hpid", "cd.12")] ; names(x1)[2] <- "ca"
1742  > x2 <- ind.phi[, c("hhid", "phi.yr1", "phi.type", "phi.pay",
                           "phi.mon")]
1743  > names(x2)[2] <- "yr" ; names(x2)[3] <- "type" ; names(x2)[4] <- "pay"
        ; names(x2)[5] <- "mon"
1744  > x3 <- ind.phr[, c(1, 5:ncol(ind.phr))]
1745  > x4 <- use.ind[, c("hpid", "yr", "v3", "v13")]
1746  > x1$hhid <- trunc(x1$hpid/100)
1747  > x1$ca[x1$ca>0] <- 1 ; x1$ca[is.na(x1$ca)] <- 0
1748  > x1 <- ddply(x1, c("hhid", "ca"), summarize, fm.n=sum(!is.na(ca)))
1749  > x1 <- reshape(x1, timevar="ca", idvar="hhid", direction="wide") ;
        head(x1)
            hhid fm.n.0 fm.n.1
      1 10001111      2     NA
      2 10003111      2     NA
      3 10004111      2     NA
      4 10006111      3     NA
      5 10007111      2     NA
      6 10008111      1      1
1750  > names(x1)[3] <- "cancer" ; x1 <- x1[, -2]
1751  > x1$cancer[is.na(x1$cancer)] <- 0 ; x1$cancer[x1$cancer>0] <- 1
1752  > x2$bill <- round(x2$pay/x2$mon, 0)
1753  > x2$type <- as.numeric(substr(x2$type, 1, 1)) ;
        x2$type[x2$type != 2] <- 1
1754  > x2.1 <- ddply(x2, c("hhid", "yr"), summarize,
                       bill1=sum(bill, na.rm=TRUE))
1755  > x2.2 <- ddply(x2, c("hhid", "yr", "type"), summarize,
                       bill2=sum(bill, na.rm=TRUE))
1756  > x2.2 <- x2.2[x2.2$type == 2, c(1:2, 4)]
1757  > x2.1$yr <- x2.1$yr+2007 ; x2.2$yr <- x2.2$yr+2007
```

```
1758 > for (i in 1:5) {
1759 +  name1 <- paste("a", i, sep="")
1760 +  name2 <- paste("b", i, sep="")
1761 +  df1 <- x3[!is.na(x3[[i+1]]), c(1, i+1)] ; names(df1)[2] <- "phr1" ;
        df1$yr <- i+2007
1762 +  df2 <- x3[!is.na(x3[[i+6]]), c(1, i+6)] ; names(df2)[2] <- "phr2" ;
        df2$yr <- i+2007
1763 +  assign(name1, df1)
1764 +  assign(name2, df2)
1765 + }
1766 > x3.1 <- rbind(a1, a2, a3, a4, a5) ; x3.2 <- rbind(b1, b2, b3, b4, b5)
1767 > x3.1 <- ddply(x3.1, c("hhid", "yr"), summarize,
                      phr1 = sum(phr1, na.rm=TRUE))
1768 > rm(a1, a2, a3, a4, a5, b1, b2, b3, b4, b5, df1, df2)
1769 > x4$hhid <- trunc(x4$hpid/100)
1770 > x4 <- ddply(x4, c("hhid", "yr"), summarize,
1771 +              cost.tot = sum(v3, na.rm=TRUE),
1772 +              cost.in  = sum(v13, na.rm=TRUE))
1773 > x <- merge(x1, wt,   by="hhid", all.x=TRUE)
1774 > x <- merge(x,  x2.1, by=c("hhid", "yr"), all.x=TRUE)
1775 > x <- merge(x,  x2.2, by=c("hhid", "yr"), all.x=TRUE)
1776 > x <- merge(x,  x3.1, by=c("hhid", "yr"), all.x=TRUE)
1777 > x <- merge(x,  x3.2, by=c("hhid", "yr"), all.x=TRUE)
1778 > x <- merge(x,  x4,   by=c("hhid", "yr"), all.x=TRUE) ; head(x)
      hhid   yr cancer       wt  bill1 bill2 phr1 phr2 cost.tot cost.in
1 10001111 2008      0 2776.660     NA    NA   NA   NA  1922680 1720000
2 10001111 2009      0 3057.063  10000    NA   NA   NA   606170       0
3 10001111 2010      0 2968.851     NA    NA   NA   NA  1860170  908420
4 10001111 2011      0 6045.620     NA    NA   NA   NA  1946540 1402850
5 10001111 2012      0 4540.957     NA    NA   NA   NA  1457659       0
6 10003111 2008      0 2583.476 831456 30000   NA   NA  3002910       0
```

```
1779  > x$phi[is.na(x$bill1)] <- 0 ; x$phi[is.na(x$phi)] <- 1
1780  > rm(wt, x1, x2, x2.1, x2.2, x3, x3.1, x3.2, x4)
1781  > x1 <- ddply(x, c("yr" ,"phi"), summarize,
1782  +           bill = round(weighted.mean(bill1, na.rm=TRUE), 0),
1783  +           phr  = round(weighted.mean(phr1,  na.rm=TRUE), 0),
1784  +           cost.tot = round(weighted.mean(cost.tot, na.rm=TRUE), 0),
1785  +           cost.in  = round(weighted.mean(cost.in, na.rm=TRUE)), 0)
1786  > r3 <- x1[x1$phi==1, 3] ; r3 <- as.vector(r3)
1787  > r4 <- x1[x1$phi==1, 4] ; r4 <- as.vector(r4)
1788  > r5 <- x1[x1$phi==1, 5] ; r5 <- as.vector(r5)
1789  > r6 <- x1[x1$phi==1, 6] ; r6 <- as.vector(r6)
1790  > r8 <- x1[x1$phi==0, 5] ; r8 <- as.vector(r8)
1791  > r9 <- x1[x1$phi==0, 6] ; r9 <- as.vector(r9)
1792  > x2 <- ddply(x[x$cancer==1,], c("yr" ,"phi"), summarize,
1793  +           bill = round(weighted.mean(bill1, na.rm=TRUE), 0),
1794  +           phr  = round(weighted.mean(phr1,  na.rm=TRUE), 0),
1795  +           cost.tot = round(weighted.mean(cost.tot, na.rm=TRUE), 0),
1796  +           cost.in  = round(weighted.mean(cost.in, na.rm=TRUE)), 0)
1797  > r12 <- x2[x2$phi==1, 3] ; r12 <- as.vector(r12)
1798  > r13 <- x2[x2$phi==1, 4] ; r13 <- as.vector(r13)
1799  > r14 <- x2[x2$phi==1, 5] ; r14 <- as.vector(r14)
1800  > r15 <- x2[x2$phi==1, 6] ; r15 <- as.vector(r15)
1801  > r17 <- x2[x2$phi==0, 5] ; r17 <- as.vector(r17)
1802  > r18 <- x2[x2$phi==0, 6] ; r18 <- as.vector(r18)
1803  > result <- matrix(nrow=18, ncol=5)
1804  > colnames(result) <- c("2008년", "2009년", "2010년", "2011년", "2012년")
1805  > name <- c("I. 만성질환 유병 가구", " 1. 보험 가입 가구", "   월 납입 보험료(원)",
1806  +           "   수령 보험금(원)", "   의료비 지출(원)", "   입원비 지출(원)",
1807  +           " 2. 보험 미가입 가구", "   의료비 지출(원)", "   입원비 지출(원)",
1808  +           "II. 암 유병 가구",
1809  +           " 1. 보험 가입 가구", "   월 납입 보험료(원)", "   수령 보험금(원)",
```

```
1810  +            "   의료비 지출(원)", "   입원비 지출(원)",
1811  +            " 2. 보험 미가입 가구", "   의료비 지출(원)", "   입원비 지출(원)")
1812  > rownames(result) <- name ; rm(name)
1813  > result[ 3, ] <- r3  ; result[ 4, ] <- r4  ; result[ 5, ] <- r5
1814  > result[ 6, ] <- r6  ; result[ 8, ] <- r8  ; result[ 9, ] <- r9
1815  > result[12, ] <- r12 ; result[13, ] <- r13 ; result[14, ] <- r14
1816  > result[15, ] <- r15 ; result[17, ] <- r17 ; result[18, ] <- r18
1817  > table5.13 <- result ; View(table5.13)
```

row.names	2008년	2009년	2010년	2011년	2012년
I. 만성질환 유병 가구	NA	NA	NA	NA	NA
1. 보험 가입 가구	NA	NA	NA	NA	NA
월 납입 보험료(원)	260893	123364	145583	133460	115815
수령 보험금(원)	2266837	2756884	3022662	3055769	5216688
의료비 지출(원)	1092916	1190629	1329138	1500435	1513762
입원비 지출(원)	365189	346701	408585	498966	466492
2. 보험 미가입 가구	NA	NA	NA	NA	NA
의료비 지출(원)	931587	1024004	1070983	1243657	1261240
입원비 지출(원)	489385	357863	345673	455862	403058
II. 암 유병 가구	NA	NA	NA	NA	NA
1. 보험 가입 가구	NA	NA	NA	NA	NA
월 납입 보험료(원)	265634	135313	147933	152622	121817
수령 보험금(원)	5972371	8502288	9321857	9445513	17097745
의료비 지출(원)	1976794	1929010	2028702	2464220	1990763
입원비 지출(원)	897837	740070	680233	1196676	700781
2. 보험 미가입 가구	NA	NA	NA	NA	NA
의료비 지출(원)	1725405	1621949	1801394	2048934	1793663
입원비 지출(원)	921671	719515	773398	1005052	720148

```
1818  write.table(table5.14, "./outcome/table5.14.csv", sep=",")
```

맺는말

긴 여정을 마친 독자 여러분들에게 정말 감사드린다. 이 책은 보건의료 분야의 공개된 데이터셋 중 가장 복잡한 구성을 자랑하는 KHPS 데이터셋을 R과 RStudio로 다루기 위해 필요한 내용을 최대한 많이 담고자 노력하였다. 마지막 부분에 기술통계를 R과 RStudio로 하는 방법에 대해 간단히 소개만 하고 카이제곱 검정, t-검정, 일원분산분석, 상관분석, 선형회귀분석, 로지스틱회귀분석, 패널자료 분석법 등을 담지 못한 점은 가장 아쉬운 부분이다.

책을 처음 집필하다 보니 생각보다 시간이 많이 소요되었으며, 부족한 부분이 많이 있을 것으로 생각된다. 이 책을 산 독자들은 무언가 아쉽다는 느낌을 받았을 것으로 생각된다. 특히 RStudio의 다양한 기능을 소개하지 못한 채로 이 책을 출판하게 된 점은 또 다른 아쉬운 부분이다.

이 책을 집필한 경험을 살려 R과 RStduio로 KHPS 데이터셋을 분석하는 다양한 방법을 알려주는 책을 집필할 계획이다. 집필할 책에는 RStudio의 기능을 한껏 이용하여 논문, 보고서를 R과 RStudio로만 작성하는 방법도 포함하여 소개할 예정이다. 또한 패널자료를 분석하는 통계와 리스트 객체로 저장되는 통계분석 결과에서 내가 필요한 통계값만 추출하여 원하는 표, 그림 형태로 표현하는 방법도 제시할 예정이니 독자들의 많은 관심을 바란다.

이 책의 부족한 점은 언제든지 필자의 이메일(openhealth77@gmail.com)로 문의하면 이 책의 개정판 출판 시 최대한 반영할 것임을 약속드린다.

다시 한 번 이 책을 구매하여 R과 RStudio에 관심을 갖게 될 독자들에게 감사드린다.